帝國的晨曦

春之卷　王朝初創與蓬勃發展

馮敏飛 著

切片式分析法 ╳ 宏觀視角、強韌性體制結構 ╳ 孔子思想牢籠，
解析歷史上的 13 個大王朝何以能長命百歲！

一個國家或帝王是否正當，即「權力來源合法性」，
跟嬰兒是否出自血汙的問題一樣，沒有實質性意義。

「讀史如觀荷」──切片式分析法來透視歷史！
從漢初到清初，中國歷史上 13 個長壽王朝的初期盛景與文化成就

目錄

開國與轉型　　　　　　　　　　　　　　005

簡介　　　　　　　　　　　　　　　　　007

推薦序　　　　　　　　　　　　　　　　009

作者自序：讀史如觀荷　　　　　　　　　013

前言　歷史需要新的讀法　　　　　　　　025

本卷開篇話　切片式看長壽王朝　　　　　039

第一章　西漢初 60 年　　　　　　　　　065

第二章　東漢初 30 年　　　　　　　　　093

第三章　東晉初 30 年　　　　　　　　　109

第四章　北魏初 60 年　　　　　　　　　123

第五章　唐初 30 年　　　　　　　　　　137

第六章　遼初 30 年　　　　　　　　　　163

第七章　北宋初 20 年　　　　　　　　　177

第八章　西夏初 70 年　　　　　　　　　197

第九章　金初 40 年　　　　　　　　　　207

目錄

第十章　　南宋初 40 年	231
第十一章　元初 20 年	263
第十二章　明初 30 年	279
第十三章　清初百年	315
小結：長壽王朝的「仙丹妙藥」	353
附：若干外國的新生之初	357

開國與轉型

▶ **透視 13 個長壽王朝開國之初的蓬勃景象**

透過跳讀創世、盛世、危世與末世「歷史四季」那 20％的關鍵內容，尋找中華帝制時代 2,000 多年歷史當中那 80％「具有永恆趣味的部分」。

開國與轉型

簡介

本卷簡介

本卷聚焦西漢、東漢、東晉、北魏、唐、遼、北宋、金、西夏、南宋、元、明、清等 13 個帝制時代的長壽王朝，著重梳理建國立朝前期所開創的盛世（治世或中興），或探其某一年之活力，並就同時期相關文化展現獨到的思考。

關於本書的評論

歷史是一個，歷史又是無數個，其中的區別主要就在於敘述者。這是又一個敘述者獨具慧眼和匠心的奉獻。獨具慧眼而見遍地金甌，獨具匠心而顯蘊藉風流。至於轉身和改革，雖然是中國歷史永久的話題，然而卻歷久彌新，引發深思。

── 聶震寧

歷史發展具有偶然性。決定偶然性的那個具體因素，才是歷史學要尋找的東西。但對於大歷史來說，也不能否認歷史發展有其規律大致可循，比如，通觀數千年中國歷史，不論怎麼演化，基本上就是一個又一個王朝「興起、鼎盛、衰落、滅亡」四部曲。國家如何保持強韌的發展氣勢，走出興盛衰亡的「歷史週期率」呢？這是馮敏飛新著最引人深思之處。

── 馬勇

簡介

　　本書一改歷史著作晦澀難懂的頑疾，如若吹進歷史領域的一股清風，值得稱道。

—— 韓志遠

　　一般的歷史書，多是平均使用筆墨，更為關注的是歷史演進的「線」，並不特別在意歷史季節這樣的「點」。而馮敏飛緊緊抓住歷史季節這樣的最為精彩的「點」，將「點」與「點」連綴起來，讓人看到中國每個王朝發展演進的歷史全貌。

—— 白燁

　　馮敏飛的歷史題材創作走的是介於嚴肅講史和民間講史兩者之間的第三條道路，既有對歷史的細緻考證探究，更有建立於史實之上的自我發揮，以古觀今，以古證今，以古見今，可帶來不少有益啟發。

—— 梁鴻鷹

　　生動語言比比皆是，既表述出歷史事件本身，又產生了古今映照之效，讓他筆下的歷史事件有了一種現代感，更呈現出豐富的語言色彩。

—— 楊少衡

　　真實史料，生動敘述，把脈中國朝代興衰，探尋古老帝國存亡之路。

—— 謝泳

　　這套書的最大優點，是找到了一種觀察中華文明的獨特角度：每個發育完整的王朝，猶如有機體，都經歷著春夏秋冬，在時間裡誕生、生長、衰老和死亡，有規律可循。這是一種古老的生命模型，優美簡潔，具有強大的建構能力和闡釋空間。

—— 蕭春雷

推薦序

聶震寧

「讀史熱」已經成為全民閱讀中一個十分普遍的現象。

其實，中國一直都有史學熱。梁啟超有名言：「中國於各種學問中，唯史學為最發達；史學在世界各國中，唯中國最為發達。」

有著史學熱傳統的中國，讀史熱隨之而來也是自然而然的事情。

因為讀史有大用。唐太宗說：「以史為鏡，可以知興替。」章太炎說：「夫讀史之效，在發揚祖德，鞏固國本；不讀史，則不知前人創業之艱難，後人守成之不易，愛國之心，何由而起？」

讀史的大用還在於能增長智慧。史學是充滿活力的智慧之庫。讀史能拓展人們的思維空間。一個人的精神生活不能囿於狹小的現實空間，廣博的閱讀乃是自我成長、自我拓展、自我救贖的主要途徑，其中，讀史能獲得與前人神往交誼，可以興，可以觀，可以群，可以怨，樂在其中，成長與拓展也就孕育於其中。好讀史並非食古不化，讀史可以知古而鑑今，溫故而知新，使得人們更加關注社會，關注當下，關注自身，關注他人，關注未來。

雖然有專家認為其中存在某些譁眾取寵的「史學泡沫」，可是整體而言，新世紀以來，不少史學新著勇於擺脫傳統經院史學的窠臼，在對史料深刻理解的基礎上努力提高講故事的能力，使得史學更加貼近大眾，貼近現實，引起熱潮，當然是有助於優秀傳統文化傳承創新的。

也許正是讀史熱的助推，眼看著有越來越多的史學專家把自己的史學新著寫得不僅耐看也好看，受到讀者擁戴，令許多人對史學的顯耀而心生

推薦序

歆羨；而也許因為許多人對史學的顯耀而心生歆羨，我們又眼看著有越來越多出自非史學專家的史學新著不僅好看也還耐看，同樣受到讀者喜愛，令更多的人熱衷於讀史乃至寫史。

作家馮敏飛就是這樣一位非史學專家，卻熱衷於讀史乃至寫史的史學新著作者。

馮敏飛先生早些年創作出版的長篇小說《鼠品》、《紅豆項鍊》、《詩妓與尚書，明朝末路的繾綣歲月》、《裁員恐懼》、《大宋渣男才子，青樓常客柳永的風流詞情》和散文集《人性‧自然‧歷史》、《歷史上的60年》等，得到過程度不同的好評，有些還獲文學獎。我們從其創作的整體風貌可以發現，他有寫作歷史題材的偏好，長篇小說《詩妓與尚書，明朝末路的繾綣歲月》就是歷史題材，散文集《人性‧自然‧歷史》、《歷史上的60年》中大多數篇章是讀史隨筆。一切機會都是方向，關鍵在於一個人是否自覺。一切偏好都會成就一個獨特的作家，關鍵在於他是否執著。馮敏飛覺察到當下讀史熱的機會，而他又執著於自己歷史題材的偏好，於是接踵推出了一系列歷史寫作新著，計有《歷史的季節》、《智讀中國史》、《中國盛世》、《家天下是如何倒掉的：中國12個王朝的最後10年》、《危世圖存：中國歷史上的15次中興》等。特別是《智讀中國史》、《歷史的季節》兩書，專談中國歷史上王朝的盛衰，引起眾多讀者的關注。《智讀中國史》一書打破朝代分割，突出盛世（包括治世、中興）脈絡，讓讀者在盡可能短的時間裡，對中國數千年歷朝歷代之興衰有清晰的脈絡印象。書中還特別附有作者精心製作的一公尺長的《中國歷史興衰一覽圖》，將千古歷史王朝興衰繪於一圖，方便讀者對中國歷史形成全域性了解。《歷史的季節》一書聚焦中國14個百年王朝，對其建國70年前後這一歷史節點作切片式分析，別開生面地圖解王朝興盛衰亡的歷史軌跡。作者透過統計分析中國歷史上的王朝樣本，證實70年是王朝的「天花板」，但也可能是「喇叭口」，大部分王朝過不了這道「天花板」，只有少部分王朝通過「喇叭口」

從而延續較長時間。由此該書得出一個結論，即：轉身和改革是中國歷史永恆的話題，而且歷久彌新。

應當說，作家馮敏飛的讀史與寫史在一定程度上是其有獨到之處的。人們習慣稱「讀史使人明智」，可他並不就此停止，而是在此基礎上提出了「讀史使人明勢」，說明他力圖在讀史的過程中看清天下大勢和歷史走勢。懷著這樣的抱負和追求，他現在一部規模更為宏大的四卷本《歷史四季》。他嘗試在中華民族2,000多年的歷史典籍中，尋找到眾多王朝創世、盛世、危世與末世那些極為關鍵的部分，把其中可供明智和明勢且有趣的內容歸納為對應的春夏秋冬四個季節，以現代的視角、史家的態度、獨到的思索和文學的表述編寫給讀者，幫助讀者用較少的時間集中閱讀到他們所感興趣的歷史內容。

馮敏飛這樣的歷史寫作採取的就是一種跳讀方法。閱讀界對跳讀法一直都是有所推崇的，認為讀者在選擇一個視角後，以自選的某種規律跳躍而讀，省略掉與視角無關的部分內容，可以達到閱讀效果最大化。馮敏飛說，因為確定了「歷史的四季」這樣一個視角，他採取了跳讀法，才可能在二十五史、《資治通鑑》和《續資治通鑑》等基礎典籍中跳躍而讀，日本學者齊藤英治就十分主張跳讀，他認為，透過大約20%的節點，即可獲取80%的高品質的資訊，跳讀就是努力尋求那20%的關鍵資訊。日本另一位學者印南敦史所著的《快速閱讀術》也持相似的看法。我在拙著《閱讀力決定學習力》對印南敦史《快速閱讀術》中的跳讀法也做過專門介紹。

如此說來，是不是可以認為馮敏飛的歷史寫作缺少創新價值呢？其實不然。史學中的專題寫作本身就需要有創新的視角和構思。被譽為「創新理論」鼻祖的熊彼得（Joseph Alois Schumpeter）認為，所謂創新，就是「當我們把所能支配的原材料和力量結合起來，生產其他的東西，或者用不同的方法生產相同的東西」，即實現了生產方法的新組合，產生了「具有發

推薦序

展特點的現象」,也就是「企業家把一種從來沒有過的生產要素和生產條件實行新的組合從而建立一種新的生產函式」。馮敏飛的歷史寫作不正是在眾多歷史典籍中「把所能支配的原材料和力量結合起來,生產其他的東西,或者用不同的方法生產相同的東西」嗎?在熊彼得看來,這當然也是一種創新。

我們要承認,說到底馮敏飛就是一位作家,作家寫史,跟歷史學家比的不是學術性,不是考據,甚至也不是辭章,更多的是在歷史學家研究基礎上的文學講述,義理闡釋,甚至是可讀性的重塑。馮敏飛為自己歷史書寫的定位是讀史的「隨筆」。隨筆屬於文學門類,是一種講究考據、辭章、義理和講述的文學寫作,並非歷史通俗演義小說那樣可以隨意虛構甚至戲說。他說,自己在寫作中,在許多歷史事件的描寫時,很想像寫小說那樣放開筆墨演繹一些場景與細節,但最終他沒有這樣做。他克制住了一個小說家的專長和衝動,而是盡可能用歷史典籍中那些精彩的原文(哪怕幾個字),此外還花費大量時間精力像學者那樣做了引文註釋。他說他設定給自己的寫作目標是,努力做到比學術著作更好讀,比通俗讀物更可信,讓人們用盡可能少的時間讀到盡可能集中的史實,而且要讓人讀來妙趣橫生卻又發人深省。我相信他是這麼想的,也正是這麼做的。

我和馮敏飛同是文學圈中人,是文友。當年我讀馮敏飛的長篇小說《鼠品》曾有驚豔之感,以為他會繼續把小說寫得如此這般的超凡脫俗,沒料到,他竟然華麗轉身,潛心於歷史寫作且大作迭出,給了文友們十分的驚奇。近些年我在閱讀研究與推廣方面寫了一些東西,馮敏飛表示過認同和興趣,希望我對他的歷史寫作和著力提倡的讀史方法給予關注,並邀約我為他的新著作序。盛情難卻,拉拉雜雜寫下上面一些感想,就教於馮敏飛先生和各位專家、讀者。

是為序。

作者自序：讀史如觀荷

李白仰天長嘆：「秦王掃六合，虎視何雄哉！」秦始皇武功蓋世，死後猶威震殊俗。不料短短十數年，秦崩而楚亡，比秦始皇小3歲的劉邦手提3尺劍清寰海，創業垂基400載。相比長壽王朝，大秦如同一個強壯的年輕人忽然暴病死亡，特別令人喟嘆。

《劍橋中國秦漢史》有專節〈崩潰的原因〉，歸納秦亡的5個原因：一是殘暴和剝削嚴重，二是秦始皇及二世不願納諫、子嬰軟弱，三是未能吸取歷史教訓，四是陳勝、吳廣起義，五是好大喜功。[001] 除此之外，是不是還有其他原因？

從盛世看末世

這些年來，筆者專注中國歷史王朝興衰問題，著重創世、盛世、危世與末世歷史四季，嘗試系統性整理歷史上43個盛世（含治世、中興），剖析十餘個長壽王朝建國立朝之初，以及十幾個王朝的最後10年。一系列看下來，有一個詞逐漸浮現並明朗化，這就是「華麗轉身」。

「華麗轉身」是現代詞，指從一種社會角色形象轉變為另一種社會角色形象。轉身是改變，華麗則強調這種改與變是朝積極的、好的、大眾認可或期望的方向。引申到政治，就是古人所謂「皇道開明」，現代所謂「文明執政」。「天下雖得之馬上，不可以馬上治」，說的也是這個意思。對一

---

[001] [英]崔瑞德、魯惟一：《劍橋中國秦漢史》，中國社會科學院譯，北京：中國社會科學出版社，1990年，P80～85。
說明：凡相同版本，第二次引用後只簡注作者、書名及頁碼。

作者自序：讀史如觀荷

個帝王來說，這才是關鍵。

歷史上，不論中外，國家或王朝都像新生兒一樣帶著血汙而降，沒有幾個來自和平，來得聖潔。「湯武革命」，《周易》說是「順乎天而應乎人」，千古叫好，可是稍微深入討論，黃生說湯武並非「受命」而是「篡弒」，強調冠帽雖破舊也必須戴頭上，鞋履再新也只穿腳上，再怎麼也不應當推翻君主。轅固生堅持傳統觀點，將他一軍：「照你這麼說，我們高皇帝取代秦天子也不對嗎？」這時，漢景帝劉啟連忙喊停：「你們別爭啦！食肉者沒吃過馬肝不等於不懂肉味，學術討論即使不談論湯武革命，也沒人說你沒學問！」就這樣，從此再沒人敢公開爭論湯武革命的問題。[002] 晉明帝司馬紹偶然聽聞前輩開國真相，不敢相信，「覆面著床」說：「如果真像您所說那樣血腥，國運怎麼可能長久？」[003] 司馬紹顯然是剛出道，還沒來得及多讀歷史。史學名家呂思勉深有感慨說：「篡弒，也是歷代英雄的公罪」。[004] 法國歷史學家米涅（François Mignet）說得更直接：「好事和壞事一樣，也是要透過篡奪的方法和暴力才能完成。」[005] 連《聖經》都一再強調，上帝降生之時「猶如黑夜之竊賊」。所以，「權力來源合法性」對開國者來說，實際上是道偽命題。朱元璋、康熙為他們的權力來源喋喋不休地辯護，實在是浪費精力。而像北魏太武帝拓跋燾，為新修的國史所謂「暴揚國惡」問題，不僅族誅崔浩，還順手殺了他的姻親范陽盧氏、太原郭氏與河東柳氏等北方大族，北魏的漢化努力又一次失敗，實在是得不償失。

奪權之後再區分統治者高下與王朝優劣，才有實質性意義。漢代人所謂「逆取順守」，也是這個意思。人類歷史是一部華麗轉身史，那種說遠

---

[002] 《史記》卷 121，〈儒林列傳〉，北京：中華書局，1999 年（本書用涉二十四史均為此版本），3 冊，P2374，「於是景帝曰：『食肉不食馬肝，不為不知味；言學者無言湯武受命，不為愚。』遂罷。是後學者莫敢明受命放殺者。」

[003] 劉義慶：《世說新語·尤悔》，「若如公言，祚安得長！」

[004] 呂思勉：《中國通史》，北京：群言出版社，2016 年，P433。

[005] [法] 米涅：《法國革命史》，商務印書館，1977 年，P4。

古多美好，後來才變壞，厚古薄今，我是無法相信的。但我覺得讀史如觀荷，不必糾結它是否出身泥濁。一個國家或帝王是否正當，即「權力來源合法性」，跟嬰兒是否出自血污的問題一樣，沒有實質性意義。丹麥一個官方網站首頁就寫著：「我們曾是凶殘的維京海盜，現在我們是世界上最和平的社會之一。」他們坦然於曾經的血污，欣然於現在的華麗轉身，不讓歷史成為包袱，輕裝快步前行。悠悠千古，有幾個盛世帝王合法，又有幾個末世帝王不合法？歷史上在這方面浪費太多精力了！

還是把注意力轉移到看它是否及時華麗轉身吧！有些開國帝王迅速華麗轉身，盡快告別暴力，即使未能開創盛世，也打下良好基礎，讓二、三代之後步入盛世。更多帝王遲遲不肯華麗轉身，甚至「醜惡轉身」，死腦筋走下去，王朝沒毀在自己手裡，也堅持不了幾代。漢光武帝劉秀、晉武帝司馬炎、梁武帝蕭衍、隋文帝楊堅、宋太祖趙匡胤、明太祖朱元璋，都是開國即盛世。周成王、宋文帝劉義隆、齊武帝蕭賾、唐太宗李世民、後唐明宗李嗣源、清聖祖康熙等，二、三代也開創盛世。所謂中興，就是「王道衰而有能復興者」。[006] 從前輩那裡接過來就是「王道衰」的班底，再不華麗轉身就無可救藥了。

「開元盛世」如日中天，可就在這時爆發「安史之亂」。專家學者分析：

安史之亂從根本上動搖了唐朝的統治根基，使唐朝處於瀕臨滅亡的危機境地，然而在不知不覺中，唐王朝卻又穩住陣腳，竟又延續了一個半世紀的命脈。究其原因，應該說與蘊含在唐朝內部的柔性結構所具有的強韌性有關。[007]

這種蘊含在王朝內部柔性結構的「強韌性」（國家韌性，National resilience），就是盛世的結晶。有了這種強韌性，唐朝能夠承受意外打擊。

---

[006] 王觀國：《學林》，北京：中華書局，1988 年，P51。
[007] ［日］氣賀澤保規：《中國的歷史・隋唐時代》，石曉軍譯，桂林：廣西師範大學出版社，2014 年，自序 P4～5。

作者自序：讀史如觀荷

而秦統一雖然迅速，由於缺乏強韌性，未能及時華麗轉身，像鋼一樣看似無比堅硬，其實很脆，經得起高壓卻經不起打擊，一打就斷。人算不如天算，百密一疏，意外防不勝防。韌性的強度，或者說有沒有盛世，穩定發展期長短，決定一個王朝壽命的長短。

從暴君到明君

將一個人物簡單標籤化，很容易一葉障目，掛一漏萬。

《史記》中有一個細節不可忽略：第一次會商鞅，秦孝公聽得打瞌睡，事後還怒責引見的太監景監：「子之客妄人耳，安足用邪！」景監自然把怒氣轉發到商鞅身上，商鞅說：「求你再給我一次機會，我換個話題！」果然，秦孝公有興趣了，竟然快語通宵，一連幾天幾夜。景監好奇得很，忙問商鞅：「你究竟說了什麼，讓吾君甚歡也？」商鞅說：「前兩次，我推介禮樂之治，勸君直追三代學堯舜，君嘆道：『禮樂之治當然好，可那不是三年五年、十年八年能夠見效的，我等不了。你看當今天下，哪一個不是虎視眈眈？哪一個不是危在旦夕？又有哪一個能夠等待你幾十年、上百年變成強國？』聽了這些話，我恍然大悟，改而推介能最快成為強國的霸王之道，君王聽了果然非常高興。只可惜，這霸道在道義上就比不上『三代』了！」[008] 由此可見，秦孝公與商鞅都不是糊塗之人，也都不是無德之人，只是在殘酷現實逼迫下，不得不狠心為之，暫且為之，心靈深處還是幻想將來改行禮樂之治。由此，我們有理由相信：秦國在以暴力完成統一大業後，有可能華麗轉身，轉成禮樂之治，直追「三代」。

[008] 同②，卷68，〈商君列傳〉，3冊，P1764，「鞅曰：『吾說君以帝王之道比三代，而君曰：「久遠，吾不能待。且賢者，各及其身顯名天下，安能邑邑待數十百年以成帝王乎？」故吾以強國之術說君，君大說之耳。然亦難以比德於殷、周矣。』」

面對春秋、戰國那禮崩樂壞、烽火連天的局勢，許多有識之士挺身而出。所謂諸子百家，都在積極尋求解救之道，只不過多數人失敗。秦始皇收拾了那麼大的亂局，應該說功莫大焉。

統一之後，秦始皇仍然勵精圖治。史家批評他大小事都親自處理，每天要批閱完一石檔案才睡覺。[009] 當時檔案刻在竹簡上，一石約為現在 30 公斤。我們難以想像那一石檔案相當於現在多少頁 A4 紙，但不難想像每天經手、過目 30 公斤物品是否輕鬆。

《中國歷史大事編年》記載始皇帝的主要作為：西元前 221 年統一六國、定官制、改行郡縣制、統一度量衡、收民間兵器鑄樂器，前 220 年西巡、築國道，前 219 年東巡封禪、鑿靈渠，前 216 年查核田畝，前 215 年伐匈奴，前 214 年擊南越、築長城。柏楊「不為君王唱讚歌，只為蒼生說人話」，卻破例讚秦始皇「做出了幾乎比此後兩千年大多數帝王所做的總和還要多的事」。[010] 這一系列大事，對一個歷經幾百年戰亂之後剛剛統一的國家來說，的確難以承受。據猜想，當時全國多達 15% 以上的人口被徵集到各大工地。《漢書》描述其時「赭衣塞路，囹圄成市」，慘不忍睹。如果說伐匈奴、擊南越、築長城出於無奈，那麼造宮殿和驪山墓可以暫緩吧？超出實際承受能力的事，難免要用暴力強制。最糟的是「焚書坑儒」，雖然存在諸多爭議，但「它使後世的文人對秦帝國產生了長久的反感」。[011] 實際上，後世不稱「焚書坑儒」而勝過「焚書坑儒」之事屢見不鮮。一方面是戰爭「焚書」，例如「光武遷還洛陽，其經牒祕書載之二千餘兩，自此以後，參倍於前……及王允所收而西者，裁七十餘乘，道路艱遠，復棄其半矣。後長安之亂，一時焚蕩，莫不泯盡焉」；[012] 另一方面是

---

[009]　同上，卷6，〈秦始皇本紀〉，1 冊，P183，「天下之事無小大皆決於上，上至以衡石量書，日夜有呈，不中呈不得休息。」
[010]　柏楊：《中國人史綱》上冊，北京：同心出版社，2005 年，P210。
[011]　同①，P67。
[012]　《後漢書》卷 79 上，〈儒林列傳〉，9 冊，P1719。

作者自序：讀史如觀荷

以編修新書之名所行的破壞，例如明清之時。而「坑儒」也有若干可議，至少一點，秦氏並沒有殺光或絕對排斥儒士，直到陳勝揭竿而起之後，秦二世還召「博士諸儒生」30餘人問計，並賜博士叔孫通帛20匹、衣一襲，[013] 叔孫通隨後又成為漢朝著名儒士。只不過「焚書坑儒」早被標籤化，好比註冊商標，後來可以超過其標準，但不得同冠其名。

秦始皇顯然也有華麗轉身。他認為「天下共苦戰鬥不休，以有侯王」[014]，所以從體制上挖掉諸侯混戰的根源，廢分封制而改行郡縣制，廢貴族制而改官僚制。統一度量衡、鑿靈渠關係到經濟民生；收兵器、鑄樂器，那顯然是學周武王放馬於華山之南，放牛於桃林之野，極富象徵意義。深入歷史的大街小巷，還可以找到一些耐人尋味的細節。秦始皇聘有70位專家學者，授以「博士」官銜，又為博士招2,000多名「諸生」，並「尊賜之甚厚」。「博」與「諸」說明沒什麼「獨尊」之類。2002年湖南龍山里耶出土的秦簡顯示：西元前214年被調派服徭役的12名犯罪男子，每日薪資8錢，除去伙食費可餘6錢。一天收入扣除伙食費可餘3/4，這可不太像「懲治、改造思想的強制勞動」。西元前215年北巡時，秦始皇令李斯代撰〈碣石門辭〉，其中有句：「男樂其疇，女修其業，事各有序。」即使這不是現實寫照，至少顯示秦始皇有這樣的理想，與儒家的追求並不矛盾。這次北巡還到了今河北秦皇島，見島上荊條叢生，秦始皇立即下馬叩拜，長嘆說：「這是小時候讀書時，我老師用過的啊！」[015] 如果這傳說不一定可信，那至少可以說明在有些古人的心目中，秦始皇是尊師重道的。明朝狀元出身的著名學者焦竑明確認為：「秦時未嘗不用儒生與經學也。」[016] 北京大學中國古代史研究中心教授辛德勇說：「儒家在秦代不僅沒有受到

---

[013] 同②，卷99，〈劉敬叔孫通列傳〉，3冊，P2100。
[014] 同上，卷6，〈秦始皇本紀〉，1冊，P170。
[015] 蔣一葵：《長安客話》：「俗呼秦皇島……俗傳秦皇至此山見荊，愕然曰：『此里師授吾句讀時所用樸也。』」
[016] 焦竑：《焦氏筆乘》。

特別壓抑，且與其他諸家學說比起來，還可說是獨得朝廷的眷顧，有著其他諸家無可比擬的優越地位。」[017] 否則，如果真「焚書坑儒」殆盡，劉邦制禮作樂怎麼「頗採古禮與秦儀式雜就之」？[018] 陳寅恪甚至認為《中庸》是「秦時儒生之作品也」。[019]

可見秦始皇不是不想華麗轉身，只不過沒轉成功，或者說，沒來得及轉成功，就被貼上「暴君」的標籤了。秦始皇死時才 50 歲，他若地下有靈，恐怕會常吟白居易那首詩：「周公恐懼流言日，王莽謙恭未篡時……」

事實上，從戰國中期到秦漢之際，流行的是「黃老之學」。此學尊崇黃帝和老子，以道家思想為主，吸納了陰陽、儒、法、墨等學派的觀點。漢武帝劉徹所謂「罷黜百家，獨尊儒術」，實際上只不過表面文章，行的還是「霸王道雜之」。縱觀千古，「獨尊法術」或「獨尊儒術」的日子，總共也找不出幾天。秦始皇即使有超脫這個時代的社會思潮，也不可能太久遠。

從恩人變敵人

直到秦始皇死，秦朝局勢比此前此後許多政權變易之時看起來更平穩。西元前 210 年上半年，秦始皇遠離京城，從今陝西西安東巡至今湖北雲夢遙祭虞舜，然後到今浙江會稽山祭大禹，眺望南方戰場，也許還想繼續南下呢！哪有半點土崩瓦解的跡象？然而，正如孟德斯鳩（Montesquieu）《法意》（*The Spirit of Law*）（《論法的精神》）中所說：「專制政體的原則是恐怖；恐怖的目的是平靜。但是這種平靜不是太平。它只是敵人

---

[017]　辛德勇：《生死秦始皇》，北京：中華書局，2019 年，P174。
[018]　同⑬，P2102。
[019]　陳寅恪：《金明館叢稿初編》，上海：上海古籍出版社，1980 年，P42。

作者自序：讀史如觀荷

就要占領的城市的緘默而已。」

就在這時，秦始皇忽然病倒，局勢也隨之如山倒。大公子扶蘇曾公然為儒生辯護，觸怒龍顏，被逐邊境督軍，這是秦始皇的一個致命錯誤。但辭世前夕，秦始皇遺詔扶蘇接班，說明他仍有華麗轉身之心。不想這要命的時刻出意外，大臣趙高與大將蒙恬之間有怨，趙高便竄改遺詔，以「不孝」之名賜死扶蘇，連帶蒙恬，而讓另一個公子胡亥繼位。不過，至此局勢還不算太壞。胡亥少時跟趙高學過法律，時年23歲。此時距陳勝揭竿而起還有整整一年時間，劉邦起兵更是在後，胡亥有時間華麗轉身，問題是胡亥根本沒有此心。

在這裡，姑且不抨擊趙高、李斯之流，因為任何時候都有惡人。也不應抱怨六國後人復辟，給了你十幾年時間，為什麼還不能讓他們「悅服」？如果沒有陳勝等人帶頭，他們何曾有過反抗？關鍵是胡亥這不肖之子認賊為父，貪圖享樂，像木偶一樣任惡人擺布，死腦筋、錯到死。

劉義隆之父也是開國皇帝，命更薄，第三年病死。長子劉義符繼位，卻根本不把朝政放心上，而當時國際形勢嚴峻，顧命大臣謝晦等人感到問題嚴重，便將劉義符殺了，改立劉義隆。劉義隆皇位可謂撿來的，理當感恩戴德，然而他橋歸橋路歸路，將謝晦等人治罪，然後北伐南征，平息內亂，發展經濟，開創「元嘉之治」，這不是特例。此後十餘年，北魏太監宗愛殺太武帝拓跋燾，改立其子拓跋余。拓跋余佯裝胸無大志，暗中謀劃。宗愛覺察後先下手將他殺了，然後立拓跋濬。拓跋濬吸取教訓，繼位後即殺宗愛個措手不及。拓跋濬在位13年，逐漸安定，病死後由其子拓跋弘繼位，開創「孝文中興」。如果胡亥能像劉義隆、拓跋濬，繼位後華麗轉身，不說盛世，維持大局穩定，應該不難吧？

民軍勢如破竹，火燒眉毛，胡亥、趙高、李斯之流卻還在那裡內訌。直到趙高殺了李斯，胡亥才意識到危險，怒責趙高。趙高怕了，逼胡亥自

殺，擁立其姪子嬰。子嬰不是傻瓜，趙高派人請子嬰去受璽即位，子嬰稱病。趙高信以為真，前往探望，一進門便被殺。

子嬰也許不凡，但為時已晚。繼位第 46 天，劉邦的民軍即入咸陽。子嬰不願再連累百姓，放棄抵抗，向劉邦投降。強大無比的秦帝國，僅存 15 年又 47 天。

說到底，還得追究秦始皇。學者指出：「秦國在統一中國後，對它囊括天下的組織能力的有效性，以及它在全民戰爭時期發展出的一套嚴酷的統治手段，過於自信」，「因而出現了中國歷史上國家權力首次不受任何社會力量有效制衡的局面。正如歷史一再上演的那樣，這種政治體制所帶來的，只會是災難性的後果。」[020] 因為過於自信，秦始皇遲遲未能實現華麗轉身，雖然做了一堆大事，但人心也失盡了——沒幾個人真心誠意想去挽救。

美國學者梅斯奎塔（Mesquita）、史密斯（Alastair Smith）認為：「從語源學來說，『君主制』（Monarchy）一詞也許指的是『一人統治』，但這樣的統治方式從來不曾、也絕對不可能存在」。實際上，不論君主制還是民主制，都是由「名義選擇人集團、實際選擇人集團和致勝聯盟」三種力量主導。「致勝聯盟」指由一小群法官、軍官和高階公務員組成，是最重要的集團。「沒有他們，路易國王恐怕早被別人取而代之了」。[021] 想想拓跋濬當時，年僅 12 歲，能有多少大智大勇？還不是靠左右大臣，即「致勝聯盟」？可是，秦始皇遺詔被竄改之時，為什麼沒有「致勝聯盟」站出來阻止趙高、李斯，讓胡亥這個年輕人懸崖勒馬？胡亥娛樂至死，繼續橫徵暴斂修阿房宮，而將各地越來越激烈的內戰，誤以為是鼠竊狗偷。直到戰火燒到距咸陽僅 60 公里的地方，胡亥才如夢初醒，慌忙赦免驪山修墓的數十

---

[020] 趙鼎新：《東周戰爭與儒法國家的誕生》，夏江旗譯，北京：北京聯合出版公司，2020 年，P170、171。

[021] [美] 梅斯奎塔、史密斯：《獨裁者手冊》（*The Dictator's Handbook: Why Bad Behavior is Almost Always Good Politics*），駱偉陽譯，南京：江蘇文藝出版社，2014 年，P27、31。

作者自序：讀史如觀荷

萬刑徒，發給武器，鼓動他們拚死抵抗。在這之前，那麼多文官武將做了什麼？別忘了，陳勝、吳廣們大都只是未經武裝訓練的農民，而官軍十幾年前曾橫掃中原六國，軍心、民心這麼快就丟往哪裡去了？

古往今來，人們都希望長壽，也希望國運永祚。迄今怨始皇，只因為他浪費了太多性命！

從折線轉射線

如果將秦王朝的歷史用線條畫出來，最像折線形，向上的線段11年，向下的線段4年，頂端只有西元前210年一個點，飆升後如同跳樓般墜落，如鋼條般戛然而斷。

隋朝與之類似，但有所不同。581年楊堅受北周靜帝「禪讓」，589年結束南北朝亂局，隨即華麗轉身，被譽為「開皇之治」。604年楊堅去世，兒子楊廣繼位，說是弒父篡權，但沒有影響大局穩定，完成大運河開發，完善科舉制度，拓展疆土，暢通「絲綢之路」，直到609年，還一派昇平景象。但隨後發生突變，特別是三征高麗而陷入泥沼，老天爺又雪上加霜，山東、河南嚴重水災，各地紛紛造反，光文獻確認的反叛組織，就有200多個，官軍根本應付不過來，618年被唐取代。這說明僅有一個華麗轉身的開國帝王還不夠。

漢武帝劉徹曾為自己辯護：「漢家庶事草創，加四夷侵凌中國，朕不變更制度，後世無法。」[022] 其實，哪一個國家或王朝不是「草創」？何況如范仲淹所說：「歷代之政，久皆有弊，弊而不救，禍亂必生。」[023] 即使

---

[022]　《資治通鑑》卷22，〈漢紀〉14，北京：中華書局，2019年，2冊，P844。
[023]　范仲淹〈答手詔條陳十事〉。

盛世，也無不隱藏著或多或少的問題。因此，即使開局轉身夠華麗，也不可一勞永逸，還需要一個又一個改革中興，才可能形成足以抵禦各種意外打擊的「強韌性」。

漢、唐、宋、明、清與秦、隋等大不相同。唐朝前期有「貞觀之治」、「永徽之治」、「武周之治」、「開元盛世」，好比一節節火箭助推衛星升入太空，一口氣發展興盛了130多年。「安史之亂」後，相繼有「元和中興」、「會昌中興」、「大中中興」又延續了150多年。明朝與此類似，前期有「洪武之治」、「永樂之治」、「仁宣之治」三大盛世，後期因為「弘治中興」、「隆慶之治」、「萬曆中興」又延續了150多年。如果描繪它們的歷史軌跡，一個盛世是一個波峰，整個王朝有數個波峰。將這些波峰的高點用曲線連起來，大致呈一條上升的橢圓弧線。這橢圓弧線好比雞蛋，享年短的王朝好比直立著放，長的好比橫著放，而不是只有一個高點，衝高之後直接向下的折線。

有人說歷史上中國疆土像法國手風琴一樣忽大忽小，其實包括法國在內的其他國家也一樣。在世界歷史的叢林中，除了古埃及、西羅馬和東羅馬、鄂圖曼和漢、唐等帝國那樣的參天大樹，大多數政體都是灌木或小草。「三千年未有之變局」或者說「西發里亞和約（Peace of Westphalia）體系」之後，尤其是第二次世界大戰勝利以來，大不相同了。人類透過深刻反省，建立了一系列國際秩序與文明準則。從此，強國也不能隨意去滅一個窮弱小國。

正是基於此，筆者強調「讀史明勢」，並設想今後一個國家的歷史軌跡可望由橢圓形變成「射線」。射線的特點：一是只有一個端點和一個方向，二是不可度量。在世界和平的時代，只要及時華麗轉身，保持執政定力，不斷改革進取，超越儒法，超越左右，超越中興，就完全可望讓國家的歷史在同一個方向不可度量地、持續地平穩發展。

作者自序：讀史如觀荷

中國是文明古國，典籍汗牛充棟。典籍分類：經、史、子、集，稱「四部」。那麼，讀經，還是讀史？我想，讀「經」不是讓人覺得「天地亦是架漏過時，而人心亦是牽補度日」，便是「斯道已大明，無煩著作」，沒完沒了地厚古薄今，與「三千年未有之變局」的歷史及現實漸行漸遠，甚至讓人對未來絕望。還是讀史吧！

讀史，就越可以覺悟改革之不可緩了。[024]

魯迅先生一語破的，歷久彌新！

且以此為本人歷史隨筆系列之自序。

（本文釋出於 2018 年 2 月 5 日《學習時報》文史版，原題〈強而無韌的秦王朝：秦朝二世而亡的教訓〉，略有修改充實。）

---

[024]　魯迅：《華蓋集・這個與那個》。

前言　歷史需要新的讀法

民諺曰「天上眾星皆拱北，世間無水不朝東」，乍一看好似真理，稍加細思便覺得後半句不對勁。

山東曲阜之地勢，就與中國總體西高東低的地勢相反，東高西低，那裡的河流如大沂河、廖河、泗河等等都往西流，因此有「聖人門前倒流水」之類佳話。古人攀龍附鳳，說杉溪西流了30里與瀘溪匯為金溪才折南，匯入閩江才朝東，因此也具聖人故里風水云云。

其實，水無不從高山四面往低處流，從區域性看，朝東、朝南、朝西、朝北流的都會有。新疆巴音布魯克，那草原遼闊無垠，直接天雲。登臨稍高處望去，一條大河從天而來，十八彎盡收眼底。我到那裡旅遊時，曾經在那棧道上駐足凝望了許久。如果是傍晚，還可以看到九個太陽的奇觀，可以聯想「后羿射日」神話。我困惑的是：家鄉因天為山欺、水求石放而多曲多彎不難理解，這平平坦坦的大草原，何以「水求草放」？忽然兩眼一亮：讀史當如此！

後來在網上讀到一篇佚名文章，說禪師（有的版本為地理老師）指著中國地圖問：河流為什麼不走直路，而偏偏要走彎路？禪師說：「走彎路是自然界的一種常態，走直路倒是一種非常態，因為河流在流淌中會遇到各式各樣的障礙，有些障礙是無法踰越的。走彎路，避開了一道道障礙，才可能抵達遙遠的大海。」禪師突然把話題一轉，說人生也如此云云。由此，堅定了我自己的一點感想，這就是：讀史如觀川流。

前言　歷史需要新的讀法

讀史當讀通史，上下數千年全覽！

任何一個王朝都不能代表中國歷史，任何一個帝王都不能代表他所在的王朝，如同任何一個季節都不能代表全年。

如果只讀某一個王朝、某一位帝王甚至只是某一個事件的歷史，無異於蹲在某個小灣道裡探望河流，無異於夏蟲語冰。

2

我們無法知道自己之後的未來，難道還能不了解自己之前的歷史嗎？

一條河再長也有窮盡之處，而一個人再長壽也只不過在歷史的某個小河灣散步一會，要了解人類社會的大致全貌唯有讀歷史。然而，歷史要詳盡讀下來則幾乎不可能。

有朋友到我家，看著砌成牆樣的二十五史、《資治通鑑》之類，不禁發問：「這些書，你都有看嗎？」我笑答：「都不看，那是不可能的；每一頁都看，那也是不可能的！」

中國歷史悠久，史書汗牛充棟。黃仁宇說僅「二十四史」（不包括《清史稿》）約 7.6 萬多頁，即使每天專職讀 50 頁，也要四五年。司馬光帶領一個 5 人團隊，花了 19 年時間，編寫出 300 多萬字的《資治通鑑》，感到非常滿意，可是沒多久便大失所望，不由嘆曰：「修《通鑑》成，唯王勝之借一讀，他人讀未盡一紙，已欠伸思睡。」[025]

為此，司馬光晚年刪繁就簡，新編《通鑑舉要歷》，還多達 80 卷——不知何故沒有修改定稿。胡國安根據他遺稿編成《通鑑舉要補遺》，但朱

---

[025]　司馬光：《資治通鑑》自序。

熹認為該書「其文愈約而事愈備」,「不能有以領其要而及其詳」,[026] 他又動手編《資治通鑑綱目》,結果仍然不簡。柏楊曾經編《現代語文版資治通鑑》,還多達 72 卷。

當下是個「零碎閱讀時代」,短而精悍的網路貼文似乎也「過時」,轉而流行短影音之類。讀史還得主要藉助文字,且須一定篇幅,但那種動輒上下數千年的宏觀史,即通史,顯然更是「過時」。到書店看看,搶眼的是觀微史,或選擇一個時點,如黃仁宇的《萬曆十五年》、夏堅勇的《紹興十二年》;或選擇一個事件,如李碩的《翦商》、張明揚的《棄長安》等等。主要關注微觀史的學者王笛給出一個更狹小的定義:

微觀史對歷史的意義,就像在顯微鏡之下對細胞進行觀察,側重點不在宏觀事件和菁英文化,而在平凡人的日常生活。

它的特點主要有兩個,一是關注普通人,二是有故事和細節。如果寫一位大臣,比如曾國藩或李鴻章,寫得再細也不叫微觀史,因為它研究的是上層人物。[027]

關注普通歷史人物的出發點自然是好,但如果因此而排除「宏觀事件和菁英文化」,會不會只見樹木不見森林?甚至連樹木都不見,只見草叢,可能真正了解歷史嗎?

前幾年,有外國學者仿〈共產黨宣言〉(Manifest der Kommunistischen Partei)寫一本《歷史學宣言》,批評史學界的短視與零碎化傾向,呼喚「長時段歷史」回歸,號召歷史學家在政治決策與公共領域發揮更積極的作用[028]。復旦大學歷史系教授樊樹志著重研究晚明史,卻極力推薦《歷史學宣言》,誠摯地寫道:

---

[026]　朱熹:《資治通鑑綱目》自序。
[027]　王笛:《碌碌有為:微觀歷史視野下的中國社會與民眾》,北京:中信出版公司,2022 年,P.2。
[028]　[美]喬·古爾迪(Jo Guldi)、[英]大衛·阿米蒂奇(David Armitage):《歷史學宣言》,孫岳譯,上海人民出版社,2017。

前言　歷史需要新的讀法

宏大敘事與碎片研究，都有存在的理由。但是，不能用一種傾向掩蓋另一種傾向，不能用碎片化取代宏大敘事……警惕碎片化與短視化的傾向，已經刻不容緩。

我想用《重寫晚明史》，向宏大敘事的歷史研究致敬！[029]

樊老此言令人動容。

看來，如同哈姆雷特之困惑，讀宏觀史，還是讀微觀史，值得一番思索。

何況史書本身不宜一成不變。

早在1940年代之初，中國歷史研究會就曾談到歷史的現代閱讀問題，認為二十五史與《資治通鑑》等「這類書不適合於學習歷史的需求」（對於研究歷史另當別論），因為一是沒有那麼多時間和精力，二是對於人民生活境遇記載非常簡略，三是最重要一點「我們要探求中國社會循著怎樣的道路向前發展，而這類書卻竭力淹沒或扭曲發展的事實，盡量表揚倒退停滯阻礙社會發展的功業」[030]。中國歷史研究會這一看法歷久彌新。享譽世界的英國歷史學家湯恩比（Arnold Joseph Toynbee）在《歷史研究》（*A Study of History*）新版序文中坦言：儘管新版比舊版「有著廣泛的不同之處……注定也會過時」[031]。為什麼呢？英國另一位歷史學家克里斯多福·希爾（John Edward Christopher Hill）說：

每一代人都需要重新書寫歷史，因為儘管過去發生的事本身不會發生改變，但現實是不斷變化的，每一代人都要對過去提出新問題，發現與現在相似的新領域，再現先輩所不同的側面。[032]

---

[029] 樊樹志：《重寫晚明史·新政與盛世》，中華書局，2018年，P.494-495。
[030] 中國歷史研究會：范文瀾《中國通史簡編》序，南京：江蘇人民出版社，2020年。
[031] ［英］阿諾德·湯恩比：《歷史研究》，劉北成、郭小凌譯，上海：上海人民出版社，2005年，P.3。
[032] 轉引自車效梅：〈跨國史視閾下絲綢之路城市史的研究和書寫〉，《光明日報》2020年3月16日。

我們這幾代人對於歷史的思考與司馬遷、司馬光、朱熹們不同，也肯定與梁啟超、范文瀾、錢穆們不一樣，需要更新的「資治通鑑」。

歷史不斷需要新的讀法，也就不斷需要新的寫法。

在英國「天才小說家」毛姆（William Somerset Maugham）看來，長篇小說名著也可以大加刪節。毛姆曾應美國《紅書》雜誌之邀列一份「我心目中的世界十大好小說」書單，附一篇短評，強調說：

聰明的讀者若學會把書中沒有興趣的部分略過不讀的藝術，讀這些書將是最大的享受。

這話引起一位書商的共鳴，建議毛姆將這十大名著刪去一般人不會喜歡看的部分，再附上他為每本書所寫的導讀。毛姆欣然同意。法國著名作家普魯斯特（Marcel Proust）的《追憶似水年華》（À la recherche du temps perdu），公認是意識流小說的代表作，20世紀最偉大的小說。這小說中文全譯本達240多萬字，篇幅長得嚇人。毛姆是普魯斯特的狂熱仰慕者，但覺得他這小說「即使大刪特刪仍不可能刪到合理的規模」。而這「浩瀚鉅作的濃縮本，省略已被時間削去價值的部分，只留下小說的精華，亦即具有永恆趣味的部分。縮減後的《追憶似水年華》仍會是一部鴻篇鉅製，卻是不折不扣的上乘佳作」[033]。巴爾札克（Balzac）、狄更斯（Dickens）以及托爾斯泰（Tolstoy）等人的長篇小說都存在類似的情況。

那麼，史書是否存在類似的問題？

---

[033] ［英］威廉·薩默塞特·毛姆：《不一樣的文學史：世界十大小說家及其代表作》，宋碧雲譯，山東文藝出版社，2018年，P.11。

前言　歷史需要新的讀法

歷史中「具有永恆趣味的部分」是哪些？

我想，這答案在史學鼻祖司馬遷〈報任安書〉中：「究天人之際，通古今之變，成一家之言。」其實，「明天人之分，通古今之變」是那個時代學者們的一大重點課題。

▸ 其一、「究天人之際」

荀子曾提出「天人相分」，否定天與人的連繫，將孔孟思想中的「道德之天」還原為純粹外在的「自然之天」。漢代則講「天人感應」，與司馬遷同時代的董仲舒強化天與人的關係。著名歷史學家馬勇認為，董仲舒的相關主張「不僅在思想觀點上與老子、莊子有相通之處，即使在語言風格上也有明顯具有模仿的痕跡」。然而，董仲舒要建立的是一套更嚴密的天人理論體系，「企圖用一個虛構的超自然的物活實體來約束人世間處於至尊地位的君主」。只要「揭開它的宗教帷幕，我們就會發現董仲舒有真實用意在於人事而不是神事」，「天學即人學，天論即人論」。[034] 天與人之間的關係究竟如何？司馬遷決心透過窮究歷史弄清楚。

悠悠千古，人性是相通的，是世界各民族的最大公約數。世界史學大師修昔底德（Thucydides）之所以堅信歷史有用，就因為他認為「人性是不變的：來自過去的證據自然會對未來的人有所幫助」。《詩經》讓我們今天仍然喜愛的是「窈窕淑女，君子好逑」之類寫人性的部分作品，而不是周王祭詩之類那部分。

▸ 其二、「通古今之變」

「古今之變」即「勢」。一個王朝的興衰意味著一個時代民眾之禍福，間接地寫「人」，仍展現一個作家的人文關懷。歷史是中國人的聖經。古代資治想要通鑑的，正是歷史的興衰。劉邦粗人一個，得天下之後還說自

---

[034]　馬勇：《帝國設計師董仲舒》，北京：東方出版社，2015年，P.127、128。

己是從戰馬上奪得天下，與詩書沒個屁關係。經陸賈一番開導後，轉而要求：「試為我著秦所以失天下，吾所以得之者何，及古成敗之國。」[035] 結果，為大漢開了個好局。康熙念念不忘明朝正反兩方面的經驗教訓，曾對大臣說：「朕觀《明史》，一代並無女后預政、以臣凌君之事。我朝事例，因之者多。朕不似前人輒譏亡國也。」[036] 康熙這話讓我更在意的是：他坦承承襲了明朝的優點，並試圖結束那種後一代譏諷前一代的歷史惡性循環，立志不讓後人譏諷，此志不可謂不大。

如同人的生與死、愛與恨是文學藝術的永恆主題，興盛衰亡是歷史的永恆主題，或者說「永恆趣味」。英國著名歷史學家湯恩比說：「從文明衰落所造成的痛苦中學到的知識，可能是人類進步最有效的工具。」[037] 所以，晚明、晚清以及蘇聯之亡的歷史成為史學界的熱門話題。

▶ 其三、「成一家之言」

史書的生命力與文學藝術作品一樣，在於「成一家之言」，一家之感悟，一家之表述。其生命力強度與其一家之程度成正比。歷史的時間、地點、人物、事件都是「已死」的，但透過重梳可望獲得「新生」。

所謂「重梳」是重新梳理，而不是「重述」——簡單通俗化。正如法國著名思想家、作家帕斯卡爾（Blaise Pascal）所說：「但願人們不要說，我並沒有說出什麼新東西：題材的處理就是新的……同樣的文字用另一種寫法卻構成另一種思想。」[038] 我寫歷史小說時曾有個想法：「我的任務不是發明一種新的紙牌，而是創編一種新的遊戲規則，作一種嶄新的排列組合，給玩牌的人（讀者）帶來一種新鮮的樂趣。」我這些面向大眾的歷史隨筆同樣如此。歷史是「已死」的，本書是「嶄新」的。

---

[035]　《史記》卷 97，〈陸賈傳〉，第 3 冊，P.2084。
[036]　《清史稿》卷 7，〈聖祖紀二〉，第 1 冊，P.165。
[037]　轉引自金雁：〈我們應該從蘇東劇變中吸取什麼〉，《經濟觀察報》，2011 年 1 月 30 日。
[038]　[法] 帕斯卡爾：《思想錄》，何兆武譯，北京：商務印書館，1985 年，P.14。

前言　歷史需要新的讀法

　　為了解決宏觀史篇幅與閱讀時間的矛盾，近年來時尚「極簡史」，黃仁宇走向《萬曆十五年》另一個極端，所著《中國大歷史》版面字數僅 23.6 萬字。美國學者阿爾伯特·克雷格（Albert M. Craig）的《哈佛極簡中國史：從文明起源到 20 世紀》（The Heritage of Chinese Civilization）更甚，中文版字數僅 15.7 萬字。美國學者大衛·克利斯蒂安（David Christian）的《極簡人類史：從宇宙大爆炸到 21 世紀》（This Fleeting World: A Short History of Humanity），簡體中文版面字數僅 16.3 萬字。這大大節省了閱讀宏觀史的時間，但另一個問題顯而易見，這就是變成「縮寫」，有骨感沒血肉感，有面無點，有概念沒有細節……

　　那麼，怎樣才能兩者兼顧、魚與熊掌兼得呢？

　　毛姆也早給出了答案，這就是「跳讀」。詹森博士（Samuel Johnson）看書跳讀得很凶，因為「他天賦異稟，立刻就能抓住任何一本書有價值的地方，用不著苦苦從頭讀到尾。」[039]

　　毛姆似乎還認為，小說的結構比知識方面性圖書更不容易刪節，或者說更不容易跳著讀。美國作家馬克·吐溫有句名言：「現實遠比小說荒誕，因為小說是在一定邏輯下進行的，而現實往往毫無邏輯可言。」歷史是昨天的現實。這話可以稍加改動，因為小說是在一定邏輯下寫成的，因此難以刪節，或者跳著讀，少一個細節下部分就可能變得莫名其妙，而歷史「往往毫無邏輯可言」，因此存在大量「毫無邏輯可言」的部分應當刪節，或者說跳著讀。之所以有必要刪節或者說跳過，還因為一個作家寫書要花很長時間，「作者有時候亦難免才思不濟」。毛姆說：「跳著讀或許是壞習

---

[039]　轉引自《不一樣的文學史：世界十大小說家及其代表作》，作者序 P.21。

慣，卻是情勢所逼而養成的壞習慣」[040]，即作家所迫。

歷史書還存在另一種難免「被時間削去價值的部分」，這就是歷史本身的問題。近來，人們將經濟學家米塞斯（Ludwig Heinrich Edler von Mises）的「垃圾時間」（Garbage time）概念引入史學，但米塞斯實際上沒有提出這個觀點，這個觀點來自體育術語，指比分懸殊，大局已定時，比賽剩下的時間即是「垃圾時間」。我想，是否可以用歷史的「垃圾時間」來形容所謂歷史中「被時間削去價值的部分」？悠悠千古，總有大段大段平淡無奇，輝煌如漢唐也都有若干平庸的時代，一個明君也難免若干年、若干月平凡不足入史。作為一個帝王的傳記，或者一個王朝的斷代史，一個國家的通史，往往又不能完全忽略那些平庸的部分。這就更需要我們大眾讀者跳著去尋找「有價值的地方」，而「用不著苦苦從頭讀到尾」，連歷史的「垃圾時間」也認認真真花大力氣去讀去啃。

嚴格來說，即使鴻篇鉅製的史書也已經「省略已被時間削去價值的部分」。自漢以後，幾乎歷代帝王都有一種「起居注」，類似「日記」，及時記錄帝王的言行，作為撰修國史的基本材料之一。人們讀的都是史書，而不是「起居注」。即使「起居注」，也不可能有聞必錄，必定也有所選擇。選擇視所需篇幅而定，同時出於不同的思想理念。

讀書，不僅需要選擇書的智慧，還需要跳讀的藝術！

對於二十五史及《資治通鑑》之類，我想99％的大眾讀者都是「跳讀」，即跳過自己暫不興趣的部分，跳過歷史的「垃圾時間」，只不過跳的形式不一樣而已。

「跳讀法」是一種高效的「抽樣讀書法」。日本學者齊藤英治研究豐富心靈世界的讀書法，認為透過大約20％的節點即可獲取80％的高品質資訊，跳讀就是努力尋求那20％的關鍵資訊。他還作了一個生動的比喻：「就

---

[040] 同上，P.6。

前言　歷史需要新的讀法

像茫茫海面上飛翔的鳥兒，邊滑翔邊眺望著海面，一旦發現魚的蹤影就俯衝下去」，而不必一直遊涉在海面。[041] 無獨有偶，日本另一位學者印南敦史所著《快速閱讀術》也持相似的看法。

跳讀歷史，與專業史如思想史、農業史、服裝史等有所同，有所不同。同的是專於某一個視角，不同是在選擇一個特殊的視角之後，並不是從古至今一口氣連貫下來，而是繼續依作者選擇的某種規律跳躍著，略去不太重要的部分，以節省閱讀時間。

本書嘗試「把書中沒有興趣的部分略過不讀的藝術」引入歷史，即透過跳讀創世、盛世、危世與末世那20%的關鍵內容，找到中華帝制時代2,000多年歷史當中那80%「具有永恆趣味的部分」。

本書追求「輕學術」較嚴謹的風格，但畢竟不是學術論著，而屬於「隨筆」這種形式，即隨興所至，覺得「永恆趣味」多些就多寫幾筆，「永恆趣味」少就少寫幾筆，沒有就盡量不寫。

History（歷史）的含意是：His（他的，即上帝）+Story（故事）。讀歷史就是讀故事，寫歷史就是用古人零零碎碎的故事+獨特的視角重梳歷史。中國世界史學科主要奠基人雷海宗就被稱為清華大學「會講故事的教授」，以色列新銳史家甚至強調說「人類思考用的是故事，而不是事實、數據或方程式」。[042]

本書的特色，我向自己提個要求：現代的視角，史家的態度，文學的表述。

---

[041]　[日] 齊藤英治：《王者速讀法》，姚東敏譯，杭州：浙江教育出版社，2008年，P.66。
[042]　[以色列] 尤瓦爾·哈拉瑞（Yuval Noah Harari）：《21世紀的21堂課》(*21 Lessons for the 21st Century*)，林俊宏譯，北京：中信出版集團，2018年，P.3。

5

「帝制」與「封建制」不同。較權威的說法：

「帝國」一詞源自於羅馬術語「統治權」（imperium），後者即使在具體的羅馬背景中也很難翻譯，但它總是帶有支配和控制的含義。通常認為帝國是透過征服形成的，這很有道理，因為這個詞本身就有某個種族、集體或核心區域單位支配其他的種族、集體或區域單位的含義。[043]

這個定義顯然適合東周之後至民國之前的中國歷史。

中外史觀有諸多差異。梁啟超批評中國舊史學以王朝劃分時代，「雖名為史，實不過一人一家之譜牒」，「史見有君主，不見有國民」，使得人們「知有朝廷而不知有國家」[044]。塞繆爾·E·芬納（Samuel E. Finer）總結世界歷史上「四個政體非常長壽」，就將中國秦至清視為一個整體，計2,133年，其他長壽的國家如埃及2,820年、羅馬985年、亞述帝國744年、鄂圖曼帝國568年、薩珊波斯帝國427年、哈里發帝國312年、阿契美尼德波斯帝國220等，並強調說：「將秦朝統一作為開端，不但符合慣例，在我看來也是正確的。」[045]唐德剛提出一個關於中國社會政治制度轉型理論「歷史三峽」，與塞繆爾·E·芬納的理論相吻，把先秦以來的中國政治社會制度變遷分為「封建、帝制與民治」三個大的階段，第一次大轉型自西元前4世紀「商鞅變法」起至秦皇漢武之間，從封建轉帝制；第二次大轉型發端於鴉片戰爭之後，從帝制轉民主制。不少專家學者將中國帝制時代通稱為「中華帝國」。袁世凱妄圖於西元1916年正式建一個「中華帝國」，由於各方面強烈反對，該國號還未對外正式宣布，袁世凱也未正

---

[043] [英]塞繆爾·E·芬納：《統治史》卷1，王震、馬百亮譯，上海：華東師範大學出版社，2014年，P.8～9。
[044] 梁啟超：《新史學》，北京：商務印書館，2014年，P.65、80、85。
[045] 《統治史》卷1，P.32。

前言　歷史需要新的讀法

式登基便告終，此期間對外仍然稱中華民國。

當然，為了具體考察歷史，通常得細化，秦朝、漢朝、北魏、隋朝、唐朝、宋朝、遼國、金國、元朝、明朝、清朝等等。外國歷史同樣如此。有如中國西周東周、北宋南宋，古埃及有上下之分，上古埃及史又分為以下幾個時期：一是前王朝時期（約西元前 4500～3100 年），二是早王朝時期（1～2 王朝，約西元前 3100～2680 年），三是古王國時期（3～6 王朝，約西元前 2686～2181 年），四是第一中間期（7～10 王朝，約西元前 2181～2040 年），五是中王國時期（11～12 王朝，約西元前 2040～1786 年），六是第二中間期（13～17 王朝，約西元前 1786～1567 年），七是新王國時期（18～20 王朝，約西元前 1567～1085 年），八是後王朝時期（21～31 王朝，約西元前 1085～332 年），九是馬其頓希臘人和羅馬人統治時期（西元前 332～西元 642 年）。比照來說，秦漢也許可以稱中華帝國第一王朝、第二王朝吧？

歷史有如天地四季。記載魯國的歷史，孔子就冠其名曰《春秋》，以至人們將東周前半段那 300 來年的歷史直接稱為「春秋」。中國帝制時代的歷史可謂四季分明──

春：一年之始，陽光明媚，鶯歌燕舞，有如一些長壽王朝創世之初，稍穩定便開始華麗轉身，轉而發展，生機勃勃。或者宏觀地看，有如秦、漢時期。對於中國千古帝制來說，秦顯然是「立春」。劉邦、項羽推翻了秦始皇，但他們兩人爆發「路線戰爭」，項羽恢復分封制，劉邦則消滅項羽，實行半封建、半郡縣制即帝制。到劉徹手上，秦制正式回歸並定型。從此到清末一路秦制，幾乎是共識。歷史上，漢朝的名聲並不好，到清朝才被美化。

夏：豔陽高照，碧空萬里，如一些長壽王朝文治武功，興盛之極。或者宏觀地看，如隋、唐時期。隋如秦短命，卻也如秦在制度上有為，不過

在秦的基礎上更進一步，被稱為繼秦之後的第二帝國。唐朝則是中華帝制時代政治與文化發展的高峰，堪稱世界性帝國，東亞世界的中心。不過，至「安史之亂」急轉直下。

秋：西風烈烈，落英繽紛，則如一些長壽王朝隱患日顯，矛盾漸多，急待改革復興。或者宏觀地看，如宋、元時期。這時期仍然比較強大，但也有說不盡的辛酸。北宋帶著嚴重的先天性傷殘，又被「夷狄」掠半，進而盡覆。元朝更讓人欲說還休，如同羅馬被「蠻族」強占，有「崖山之後無中國」之說。

冬：冰封大地，草木枯朽，如一些長壽王朝之末，改革失敗，只得告終。或者宏觀地看，如明、清時期。不少專家學者都認為明清在文化上是一個停滯時期，如同動物冬眠。明朝在某種意義上說是一種「中興」。表面看明清也是強大的，鄭和能夠遠航西洋耀武揚威，康乾能夠將大西北收入囊中，從架子上看堪稱「中華第一帝國」，然而，骨子裡的帝制文化已經僵化、腐朽透了，面臨「三千年未有之變局」不能自我革新積極應對，那些所謂強不過是「迴光返照」而已。

其間，如漢末至隋的大分裂是轉型時期，可視為春末，或夏初。五代十國則如夏末，或秋初。

一個王朝春夏秋冬過去，又一個王朝的春夏秋冬啟始。中華帝制時代那2,000多年，就是這樣一次又一次不厭其煩地輪迴循環，形成一個又一個難以擺脫的「歷史週期律」。

其實，外國歷史上也都有一個個興盛衰亡的週期現象。但在「叢林時代」結束、國際法誕生之後，完全可望不再輪迴循環。

從文化史來說，本書以「孔子的籠子」為視角，實際上梳理了3,000年儒學史。對於這個龐大的課題，本書跳讀四個要點：

前言　歷史需要新的讀法

其一、「孔子的籠子」1.0 版，即周公制禮作樂，為儒學之創。

其二、「孔子的籠子」2.0 版，即孔孟大發展。

其三、「孔子的籠子」3.0 版，即董仲舒大改造。

其四、「孔子的籠子」4.0 版，即程朱理學大終結。對此，很可能有異議。我是從儒學發展的角度而言，明時儒者已宣稱：「自考亭以還，斯道已大明，無煩著作，直須躬行耳！」[046] 至於後來至現代還有「新儒學」之類，似乎還沒形成 5.0 版吧？

從 1.0 版到 4.0 版，恰巧也如春夏秋冬四季。跳讀這四季四個點，是不是也大致用 20% 的時間讀到了 80% 的儒家千古史？

步入歷史季節的深處，一木知春，一葉知秋。好比將若干個不同地區春季、秋季的照片串起來看，是不是可以對春、秋有更好的認知？

---

[046]　《明史》卷 282，薛瑄傳，63 冊，P.4833。

本卷開篇話
切片式看長壽王朝

本卷開篇話　切片式看長壽王朝

> 本卷視角

歷史四季，本卷主題為春，著眼於創世。

作家柏楊統計，中國歷史從黃帝上任至溥儀退位的 4,643 年間，共有 83 個大小不同的政權，559 位帝王。當然，這僅是一家之言。有些王朝在史料上出現一次或數次便石沉大海，所以中國歷史上究竟有多少個王朝迄今是一筆糊塗帳。比如兩漢之際王莽的「新」朝，長達 15 年，跟秦朝一樣國祚，不少歷史學家就忽略不計。

中國歷史上造反太多，太多人想當帝王。僅在新莽崩潰、劉秀稱帝前後，就有十幾個造反頭目稱帝建政。例如蜀郡太守公孫述，臣僚李熊勸他稱帝，說：「蜀地沃野千里，戰士不下百萬。所謂用天因地，成功之資啊！」公孫述聽了當然動心，可他心虛，不敢妄為。這時，夢中有人對他說：「八厶子系，十二為期。」、「八厶子系」顯然是「公孫」二字；「十二為期」有分歧，應當指漢室 12 個帝王（包括呂后），意思說漢室氣數已盡，該由公孫述來替代。也有說指任期僅 12 年，所以公孫述夢醒而來又喜又悲，嘆道：「雖然可以貴為帝王，可是國運太短，怎麼辦？」老婆倒比他想得開：「孔夫子說『朝聞道夕死可矣』，何況有 12 年！」經這麼一開導，公孫述不再猶豫，起兵反王莽，比劉秀早兩個月稱帝，不過真的十餘年便灰飛煙滅，在帝王譜系當中了無蹤跡。歷史上像公孫述這樣的「帝王」數不勝數。部眾勸李壽稱帝，占卦「可數年天子」，有人歡欣說「一日尚足，況數年乎」，李壽即表示贊同：「朝聞道，夕死可矣。」弒楊廣的宇文化及在敗亡之時，忽然感嘆：「人生固當死，豈不一日為帝乎」？李自成也是在敗退北京之時匆匆稱帝……

所以，本卷所關注之春，必須界定於長壽王朝之春。

本卷視角

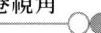

古今中外，人們都希望自己的國家強大，關於「大國」、「強國」、「帝國」之類的話題總是熱門。常常有人不無驕傲地稱「大漢」、「大唐」、「大宋」、「大元」、「大明」、「大清」等等。自尊心膨脹的同時，也有一些人則愛貶稱某些國家為「小XX」。

「大國」與「強國」、「帝國」等概念看似差不多意思，但細尋起來，還是有些許差異。有些人偏重於軍力強，疆域大，有些人則偏重於綜合國力，國泰民安，見仁見智。

長壽是人類古往今來最普遍、最基本的願望。魯哀公請教治國之道時，孔子說「政之急者，莫大乎使民富且壽也」，並具體指導說：「省力役，薄賦斂，則民富矣；敦禮教，遠罪疾，則民壽矣。」[047]Google首席未來學家雷蒙·庫茲韋爾（Raymond Kurzweil）表示：他們在重新改造過時的「生命軟體」，準備幫助人類遠離疾病和衰老，西元2030年將可以摧毀病原體，清除雜物、血栓以及腫瘤，糾正DNA錯誤，甚至逆轉衰老過程，2045年人類開始實現永生，呵呵。

作為萬民之上的帝王，更是強烈地奢望長生不死。秦始皇、漢武帝等諸多帝王極力追求仙藥，好幾位帝王甚至落得因服所謂「仙丹」而死的下場。同時，幾乎所有帝王也強烈地奢望「家天下」千年萬萬年。只是鑒於此前從未有一人真正不死的殘酷現實，秦始皇又不能不做好死亡的準備，親自擬好一系列名稱，「朕為始皇帝。後世以計數，二世三世至於萬世，傳之無窮」，透過血脈實現秦王朝永恆的目的。他的傳國玉璽刻著「受命於天，既壽永昌」八個大字。這玉璽在唐時更名為「受命寶」，後輾轉落到遼國皇帝耶律隆緒的手裡。耶律隆緒雖是道地的契丹人，但他有相當程度的漢文化，以詩寄語「子孫皆宜守，世業當永昌」。在北京朝陽門外神路街公車站旁，迄今聳立一座高大的黃彩琉璃牌樓，三間四柱七頂，正間的

---

[047]《孔子家語·賢君》

本卷開篇話　切片式看長壽王朝

南北兩面各有一塊石匾，北面字為「永延帝祚」，南面字為「秩祀岱宗」，相傳為明代內閣首輔嚴嵩所書。帝祚即帝位、皇位。千古帝王，不論何姓何族，與秦始皇無不同願。儘管早有人哀嘆「人生不滿百」，還是一代代高呼「萬歲」，響徹雲霄，聲遏白雲。

古代埃及人更聰明，宣稱他們的國王就是神。國王不僅自己長生不老，而且能夠把永生賜予他人。因為人們期望感恩的神王能慷慨地允許那些曾經在此生盡心侍奉過他的人作為永遠忠實的奴僕，分享神的永生。法老就是這樣，利用民眾奢望長生的心理加強自己的統治。[048]

中外古代帝王的美好願望無不落空，不少還是在自己手上成泡影。不過，幸好帝王也必然會死，不然暴君昏君帶來的苦難沒完沒了，連好日子的奢望都不敢有。

現代，人們仍然希望自己的國家長壽。日本早在「明治維新」時就開始創作自己的國歌，但一直沒能成功，西元1958年才開始試行以10世紀一首詩〈君之代〉為國歌，直到西元1999年才正式確定。其歌詞有多種譯法，如果以漢文言文譯，那則是：

吾皇盛世兮，千秋萬代；

砂礫成巖兮，遍生青苔；

長治久安兮，國富民泰。[049]

祈盼盛世，祈盼長治久安！祖先的美好理想源遠流長，這應該也是現代世界各國人民的心聲。

天地四季的時間分明，可以精確到幾時幾分鐘立春、立夏、立秋或立冬，歷史四季則無法界定統一時間，只能以「模糊數學」論。長壽王朝之

---

[048]　[美]威廉・麥克尼爾（William Hardy McNeill）：《世界史：從史前到21世紀全球文明的互動》，施誠、趙婧譯，北京：中信出版社，2013年，P.27。

[049]　[英]湯姆・納托：《事實：不為人知的世界》，熊文霞譯，北京：新世界出版社，2010年，P.112。

春的視角，有兩類：

一是該王朝的第一個盛世（治世、中興），有的開國立朝伊始即計入盛世，如北宋、南宋；較多是歷經一兩代打好基礎才開始，如西周、西漢、清朝等。

二是王朝前期的某一年，雖沒有盛世之譽，但相對較興盛時期的代表年分。具體時間不限，距開國立朝或 20 年，或 30、40、60 年等，比較隨機。選擇這樣的點作切片式分析，也滿有意義的。黃仁宇一方面將中國上下數千年濃縮成一冊《中國大歷史》，另一方面則將西元 1587 年往深裡挖掘成《萬曆十五年》。關於後者，黃仁宇特別說明：「萬曆十五年在中國的朝廷上發生了若干為歷史學家所易於忽視的事件。這些事件，表面看來雖似末端小節，但實質上卻是以前發生大事的症結，也是將在以後掀起波瀾的機緣。其間關係因果，恰為歷史的重點。」[050]

我們到醫院體檢，不是抽幾滴血鑑別全身血液狀況嗎？測骨密度也是僅取若干橫切面，而非全身。既然通史有通史之長，斷代史有斷代史之長，那麼選取某年某事深究之史也有其長。

「三代」：儒家至愛

夏、商、周三個朝代，特稱「三代」。實際上，三代應該是指這三個朝代之初，或者說這三個朝代的盛世。

三代都是長壽王朝，但存在一些問題。以可信度為標準，中國歷史可以劃分為四個時代：一是神話時代，二是傳說時代，三是半信史時代，四是信史時代。神話時代指遠古，從盤古開天地到有巢氏、燧人氏、伏羲

---

[050]　黃仁宇：《萬曆十五年》，北京：中華書局，2006 年，P.2。

本卷開篇話　切片式看長壽王朝

氏、女媧氏和神農氏時代。傳說時代指西元前 27 世紀至前 23 世紀，多少有點事實存在，即使全屬虛構也比神話更嚴謹些。半信史時代指前 23 世紀至前 8 世紀，有些得到考古文物支持，有時候一連數百年空白，有紀年也只是後人推算。信史時代指西元前 841 年文字記載開始得以儲存，沒再中斷。三代主要屬於半信史時代，可信度還有待於提高。

中國是歷史悠久的文明古國，但不是世界最早發達的政體，常說「中國上下五千年」其實較多爭議。俄國漢學家維克多・V・瑞布里克（Victor Vasilyevich Rebrik）謹慎地說：「商的文獻中並未提及夏朝，當時中國可能還處在新石器時代，所以可能這個王朝並不存在，或許進一步的考古發現可澄清這一問題。」[051]

西元 1996 年中國啟動「夏商周斷代工程」，召集歷史學、考古學、文獻學、古文字學、歷史地理學、天文學和測年技術學等 9 個學科 12 個專業 200 多名科學家聯合突破瓶頸，希望能釐清夏商周時期的具體年代。西元 2000 年基本完成，制定出《夏商周年表》，有些結論已被一些主流詞典和教材採用，但在專家學者間仍然存在較大爭議。

◎夏

傳有「少康中興」。

夏桀是中國歷史上臭名昭彰的暴君之一，他最喜愛的美女妹喜則是中國歷史上第一位「紅顏禍水」。夏桀築傾宮、飾瑤臺、作瓊室、立玉門，沉湎後宮，不務政事，朝野越來越不滿。夏桀自詡太陽，說要帶給人民光明與溫暖，實際卻是沒完沒了的苦難，人民忍無可忍說：「你那顆太陽什麼時候滅亡啊，我們情願與你同歸於盡！」這就是成語「時日曷喪」的由來。

---

[051]　［俄］維克多・V・瑞布里克：《世界古代文明史》，師學良、劉軍譯，上海：上海人民出版社，2010 年，P.177。

◎商

夏朝下屬商國的君主湯發動革命，打敗夏桀，奪得政權，建立商朝。商湯吸取夏桀的教訓，釋出〈湯誥〉，要求臣屬「有功於民，勤力乃事」，「以寬治民」，贏得諸侯國的朝拜。

其後傳有「盤庚中興」、「武丁中興」。

最後一任商王紂王，他留給人們最壞的印象，一是生活奢侈靡爛，所謂「酒池肉林」說的就是他，他寵愛的蘇妲己有如妹喜；二是暴虐嗜殺，「炮刑」就是他發明的，著名忠臣比干因為批評他不僅被殺還被剖心。不過，有人認為紂王被嚴重醜化。孔子得意門生子貢就說：紂王的壞不像傳說那麼嚴重。人不敢倒楣，一倒楣就像處於下游，汙水一般的壞事都會歸集到他身上。[052] 現代專家學者贊同子貢的看法，如姚大中說：

> 自殷墟發掘數據，原系東亞世界古代大統治者殷朝後期帝王的共通說明，只以標明了妲己等人名，酒池肉林等等乃構成專屬帝辛故事的內容。帝辛不幸乃是亡國之君，才以「予一人」承擔了全部罪名與惡名。[053]

帝辛即商紂王。在幾千年中國歷史舞臺上，類似的把戲一次次重演：以醜化前朝來掩蓋自己奪權之不義，並把自己打扮成人民的大救星。歐威爾（George Orwell）說「誰控制過去就控制未來，誰控制現在就控制過去」，前半句我不信，後半句可以在中國歷史上找到無數例證。

◎周

西北部的周人姬昌發動叛亂，死後由兒子姬發領導繼續對商作戰。進攻商都前夕的誓師大會上，姬發進行動員報告，指責商紂王的一系列滔天罪行，強調此戰是奉上天之命進行討伐。姬發這篇重要演講題為〈泰

---

[052] 《論語·子張》，「紂之不善，不如是之甚也。是以君子惡居下流，天下之惡皆歸焉。」
[053] 姚大中：《姚著中國史》卷1，北京：華夏出版社，2017年，P.137。

本卷開篇話　　切片式看長壽王朝

誓〉，收入《尚書》，但失傳，所傳卻被認為是漢代人的偽作。有趣的是，美國專家學者說：〈獨立宣言〉的主要起草人湯瑪斯·傑弗遜（Thomas Jefferson）應該讀過並且借鑑了〈泰誓〉。[054] 由此可以想像姬發這篇演講多有煽動性，戰士們聽了熱血沸騰，同仇敵愾，戰鬥力倍增，不到一天時間就攻占商都，逼得紂王和他美麗的妲己自盡。姬發理直氣壯地稱武王，追封其父為文王，改國號為「周」。

儒家對姬發滅商大加頌揚，與商湯滅夏相提並論，稱之「湯武革命」。孟子還辯護說姬發是正義討伐「一夫」，而非犯上作亂「弒君」。這為後來無休無止的造反奪權製造了榜樣，透過舞文弄墨操縱真相。

武王很有雄心壯志，可惜天命不濟，第二年病死。太子姬誦繼位，即成王。成王當時僅十二三歲，委託周公攝政。成王逝世後，其子姬釗即康王繼位。成王與康王期間，被譽為「成康之治」。

康王也是「明君難終」，後期社開始衰落。西元前996年，康王姬釗死，長子姬瑕繼位，稱昭王。姬瑕「儀容恭美」，在現代是帥哥，只遺憾他時運不濟。上任當年，東夷（大致今山東一帶）發生叛亂。白懋父率師討伐，師旅竟然拒絕。白懋父應該是一位執掌征伐刑賞大權的人物，對師旅處以罰款300孚（古代重量單位）。同年，巢國（大致今安徽巢湖一帶）也發生叛亂。由此可見，康王的「盛世」並不太平，或者說原來那些被征服的地方幾十年之後還沒「悅服」，一點面子也不給新王。這年七月，魯國竟然發生政變，魯侯之弟姬沸殺兄長姬宰奪位，自稱魏公。與東夷、巢國那些本來就是「蠻夷」的地方不一樣，魯國是周的封國，而且是周公之子伯禽親自開國，姬宰與姬沸才「官三代」，怎麼就兄弟相殘呢？不能不承認「王道微缺」了！

西元前770年王道變大缺，周王被迫東逃，「西周」變「東周」。

---

[054] 趙冬梅：《法度與人心：帝制時期人與制度的互動》，北京：中信出版集團，2021年，P.263。

「三代」：儒家至愛

　　天下並沒有隨著周平王東遷而太平，如同潘朵拉的盒子被開啟，開啟一個更加動亂的時代。專家學者認為：「事實上，自新石器以來戰爭便持續不斷，一直被認為是太平盛世的夏、商、周三代，實際上也是戰亂之世，與人們理想中的太平盛世相去甚遠。」[055] 甚至認為夏、商及西周時期並不存在一個統一的政權，只不過是商、周壟斷了在青銅器上鑄刻銘文的技術，嚴格保密。這樣使得頌揚他們的銘文流傳下來，而其他地方似乎不存在。西周末大亂，他們的工匠流散各地，才使這種技術流傳開來，也就讓各地開始有文字紀錄，進而暴露各地與周室及其相互間紛爭的真面目，造成「禮崩樂壞」的錯覺。這說法令人耳目一新。

　　東周分「春秋」（西元前 770～前 476 年）與「戰國」（西元前 475～前 221 年）兩個時期，其實西元前 256 年東周已被秦國直接滅亡。這個王朝之長壽，徒有虛名，如同在病床躺過百歲的植物人罷了。人們記憶中更多是齊桓公、晉文公、楚莊王、吳王夫差、越王勾踐等等，很難想起東周 25 個帝王當中哪一個。

　　到春秋時期，見於史書記載的大大小小諸侯國還有 140 多個，但司馬遷〈十二諸侯年表〉記的僅 13 個，即魯、齊、晉、秦、楚、宋、衛、陳、蔡、曹、鄭、燕、吳，突出的是「春秋五霸」、「戰國七雄」等少數幾個，最後秦始皇一統天下，可想而知那數百年間你死我活相互吞併多麼慘烈。專家學者說：「中國在戰爭藝術方面算不上有名，但這一時期卻是個例外。」[056] 春秋與戰國有些明顯的區別，比如春秋時期的戰爭不以殺人為目的，只是一種政治手段，逼著對方簽個盟約獲幾座城池即告結束；戰國時期變殘酷，動輒殺光敵方的所有力量，滅絕對方。

　　與此同時，周王的權威日益衰弱，王城的地盤不斷被侵蝕。到西元前

---

[055] 《中國的歷史・殷商春秋戰國》，P.333。
[056] 《統治史》卷 1，P.482。

本卷開篇話　切片式看長壽王朝

256 年，周王自己的地盤僅剩 36 村 3 萬多人口，相當於我們今天一個稍大的鄉鎮而已。中央集權與地方割據勢力之爭是中國歷史上反覆出現的現象，只不過地方割據勢力在東周時稱諸侯國，且以這時期為最。

有一次，宋孝宗趙睿談論歷史，說：「自三代以下，至於漢唐，治日常少，亂日常多，何也？」宰相葉衡認為：「正為聖君不常有。如周八百年，所稱極治者，成康而已。」[057]

對於「三代」，儒家推崇不已。無論士農工商，立論言必稱「三代」，寫文章開篇必是「子曰詩云」。在孔子們看來，再沒有比三代更好的時代了。後來的儒家仍然持此種看法，甚至主張不讀三代以下，只讀三代聖賢。宋儒還有一個極端說法：周之後的人心變壞，就像衣服破了一樣，只能是今天打個補丁，明天打個補丁，但無論怎樣努力也不可能像新衣服那麼完美了。[058]

恕我直言，我可不相信三代真有儒家想像那般美好（周公「禮樂之治」相對較好是可信的）。有個笑話：有個人信口胡謅他路過的後方有人在分發金幣，路人聽了信以為真，紛紛向後方疾奔而去，因為太多人相信太多人跑去了，這人自己也迷糊起來：「那可能真有人分發金幣啊！」這也許就是心理學所稱「證實性偏差」，即把證明可行性的資訊無限放大，而把不可行性的資訊無限縮小，甚至直接漠視。

我也以為，那種沒完沒了地「厚古薄今」、甚至對未來絕望的思維方式是有害無益的。

---

[057]　《續資治通鑑》卷 144，宋紀 144，8 冊，P.3852。
[058]　陳亮：〈甲辰答朱元晦書〉，「千五百年之間，天地亦是架漏過時，而人心亦是牽補度日。」

帝制之前「孔子的籠子」

「籠」字從竹，可見最早是用竹製作的。《莊子》有曰：「夫得者困可以為得乎？則鳩鴞之在於籠也，亦可以為得矣。」

好在製作籠子的材料不限於竹。同樣是很古的時代，還可以用藤用木，只不過統歸寫成竹字頭的「籠」。至於籠子的功能，不限於囚鳥囚獸，還可以囚人。囚獸用竹籠肯定沒用，而囚人用木籠也可能沒用。萬一碰上子路、張飛那樣的彪形大漢，像吃巧克力棒一樣啪一聲就斷了。

再說，即使鐵籠也只能囚人的肉身，囚不了人的思想。雖然將他鎖進鐵籠，可他如果還要高喊反動口號怎麼辦？像武則天時期那樣用木塞堵死刑犯的咽喉，或者直接將人的喉嚨割了，畢竟太不人道。如果有一種籠子能夠囚人的思想就好了，那麼儘管沒用鐵籠木籠竹籠，面對賜予的白綾、利劍或者鳩酒，他還會噗通一聲跪下去叩謝皇恩浩蕩。明朝大臣楊繼盛上書彈劾嚴嵩，歷數其「五奸十大罪」，世宗朱厚熜大怒，將其下詔獄，歷經廷杖等酷刑，自摔瓷碗割腐肉才不死，三年後還是被處斬。楊繼盛臨刑作詩曰：「浩氣還太虛，丹心照千古……生平未報恩，留作忠魂補。」又如被乾隆贊為「三朝武臣巨擘」的岳鍾琪，在冤獄中聽聞自己被處死刑，感激涕零地賦詩曰：「君恩今已負，臣罪死應當。」由此可見，對於帝王來說，思想的籠子多麼可貴。

「人類的全部尊嚴就在於思想；真正能囚禁人類的，是思想的牢籠。」帕斯卡爾這話顯然說太遲。思想籠子的首創之功當歸中國儒家。

現代人常說要把權力關進籠子是指「法」（制度）製作的籠子，孔子們說的是「禮」（道德）製作的籠子。為了突出這一特性，我將儒家泛稱為「孔子的籠子」。

本卷開篇話　切片式看長壽王朝

《莊子》還說：「以天下為之籠，則雀無所逃。」儒家創造的「孔子的籠子」，讓芸芸眾生更是無所逃矣！

一、「孔子的籠子」1.0 版

◎「君權神授」

儒家尊崇堯、舜、禹、湯、文、武、周公等為先賢聖人。有人認為堯、舜等上古人物的故事「大半是在孔子時代之後發展起來的」，也就是說很可能是「孔子創造了這些人物」，「堯、舜、禹從孔子那裡得到了他們的思想，這恐怕才是更近於真情的說法」。[059] 堯、舜屬於神話傳說，禹、湯屬於「半信史時代」，神話傳說的可能性較大。文王、武王與周公的形象，雖然有灌水的嫌疑，但應該比較可信。

夏、商、周三個朝代，與一般常說相連的朝代不同。許海山《古中國簡史》說它們「在勢力強弱的浮沉方面，表現為前仆後繼的朝代繼承關係，而三者的文明進展方面，又是『平行並進式』的。周的社會發展，早先基本走的是原始化發展之路，與中原夏商相比，毫無疑問顯得晚遲和弱小」。但後來居上，周取代了商。許倬雲敘述：

> 綜合言之，周人以叢爾小邦，人力物力及教育程度都遠遜商代，其能克商而建立新的政治權威，由於周人善於運用策略，能結合與國，一步一步地構成對商人的大包抄，終於在商人疲於外戰時，一舉得勝。[060]

許老先生謙謙君子，說話客氣。「在商人疲於外戰時」，指什麼？

當時周是商的屬邦，為自己與商的共同利益與戎狄作戰。商王常派兵增援並予賞賜，甲骨文中常見「保周」之辭。不僅如此，現代考古學揭露：

---

[059] ［美］顧立雅：《孔子與中國之道》，高專誠譯，鄭州：大象出版社，2000 年，P.175。
[060] 許倬雲：《西周史》，北京：三聯書店，2012 年，P.125。

帝制之前「孔子的籠子」

周還長期捕送羌人供商王作為祭祀的犧牲，甲骨文中的「周」就是「用」，而「用」的本意指殺人獻祭。商王對於周人這一血腥的代理業務予以獎賞。然而，周人發展壯大了，卻暗中謀劃「弱商」，商紂王將其頭目姬昌即後來被追封的周文王抓捕。一般說周人獻了美女與財寶，紂王大喜，將姬昌放虎歸山。但上海博物館近年發表的楚簡透露，因為今陝西中北部的9個邦發生叛亂，姬昌表示希望立功贖罪，請求出征平叛。紂王認為燃眉之急要緊，便答應。姬昌出獄後一邊平叛，一邊繼續擴大自己的地盤，很快對商都形成包圍之勢。姬昌死後，他兒子姬發即周武王趁商軍主力在東南與外敵作戰，王城空虛的時候，勾結今西北地區的蜀、羌等8國聯軍，一舉攻占商都，取而代之。李零強調這批簡帛文獻的重要性：「可以說，沒有文王平九邦，就沒有武王克殷。」[061] 李零老師也寫得克制。不客氣說就是國難當頭，諸侯不是真心實意與君王共赴國難，而是耍奸計，趁火打劫，犯上作亂，弒君篡國。

其實天下所有開國情形都差不多，周與秦，王莽與趙匡胤，並沒有什麼實質性差異，如果要說有差別那只不過成王敗寇。有句藝術評論很有意思：「藝術家的作品和他的私生活，就像正在分娩的婦女和她的嬰兒。你可以看她的孩子，但卻不可以掀起她的內衣去看她是否沾滿血汙。」[062] 國家王朝出生之狀，要麼被遮掩的假相，要麼不忍直視的真相。反正那麼回事，不看也可以想像，還是著重看他們是否及時「洗禮」，華麗轉身，不再製造新的血汙。所以，我認為讀史應當像觀賞荷花那樣，沒必要追問是否出於汙泥，而只須關注它是否依然泥汙。從這個角度說，周人是不錯的。

古人很早就注意到權力來源的「合法性」問題。商人的說辭是「君權

---

[061]　李零：《我們的中國‧思想地圖》，北京：三聯書店，2016年，P.60。
[062]　[美] 歐文‧斯通 (Irving Stone)：《梵古傳》，常濤譯，北京：北京出版社，2001年，P.205。

051

本卷開篇話　切片式看長壽王朝

神授」，上天授予我統治權，你不能不服從。

周人不服從，並奪權成功了，以屬代主，以臣代君，算不算逆天？該怎麼向世人交代？許倬雲說：

這一意料不到的歷史發展，刺激周人追尋歷史性的解釋，遂結合可能確曾有過的事實（如周人生活比較勤勞認真，殷人比較耽於逸樂）以及商人中知識分子已萌生的若干新觀念，合而發展為一套天命靡常、唯德是親的歷史觀及政治觀。[063]

周人順水推舟，但是偷換概念，在《詩經·大雅·文王》中對「君權神授」予以新的解釋：「天命靡常」，即神可能改授權。那麼，神怎麼改授？答：「唯德是親」，即誰無德剝奪誰的權，誰有德就將權改授於誰。「德」的概念也被偷換。所謂「德」，在商代原本是指佑助征伐的靈力，到周人這裡又不同了。楊向奎說：「『德』字在西周是一個新字，它能代表的也是一種新的思想意識。」這種新的思想意識的威力，絲毫不亞於干戈。大眾心理學專家認為：「政治家最根本的任務之一就是，把群眾無法再忍受其舊名稱的事物換一個喜聞樂見的名字，最起碼別讓人討厭。詞語的力量太大了，只要選對了名稱，群眾就能接受最毒惡的東西。」[064] 歷史上的儒家不懂這樣的理論，但深諳此理，千百年注重搶奪、控制褒義詞，而將所有貶意詞強推給對手。

周公著有〈多士〉一文，強調商革夏命是由於夏人「大淫泆」，所以上天「廢元命，降致罰」。商王「明德恤祀」的時候，上天「保又有殷」。可是到紂王，「誕淫厥泆」，於是又「上帝不保，降若茲大喪」，使殷命終止。他們宣稱：「革殷，受天明命。」他們奪權不是犯上作亂，而是奉天之命，昭昭大義，國人必須服從這一新的神授之命。

---

[063] 許倬雲：《西周史》，北京：三聯書店，2012年，P.125。
[064] ［法］古斯塔夫·勒龐（Gustave Le Bon）：《烏合之眾：大眾心理研究》，馬曉佳譯，北京：民主與建設出版社，2018年，P.81。

帝制之前「孔子的籠子」

歐洲歷史上也講「君權神授」，但有諸多不同，關鍵一點不同是：怎麼授。教皇是上帝在人間的化身，不僅與王權分開，而且權力高於國王。直到 13 世紀末，法王腓力四世（Philip IV）與教皇波尼法斯（Bonifatius VIII）發生第八次衝突，教會還發明一個「籠子」：教皇好比太陽，國王好比月亮，後者光是向前者借的，因此連國王的寶劍非經教皇許可也不能佩帶。沒有教皇的認可，國王是不合法的。所以歐洲人很少造反，即使造反也不敢幻想稱帝。

中國的宗教沒有這種職能與地位，神權與王權集於帝王一身，所謂「君權神授」實際上是帝王自授。誰奪得權誰就當上帝，也就最有德而最有資格去領導道德定義。他們往往可以滿口仁義道德地做著各式各樣傷天害理的事，占盡便宜。難怪連《水滸》中的傻大個李逵也想「殺去東京奪了鳥位」，李逵沒做成的事小和尚朱元璋們做成了。從第一次揭竿而起的農民陳勝、吳廣到篡漢的貴族王莽，從成為第一位女皇的村姑陳碩貞到砸了孔子牌位開創太平天國的落第書生洪秀全，無不用「神授」做幌子。這一點，周公很可能沒料想到。德國詩人海涅（Christian Johann Heinrich Heine）悲哀地說：「我播下的是龍種，可收穫的卻是跳蚤。」這話完全可以借給周公、孔子們。

◎「禮樂之治」

享有「悲劇大師」之譽的德國哲學家叔本華（Arthur Schopenhauer），有一篇寫女人的短文倍受爭議，但在此值得特別一讀：

愚不可及的女性崇拜，往往使人聯想起印度教「聖城」貝拿勒斯的神猿，這隻猴子當牠知道自己被視為神聖而掛上「禁止殺傷」的招牌時，他便為所欲為地橫行起來。女人的橫霸與任性似乎尤有過之。[065]

---

[065]　[德]叔本華：《情愛與性愛》，陳小南、金玲譯，北京：大眾文藝出版社，1999 年，P.70。

本卷開篇話　切片式看長壽王朝

這話用來嘲謔女人有失厚道，但用以指責印度「聖城」猴子應該不謬。印度人迄今喜歡供奉猴神，不許傷害猴子，以致猴子氾濫成災。據統計，印度平均每天有 1,000 多人被猴子咬傷，甚至常有人喪命。北方邦沙賈汗普洱市天氣十分炎熱，一位母親帶著孩子們在院子牆角下睡覺，不想有一群野猴猛烈搖那牆，結果牆倒砸死睡夢中的母子 5 人。可見，印度法律和風俗習慣對於猴子的縱容是不可取的。不過，我更在意的是，叔本華此言如果用來揭示人類普遍的本性，非常貼切。19 世紀末，伊朗在改革與革命的歲月，首相馬爾庫姆汗（Mirza Malkam Khan）疾呼：「伊朗充滿神賜的禮物，其中還沒用到的禮物就是法律。」[066]

「行為藝術之母」瑪麗娜（Marina Abramović），曾經在義大利進行了一項著名的創作表演。她事先貼出告示：「我在麻醉的狀態下，觀眾可以隨意挑選桌子上的道具跟我進行強迫性身體接觸，不用承擔任何後果。」桌上擺著 72 種道具，善美的如玫瑰、鬱金香、巧克力、蜂蜜、畫筆、顏料等等，凶殘的如皮鞭、鉗子、剪刀、匕首、十字弩、手槍等等。結果，有的觀眾剪碎瑪麗娜的上衣，有的用匕首在她手臂上劃出血，最駭人的是拿起手槍直頂她的腦袋，似乎就要扣動扳機……工作人員慌忙制止。瑪麗娜流淚了，帶著悲憤、失望與屈辱逃離現場。她說：「我發現，如果你將全部決定權交給大眾，那麼你離死亡也就不遠了。」換言之，沒有約束的人類社會是非常可怕的。

然而，不是「行為藝術」，帝王卻為所欲為地橫行了 2,000 多年！

上帝會改授權，人更是善變。因此，對人必須有適當的約束，對有權之人更是必須。叔本華這麼有趣而深刻的話，周公不可能讀過，但周公很可能親眼目睹過商紂王。紂王的天賦挺不錯，《史記》寫他：「資辨捷疾，

---

[066]　[伊朗] 霍馬・卡圖贊（Homa Katouzian）：《新月與薔薇：波斯五千年》，王東輝譯，南京：譯林出版社，2023 年，P.247。

聞見甚敏」。然而，一旦獨攬大權，再沒有人可以監督約束他的時候，「他便為所欲為地橫行起來」，很快陷於「小民方興，相為敵仇」的境地。商朝因為道德淪喪才失去上天寵愛，周朝不能重蹈覆轍，必須接受道德即禮的約束。

早在原始社會末期，就有一些簡單、樸素的不成文禮節儀式和風俗習慣。周公之禮主要是用來區分貴賤、尊卑、長幼、親疏之別的一種統治工具。李零生動地說：

「禮」就是古人的一大發明。「禮」是用來約束人的，讓人聽話，讓人守規矩。所謂「教化」，其實就是人對人的馴化。古人的想法是，牲口都要馴，何況人乎……禮的本質是把人分三六九等，要人循規蹈矩，遵守這樣的秩序。[067]

古代「禮」大致就是現代所謂「紀律」吧？當然，實際上還有現代「法」的成份。

不僅如此，還有宗法等等一系列具體方面的制度，像一系列支柱一樣，共同維護著「立子立嫡」這幢大廈。將血緣關係引入政治，分封制與宗法制有機結合在一起，「家國同構」。在這種政治結構當中，封國與王朝的關係就不鬆散，而是兒子與父親、孫子與爺爺之類的關係，絕對統屬。他們認為：天干用10計數，人間也分10個等級，所以王要祭天，公要臣服於王，大夫要臣服於公，士則要臣服於大夫，以此類推，逐級臣服。

這讓我想到諾曼·梅勒（Norman Kingsley Mailer）小說《裸者與死者》（The Naked and the Dead）中一句話：「軍隊要治理得好，像梯子那樣一級畏懼一級必不可少；一定要把軍隊裡的每一個人都納入這樣的梯子。」禮就是這把梯子，天子在梯子最高一級，諸侯大臣們分成二三四五等，奴隸最下級，全社會「每一個人都納入這樣一把梯子」，等級森嚴，不容錯

---

[067]　李零：《我們的中國·茫茫禹跡》，P.39。

本卷開篇話　切片式看長壽王朝

位。因為越上一級好處越多,每一個下級都受著往上竄的誘惑,所以需要防範於未然。

所謂「一級畏懼一級」是一種心理,需要一種思想之籠。沒有思想之籠,再好的梯子也可能混亂,也不可能安全。而有了思想之籠,好比在大街架上高音喇叭,無時無刻地廣播著:安心做你的諸侯,不要幻想做天子;安心在你所處等級,不要身處四五級幻想竄二三級;安心你庶子、次子的輩份,不要幻想嫡子、長子的繼承權……為此,對不同等級的稱呼、著裝、座席等等各方面也都規定死了,像現代囚衣編號一樣讓人一目了然。如此,社會顯然穩定,王權更穩定。「梯子」是他們根本利益所在,是目的,「籠子」只是手段。不用禮的方式,還可以用別的方式維護「梯子」的秩序,但「籠子」是道德是文明的方式。

中國古代幾千年當中,政治制度只有兩次大變革,首先是從商到周,再就是從周到秦,秦之後至清都因襲秦制。但漢之後的秦制有較大的不同,無不披著周禮的外衣,否則很可能沿襲不了千古。如果說「梯子」是硬體,那麼「籠子」是軟體。周公對於古代中國的意義,解除安裝你的電腦軟體試一下便知。一代又一代帝王之所以願意屈尊拜伏在周公、孔子等所謂聖人泥雕像下,最根本的奧祕應該就在於此吧!

不過,周禮的歷史功過值得一議。有人做過一個統計:秦朝2任接班人,2個都出問題,接班故障率100%;西漢14個接班人(含呂后),11個出問題,接班故障率70%;東漢15個接班人,13個出問題,接班故障率85%。其他王朝接班人故障率,西晉100%,東晉50%,隋100%,唐95%,北宋50%,南宋50%,大明85%,大清50%。這充分說明:將接班人限定在小圈子,密室裡決定,各順位接班人之間發生激烈衝突的可能性非常高。而歷代卻傾全國之力去維護所謂「國本」——特指確定皇位繼承人即太子,這成本與收益也太不成比例了!

帝制之前「孔子的籠子」

那麼，周禮的歷史之功究竟何在？

德國哲學家卡西勒（Ernst Alfred Cassirer）認為人類語言、儀式有「實體化」現象，在儀式的重複中，在符號的體驗中，人們會產生心理和情緒的反應，會「真實地」進入語言符號、儀式所暗示的世界。張星久說：

> 統治者宣傳、「說出」某種道德理念，「表演」有關皇帝的禮儀，就容易引起人們美好的聯想，使人們將其視為高尚、美好的化身，產生歸屬感；或者至少，透過統治者對人類基本價值的提倡、宣示和表演，能夠多少給予人希望。[068]

如果認可這番理論，那麼不能不對周禮產生更高的敬意，因為他們早在 3,000 年前就明瞭此理。儘管對「國本」作用有限，總體對千古帝制還是產生了不可估量的積極意義──對於帝制比對於封建制的作用還大，因為血腥的專制不可或缺這種「遮羞布」。所以，漫長的帝制時期，沒有幾個皇帝敢不尊孔崇儒，到明清時期連施棺施藥之類芝麻大的好人好事都要親自過問，以便將自己打扮成道德君子，讓你無視或者忽略他們的真相。

「周公」本身也令人置疑。有人認為周公不是一個特定的人，而泛指歷代周人的首領。劉仲敬說：「禮樂名義上出自周公之手，實際上則是殷、周、各盟國和各地居民習慣法的綜合體，沒有嚴格明確的形式（除後世偽託的紀錄以外）」。因為「後人佩服宗法制度異乎尋常的生命力，才會覺得很有必要發明一個萊庫古式的文化英雄，將周禮和封建的產生完全歸功於他，甚至連東征的戰功也如此。他們為了襯托周公的偉大，不得不降低成王的年齡和地位，反而留下了一系列破綻」。[069] 萊庫古（Lycurgus）是古希臘一位政治人物，大受斯巴達人尊崇。但「周公」是否有無真實其人並重

---

[068] 張星久：《「聖王」的想像與實踐》，上海：上海人民出版社，2018 年，P.176。
[069] 劉仲敬：《經與史：華夏世界的歷史建構》，新北：八旗文化出版社，2018 年，P.66。

057

要，統治者需要的只是這個符號。千古儒家，多少人和事都是這麼一種人為的符號，即使如真實的孔丘也得將他符號化為孔子。儒家最忌求真，真善美不可兼得，首先摒棄真。

還有個更重要的歷史疑案：周公很可能有稱王。從《尚書》、《竹書紀年》到現代清華簡，都有些證據，但自從王莽失敗之後歷代統治者對此十分敏感，不願意正視歷史真相。

■ 二、「孔子的籠子」2.0版

◎「禮崩樂壞」

周公原創版「籠子」雖然設計完美，做工精細，富麗堂皇，但實際效果顯然有限。

俗話說「一代親，二代表，三代了」，意思說第一代人是親兄弟，第二代表兄弟，第三代就基本沒什麼親情了。西周開始分封的時候，那些諸侯不是親兄弟也是開國功臣，不論跟天子還是與其他諸侯當然很親，很感激，很忠誠，相互間和睦相處，文質彬彬。下一代，親情必然疏淡一些，感恩也不同──因為他繼承其父，而不是直接從天子你那裡接手，這樣對你的忠誠度也就自然減弱一些。再下一代，再淡化一些。正如歐洲中世紀流行說：我主人的主人不是我的主人，我附庸的附庸不是我的附庸。孔子周遊列國，到了離王城很近的地方也沒去朝見周王，說明了什麼？如此下來，經過幾代十幾代淡化，還能殘剩多少親、多少恩、多少忠？

在對周王恩淡義寡的同時，諸侯勢力卻越來越大了；對於諸侯來說，大夫的勢力也越來越大，終有一日「尾大不掉」。何況你周王也不是個個像文王、武王，而像厲王、幽王的倒不少，憑什麼要我生來就必須服從爺輩、爺爺爺輩的你？《孟子》指出：「五霸者，三王之罪人也；今之諸侯，

五霸之罪人也；今之大夫，今之諸侯之罪人也。」分封制注定不可久長！只可惜孟子生亦太晚。

周公還沒死，「三監」就竄出「籠子」，公然勾結前朝殘餘叛亂 —— 寧願與前敵在一條戰壕，也不願與同胞兄弟為伍。成王死後其子姬釗繼位，即康王。兩任總約40年，被譽為「成康之治」，受到儒家千古推崇。可是，成王就不太願受「籠子」的約束。新建的雒邑城，比舊城漂亮多了。成王從雒邑回來後，不談民生，不談治國方略，而大談雒邑風光如何綺麗，美女如何妖豔，飲食如何可口，也就是說變得如同商朝末代帝王。康王也不願受約束，後期沉湎女色，疏於朝政，盛世不再。這不是個案，明君難終幾乎是王朝的痼疾。康王不是最糟，此後的周王無不更糟，一個個「為所欲為地橫行」，導致「國人」造反，將厲王趕到一個養豬的地方去，幽王則直接被殺。

天子都不願受「籠子」的約束，諸侯會願意嗎？所謂「周禮盡在魯矣」，如果僅指周禮之典籍是不錯，而如果想像魯國人盡行周禮盡是君子，那就大謬了。魯武公帶兩個兒子朝拜周宣王，宣王很喜歡其幼子（魯懿公），要立為魯國太子。大臣反對，說廢長立幼不合禮。宣王堅持立。魯懿公哥哥的兒子不滿，起兵弒君篡位，宣王將其殺了，改立懿公之弟。從此，諸侯國弒君的事時有發生。魯國後來還侵略成性，陸續吞併周邊多個小國。楚國則因為待遇不公，一代又一代人「不服周」（迄今是武漢人的口頭禪），並一再用實際行動抗議。

天子不願自律，諸侯闖出天子的「籠子」，家臣也不願蹲諸侯的「籠子」。成語「慶父不死，魯難未已」說的也是魯國，慶父還姓姬，正宗的「國姓爺」，官至上卿，卻與其嫂、魯莊公夫人哀姜私通，並密謀立小姨之子為魯公繼承人，引發一系列內亂。慶父終究會死，不追殺也終有死的一天，魯國的人禍卻遲遲未已，天下之亂沒完沒了……

本卷開篇話　切片式看長壽王朝

春秋戰國時的諸侯，宛如一群調皮的孩子，整天打鬧。受欺負的找到周天子那裡哭訴，可是周天子癱瘓在床，一臉無奈：「這些孩子，我也管不了啦！你看我自己家裡都弄得亂七八糟！」

既然家長管不了，頑童們只好自己想方設法。張三無理取鬧，李四王五幾個結成盟友，共同對付張三；李四也變不講理了，張三王五幾個又結盟對付李四。這時，剛好文字開始普及，於是出現「盟書」。盟書內容不限於政治軍事，涉及諸侯國的各方面。那麼，盟書的效果如何？

你孩提時代發的誓，幾回當真過？

柏楊譏諷道：那些「盟誓文字太美了，美得像一首詩，所以不能在實際政治中實行」。[070] 盟書跟禮制一樣約束不了諸侯們的野心，「梯子」上大大小小、上上下下的都竄出「籠子」，到處烽火連天，血流成渠……

你死我活的現實迫使各個諸侯國改革自己的政治、經濟和軍事制度，促進了當時政治、經濟、社會生活等方面的發展變化。晉、楚、齊等國政治家提倡「三事」——正德、利用、厚生，換言之就是現代所謂道德、科技與民生。在思想文化領域，則禮崩樂壞，相繼湧現出各種學說，爭相為現實政治服務。[071]

德國哲學家雅思培（Karl Theodor Jaspers）提出一個「軸心時代」說法，認為在西元前 800 年至前 200 年之間，尤其是西元前 600 年至前 300 年間是人類文明的「軸心時代」，其地區大概在北緯 30 度上下，或北緯 25 度至 35 度之間。這段時期是人類文明精神的重大突破時期。在「軸心時代」，各個文明都發生了非常偉大的文化事件，出現了偉大的精神導師，形成了希臘、印度、中國三大古典文化中心。這些軸心時代所產生的文化一直延續到今天，影響著人類的生活。雅斯貝斯所指的中國軸心時代，就

---

[070] 《中國人史綱》上冊，P.131。
[071] 章學誠《文史通義‧詩教》，「周衰文弊，六藝道息，而諸子爭鳴……思以其學易天下。」

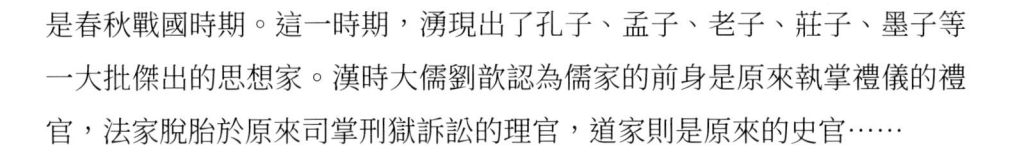

是春秋戰國時期。這一時期，湧現出了孔子、孟子、老子、莊子、墨子等一大批傑出的思想家。漢時大儒劉歆認為儒家的前身是原來執掌禮儀的禮官，法家脫胎於原來司掌刑獄訴訟的理官，道家則是原來的史官⋯⋯

◎「克己復禮」

每到劇變的時代，都會出現三種「對時局肯用心深思」的人：即為舊制度辯護的（守舊派）、反對舊制度的（迎合派）與逃避現實糾紛的（悲觀派）。孔子是其一典型，「崇拜將要成為過去的，或大半已經成為過去的舊制度文物，苦口婆心地去宣傳保守與復古」。[072]

孔子對周公十分崇拜。電影《孔子》最後一幕：暮年的孔子有氣無力地嘆道：「我好久沒夢到周公了！」這話有依據。[073] 由此可見：一是孔子以前常夢見周公，二是他還想夢見周公。孔子對周公的崇敬與熱望之情，一覽無遺。

孔子有一句話不可忽略：周朝的禮儀制度，借鑒於夏、商二代，多麼豐富而完備啊，所以我遵從周公的禮儀制度！[074] 孔子終身奮鬥的事業：「克己復禮」，想要恢復的就是周公的禮儀制度。換言之，只要大家都回各自的「籠子」，「梯子」就會井然有序。

孔子多次發表重要講話，強調要充分發揮「籠子」的重要作用。季桓子準備侵略別國時，孔子嚴厲責備身為季氏家臣的兩位學生：老虎和犀牛從籠子裡跑出，龜甲和玉器在匣子裡被毀壞，是誰的過錯？[075] 孔子明確主張對權力「約之以禮」，[076] 並提出「非禮勿視，非禮勿聽，非禮勿言，

---

[072]　雷海宗：《中國文化與中國的兵》，南京：江蘇人民出版社，2019年，P.145。
[073]　《論語・述而》，「甚矣吾衰也！久矣吾不復夢見周公！」
[074]　《論語・八佾》，「周監於二代，鬱鬱乎文哉！吾從周。」
[075]　《論語・季氏篇》，「虎兕出於柙，龜玉毀於櫝中，是誰之過與？」
[076]　《論語・雍也》

本卷開篇話　切片式看長壽王朝

非禮勿動」的具體要求。[077] 對此，劉澤華評論說：

> 這「四勿」猶如四堵牆，把人完全圈在了禮的囹圄之中。人類不再是他自身生活的創造者，而是他創造出來的禮的附屬品和囚徒。作繭自縛是人類歷史上不斷發生的悲劇，孔子的「四勿」製造的正是這種悲劇。[078]

我覺得這話太尖銳了些，但冷靜想想，又覺得不無道理。「孔子的籠子」就是「禮的囹圄」，目的是要將權力作為「禮的附屬品和囚徒」。這在現代看來，也是非常英明的。問題是：權力願意嗎？如果不願意，怎麼辦？

孔子有 100 個自信，公然聲稱：誰如果用我輔政，我保證那裡一年初見成效，3 年將禮崩樂壞的現實變回美好的盛世，[079] 像現代官員競選演說一樣振奮人心。

魯定公曾經採納孔子的政見，並且重用孔子為大司寇 —— 相當於現代司法部長。禮制規定大夫的城牆不得超過標準尺寸，可是「三桓」即 3 個大夫都超過。孔子命令將超出部分墮了，他們居然武力抵抗。可惜孔子生亦晚了些，一般說他出生於西元前 551 年，而在前 562 年「三桓」就瓜分了魯國的軍隊，從此國君便沒有直接聽命於他的軍隊。對於如此要命的國情，孔子居然沒事先注意到，或者說有注意到沒重視，總之失敗。魯公失望得很，只好讓孔子走人。孔子不甘失敗，到國外去尋求實現理想抱負之地，可是一連十幾年走了十多個諸侯國，落得跟「喪家狗」樣狼狽。不得已，他只好回家，編書至死，將偉大理想託付千秋，天真浪漫如此。

孔子以失敗告終，為什麼呢？孔子最優秀的學生顏回說：有道而不行是君王的錯，而不是我們孔老師的錯！[080] 顏同學這辯護顯然說不過去。

---

[077]　《論語·顏淵》

[078]　劉澤華：《先秦政治思想史》，天津：南開大學出版社，1984 年，P.332。

[079]　《論語·子路》，「苟有用我者，期月而已可也，三年有成。」

[080]　《史記》卷 47，〈孔子世家〉，第 2 冊，P.1555，「夫道之不修也，是吾醜也。夫道既已大修而

人類社會是要往明天去的,孔老師指示的卻是一條通往昨天的路,還能說沒錯嗎?黃河已經決堤,還能幻想讓水倒流回去?孔子本身肯定有某些較大的錯,因此無法將權力勸回「籠子」。趙鼎新描述:

> 在春秋戰國之際,事關生死存亡的戰爭要求人們擺脫道德的束縛,具有很強的工具理性色彩的法家思想迎合了這種要求,而儒家對統治的道德標準的高蹈標舉卻顯得迂闊板滯。[081]

孔子的學生說是多達 3,000 個,只有 72 個可以查到名字,被任用為官的只有子夏、子貢和宰予 3 個。從「學而優則仕」角度看,孔子也算失敗。但如果換個角度,從儒家事業看,孔子的教育是很成功的。孔子逝世後,學生不僅為他守墓,回憶整理《論語》,更重要是繼承他的未竟事業,一代接一代,如黃河長江之浪奔流到如今。

學生們冷靜檢討老師失敗的原因,認為時過境遷,再像孔老師那樣對周禮「述而不作」顯然不行,得加以適當改造。包括後來的孟子、董仲舒、朱熹等等碩儒,都認為「孔子的籠子」必須加以改造,否則再千秋萬代也推銷不出去。

如果說儒家學說在孔子時代還多少能引起社會共鳴的話,那麼到了孟子時代,儒家的政治理想幾乎變成和者蓋寡的陽春白雪。孟子繼承發展了孔子的「仁政」思想,像孔子那樣大做競選廣告說「如欲平治天下,當今之世,捨我其誰也」[082],並像孔子一樣遊歷列國 20 多年,推銷不出去便回家講學著述,將理想託付千秋。後人不僅將他稱為「亞聖」,還與孔子並稱「孔孟」。但他們的思想實際上有好些不同,孔子仁政的出發點是君王,強調「君君臣臣」;孟子的著眼點是民眾。

不用,是有國者之醜也。」
[081] 《東周戰爭與儒法國家的誕生》,P.184。
[082] 《孟子・公孫丑章句下》

本卷開篇話　切片式看長壽王朝

中國的「民本」思想發端很早，周人就將商人的「重天敬鬼」發展為「敬德保民」，孟子又從「重民輕天」發展為「民貴君輕」，明確提出：「民為貴，社稷次之，君為輕。」[083] 顯然是想將權力徹底關進「孔子的籠子」。這也表示，儒家不僅想自居「帝王師」，還想將儒學打造為現代「憲法」樣的籠子。

遺憾的是孟子之後，中國民本思想不僅長期沒有再發展，反而將皇位傳承作為「國本」，范仲淹、楊廷和等儒臣一代代為「國本」英勇而爭，卻罕見儒臣為「民本」英勇而爭。孟子讓許多帝王恨得咬牙切齒，朱元璋還忍無可忍將孟子「鞭屍」，將他的牌位扔出孔廟。直到明末清初，民本思想才又有所發展，黃宗羲、顧炎武、王夫之等人對君主專制進行深刻揭露和批判，指責君主制度是「天下之大害」，提出「天下為主，君為客」，要求君王「以天下萬民為事」。[084] 從思想角度看，中國社會更是長期停滯。

孟子在傳統政治上的地位要超過孔子。有專家學者認為：「原本孔子這個賢人只在戰國時代齊國等一部分國家受到大肆讚揚，而在其他國家而言多是諷刺或部分褒揚。」齊國第一個妄稱王的齊威王，他的祖先田氏曾經與孔子一起編過《春秋》。為了抬舉田氏，便將孔子「定義為天下第一聖人，然後借孔子之口講述歷史的規律並預言未來的王者」。[085] 孟子首稱周公為「古聖人」。到漢代孔子地位飆升，但劉歆、王莽將周公的地位駕於孔子之上。唐代韓愈提出的統序為：堯、舜、禹、湯、文、武、周公、孔子、孟子。從此以後，人們常以周孔並稱，在教育上則有「周孔之教」的說法。

---

[083]　《孟子・盡心章句下》
[084]　黃宗羲：《明夷待訪錄・原臣》
[085]　《中國的歷史・殷商春秋戰國》，P.133。

第一章
西漢初 60 年

【提要】

從西元前 180 年漢文帝劉恆繼位至前 141 年景帝劉啟去世,其間「無為而治」,稅收為當時世界最低,刑制由野蠻轉入較文明,被譽為「文景之治」。

董仲舒版「孔子的籠子」以「大一統」為中心,「天人感應」與「獨尊儒術」為兩翼。歷史的真相是「外儒內法」,而無所謂「獨尊」。

第一章　西漢初60年

開國立朝：突然毀「鴻溝之約」

劉邦從秦王子嬰手上接過了玉璽，卻不敢隨即稱帝，因為他底氣不足。你看課文〈鴻門宴〉中，劉邦在項羽面前多謙遜啊！是劉邦首先進入關中，給秦王朝致命一擊。事先有約定，誰先入關誰稱王。可是，與項羽相比，他還處於弱勢，於是主動撤到城郊，把宮城拱手讓給項羽。劉邦是很有野心的，又很有心計。他曾經是街頭巷尾的流氓地痞小混混，混進秦氏幹部隊伍中也只不過區區亭長（相當於現代村長、里長），可一旦有志於天下，便「財物無所取，婦女無所幸」，知人善任，虛心納諫，注重發揮部眾的才能，又注重團結各地反項羽的力量。避過鋒芒，積蓄好力量，才開始火拚。

西元前203年，劉邦多次派使臣說服項羽，訂立「鴻溝之約」，規定中分天下，割鴻溝以西為漢，以東為楚。「鴻溝」在今河南滎陽黃河岸廣武山，楚漢曾經在這一帶「大戰七十，小戰四十」。這就是典故「楚河漢界」的由來。和約簽字之後，項羽即東撤，並解散主力軍。劉邦也應履約西撤，可是張良、陳平說：現在變我們強項羽弱了，應當獨吞天下。劉邦採納此議。於是，簽約僅兩個月，漢軍悍然發動突然襲擊，越過鴻溝，十面埋伏，合圍項羽於垓下。項羽很快慘敗，覺得無顏逃過江去見父老鄉親，自刎而亡。第二年，即西元前202年劉邦登皇帝之位，國號「漢」。

從此，人們再也不相信盟書了，禮樂文明徹底崩壞。

兩漢之際，班彪〈王命論〉說劉邦具有五大優勢：一是出身神聖，是帝堯的後代；二有奇異的相貌，出類拔萃；三是常有「靈瑞符應」，天命所鍾；四是有寬明仁信之德；五是識人美任，誠信好謀，總之是一個理想的好皇帝。這話顯然是吹捧。不過，劉邦雖然頭尾只做8年皇帝，政績卓著倒是真的。

劉邦對漢民族的形成、中國的統一強大、漢文化的保護發揚有著決定性的貢獻。我們今天所屬「漢族」，說的「漢語」，寫的「漢字」，都由此而來。專家學者認為漢朝「就其發展水準而言中國已經遠遠超過了羅馬帝國」，「以人口數量而論，漢帝國是古代世界中最大的國家」。[086]

有一點千萬不可忽略：「庶事草創」的漢王朝制度基本上承襲秦制，這點是史家公認的。問題是「漢朝一方面吸取了秦的做法，另一方面又在批判它，這就構成了一個基本的矛盾。為了解決這個矛盾，漢朝放棄了對秦國制度的批判，而採取了對秦始皇本人的醜化」，而「考古學和文獻材料證明，這些批評都屬於服務於漢朝利益的政治宣傳，與秦的政策或它的滅亡沒有關係」。[087]李零還風趣地說：「當時，人心渙散，怎麼收拾？一是讓六國人民出氣，把氣撒在秦始皇身上；二是讓知識分子出氣，氣也撒在秦始皇身上。秦始皇是個出氣筒。」[088]

劉邦死後，他兒子劉盈繼位，即漢惠帝。劉盈有父親那批能臣輔佐，繼續推行與民修養生息的國策。劉邦後期，為對內平定叛亂，對外迎擊匈奴，增加了一些賦稅。現在內外已平定，劉盈便取消增加的賦稅，恢復十五稅一。鼓勵農民耕作，對於出色的農民還免除其徭役。為人口增加，督促民間女子及早出嫁。如果到 15 歲還不出嫁，要徵收 5 倍的算賦（即「人頭稅」）。秦時除了官府民間一律禁止藏書，劉邦基本上繼承秦律，包括「挾書律」——秦始皇在焚書時令「敢有挾書者族」，即對收藏違禁書籍的人處以滅族的酷刑。劉盈廢除這一法令，使長期受壓抑的儒家及其他思想都開始活躍。可惜，劉盈在位僅 7 年便早逝。

劉盈死後，呂雉立劉盈的兒子劉恭為帝。呂雉是劉邦的原配夫人。她

---

[086] [俄] 維克多·V·瑞布里克：《世界古代文明史》，師學良、劉軍譯，上海：上海人民出版社，2010 年，P.370、371。

[087] [美] 陸威儀：《哈佛中國史·秦與漢》，王興亮譯，北京：中信出版集團，2016 年，P.72、71。

[088] 《我們的中國·茫茫禹跡》，P.66。

第一章　西漢初60年

雖為女人卻很有謀略，早年為劉邦造反奪權立下汗馬功勞。劉邦駕崩，劉盈繼位，尊呂后為皇太后。因劉盈仁弱，實際朝政由呂雉執掌。因生母被呂雉所殺，劉恭頗有怨言。呂雉便殺劉恭，立其同父異母之弟劉義即劉弘為帝，娶呂祿之女為皇后，但「號令一出太后」。

呂雉先後掌權達16年，認真貫徹執行劉邦的遺囑，相繼重用蕭何、曹參、王陵、陳平、周勃等開國功臣，繼續奉行「無為而治」國策，從民之欲，從不勞民，不論政治、經濟和思想文化各方面均取得進一步發展。《漢書》為呂雉單列〈高后紀〉，與帝王平起平坐（後來實際主持工作的皇后可再沒有這等待遇了），並評價說：「高后女主制政，不出房闥，而天下晏然，刑罰罕用，民務稼穡，衣食滋殖。」[089]為「文景之治」、「漢武盛世」奠定了堅實的基礎。

最大看點：「無為而治」

戰國中期至秦漢，齊國與魏國有一種思想廣為流傳，就是尊崇黃帝和老子之學，以道家思想為主，採納陰陽、儒、法、墨等學派的精華，既有豐富的理論性，又有強烈的現實感，稱「黃老之學」。劉邦的大臣陸賈就崇尚「黃老之學」，主張「行仁義、法先聖，禮法結合、無為而治」。他在彙報工作時，經常引用《詩經》、《尚書》中的話。劉邦低賤出身，沒什麼修養，當上皇帝難免得意忘形，聽煩了就罵：「老子在馬上打下的江山，跟詩書有什麼屁事！」陸賈的口才顯然比孔子好，反駁道：「如果秦統一天下後華麗轉身，多行仁義，陛下您怎麼能夠得天下？」劉邦一下怔住。接著，陸賈寫一系列建言，在總結秦始皇「舉措太眾」即太「有為」之害的

---

[089]　《漢書》卷3，〈高后紀〉，第4冊，P.75。

基礎上,描繪「無為」的前景。遙想堯帝舜帝,他們彈琴詠詩,好像沒管什麼大事的閒人,也沒有口口聲聲為民解憂之類自我標榜,卻開創了盛世。劉邦有一個帝王難得的優點,就是虛心。陸賈這番描述說到劉邦心裡去了,他隨即接受黃老之學,奉「無為而治」為國策。當時主要大臣如蕭何、曹參、陳平等,都喜歡黃老之學,上下官吏基本做到順民之情,與民休息,盡可能減少國家對社會民眾的干預。現代專家學者認為:黃老之學的核心理念在一定程度上近似於亞當斯密(Adam Smith)所謂「看不見的手」。

◎約法省刑

賈誼主張「德主刑輔」,即以教化為主,刑罰為輔。簡化法律,減少刑罰,給罪犯以改過的機會。以仁德待民,天下就歸附。這種思想,劉邦很容易採納。想當初,劉邦好歹是個秦朝小吏。要不是因為秦法太嚴,他很可能不會私放刑徒而逃匿,也很可能不會跟隨造反,更沒有可能取代秦始皇。因此,他早在攻入咸陽之時,便宣布廢除秦朝的苛法,與民約法三章,封存府庫,對百姓秋毫無犯,深得民心。平定天下後,命蕭何參照秦朝法律,「取其宜於時者」,廢除連坐法及夷三族。

「文景之治」期間,繼續推行一系列約法省刑措施,如西元前179年廢除誹謗、妖言法。西元前156年發表《〈減笞法〉。將肉刑改為笞打,總體看更人道,可是有些犯人被三五百板打死,反而等於加重。於是,劉啟把打板的數量減輕,原來罪當笞500板的減為300,原來300的減為200。西元前144年發表〈再減笞法〉與〈定箠令〉。此前笞刑雖有減輕,但被笞者難有完膚,於是再將罪當笞300板的減為200,原來200的減為100。同時明文規定笞用竹長5尺,其本大一寸,末薄半寸,竹節一律削平;笞打的部位改為臀部,不再笞背。一罪刑畢,才能更換行刑者。西元前167年發生一起「醫鬧」事件,臨淄醫生淳于意被告治錯病,當地官府判他

「肉刑」（即在臉上刺字、割鼻、砍足等），要押到長安去受刑。淳于意有5個女兒，其中最小的叫緹縈。緹縈悲憤之餘，要求陪父親上長安。她託人寫一份奏章，說：「我父親犯了罪，被判肉刑。我不但為父親難過，還為天下所有受肉刑的人傷心。一個人砍去腳就成殘廢，割去鼻子不能再接上，以後想改過自新也沒辦法。我情願給官府沒收為奴婢，替父親贖罪，讓他有個改過自新的機會。」劉恆覺得有理，從此把肉刑改為打板子。

對劉恆廢除肉刑，後世大多認為在中國法制史上意義重大，是中國古代刑制由野蠻階段進入較文明階段的象徵。但實際上，黥、劓與砍左足是改為鞭刑之類了，但是砍右足之刑卻改為「棄市」，即在鬧市砍頭（或說絞刑）。至於鞭刑，也往往致人於死地。[090] 以致東漢時，「民皆思復肉刑」。[091] 直到晚清還常見凌遲等酷刑。歷史上諸多好事都是曇花一現，或者名不符實，而壞事則往往代代相承，斷而又復，且「發揚光大」。

◎發展經濟

長期戰亂造成社會經濟嚴重破壞，百姓苦不堪言。秦時總人口2,000萬，漢初只剩650萬，差不多減少2/3。秦時的曲逆城（今河北完縣）原有3萬戶，漢初僅存5,000，只剩1/6。好年景時1石穀價5錢，漢初漲到0.5～1萬錢，漲一兩千倍。赤地千里，哀鴻遍野，吃人的現象到處發生。

幾乎是開國大典剛剛散會，劉邦就頒發一系列新政：允許貧困地區的百姓把兒女賣到經濟較好的四川等地去，官府不干涉；允許逃犯返回家鄉，並歸還原有田宅；允許因貧困被賣為奴婢的人恢復自由；讓士兵復員歸家，給他們土地及住宅，讓他們從事生產；減少稅賦，秦時十收五，現在改為十五稅一，即稅率從50%降到6.67%；鼓勵生育，增加勞動力；

---

[090] 《漢書》卷23，〈刑法志〉，第4冊，P.931，「是後，外有輕刑之名，內實殺人。斬右止者又當死。斬左止者笞五百，當劓者笞三百，率多死。」
[091] 《後漢書》卷52，〈崔寔傳〉，第8冊，P.1166，「雖有輕刑之名，其實殺也。當此之時，億皆思復肉刑。」

鼓勵發展農業，抑制和打擊唯利是圖的商人等等。這樣，上百萬農民很快回到土地，社會經濟迅速恢復。

劉邦之後，休養生息的國策繼續貫徹。西元前178年賈誼上〈論積貯疏〉，提出「積貯者天下之大命也」，「苟粟多而財有餘，何為而不成」，並有「驅民而歸之農，皆著於本，使天下各食其力」的具體建議。劉恆採納其言，詔開籍田，以勸百姓。

西元前168年晁錯上〈論貴粟疏〉，指出珠玉金銀不可以吃不可以穿，與粟米布帛不可比擬。因此，明君應當貴五穀而賤金玉。晁錯主張重農抑商，揭露商人對農民的剝削，更重要的是商人對政權的腐蝕破壞作用。對此，劉恆採納，並詔免收當年租一半。

西元前166年農業稅全免，13年之後劉恆去世、劉啟繼位才恢復，但只是三十而稅一，從此成為定制，直到西漢末年。兩漢時稅率總體維持在三十稅一到十五稅一之間，即3.3～6.7%，無論農業、商業還是手工業都按這稅率。這稅率是剛性的，稅收分攤也比較公平透明。現代專家學者認為，漢時稅收在當時世界屬最低。這是非常了不起的！孟子等都主張「什一而稅」，稅率10%就可稱之為好帝王，劉恆們大大超越。

劉恆時期農業稅占90%以上，放棄農業稅國庫就沒什麼進項了，皇室只能過著簡樸的生活。劉恆在位23年，車騎服禦之物沒有增添，多次下詔禁止郡國貢獻奇珍異寶，平時穿戴用粗糙黑絲綢做的衣服，為自己預修的陵墓要求從簡，甚至穿草鞋上殿。他想新建一個宮殿，可一聽預算要2,000兩黃金，立即說：「這是10個中等人家的財產啊，不建了！」藉由劉恆這話，我們可知當時中等人家財產約200兩黃金，按目前金價折算，大約1,360萬新臺幣，古今差不多啊！不過，當時一幢造價1億3,620萬新臺幣的房子，在現代還不及普通辦公大樓的水準，劉恆還捨不得，太小家子氣也！劉恆妻妾們也不奢侈。慎夫人想穿街上流行的拖地裙，可一聽

第一章　西漢初60年

需要多費布料就不做了。

劉恆及其夫人們生活簡樸，所以國家能夠一再減免稅賦，實行世界最低的稅率。李隆基說「吾貌雖瘦，天下必肥」，逆命題也成立：宮中若肥，天下必瘦。

所以，當時天下普遍生活不錯。劉啟後期，儘管人口成倍增加，有的地區增長四五倍，還是一片繁榮景象，錢多得串錢的繩子爛斷，糧食露天堆得發黴。[092]《漢書》稱：「五六十載之間，至於移風易俗，黎民醇厚。周云成康，漢言文景，美矣！」直將「文景之治」媲美「成康之治」。

不過，劉仲敬認為：「景帝是秦皇漢武的中間環節，富有創造力和想像力的暴君」，「景、武並稱，比文、景並稱合適得多」。他還說：「長安朝廷將『因襲秦政』解釋為『無為而治』，掩飾聲名狼藉的文法吏統治；理由正如普丁（Vladimir Vladimirovich Putin）政府喜歡鼓吹東正教的正統主義，從來不提KGB（蘇聯國家安全委員會）的正統主義。」[093]

此外，這時期的漢匈關係不可忽略。

戰國時期，匈奴統一了蒙古高原，由分散氏族、部落聯盟向統一奴隸制政權過渡，秦漢時鼎盛，四邊大致東至現在的大興安嶺，南至長城，西至阿爾泰山，北至貝加爾湖，人口約150萬，有「百蠻大國」之譽。但由於自然條件差，生活資源匱乏，又因為漢人不願與他們發展正常的貿易關係，他們常常南下劫掠。在那冷兵器時代，與遊牧民族相比，農耕地區的戰鬥力處於天然劣勢，只能被動地築長城。能滅6個諸侯強國的秦始皇不能滅匈奴。能戰勝暴秦的劉邦嚥不下這口氣，親自統兵30萬迎敵。

---

[092]《史記》，卷30，〈平準書〉，第2冊，P.1205，「漢興七十餘年之間，國家無事，非遇水旱之災，民則人給家足，都鄙廩庾皆滿，而府庫餘貨財。京師之錢累巨萬，貫朽而不可校。太倉之粟陳陳相因，充溢露積於外，至腐敗不可食。」

[093] 劉仲敬：《經與史：華夏世界的歷史建構》，P.160、161、170。

初期節節勝利,產生輕敵想法。到晉陽後,才派10餘批人出使匈奴。這些使臣回來一個個說:匈奴老弱病殘,可以乘勝追擊。劉邦不放心,派劉敬(即婁敬)再去。劉敬回來卻彙報說:「兩國交戰,一般是炫耀兵力。可我看匈奴只見些老弱病殘,很可能有伏奇兵。所以,我認為不能進攻。」劉邦聽了大怒:「你這個齊國小人,想阻止我大軍?」馬上將劉敬囚起來,準備凱旋後問斬。然而,不幸被劉敬言中,匈奴果然伏有奇兵,劉邦被包圍。放眼望去,東面清一色的青馬,西面一色白馬,北面一色黑馬,南面則一色紅馬,十分壯觀,但劉邦無心欣賞,望而生畏。漢軍被圍7天,飢渴難耐,且不適應北方氣候,手指頭被凍壞十之二三,弓都沒法拉。陳平雖是「盜嫂受金」之輩,但計謀多端,為劉邦屢立奇功。在這絕境當中,他忽然想起百餘年前,「三寸不爛之舌」張儀騙得楚懷王600里地沒得反而又失二城,張儀卻還敢入楚,被下獄後賄賂太監,煽動懷王的寵妃鄭袖說:「秦王今將以美人贈楚王……不如言而出之」,死裡逃生。現在,陳平如法炮製,畫了美女圖,暗中找到匈奴單于的愛妃說:「漢有美女如此。今皇帝困厄,欲獻之……」天下女人一個德性,匈奴單于一樣不經枕邊風,讓劉邦撿回一條老命。

劉邦逃命回來,立即將進言匈奴可擊的十幾名使臣斬了,赦免劉敬,並封他為侯。此後匈奴屢屢違約南下侵擾,劉邦不僅沒再重兵出擊,反而採納劉敬的建議,採取「和親」政策,將敵人變親戚,60年間嫁過去7位公主,還有無數的糧食和絲帛等嫁妝。

問題是匈奴在秉性方面像討厭的蚊子,一直在你耳邊嗡來嗡去,時不時叮上一口。你惱怒了,一巴掌蓋去,蚊子沒打到,卻把自己耳朵摑得哐啷響。匈奴就如此。劉恆「赫然發憤,遂躬戎服,親禦鞍馬,從六郡良家材力之士,馳射上林,講習戰陳,聚天下精兵,軍以廣武,顧問馮唐,與

論將帥」,[094] 準備好與匈奴大戰,徹底了結此煩。然而,劉恆到底是個謹慎而儉僕的人,覺得自己內部問題還多,不可硬拚,所以還是盡量忍讓,忍無可忍之時也只是趕出塞外即止。如西元前 177 年匈奴入侵上郡,劉恆派丞相灌嬰將敵擊退。西元前 174 年匈奴單于冒頓致書漢帝,請求履行舊約,劉恆同意。不久冒頓死,老上單于繼位,劉恆又遣宗室女入匈奴和親。西元前 169 年匈奴又擾。西元前 166 年冬匈奴單于率 14 萬騎入侵,殺虜漢官民,又進犯長安北 200 里左右的甘泉宮,在城牆便能望見他們的篝火。劉恆遣張相如大將軍將敵逐出塞外。西元前 162 年與匈奴和解,劉恆與單于稱兄道弟,派使者互訪,簽訂條約明確長城以北為單于的「引弓之國」,長城以南為劉恆治下的「冠帶之室」。隨後又 3 次和親。好景不長。西元前 148 年匈奴入侵燕地,前 144 年又入侵雁門、上郡。匈奴是無信的,反覆的。

「匈奴」這個詞,課本中就讀到。那麼,它的含意是什麼?以為音譯,從來沒細想過。直到近年才讀到,它的漢語詞義是:「凶惡的奴隸」,充滿貶意。[095]

千古之嘆:「孔子的籠子」第一次大改造

「孔子的籠子」及其前身,前文已述。如果用數位化表示,在西周為 1.0 版、東周為 2.0 版,那麼此為「孔子的籠子」3.0 版。

帝國是什麼?皇帝是什麼?孔子和孟子都沒見過,也沒有猜想過。也就是說,儒學從來就不是為「帝國時代」而設計的⋯⋯若論本心,儒家與

---

[094] 《史記》卷 94 下,〈匈奴傳〉,第 6 冊,P.2828。
[095] 《劍橋中國秦漢史》,P.363。

帝國和專制君主是格格不入的……[096]

可現在，歷史跌跌撞撞已經誤入帝國時代了，起家於為封建制服務的儒家要麼繼續像孔子一樣「述而不作」，繼續像葫蘆瓢一樣閒掛牆上，要麼改變自己，轉而為帝制服務。

這問題在步入漢朝沒幾天就擺到了儒家面前。劉邦跟諸多草根出身者一樣，從骨子裡看不起讀書人，曾經邊吐飯邊怒罵「豎儒幾敗乃公事」，甚至拿儒生帽子尿尿，尊儒方面本來很可能還不如秦始皇。然而，天下初定，劉邦當上皇帝之後，眼見「群臣飲酒爭功，醉，或妄呼，拔劍擊柱，帝益厭之」。好比兄弟喝酒狂歡，眾人皆醉吾獨醒，醜態百出，越看越生氣。叔孫通是從秦皇始、秦二世時代過來的「博士」，覺得這是個好機會，便建言說：「夫儒者難與進取，可與守成。臣願徵魯諸生，與臣弟子共起朝儀。」用「朝儀」——「孔子的籠子」，就可以將那班幫我打天下的武夫管束起來嗎？劉邦將信將疑：「可試為之」。當時魯地的 30 多名儒生，絕大多數跟從叔孫通，只有兩位堅決拒絕。他們認為禮樂是要「積德百年」才可興的，而今漢朝才立，「死者未葬，傷者未起」，你就迫不急待地「面諛以得親貴」，去你的吧，「無汙我」！叔孫通被罵了一通，無奈地嘆道：「若真鄙儒也，不知時變。」叔孫通「知時變」，「頗採古禮，與秦儀雜就之」。叔孫通像周公一樣作出了一套「周秦雜之」的新的禮樂制度，信心不足，小小翼翼請示說：「可試觀矣！」這一試，劉邦見那班文官武將裝模作樣，亦步亦趨，叩首低眉，而自己鶴立雞群，變威風凜凜多了。再擺酒宴，同樣是那幫文官武將，卻變得「皆伏，抑首，以尊卑次起」，「無敢讙譁失禮者」。至此，劉邦才大發感慨：「吾乃今日知為皇帝之貴也！」即提拔叔孫通主管意識形態，並賜獎金 500 金。[097]

---

[096] 張向榮：《祥瑞：王莽和他的時代》，上海：上海人民出版社，2021 年，P.309、311。
[097] 《史記》卷 99，〈叔孫通傳〉，第 3 冊，P.2102。

儘管司馬光「惜乎，叔孫通之器小也」，[098] 叔孫通在後世儒家中的地位不高，但他「與秦儀雜就」的這種「禮樂之治」獲得了一代又一代皇帝的認可，孔子、孟子們在天之靈如有知，不知作何感想。

◎董仲舒之貢獻

早在先秦就有「儒分為八」之說，後來門派更是眾多。

《春秋》是魯國史書，相傳為孔子所作，是中國編年史也是世界編年史之祖。孔子在這部史書當中，一改「述而不作」的原則，發明一種「春秋筆法」，即為了讓今後那些「亂臣賊子懼」，便「微言大義」，也就是在敘述當中對歷史人物予以含而不露的褒貶。當時書寫仍然很不方便，一般不是鑄在青銅器上，就是刻在竹簡上，而最原始地以口相傳。《春秋》最初也如此。口頭傳承很容易走樣，《春秋》也就變得非常難「讀」。後人看到的《春秋》，全文僅 1.6 萬餘字，每一條都是孤立的，有的事件只有一個字，最長也不過 40 餘字，記載零亂，語言晦澀，不著邊際，不知所云，據說曾被大儒王安石譏為「斷爛朝報」。

然而，一旦沾上孔子之名，再不堪卒讀也得啃。對《春秋》進行解釋和說明，稱之為「傳」，主要有 5 家，其中左丘明《春秋左氏傳》、公羊高《春秋公羊傳》與穀梁赤《春秋穀梁傳》合稱《春秋三傳》，列入儒家經典。其中《公羊傳》是孔子後期學生子夏一脈傳下的，可信度也許較高。

讓我們試讀一二。《春秋》原文第一句：「隱公元年春王正月」，就這麼 8 個漢字，當中「微言」了什麼大義？我們現代人如果不借助史籍，根本猜不透──想必 2,000 年前的古人也讀不透。例如《公羊傳》第一段解曰：

春王正月，元年者何？君之始年也。春者何？歲之始也。王者孰謂？

---

[098] 《資治通鑒》卷 11，〈漢紀〉3，第 1 冊，P.412。

謂文王也。曷為先言王而後言正月？王正月也。何言乎王正月？大一統也。

這幾句古文翻譯成現代漢語，大意說：元年是什麼意思？指君王登位的第一年。春是什麼意思？是一年開始的季節。王指誰？指周文王。為什麼先說王，再說正月？因為指的是周王確立的正月。為什麼要說周王的正月？是為了表明「大一統」，天下都實行王的政令。緊接還有一大段文字，大意是：為什麼不說隱公登位呢？因為要成全隱公的心願。為什麼要成全隱公的心願呢？因為隱公想要把國家治好，然後把政權還給桓公。那麼，隱公為什麼要把政權還給桓公呢？因為桓公年幼而尊貴，隱公年長而卑賤。他們兄弟身分尊卑區別較小，國人不大了解。只因為隱公年長而賢明，諸大夫就擁戴他為國君。這時如果隱公辭讓，桓公能否登位，並沒有把握。即使桓公能登位，大夫們能否輔佐他，也是個問題。所以，隱公登位全是替桓公著想。那麼，隱公年長又賢明，為什麼不立為國君呢？因為立夫人所生的嫡子為國君，只憑年長，不憑賢明；立媵妾所生的兒子為國君，只憑尊貴，不憑年長。桓公為什麼尊貴？因為他的母親尊貴。母親尊貴，兒子也就尊貴嗎？是的。兒子因母親而尊貴，母親又因兒子而尊貴。看，簡簡單單8個字，隱含了這麼一通史實與大道理，無異於天書吧？

現代符號學家安伯托‧艾柯（Umberto Eco）認為：人們「弄懂書的本意」的過程是「詮釋」，而有些人總是解讀原書沒有的意思，甚至以別人的書為幌子來發展自己的觀點，叫「過度詮釋」。可以說中國人最熱衷、最擅長此道，美其名曰「我注六經，六經注我」。東漢經師秦延君註釋《尚書‧堯典》，「堯典」這題解就寫10萬字，其中「曰若稽古」一句註釋3萬字，那還是古文，你說灌了多少水！

費孝通指出：「在長老權力下，傳統的形式是不准反對的，但是只要表面上承認這種形式，內容卻可以經註釋而改變。結果不免是口是心

第一章　西漢初60年

非。」[099] 這是中國傳統文化的一大奧祕！古代許多著述都是藉著聖人文字表達自己的思想，從孔子到朱熹一脈相承。且說《春秋》從子夏六傳弟子以來幾百年，到西漢終於迎來飛躍發展，一個弟子胡毋生將《公羊傳》破天荒書上竹帛，再一個重要弟子非董仲舒莫數。

開國那班文官武將走差不多了，急待起用一批新的人才。為此，漢武帝劉徹上臺第二年就轟轟烈烈開展「舉賢良」運動。劉徹在詔書中宣告：朕繼承了先帝極尊之位、至美之德，將來還要傳之千秋萬代，深感責任重大，寢食不安，不敢偷閒安樂，深思萬事之頭緒，生怕有失誤。現在，請各郡國公開選拔推薦德才兼備之士，朕要聽他們論說大道之要、高論之極。史家馬勇評論：

我們從他對董仲舒的三次提問中，完全可以感覺到他不僅擁有非同尋常的政治智慧，而且具有相當的學問。他的那些問題，與其說是提問，不如說是證實。也就是說，他所關心、所思考的那些問題實際上在他心目中已有較為明晰的答案，只不過是要那些受問者進行哲學層面的證立而已。[100]

董仲舒對劉徹的提問作出了明確的回答，直陳當時形勢已經相當危急，開具的處方只有一個，那就是「更化」即改革。只有更化才可善治，不更化只有滅亡。[101] 那麼，具體如何改革呢？

董仲舒首先強調「大一統」觀念，主張「唯天子受命於天，天下受命於天子，一國則受命於君」，統一一個君王，絕對服從於一尊。董仲舒這

---

[099] 費孝通：《鄉土中國》，北京：人民出版社，2015年，P.101。
[100] 馬勇：《帝國設計師董仲舒》，北京：東方出版社，2015年，P.66。
[101] 《漢書》卷56，〈董仲舒傳〉，第5冊，P.1905～1906，「今漢繼秦之後，如朽木、糞牆矣，雖欲善治之，亡可奈何。法出而奸生，令下而詐起，如以湯止沸，抱薪救火，愈甚亡益也。竊譬之琴瑟不調，甚者必解而更張之，乃可鼓也；為政而不行，甚者必變而更化之，乃可理也。當更張而不更張，雖有良工不能善調也；當更化而不更化，雖有大賢不能善治也。故漢得天下以來，常欲善治而至今不可善治者，失之於當更化而不更化也。」

套理論很合劉徹的心意，也很合那個時代的脈搏。「大一統」是歷經春秋戰國那個大動盪時代的社會思潮。《荀子》早就提出：「一天下，財萬物，長養人民，兼利天下，通達之屬，莫不從服」。只不過在統一的目標與手段方面，不同學派不同學者有所分歧。人們抱怨秦始皇，並不是他的理想，而是他的手段。這種理論強化了中央專制集權的權威，對帝制中國及東南亞社會的影響極深。

從此，中國哪怕分裂再破碎，還是希冀一統。歐洲的一統觀念較弱，但不是沒有。雨果小說《鐘樓怪人》（Notre-Dame de Paris）中，法王路易十一咬牙切齒說：「總有一天，人們眼睛看得到的地方，就只有一個絞刑架，一個國王！」

當然，一統帶來的未必都是福音。葛劍雄強調說：「統一，這個被視為神聖的名詞，一次次與戰爭連繫在一起，而為維護自身的生存的戰爭卻常常以失敗而告終，其作用只是推遲了統一的實現。人類就是這樣以同類的鮮血換來自身的進步，以殘酷的殺戮創造新的文明。」不過，「產生弊病的不是統一本身，而在專制的集權制度。我們也不能否定以往分裂時期所取得的進步，但必須看到，進步的原因並不是分裂本身，而是專制的集權制度被削弱的結果」。[102]

董仲舒極力論證一尊的正當性，甚至說「古之造文者，三畫而連其中，謂之王。三畫者，天地與人也。而連其中者，通其道也」，從古人造字來考證，「王」是通天地的。為此，「善皆歸於君，惡皆歸於臣」，「屈民而伸君，屈君而伸天，《春秋》之大義也」。[103] 這番話解決了漢代帝王的一大難題。想當初，討論「湯武革命」，黃生說湯武並非「受命」而是「篡弒」，轅固生反駁時竟然說：「照你這麼說，我們高皇帝取代秦天子也不對

---

[102] 葛劍雄：《統一與分裂：中國歷史的啟示》，北京：商務印書館，2017年，P.157、224。
[103] 董仲舒：《春秋繁露·玉杯》。

嗎？」這樣陷入一種兩難的尷尬：如果贊同黃生的邏輯，那麼劉邦取代秦二世是「篡弒」，而如果贊同轅固生的邏輯，那麼往後別人也可以來取代劉氏帝王，所以漢景帝劉啟連忙叫停，從此再沒人敢公開爭論湯武革命的問題。可是叫停了討論，不等於解決了問題，人們心裡還是會思考劉氏政權來源是否合法、是否可以取代的問題。現在，董仲舒這麼一說，強調「天人感應」，將裁判權交給「天」，這個難題就解決了：當初劉氏取代秦氏是合法的，往後別人想要取代劉氏得問「天」，而「天」自然是向著當政帝王的。張星久指出：

> 事實上，正是藉助儒家思想，專制國家才具備了穩定不變的精神結構和原則，君權和以「尊君」為核心的政治關係才具備了「普遍性」和「永恆性」；也正是藉助儒家而非其他的思想如法家，專制國家才具備了意識形態的、精神上的控制力，才真正實現了從暴力征服向「政治統治」的轉型。可以說，沒有儒家，就沒有君主專制制度在中國歷史上的長期存在與發展。[104]

不過，董仲舒沒忘「孔子的籠子」原旨。「天人感應」說也不是董仲舒首創，而是兩漢社會的普遍觀念。董仲舒的相關主張「不僅在思想觀點上與老子、莊子有相通之處，即使在語言風格上也有明顯具有模仿的痕跡。」然而，董仲舒要建立的是一套更嚴密的天人理論體系，「企圖用一個虛構的超自然的物活實體來約束人世間處於至尊地位的君王」。只要「揭開它的宗教帷幕，我們就會發現董仲舒有真實用意在於人事而不是神事」，「天學即人學，天論即人論」。[105]董仲舒甚至明白無誤地說：

> 天子不能奉天之命，則廢而稱公，王者之後是也；公侯不能奉天子之命，則名絕而不得就位⋯⋯ [106]

---

[104] 《「聖王」的想像與實踐》，P.214。
[105] 《帝國設計師董仲舒》，P.127，128。
[106] 《春秋繁露・順命》。

「天子不能奉天之命，則廢」，這話太大逆不道了！千百年來，幾人膽敢如此赤裸裸地威脅帝王？

董仲舒特別賣力地推銷「天人感應」說，提出「天之所以大奉使之王者，必有非人力所能致而自至者，此受命之符也」。朝政有失，天會降災譴責帝王；如不自省，會出怪異現象警告他；如果還不悔改，天會改變授命，讓他喪邦失國。反之，如果「天下之人同心歸之，若歸父母，故天瑞應誠而至」。[107] 這套理論顯然近乎巫術，劉徹本來沒太在意。

董仲舒在江都大搞「祈雨」、「祈晴」，把巫術搞得有模有樣，還煞有其事地撰寫了〈求雨〉、〈止雨〉等文章，相當於現代的科學實驗活動。那年高祖廟發生火災，不久高祖陵寢又發生火災，劉徹為此素服5天，向老祖宗請罪。遠在如今江蘇揚州屈居多年的董仲舒認為時機到了，再也憋不住，帶病起草一份奏章，進一步闡釋「天人感應」，認為這是上天警告陛下「非以太平至公，不能治也」，並具體建議像燒祖廟與陵寢那樣將親戚、貴屬及近臣當中品行不良者殺了，以「承天意之道」。[108] 真不敢相信一個大儒會如此殺氣騰騰！這奏章沒來得及呈上，剛巧有個官員到董仲舒家做客，看見奏章草稿便偷走，呈交劉徹。劉徹倒是冷靜，讓大臣們傳閱討論。董仲舒的弟子呂步舒不知這是他老師寫的，當場斥責這種觀點極其愚蠢。於是，逮捕董仲舒並處以死罪。幸好呂步舒急忙斡旋，爭取赦免，免職了事。南宋洪邁《容齋隨筆》談到這件事，認為這與劉徹後來對親人大開殺戒有關，因此當時如果斬了他「非不幸也」，一點也不值得同情。

我倒有點替董仲舒抱不平，但又不能不怨他「傻」。他的「天人感應」說，其實就是周公「天命靡常」的翻版。前面已述其功能有二，一是用以對外解釋權力來源合法，二是對內約束統治者，正如皮錫瑞所說：「漢儒

---

[107] 《漢書》，P.1902。
[108] 《漢書》卷27，〈五行志〉，第5冊，P.1093，「視親戚貴屬在諸侯遠正最甚者，忍而誅之，如吾燔遼高廟乃可；視近臣在國中處旁仄及貴而不正者，忍而誅之，如吾高園殿乃可」。

第一章　西漢初 60 年

藉此以匡正其主。」[109] 只不過劉徹不需要前者，後者則約束到自己頭上，他可不買單。更重要是，周人判別上帝有沒有對統治者生氣，透過問卜，全由巫婆的嘴說了算，完全可以操縱。現在全由天「說」了算，洪、旱、火、蝗、地震之類天災幾乎年年難免，豈不是說皇帝年年都沒做好工作？大禹時大洪，商湯時大旱，照董仲舒的說法，豈不是老天爺責怪禹、湯聖人？劉徹怎能上這種當？

好比想把老虎關進籠子，自己卻差點被老虎吃掉。董仲舒嚇壞了，從此再不敢說「天人感應」，老老實實教書。劉徹恢復他國相之職，他以病相辭。至此，我倒覺得董仲舒這個「人物」活了，可愛了。理論上，他頂天立地，睥睨千古，回到生活實際，簡直變得委瑣。後來的聖人如朱熹等，也都活得很不如意。

「天人感應」在兩漢非常流行，王莽、劉秀等人都充分利用。如果沒有「五德終始」、「祥瑞」之類讖緯推波助瀾，王莽、劉秀不大可能成功。後來 2,000 多年，時不時有些不怕死的儒臣拿來「匡正其主」，當然也沒用。西元 314 年新年伊始有離奇天象，說是流星從牽牛星座入紫微星座，星光照亮地面，墜落到平陽卻變成一大團肉，碩儒陳元達趁機進諫：「這是因為後宮寵女太多，亡國之兆啊！」漢趙皇帝劉聰怒斥：「這是陰陽變化的自然現象，跟人間有什麼關係！」[110] 但如果用來追究別人，皇帝還是樂意的。西元前 7 年出現異常天象，負責觀星的官員說是上天譴責，應該用做犧牲，漢成帝劉驁就信了，真如董仲舒當年所建議，立即命丞相翟方進自盡，然後隆重舉辦葬禮，親自弔唁。有人攻擊王安石，說「旱由安石所致。去安石，天必雨」，宋神宗趙頊也信了。

那個時期還有其他眾多儒生致力於將權力關進「籠子」的偉大事業，

---

[109]　皮錫瑞：《經學歷史・經學的極盛時代》。
[110]　《資治通鑑》卷 89，〈晉紀〉第 11、5 冊，P.3554，「此陰陽之理，何關人事！」

前撲後繼。秦始皇曾經到會稽郡視察，在那裡的石上留下文字，當地便刻了秦始皇的木像，與大禹一起廟祀。三國時王朗到那裡任主官，說秦始皇是「無德之君」，將秦始皇的木像扔出，不許民眾祭祀。如果說王朗是打死老虎，那麼博士夏侯勝反對劉詢為其爺爺劉徹作廟樂就不能說打死老虎了。劉徹死後，劉詢為了頌揚他的功績，下詔立廟作樂。夏侯勝當即站出來，說劉徹雖有廣土斥境之功，但代價是「竭民財力，奢泰亡度，天下虛耗，百姓流離，故物者半」，「亡德澤於民，不宜為立廟樂」。[111] 請注意夏侯勝區分明君與暴君的標準：是否「德澤於民」。此後，陸續還有些英勇的儒生想悍衛「憲法」，但難得如此「民本」的思想。

宋人指出：「人留孟子皆非道。」[112] 衛國收留孔子那麼久也不是為了推行王道，歷代帝王推崇儒學都是不為了推行王道。為此，孟子之後的儒家不得不有所遷就。學者認為：「由於政治形勢急遽變化，孔子的學說並沒有得到全面發展，而是被各國統治者片面利用，孔門後學也因利害關係而不能免俗，只是片面發展了孔子尊君獨裁與扼殺自我的這種傾向。」[113] 董仲舒則更是竭力片面了展這種傾向。董仲舒按照他「貴陽而賤陰」理論進一步提出「三綱」原理和「五常」之道。不過此類內涵也早有，最早還是法家的《韓非子》提出：「臣事君，子事父，妻事夫，三者順，天下治；三者逆，天下亂。」孔子提出君君臣臣、父父子子等倫理道德觀念，孟子進而提出「父子有親，君臣有義，夫婦有別，長幼有序，朋友有信」的「五倫」道德規範。關於一個人最基本的品格和德行，孔子最早提出「仁、義、禮」，孟子擴充為「仁、義、禮、智」，董仲舒又擴充為「仁、義、禮、智、信」即「五常」。所謂信，人言也，就是說人要對自己說過的話負責任，這當然是非常重要的品格。不過，孔孟之說具有平等互惠的性質，

---

[111]　《漢書》卷75，〈夏侯勝傳〉，第6冊，P.2361。
[112]　王令：〈寄介甫〉。
[113]　馬勇：《中國儒學三千年》，貴陽：孔學堂書局，2021年，P.74。

而董仲舒禮教強調的是人與人的支配權力。

董仲舒還提出「三統三道」，認為夏朝主忠道、商朝主敬道、周朝主文道。文道的缺點是不純。三統循環，現在該輪到忠道了。董仲舒說：「下事上如地事天也，可謂大忠矣。」[114] 所以，《孝經》強調：「孝者所以事君也」，「事君不忠，非孝也」。原來，所孝之人表面是父母，實則為君。如此，帝王能不奉為圭臬嗎？

這時期的儒學與先秦相比，面目全非了！有人將從此的儒學稱之為「儒教」，不無道理。宗教與哲學的最大區別，在於宗教有洗腦功能並帶有強迫性，強迫人們按照它的教義去生活，而哲學不是。

董仲舒實際上是儒教的創始人，中國帝制的設計師。然而，有如秦制與秦始皇，後儒無不承繼「三綱」、「五常」等理論，卻不承認董仲舒的教主地位，甚至多予負面評價。例如宋末元初馬端臨指責說：董仲舒「以聖經為緣飾淫刑之具，道人主以多殺」。[115] 這裡「聖經」指儒家經典。尷尬還沒完，學者認為：五四新文化運動說是批判孔孟之道，實際批的主要就是董仲舒思想。五四那句著名口號，完整為「打倒孔家店，救出孔夫子」，不無道理。

◎「霸王道雜之」

董仲舒版「孔子的籠子」，以「大一統」為中心，「天人感應」與「獨尊儒術」為兩翼。

第三次面試的時候，董仲舒建議說：

《春秋》大一統者，天地之常經，古今之通誼也。今師異道，人異論，百家殊方，指意不同，是以上亡以持一統；法制數變，下不知所守。

---

[114]　《春秋繁露‧五行對》。
[115]　馬端臨：《文獻通考》卷182。

臣愚以為諸不在六藝之科孔子之術者，皆絕其道，勿使並進。邪辟之說滅息，然後統紀可一而法度可明，民知所從矣。[116]

董仲舒認為：凡是不在《禮》、《樂》、《詩》、《書》、《易》、《春秋》六者範圍之內，不屬於孔子學說的各種理論和學派，都應當禁止。只有「邪說」不存在了，國家大政方針才可以統一固定，民眾才知道怎樣去做。對此，一般說劉徹讚賞並採納了。這也是「罷黜百家，獨尊儒術」的最初說法。其實，「罷黜百家」句出自東漢史家班固，而「獨尊儒術」句更是後人的概括。

然而，劉徹我行我素，法家腥味還格外濃重，法律條文多得堆滿書櫥，法官讀不過來。為了說明刑罰的必要性，董仲舒拿大自然比方：「霜者天之所以殺也，刑者君之所以罰也。」不過，他又反覆強調「大德而小刑」。劉徹命張湯去向董仲舒學習以儒術審案，於是董仲舒編寫《春秋決獄》，收錄 232 個經典案例，用《春秋》經義註釋刑罰。通俗地說，就是用孔子的思想對犯罪進行分析、定罪，即用六經思想作為判案的主要依據，法律變次要。凡與儒家經義相背的，要以儒家經義為準。再換言之，著重追究犯罪動機，動機好的一般從輕，甚至免罪；如果動機邪惡，即使有好的結果也要受到嚴厲懲罰，犯罪未遂也要按已遂處罰。有時一句語錄可使無罪者禍及三族，也可使有罪者無罪釋放。此外，劉徹還經常根據自己的意願制定新法。現代法制是讓全社會受惠，而商鞅、董仲舒、劉徹們的「法制」則是以嚴刑峻法控制社會，只讓統治者受惠，甚至只是讓帝王一人受惠。

結果，劉徹殺自己親人也太多，到接班人都難找的地步。沒人能夠及時制止他對內對外的暴行，老天爺要「感應」顯靈一次比鐵樹開花還難。所幸他晚年忽然良心發現，主動反思，徹底整治，重回休養生息的國策。

---

[116] 《漢書》，P.1918。

第一章　西漢初60年

司馬光論曰：劉徹「晚而改過，顧託得人，此其所以有亡秦之失而免亡秦之禍乎」。[117]

當時便有大臣批評劉徹「內多欲而外飾以仁義」，批評劉詢「聖道浸廢，儒術不行，以刑餘為周召，以法律為《詩》、《書》」。[118] 現代專家學者更是認為劉徹時期「儒學看上去很興旺，但實際上儒學並未真正成為有效的社會意識形態」，「半個世紀後，到了西漢後期，孔子學說、儒家正統思想也還是受到來自那些實幹的政治家們的嚴重質疑」。[119] 甚至有人懷疑：董仲舒關於「罷黜百家，獨尊儒術」的建議，劉徹到底採納了沒有？詔令何在？至今是一筆糊塗帳。

劉徹的接班人也大致如此。太子劉奭提意見給父皇劉詢：「陛下持刑太甚，宜用儒生！」劉詢一聽立時變臉——

帝作色曰：「漢家自有制度，本以霸王道雜之，奈何純任德教，用周政乎！且俗儒不達時宜，好是古非今，使人眩於名實，不知所守，何足委任！」乃嘆曰：「亂我家者太子也！」[120]

歷來是「霸道」與「王道」兼雜著用，禮法並重，怎麼可以只用周政德教呢？這話可謂一語道破天機。

霸道指法家，強調軍事法律；王道指儒家，強調道德倫理。先秦時曾有一度，儒、法是尖銳對立的，法家的《商君書》，毫不客氣將禮樂、詩書、修善孝弟、誠信貞廉、仁義與非兵羞戰稱為「六蝨」，即六種危害國家的事，但今天看來則是人類文明最基本的要素。法家雖然成就統一六國的大業但名聲太臭，儒家雖一事無成但遭太臭的人迫害而被捧得太香，後來的統治者聰明了，兩者兼顧。

[117]　《漢書》卷22，〈漢紀〉14，第2冊，P.872。
[118]　《漢書》卷77，〈蓋寬饒〉傳，第6冊，P.2424。
[119]　李春青：《趣味的歷史：從兩周貴族到漢魏文人》，北京：三聯書店，2014年，P.315、360。
[120]　《漢書》卷9，〈元帝紀〉，第4冊，P.195。

「霸王道雜之」的學界說法是「外儒內法」，用民間說法就是「既要當婊子又要立牌坊」。「俗儒」語出《孟子》，指淺陋而迂腐的儒士。劉詢斥俗儒只不過徒有虛名罷了，不足任用。然而，我們看到從孔子、董仲舒到朱熹之輩大儒，生前都得不到重用。孔子弟子三千其中賢者72人，僅3人被錄用為公務員。劉詢覺得會說出這番話的太子都不可用了，憂心忡忡長嘆不已。

實際上，從來就沒有什麼「純任德教」，或是「純任法家」。「成康之治」說是「四十餘年刑措不用」（且不論是否被灌水），並不等於沒有刑法。《左傳》說：「夏有亂政而作《禹刑》，商有亂政而作《湯刑》，周有亂政而作《九刑》。」《九刑》應該是周成王時期制定的，[121] 其內容是「正刑五加之流宥、鞭、撲、贖刑」，五刑即墨（臉上刺字）、劓（割鼻）、剕（斷足）、宮（閹割）、大辟（死刑），流宥指流放，鞭是鞭刑，撲指以荊革捶撻，贖指以金錢贖刑。當禮教無效之時，還是要補以刑法。西元1975年陝西岐山出土一件西周時期的禮器，底部內壁有157個字，專家解讀其大意：隨從周王的法官審理一個叫牧牛的人狀告他上司的案件，判詞說：牧牛，你太過分了！你竟敢告你的官，違背了你的誓言。我本應依法鞭打你1,000下，施以墨刑；現在我大赦你，免去500鞭，另外500鞭改罰金300。

孔子相當重視刑。子貢走馬上任市長的時候，孔子教導說：「知為吏者，奉法以利民；不知為吏者，枉法以侵民。」[122] 另一位學生仲弓請問法令該禁哪些行為，孔子具體指導說：一是曲解法律、擅改政紀的，二是製作淫聲浪調、奇裝異服的，三是行為詭詐、學問雖多但不正統的，四是利用鬼神之類惑亂民眾的，這4類犯罪都要殺，連審理都不需要！[123] 如此殺

---

[121] 白鋼：《中國政治制度史》上冊，天津：天津人民出版社，2016年，P.146。
[122] 《孔子家語·辯政》。
[123] 《孔子家語·刑政》，「巧言破律，遁名改作，執左道與亂政者，殺。作淫聲，造異服，設伎奇器以蕩上心者，殺。行偽而堅，言詐而辯，學非而博，順非而澤，以惑眾者，殺。假於鬼神，時日卜筮，以疑眾者，殺。此四誅者不以聽。」

氣騰騰，即使出自《孔子家語》，我還不敢相信出自孔子之口。在內政嚴酷的同時，讓鄰居「齊人聞而懼」，感到「孔子為政必霸，霸則吾地近焉，我之為先並矣」，[124] 於是才用反奸計，讓魯公逐孔子。美國聯邦最高法院東庭的三角門楣上，列著全世界 16 個偉大的立法者，孔子等 3 人赫然為中心，而根本沒有商鞅之流的位子。當然，對於「法」的理解東西方是不同的。許倬雲說：「秦以法家治國，其實法家不過是儒家的變種。」[125]

王莽全面實踐儒家理想，想像過去該是「以德治國」吧？其實，王莽也「霸王道雜之」。建國當年秋，他建立兩支特別隊伍，一是五威將帥，72 名成員分 12 隊，分赴全國各地及「四夷」去傳播新朝符命，堪稱「王莽思想宣傳隊」，召集當地臣民聽講，統一「洗腦」。二是五威將軍，主要職責是監督高官中不用命者、大奸滑者、鑄偽金錢者、驕奢逾制者、漏洩省及尚書事者、拜爵王庭謝恩私門者，「凡此六條，國之綱紀」，[126] 實屬影響皇帝個人權力的高官大臣，可視為明朝特務機關的前身。他還根據儒家經典《周易》創新刑名，例如「離」卦爻辭「突如其來如，焚如，死如，棄如」，便以「焚如」之名行火刑，以「棄如」之名行「棄市」之刑——在鬧市執行死刑。處死之後，還要剝皮解剖，以示儆猴。時任掌樂大夫桓譚說：「王翁（即王莽）之殘死人，無損於生人。生人惡之者，以殘酷示之也。」[127] 可見，王莽與此前的商鞅、秦始皇及後來的朱元璋、雍正之流一脈相承。大儒司馬光也坦然承認：霸、王道二者只不過說法上有區別而已，好比深淺、大小、廣狹之異，而不是黑白、甜苦那般截然相反。[128]

中國歷史上從來不曾缺過治民之法，奇缺的僅僅只是約束權力之法以及保護庶民利益之法。只因為儒家被過度美化而法家被過度醜化，人們常

[124]　《漢書》卷 47，〈孔子世家〉，P.1546。
[125]　許倬雲：《萬古江河》，長沙：湖南人民出版社，2018，P.162。
[126]　《漢書》卷 99，〈王莽傳〉中，第 6 冊，P.2023。
[127]　轉引自《祥瑞：王莽和他的時代》，P.558。
[128]　《漢書》卷 27，〈漢紀〉19，第 2 冊，P.1044。

將儒家與法家截然分開，標籤化，涇渭分明，但不符實際，實屬誤導。許倬雲認為：「法家的理論本來只及於治理的方法，未嘗及於為政的目的；儒家的理論有為政的目的，而未嘗及於方法。兩者結合，遂成為帝國政治體制的理論基礎。」[129] 換言之，「霸王道雜之」如果能兼採儒、法之長，而避各弊，才是理想的治理之道。問題是如何「雜之」，孰輕孰重，那就複雜了，另當別論。

吳思在仔細揣摩了一些歷史人物和事件之後，發現支配中國專制統治集團的東西，常常與他們宣稱遵循的那些原則相去甚遠，「對於這個擅長舞文弄墨的集團，要撇開它的自我吹噓和堂皇表白，才能發現其本來面目」。[130] 所謂「外儒內法」，也屬於吳思所說的「潛規則」吧，在中國潛行數千年。

儒家也是一個統稱。粗略地分，如先秦儒、漢儒、宋儒等等。先秦儒主要指孔孟等，漢儒主要指董仲舒等。關於漢儒，有專家學者認為：一是從思想內涵來看，漢儒將陰陽家、黃老之學、法家的思想納入自己的理論體系，發展與改造了先秦儒學。二是從與當政者的關係而言，先秦儒學批判暴政而致力於建立理想化的社會政治秩序。漢儒則退而求其次，承認現實社會政治秩序的合理性（如皇權專制），即從批判時政轉為維護現實統治。有人指責漢儒背離了先秦儒學的民本思想，轉而向專制統治妥協。但也有專家學者認為這種妥協是必要的，因為只有這樣才可能給帝王一些約束。好比將老虎關進籠子，漢儒認為不能強行，只能用些鮮活的肉誘使牠進去，並把籠子盡可能做得金碧輝煌以便讓牠盡可能威嚴莊重而舒適溫柔地待在籠子裡。趙鼎新比較漢武帝與秦始皇的體制──

---

[129]　許倬雲：《歷史大脈絡》，南寧：廣西師範大學出版社，2009 年，P.48。
[130]　吳思：《潛規則：中國歷史中的真實遊戲》，上海：復旦大學出版社，2009 年，修訂版序。

第一章　西漢初60年

兩者之間唯一的關鍵性差異在於，秦帝國將其統治權力建立在純粹的強制力量的基礎之上，而漢武帝統治之下的漢帝國則將其統治的合法性奠定於儒家學說以及國家政權與儒士之間的政治聯盟之上。[131]

因此，趙鼎新將漢武帝至清末的體制稱之為「儒法國家」。

不管怎麼說，「孔子的籠子」終於或多或少有些作用了！面對天災人禍，有些帝王往往會下「罪己詔」，主動檢討自己不夠盡責的地方，加以改正，百姓獲益。不久，出現「異端」即唯物主義哲學家王充，猛烈抨擊「天人感應」理論的虛妄性與欺騙性，但他對董仲舒求雨之類做法卻讚不絕口，重申如果久旱不雨，君王必須舉行雩祭，以示「惠滑惻隱之恩」。惠滑即仁慈愛憐，惻隱即同情。顯然，王充也是想發揮「孔子的籠子」的作用。

最實惠的還是儒家本身。好比篾匠花工製作的鳥籠雞籠賣出去了，多少能賺些碎銀。不過，刀爾登嘆道：「從漢朝開始，讀書人自然是混得不錯了，食在其中，祿在其中，而創造的能力，則不知到哪裡去了。」[132] 我想，中國人的創造力從此被囚到「孔子的籠子」當中去了唄！

這版「籠子」常常囚了不該囚的人與事。西元715年春夏山東蝗災嚴重，宰相姚崇請求派御史到各州縣去組織捕殺蝗蟲，有些大臣認為沒用，李隆基也猶豫。姚崇生氣說：「如今山東、河南、河北百姓都快逃光，怎麼還坐視不救！即使除之不盡，也比看著不救好！」李隆基這才准奏。可是，以廉潔而敢言著稱的另一位宰相盧懷慎仍然表示擔憂：「殺蝗太多，恐傷天和。」姚崇急得跺腳：「你怎憐憫蝗蟲，而不憐憫百姓餓死？如果殺蝗有禍，請讓我一身擔當！」結果，殺了好多蝗，救了一些莊稼，饑荒不太嚴重。沒想到，第二年春夏蝗災又在山東大起。汴州刺史振振有詞說：

---

[131]　《東周戰爭與儒法國家的誕生》，P.186。
[132]　刀爾登：《中國好人》，太原：山西人民出版社，2017年，P.204。

「蝗乃天災,非人力所及,應該努力提高人們的思考,才能消除。大家忘了嗎?劉聰治蝗埋殺,結果出一大堆亂象。」劉聰是十六國時漢昭武帝,遇蝗災時命人埋覆,結果傳說哭聲聞10餘里,蝗蟲鑽土飛出,不僅蝗食黍豆,還出現犬與豕交於相國府門之類怪事。因此,這位刺史斗膽拒絕中央派出的督導組,坐等人們提高道德程度,坐等上天悲憫。姚崇連忙寫信給那位刺史,嚴正駁斥說:「劉聰偽主,德不勝妖;今日聖朝,妖不勝德。說什麼自古有好官的地方蝗不入境,如果修德可使蝗不入境,那些地方官難道都是缺德之人?」照此邏輯,汴州鬧蝗災,汴州的刺史就不是好官,而當今皇上不也……那位刺史這才怕了,遵從中央御史督促殺蝗工作,才使得「連年蝗災,不至大饑」。「衛道士」之害,此見一斑。

我們早已習慣將秦至清稱之為「封建社會」。近些年出現爭議,較多認為這不符合中國歷史實際,秦朝以後的社會形態恰恰相反,不是「分封建國」而是集權專制,甚至極權。所謂「集權」(權威主義)是要求人民盲目服從,「極權」則是將社會全方位控制死。但我又想:從意識形態角度看,秦至清的專制制度是披著儒家「分封建國」那套外衣的,繼續稱之為封建社會並非完全沒有道理。

有人把法家比喻男人,儒家比喻女人,有的人說這男人最壞,有的則說這女人最壞。然而,經過紅娘漢儒董仲舒等人的撮合,這對最壞的男人與最壞的女人出乎人們意料地結婚了,而且他們無比恩愛,如漆似膠,白頭偕老,千古不分,有如雨果小說《鐘樓怪人》結尾所描寫:「人們要將他從他所摟抱的那具骨骼分開來時,他剎時化為了塵土。」

漢儒真正「獨尊」的是開了一種很壞的頭:借一種名目,然後隨心所欲竄改,創造性地做了了什麼壞事也可以從中找出好的說法來胡弄民眾。中國歷史稍多讀些,就會覺得所謂褒義詞、貶義詞大都不可信任。

第一章　西漢初 60 年

第二章
東漢初 30 年

【提要】

漢光武帝劉秀恢復漢室後（西元 25～57 年），集中精力於內部，努力解決奴婢與土地兼併等歷史遺留問題，農業勞動生產率居歷史最高，人口創歷史高峰，被譽為「光武中興」。

偶有帝王不能生育，或兒孫智力不正常，都不是他們的錯，而一再選擇那樣的娃娃統領國家，則充分暴露了君主世襲制的荒謬絕倫及儒家文化的僵化程度。

第二章　東漢初 30 年

開國立朝：中興與定鼎

　　新朝建立後，王莽放開手腳要搞出一番大事業。他像孔子一樣決心拯救「禮崩樂壞」的現實，且比孔子更幸運，因為他謀到了帝王之位。他盲目搬用周朝制度推行一系列所謂「新政」，史稱「王莽改制」。他認為只要古制一恢復就太平盛世，絞盡腦汁地謀劃每一個細節如何符合儒家古籍的描述。專家學者評論：「即使是王朝交替，如此極端的改革在中國歷史上亦可謂空前絕後。」[133] 結果適得其反，很快引起上下左右強烈反抗，身敗名裂。

　　在王莽之後亂紛紛的混戰當中，劉秀勝出，恢復漢室，史稱「東漢」。有學者認為：「在中國的歷代帝王中，漢光武帝劉秀是唯一一個同時擁有『中興之君』與『定鼎帝王』兩項頭銜的皇帝。劉秀的『中興』，是重建了一個新的王朝，只不過這個新的王朝仍然沿用了『漢』的稱謂罷了。」[134] 這評價對於劉秀固然不錯，不過說「唯一」就值得商榷了——後來的趙構不也應該戴上中興與定鼎兩冠嗎？

　　劉秀雖是劉邦九世孫，但他祖上已從王降為列侯（即縣侯），父親只是個區區縣令又早逝。兄長劉縯（音同演）好俠，劉秀則好讀書。在那個天下大亂的時代，他們兄弟跟著湊熱鬧，不想發展很快，不斷與其他民軍聯合，改編為綠林軍。西元 23 年綠林兵又與平林兵合併，共同「反新復漢」，推舉劉玄為更始帝，劉縯為大司徒，劉秀為太常偏將軍。偏將軍是將軍的輔佐，地位較低。同年劉秀的民軍在昆陽消滅王莽的主力，即歷史上著名的以少勝多「昆陽之戰」。這時，綠林兵內部分裂，劉玄殺劉縯。劉秀意識到某種危機，立即趕去向劉玄謝罪，既不為劉縯舉行葬禮，也不

---

[133]　《中國的歷史 · 秦漢帝國》，P.341。
[134]　黃留珠：《劉秀傳》，北京：人民出版社，2014 年，P.1。

與他舊屬往來，只說自己過錯而不表功，深得劉玄信任。隨後，劉秀到河北，迅速發展自己的實力。綠林軍攻陷長安，王莽被殺，劉玄入長安。

西元 25 年劉秀「跨州據土，帶甲百萬」，便在鄗（今河北柏鄉）稱帝，不久遷都洛陽。與周武王、秦始皇、劉邦相比，劉秀稱帝似乎早了些，因為這時候還對手如林。劉秀稱帝之後，仍然有些人想爭，如西元 26 年銅馬軍、青犢軍和尤來軍共立孫登為天子，次年李憲在淮南稱帝等等。劉秀統一天下大業，至西元 36 年即稱帝後第 12 年方告完成，內戰結束，政權才穩定下來。

最大看點：「柔道政治」

劉邦馬上得天下，馬下治天下。劉秀類似，但他是主動選擇的結果。劉秀當皇帝後，忙裡偷閒將老家的老人請到宮中來喝杯酒。老頭子老太太們一高興，話沒遮攔，居然說起劉秀小時候的醜話。一位大發感慨：「文叔（劉秀的字）小時候小女孩一樣不愛說話，又老實又乖順，誰能想到這麼老實巴拉的人竟然做了皇上！」好像說老實人不可能當皇帝，能當皇帝的不可能老實，這話真讓人生氣。劉秀卻笑道：「乖順點好啊！我治天下也用柔道！」[135]

劉秀所說的「柔道」不是現代體育拳術，而是一種屈伸得宜、以柔克剛的韜略，與他老祖宗「無為而治」如出一轍。劉秀不是開玩笑，而是一步一腳印踐行。即使你死我活的戰爭，也不忘「天地之性人為貴」。西元 26 年馮異出征赤眉軍的時候，劉秀特地交待：「今之征伐，非必略地屠城，

---

[135] 《資治通鑑》卷 43，〈漢紀〉35，第 3 冊，P.1682，「帝聞之，大笑曰：『吾治天下，亦欲以柔道行之。』」

第二章　東漢初 30 年

要在平定安集之耳。」[136] 破銅馬軍後，劉秀非但沒殺已降的一兵一卒，反倒封他們的首領為列侯。降兵不放心，劉秀便命他們的將領各自回本營，而自己輕車簡從巡行各部陣地。降軍從此心悅誠服，所以關西一帶還稱劉秀為「銅馬帝」。西元 36 年劉秀下詔明示：「邊吏力不足戰則守，追虜料敵不拘以逗留法。」[137] 他反對那種冒死硬拚的戰法，不鼓勵邊疆官兵當無謂的烈士。

西元 48 年匈奴分裂為北匈奴和南匈奴，南匈奴王入漢稱臣。北匈奴繼續與漢為敵，時值連年旱蝗，赤地千里，人畜飢疫，死耗過半。雄心勃勃的老臣──朗陵侯臧宮、楊虛侯馬武要求再次上陣，趁機剿滅北匈奴，徹底安定北邊。劉秀卻不同意，說內政忙不過來，何況情報不一定可靠，北匈奴雖然遭災實力尚強，不如止戰息民。[138] 不過，此舉被史家認為是錯誤的：

在此時刻，光武帝犯了他在位時期最大的錯誤，這個錯誤也屬於中國歷史中最壞的一個。他本應與南匈奴聯合，攻擊北匈奴的聯合體……因為光武帝沒有意識到它的有利條件……中國人為此付出了很高的代價。[139]

劉秀在天之靈如有知，也許感到委屈。事過不久，北匈奴也來貢裘馬求和親，劉秀則賜以繒帛和弓矢，似乎永結和平了。

戰爭還沒結束，劉秀迫不急待精兵簡政，讓大批戰士解甲歸田，恢復生產，否則內戰也許不用拖那麼久。全國大約 1,000 個縣，一口氣裁掉 400 多個，縣級以下官吏減少 90%。同時將諸王降為公、侯。劉秀得天下跟劉邦一樣，靠手下一批得力幹將拚死拚活賣命，一樣不能坐視功高蓋

---

[136]　《後漢書》卷 18，〈馮異傳〉，第 7 冊，P.427。
[137]　同上，卷 1，〈光武帝紀〉，P.41。
[138]　同上，卷 18，〈臧宮傳〉，P.461，「北狄尚強，而屯田警備傳聞之事，恒多失實。誠能舉天下之半以滅大寇，豈非至願；苟非其時，不如息人。」
[139]　《劍橋中國秦漢史》，P.245。

主，但他沒像劉邦那樣「狡兔死，走狗烹」。人們所熟知趙匡胤「杯酒釋兵權」，實際上是劉秀首創。西元 37 年平完最後對手公孫述的大將回京，劉秀舉行盛大慶功宴，封功臣 365 人，表彰他們的功績，賞給大量封地，讓他們回去享受榮華富貴，而不再參與朝政。事後，還常派官員上門慰問。

與此同時，劉秀大力網羅天下各種人才，補充新鮮血液。原來，「漢室中微，王莽篡位，士之蘊藉義憤甚矣。是時裂冠毀冕，相攜持而去之者，蓋不可勝數」。[140] 現在，劉秀將那些隱居山林的人士請出來，高官厚爵相待，表彰他們忠於漢室、不仕二姓的高風亮節，培養重名的社會風氣。透過退功臣而進文官，朝中更換新鮮血液，既避免功高蓋主，又保證皇帝「總攬權綱」。

儒學雖然被劉徹「獨尊」，但只是說說而已，直到西漢末才上升到主導地位。好景不長，王莽全盤照搬古書改革失敗，人們對儒學失望極了。但劉秀依然滿懷信心，開始努力將儒學抬舉為真正的官學。西元 29 年建太學，置博士，傳授諸經，不過實際上仍然沒有從中取什麼官。劉秀巡視魯地時，遣大司空祭祀孔子。西元 38 年封孔子第十七代孫孔志為褒成侯。西元 56 年興建明堂、靈臺與辟雍。明堂類似於基督教堂或清真寺，靈臺則相當於教會的天文臺，辟雍本來是周天子所設大學，東漢以後歷代作為尊儒學、行典禮的場所。

劉秀對儒家今文學派製造的讖緯推崇備至。讖是秦漢時期巫師、方士編造預示吉凶的隱語，緯是漢代神學迷信附會儒家經義之類的書。劉秀仿王莽、公孫述等人利用讖書作為承受天命的依據，指使老同學強華偽造「赤伏符」曰：「劉秀發兵捕不道，四夷雲集龍鬥野，四七之際火為主。」四七之際指劉邦至劉秀 228 年（也有人認為指劉秀的 28 員大將），繼承西漢的火德。西元 52 年封禪泰山、梁父山（即映佛山）。西元 56 年宣布圖讖

---

[140]《後漢書》卷 83，〈逸民列傳〉，第 9 冊，P.1862。

即預言書於天下,把讖緯迷信尊為「內學」。可是,後來東漢之亡也有讖緯因素,人們奉勸魏王曹丕說:「魏當代漢,見於圖緯,其事眾甚。」[141]

過度尊儒很快出現副作用。早在戰國時代,孟子就抱怨當時人們將儒術作為「敲門磚」,一旦升官就拋棄。荀子指責更嚴厲,說太多儒生只是貴族的食客和走狗,騙吃騙喝。「獨尊儒術」之後,這種情況更嚴重,時諺曰:「舉秀才,不知書。察孝廉,父別居。寒清素白濁如泥,高第良將怯如雞。」儒生中沽名釣譽者多,真才實學者少。經學的讖緯化後果更糟,實際將儒學引入了歧路,學風敗壞,妖風熾盛。馬勇指出:「光武帝對讖緯的極端崇拜,已使許多學者失去了信心,他們不願意背棄學術良心曲意迎合,遂採取政治上的不合作態度,或繼續隱居於大澤之中聚徒講學,或公開宣布未習圖讖。」為此,馬勇還總結一條歷史教訓:「任何追逐時髦的企圖只能使學問變質,而且不可能獲得真學術。」[142]

刑律方面總體從輕。西元 52 年、55 年兩次下詔,將死罪改為「下蠶室」即宮刑。宮刑後傷口極易感染中風,必須留在像蠶室一樣的密室中居百日,所以常用下蠶室代指宮刑。宮刑自然極不人道,但正如俗話說「好死不如賴活」。西元 53 年派使者到各地查冤獄,並在此基礎上詔令天下所有囚徒各減本罪一等。

治官則從嚴。太倉亭長奚涉,招降山賊數百,遣歸農耕,自食其力,轄內安定。但此舉未上報,屬自作主張,有違漢律,被郡守逮捕下獄,上書洛陽量刑。劉秀非但不降罪,反而將他提拔為太倉縣令。沒想到奚涉高升後忘乎所以,不過三年占田霸地千餘頃,為躲賦稅瞞報近一半,並高租於民,重苛剝削,怨聲載道。在全國性檢核田畝並考察官員的時候,奚涉怕了。戴進的兄長戴涉是當朝大司徒,在本縣有良田千畝,房屋千餘間,

---

[141] 《資治通鑑》卷 69,〈魏紀〉第 1,5 冊,P.2750。
[142] 馬勇:《中國儒學三千年》,P.154。

牟取暴利比奚涉有過之而無不及。於是，奚涉與戴進結盟，找戴涉說情。戴涉為戴進、奚涉造假冊，瞞天過海。西元44年遭人舉報。劉秀震怒，下令戴涉自縊，判奚涉、戴進及當時負責核查的官吏十餘人斬刑，受牽連而遭下獄、罷官、沒收財產的多達幾十人。隨後又詔告天下，以此為戒，大力整頓官場。此案讓朝野大為震驚，大快人心，但也有人認為過重，罪不至死。又如西元52年因諸王賓客蕩亂法紀，劉秀詔令郡縣大搜捕，坐死達數千人，顯然也為過。

此外，劉秀重視歷史遺留問題，也值得一說。

每一個人創造歷史，都是在直接碰到的、既定的、從過去承繼的條件下創造。這條件有正面的，也必定有負面的。對負面的歷史遺留問題是否裝駝鳥，視而不見，擊鼓傳花，坐令小事化大，大事化炸，是考驗其品德、能力及歷史地位的關鍵。劉秀面臨的主要歷史遺留問題：一是奴婢問題，二是土地兼併問題。

◎奴婢

奴婢怎麼會成為一大社會問題？在我們現代來看，感到不可思議。秦漢時代難免留有一些奴隸制殘餘，這主要展現在奴婢問題上。當時奴婢沒有獨立的身分，依附於主人。那些權貴之人，貪婪無度，蓄養奴婢越來越多，造成「世祿之邑，幾無王民」的困境，直接影響國家財政、軍隊、徭役的來源。

西漢末年，劉欣剛上臺時也有雄心壯志，曾推出一系列改革，限定諸侯王奴婢200人，列侯、公主100人，關內侯、吏民30人，期限3年，違者沒收入官。這改革產生一定效果，但因外戚等強烈反對，劉欣又下詔「且須後」，變成一紙空文。後來王莽對此也做了努力，但更失敗，奴婢問題繼續惡化。

第二章　東漢初30年

劉秀稱帝後，儘管戰爭如火如荼，他就關注到奴婢問題。西元35年詔令：「天地之性人為貴。其殺奴婢，不得減罪。」請注意：劉秀看奴婢問題的角度與眾不同，出發點是人。天地之間萬物生靈，得天地之氣成形，稟天地之道成性，以人最為尊貴。「天地之性人為貴」這話不是劉秀第一個說的，出自《孝經》。《孝經》據傳孔子所作，一般認為成書於秦漢之際，但秦始皇、劉徹們絕不會宣揚這樣的話，劉邦、劉詢們也忽略，劉秀拿出來加以強調。有了這話，才能理解劉秀一系列仁政。

現在，劉秀要求尊重奴婢的「人權」。他當政期間，先後十多次專門下詔，一再強調恢復他們的平民身分。如西元26年詔「民有嫁妻賣子欲歸父母者，恣聽之。敢拘執，論如律」；西元30年詔「王莽時吏人沒入為奴婢不應舊法者，皆免為庶人」；西元35年詔殺奴婢者不得減罪，隨後又廢除奴婢射傷人要處死示眾的法律；次年詔隴、蜀民被掠為奴婢者，一律免為庶人；西元38年詔免益州、涼州被掠為奴婢者，一切免為庶人，賣者不退款。

董宣做洛陽縣令時，湖陽公主的家奴殺了人，躲在公主家裡不出門。董宣無權闖入公主門，便布置暗中監視。有一天，報告說公主帶那家奴出門，董宣立即趕往，在城門攔住公主的車，拉下那家奴，當場正法。公主認為當面殺她僕人是欺負她，向劉秀告狀。劉秀一見女人哭啼不免生氣，把董宣叫來，要杖打他。董宣說：「如果放縱殺人，怎麼治理國家？不用你打，我自己死吧！」說著用頭撞柱子。劉秀連忙叫人攔住，改而要他給公主磕頭道歉。董宣說殺那惡奴沒錯，偏不肯磕頭。劉秀命人按住他的頭往下磕，可他雙手撐地，挺起脖子，死不肯磕。公主在一旁火上澆油：「小弟當年也曾匿藏案犯，讓官吏不敢進門。如今貴為天子，怎麼反倒沒威風了？」劉秀一邊喝令董宣快走，一邊笑笑安慰老姐：「天子與白衣不同啊！天子怎麼還能像白衣那樣隨便來呢！」事後，劉秀反而獎勵董宣30萬錢。

這案例從另一個側面說明家奴問題，即主子對有的家奴過寵，縱容為非作歹，讓社會深受其害。

◎土地兼併

縱觀中國歷史，很容易注意到土地問題，特別是一個朝代之末，往往要不厭其煩地重複土地兼併如何如何，然後是造反分地，形成收 —— 放 —— 收 —— 放這種循環反覆的現象。究竟怎麼回事？我們很容易理解「井田制」即使真實也不可能久長，而單家獨戶小塊耕作制約生產力的提高。在歷史上，單一的農業經濟，這個兩難問題幾乎無解。所以我們看到若干年官府允許土地買賣，過若干年又禁止土地買賣，反覆循環，不可能一勞永逸。專家學者認為：

> 財富集中是自然的和不可避免的，可以藉助暴力的或者是和平的部分再分配而得到週期性的緩解。就此而論，所有的經濟史都是這個社會有機體緩慢的心臟跳動，財富的集中和強制再分配，便是它巨大的收縮與擴張運動。[143]

但不管怎麼說，口渴鹽滷也得喝，能暫時緩解一下總比持續惡化好。

早就有董仲舒批評「秦用商鞅之法，除井田，民得買賣，富者田連阡陌，貧者亡立錐之地」，建議「塞併兼之路」[144]。劉徹忙於征戰，沒將這問題擺上議事日程，相關改革聲勢很大，但沒真正推行。王莽高度重視，他的措施是以「王田」恢復遠古的井田制，刻舟求劍，輔以嚴刑峻法也執行不下去，3年後不得不撤銷。

劉秀及時把工作重點轉移到社會經濟方面，發現墾田畝數與人口對不上號。西元39年在全國轟轟烈烈開展「度田」運動，一是丈量土地，二是

---

[143] ［美］威爾·杜蘭特（William James "Will" Durant）、阿里爾·杜蘭特（Ariel Durant）：《歷史的教訓》，倪玉平、張閎譯，北京：中國方正出版社，2015年，P.96。

[144] 《資治通鑑》卷33，〈漢紀〉25，P.1264。

第二章　東漢初 30 年

清查戶口。丈量土地是了解豪強地主私有土地到底多少，檢核戶口既在於清查隱匿戶口，也為了限制豪強地主控制依附農民的數量，進而加強對土地與勞力的控制，增加官府租稅與賦役。

州郡官吏多為豪強地主，往往不願如實丈量土地與呈報戶口。特別是河南、南陽地區那些近臣和「帝親」，牴觸反應更大。大司徒歐陽歙在汝南郡任內，測量田畝舞弊，貪汙千餘萬錢，劉秀要求予以嚴懲。歐陽歙的學生禮震才 17 歲，把自己綁了進京，上書說：「歐陽歙老師為儒宗，沒想會遭牢獄之災。歙門單子幼小，未能傳學，死後將為廢絕。因此，乞求皇上讓我以身代命！」奏書還沒到，歐陽歙已死獄中。

傳統觀點認為劉秀度田運動失敗，近來有專家學者提出不同看法，認為嚴厲打擊度田不實的官員，平息由此引起的叛亂，度田取得了成功。具體有以下兩大成果：

一是戶口增加。西元 2 年全國民戶 223.36 萬，人口 5,959.49 萬，為西漢時之最。社會動亂後，人口大為減少。經劉秀統治 30 餘年，戶數和口數均增長近一倍，其中部分就是度田的直接效果。

二是豪強地主有所收斂，官吏不敢繼續擴大私有土地。如鄧禹，算是開國功臣，但他「常欲遠名勢」，還嚴格教育子孫「不修產業」。又如樊宏是劉秀的舅舅，屢立戰功，被封為壽張侯，但他為人謙柔，要求子女知足常樂。[145]

專家學者統計，當時中國每個農業勞動力每年生產穀物平均 1,000 公斤左右，每人年平均占有糧食約 320 公斤，每人年平均口糧約 243 公斤，畝產一般在 50～100 公斤之間，最高可達 250～350 公斤。從此之後直到近代，歷代農業生產率一直在這個基準線上下徘徊。那時中國人口也回

---

[145]　袁延勝：〈東漢光武帝「度田」再論——兼論東漢戶口統計的真實性問題〉，《史學月刊》2010 年第 8 期。

升到 5,000 多萬，這是個縮小了大約 20% 的官方人口統計數字。中國歷史上總人口，從漢至明始終在 5,000～6,000 萬左右。

宏觀來看，「光武中興」的意義更非一般。不過，呂思勉的看法沒那麼高調，他認為「其運祚略與前漢相等，然其國力的充實，則遠不如前漢」，「實際上，後漢已漸露中衰之機」。[146]

西元 57 年劉秀去世，太子劉莊繼位，繼續一個盛世「明章之治」。這是一個非常了不起的結果。「昭宣中興」後百來年才有個「光武中興」。現在，緊接又一個盛世，不能不說劉秀傳得好，劉莊接得妙。

太子本來是皇后郭氏所生的劉疆。郭氏「自陳不足以當大位」，改立劉秀早年所愛的妻子陰麗華為皇后，太子隨之改為陰氏所生的劉陽，並改名為劉莊。這一改影響深遠。從此以後，每當有皇帝想無過廢后的時候，那些腐儒都不忘以劉秀黜廢郭后為反面教材勸諫。他們忘了劉秀詔書中的關鍵詞「託以幼孤」。不能「託以幼孤」，劉氏江山無以為繼，不是「過」嗎？還有什麼「過」比這更大？而歷史已經證明，陰麗華堪「託以幼孤」。她兒子劉莊（陽）不僅承傳漢室，而且開創一個新的盛世，功莫大焉！陰麗華在位 24 年，諡號為「光烈皇后」，成為中國歷史上第一個擁有諡號的皇后，名至實歸。

如果沒有廢后，由劉疆順利接班，接下來雖然不一定亂世，但也不一定盛世。當然，我只是說也許。

那些腐儒不想想：如果每一個帝王都能像劉秀這樣換班，中國歷史哪來那麼多亂世？

---

[146]　呂思勉：《中國通史》，P.385。

第二章　東漢初 30 年

千古之嘆：三歲當皇帝可笑還是可悲

　　所謂「親戚」，族內之人為親，族外之人為戚。帝王無法無天，往往在揮霍臣民生命財產的同時，也揮霍自己的生命，所以許多帝王短命，且死時兒子幼小，甚至沒有兒子——需要交權給兄弟或姪兒等族人。據統計，宋代皇帝共生育子女 171 人，其中男 84 人，女 87 人，夭亡達 74 人，占總數的 43.28％。三五歲甚至更小的嬰孩，屎尿都沾在身上，卻要肩負統領全國的重任，在現代來說絕對是笑話，可是在中國歷史上卻時不時真實發生。

　　最早西周初，年少的成王需要周公輔佐；最遲是西元 1912 年，宣統皇帝退位時還是個需要大人抱著的娃娃。這樣，往往需要母親抱著他坐金鑾殿，更需要母親代理「最高指示」。而那樣的母親，或曰前任的皇后現任的皇太后，也是突然從深宮被推到風口浪尖，她能依靠誰呢？只能依靠她的兄弟等親人，也就是外戚，這就形成另一種皇族勢力。

　　外戚是政治暴發戶，很容易招致朝野的不滿，引起權力爭鬥。這種現象，早在劉邦死之時就發生過。他夫人呂雉以皇太后之尊，獨攬大權。不僅如此，劉邦生前立下的非劉姓不能封王的條律形同虛設，呂后大封呂氏兄弟姪兒。等到她終於死了，劉姓皇族反撲，呂姓戚族全部被殺。劉徹吸取血的教訓，在太子 7 歲時，意識到自己將死，便先把太子生母鉤弋夫人殺掉。他解釋說：「我不能讓呂雉的悲劇重演！」然而，這種悲劇還是一再重演，到東漢更甚，外戚與士大夫、宦官相互爭權奪利。

　　東漢初期對外戚限制很嚴。漢明帝劉莊明令后妃之家不得封侯參政，對外戚功臣也多加防範。如以掛畫的方式隆重表彰 28 位功臣，自己岳父卻排除在外。劉莊在位時，舅舅們位不過九卿。館陶公主想替兒子求個郎官，劉莊寧可送 1,000 萬錢也不送官。大臣閻章才學出眾，政績顯著，只

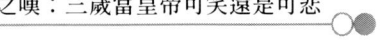

因為有兩個妹妹是後宮嬪妃，劉莊硬是不提拔。他母親陰麗華弟弟陰就的兒子、駙馬陰豐殺了公主，劉莊不徇私情，將陰豐處死，逼陰就夫婦自殺。東漢13帝只有劉莊對外戚的限制最嚴，外戚沒有弄權的機會。

漢章帝劉炟前期也嚴格抑制外戚。竇憲是劉炟大舅子，仗勢欺人，囂張到連公主也敢欺負。他用低價強買沁水公主的園田，而公主畏懼其勢焰不敢相爭。後來劉炟了解到真相，怒火中燒，招來竇憲，狠批一通：「你連公主都敢枉奪，何況百姓！」竇皇后出面求情，並降低服式等級以示自責謝罪，劉炟才饒他一條命，但不予重用。可惜，劉炟晚年對外戚過於寬容。他寵愛皇后竇氏，重用竇憲，又優待宦官，使外戚和宦官這兩股惡勢力同時登臺。東漢的開明政治從此結束，轉入腐敗和黑暗，漢家天下也開始由盛世走向衰退。

然而，外戚政治並沒有隨竇氏入葬，而似乎才開頭。漢和帝劉肇薄命，接位的劉隆還沒斷奶，更少不了太后垂簾聽政。東漢13帝當中有7個不是前一任的兒子，除劉秀、劉莊和劉炟前三任皇帝之外全都有外戚勢力。柏楊生動地剖析：皇帝既然小，當母親的皇太后自然成為權力中心。在儒家學派意識形態和多妻的宮廷制度下，皇后很少跟別的男人接觸，倉促間掌握全國最高的權力，面臨著她必須對十分陌生的政治行動，作最後決定，她的能力和心理狀態，都無法適應。猶如赤身露體忽然被拋到街上一樣，她恐慌而孤單，唯一可靠的人物不是朝中的大臣，因為她根本不認識他們，而是她平日可以常常見到的家屬，她沒有選擇，只有這些人她才相信能夠幫助她解決問題。問題在於，「外戚們大多數不知道珍惜權力，而只知道濫用權力，只知道貪汙暴虐，一味追求物質享受。」[147]

其實，外戚濫用權力而追求享受是小事，皇族內親們也如此，更可惡的是還有人故意製造娃娃皇帝。劉肇有能力治世，也沒能力交好班。鄧

---

[147]　柏楊：《中國人史綱》中冊，P.7～8。

第二章　東漢初 30 年

太后還做得不錯，政治上以「柔道」治天下，經濟上也改革了一些弊端，注重節儉與勸農。清河孝王劉慶的兒子劉祜繼位，剛滿 13 歲。劉祜在位 19 年又死了，這時太子劉保已 11 歲。然而，皇后閻姬為了掌控皇帝，卻廢劉保，而改立劉祜一個出生僅 8 個月的堂弟劉懿，結果血濺宮中，政治日益黑暗，大步走向沒落。令人感慨的是：外戚之禍早在西漢初已現，劉秀們也採取了一系列防範措施，卻沒有一種制度去約束，眼看著越來越嚴重，直至覆亡。

人們譴責東漢的外戚，可是宋朝呢？杜太后迴光返照之時，趙匡胤與大臣趙普等聽遺囑，杜太后問：「知道你為什麼能得天下嗎？」趙匡胤悲泣得不能言語。杜氏追問，趙匡胤這才說：「我能得天下，完靠父母和祖上積德！」杜氏說：「不，你靠的是周氏皇帝幼小。如果周氏皇帝是個成年人，你可能得天下嗎？」[148] 這就是「金匱之盟」的主要內容。對此學者們有爭議。我在乎的是，這表示至少是在宋初，他們就明白娃娃皇帝的天下很容易被篡的教訓了，可是直到宋亡他們還沒吸取。

南宋諸帝幾乎都嗣君乏人。孝宗被認為是南宋唯一欲有作為的皇帝，可是他兒子光宗卻是個精神病患者，孫子寧宗則是個智慧庸弱者，虞雲國說這「最充分暴露了君主世襲制荒謬絕倫、缺乏理性的那一側面」。[149] 蒙古人大舉入侵，南宋面臨滅頂之災，理當擁立一個更優秀的皇帝，「荒謬絕倫、缺乏理性的那一側面」卻延續無改。用時人的話說是「只要趙家一塊肉便可以做皇帝」，[150] 否則縱然堯舜再生也沒資格。一而再再而三地選擇娃娃皇帝，直至讓大臣揹著跳入大海。人們不厭其煩地歌頌那些跟著跳海的臣子多忠，為什麼不反思一再選娃娃皇帝那「正統」之誤？同樣，清

---

[148] 《宋史》卷 242，〈杜太后傳〉，第 48 冊，P.7148，「不然。正由周世宗使幼兒主天下耳。使周氏有長君，天下豈為汝有乎？」
[149] 虞雲國：《南宋行暮：宋光宗宋寧宗時代》，上海：上海人民出版社，2018 年，P.19。
[150] 李密：《齊東野語》卷 3，北京：中華書局，1983 年，P.44，「但得趙家一塊肉足矣」。

末面臨三千年未有之大變局,更應該選擇年富力強者當政,卻重蹈覆轍,偏偏選擇黃齒小兒,同治、光緒、溥儀一連三個娃娃皇帝,能不大權旁落,能不覆滅嗎?

周公的「嫡長制」僵化如此,正是諸多王朝之滅的重要原因!

帝王不能生育,或者沒能生育智力正常的兒子,或是沒能及時生個年長些的兒子,都不是他的錯,絕頂聰明如愛因斯坦也難免生傻兒子。早在唐朝就有大臣說:「即使像堯、舜的父親,會生堯、舜那樣的聖人,也會生丹朱、商均那樣的孽子。」[151] 帝王要選不正常兒子接班也不一定是他的錯,因為那有可是被迫的。真正錯的,全在於僵化的「嫡長制」!

---

[151] 《資治通鑑》卷195,〈唐紀〉,第11,12冊,P.8116,「堯、舜之父,猶有朱、均之子。」

第二章　東漢初 30 年

第三章
東晉初 30 年

【提要】

西元 347 年是東晉建國立朝 30 週年，晉穆帝司馬聃時年 5 歲，褚太后攝政，小心翼翼地維護著那個風雨飄搖的流亡政權。這年統一西南，並將「絲綢之路」西延到拜占廷帝國。

「名士」是魏晉南北朝那個亂世的文化遺產。古人嚮往「野無遺賢」，然而隱士少往往比多更令人悲哀。

第三章　東晉初 30 年

開國立朝：流而不亡

東漢之末，有如從西周步入東周，又開始一個長期混亂的時代。所不同，這時期爭的不再是「雄」、「霸」，而是皇帝。雖然土霸王少一些，但他們廝殺之慘烈及帶給百姓的苦難絲毫不亞於春秋戰國。據統計，從西元 220 年到 420 年，即三國、兩晉、十六國時期，被史家認可的稱帝者多達 90 人，平均兩年多一些出一個皇帝（不少是同時在任），其中被殺、被廢、被俘 61 人，占 2/3 強。西元 347 年不僅是晉永和三年，還是成漢嘉寧二年、前涼建興三十五年（一說永樂二年）、前燕十一年（一說燕元十一年）、代建國十年、後趙建武十三年，換言之，被歷史所認可的皇帝同時多達 6 個！其中兩個年號迄今還不能確認，說明那個時代只顧戰爭而顧不上「檔案」。

儘管那個時代的帝王沒幾個為現代讀者熟知，但當時的文人卻讓一代又一代人羨豔不得了。「永和三年」4 個字，很容易讓人想到「永和九年」。是的，沒錯！「永和」年號歷史上使用過兩次，先是東漢順帝劉保的第三個年號，但那總共才 6 年；再就是這個。聯想到「永和九年」，眼前很自然幻現那年的三月三，「書聖」王羲之與 41 位軍政高官在山陰（今浙江紹興）蘭亭「修禊」，曲水中漂著酒杯，流到誰面前誰就端起一飲而盡，並趁興吟詩一首。然後，將這些詩彙編成冊，由王羲之作序並親筆書寫〈蘭亭集序〉，千百年來不知讓多少人如癡如醉，心馳神往。只不過，永和九年在此後 6 年（西元 353 年）。

西晉末年，與成漢、漢趙三國鼎立，但比當年三國更亂，晉懷帝司馬熾心有餘而力不足，司馬越獨攬大權卻搞內耗。司馬熾被俘繼而被殺。晉湣帝司馬鄴即位，可前趙劉聰的部將劉曜又圍長安，斷了內外，城中人飢難忍，出現人吃人現象，司馬鄴不得不降。

第二年即西元317年，司馬睿在建康建東晉。柏楊敘述：「南遷的晉政府實質上是一個流亡政府，由一些在北方幸而沒有被殺，又幸而逃到江南的士大夫組成，統治一個他們根本不了解的世界……一個沒有民眾基礎，而又不停內鬥的流亡政府，像用火柴搭起來的亭臺樓閣，能維持現狀，已是老天爺保佑了。」[152] 就是這樣一個「流亡政府」，能做什麼？專家學者指出：「江南、浙江、福建一直是帝國中最難統治的地區之一，相比於這一像百衲布一樣拼湊起來的社會，北方的大平原和單純的社會結構是多麼的順從而易於統治。」[153] 東晉這樣一個「流亡政府」能夠「長命百歲」，其實不容易，說明司馬氏實際上也是夠能幹的。

一般認為，司馬睿「恭儉有餘而明斷不足」，[154] 雖然算是個好人，但沒有能力治天下。他之所以僥倖為皇帝，完全靠地方權臣擁護，他只是司馬家族的代表而已。代表名門望族的王導，具有真知灼見，很早就開始扶助他。他沒忘恩，開國大典上竟然要邀請王導同坐龍椅。[155] 王導慌忙推辭，但大政要事還是要幫忙。

《世說新語》載，司馬睿長子司馬紹繼位不久，尋問本朝開國往事。王導如實述說，從晉宣帝司馬懿創業時如何誅有名望的家族，說到晉文帝司馬昭晚年殺高貴鄉公曹髦，血淋淋一樁樁一件件。司馬紹聽了不敢相信，掩面伏在坐床上大感：「若如公言，祚安得長！」司馬紹史書讀太少，哪一個王朝不是這樣殘不忍睹？司馬紹豁然開朗，政治頭腦大開竅，成功地制衡了權臣世家，並平息「王敦之亂」，推動南方社會安定發展，穩定了局勢。好比盤山險路，司機特別小心，一路平安。而那些平坦大路，司機忘乎所以，倒是更容易車毀人亡。

---

[152] 《中國人史綱》中冊，P.56。
[153] [美] 魏斐德（Frederic Evans Wakeman）：《洪業：清朝開國史》，陳蘇鎮、薄小瑩譯，北京：新星出版社，2017年，P.673。
[154] 《資治通鑑》卷92，〈晉紀〉14，6冊，P.3694。
[155] 同上，卷90，P.3618，「王即皇帝位，百官皆陪列。帝命王導升御床共坐，導固辭……」

第三章　東晉初 30 年

此前 8 年即西元 339 年，王導等人去世，實權落入庾翼手中，晉室實際上仍然與大臣「共天下」。所幸庾翼也頗能幹，皇后之弟，還是個書法家，但沒幾年就病逝。庾翼臨終時請求重用其子，輔政大臣卻舉薦了晉明帝的駙馬桓溫。這更是一個傳奇人物，據說未滿周歲便得到名士溫嶠的讚賞，因此取「溫」為名。15 歲那年，其父被叛軍與縣令江播等人所殺，桓溫枕戈泣血，誓報父仇。幾年後江播去世，其子三兄弟守喪，特地在喪廬內備兵器，以防桓溫。桓溫卻假扮弔客，殺了其兩兄弟。能臣名將輩出，儘管君王差些，這個流亡政府還是想亡都難。

司馬聃於此前 3 年即西元 344 年繼位，時年 2 歲，現年 5 歲，褚太后攝政，此後 14 年即西元 361 年去世。褚太后即褚蒜子，晉康帝司馬岳的皇后。司馬岳去世時，司馬聃太小，朝臣一致推薦她臨朝輔政。司馬聃 15 歲時，她還政。但他沒幾年又病逝，她不得不再出面……短短幾年出入多次。她出身於官宦世家，從小才識過人，心胸開闊。她與父親深明大義，沒有外戚專權，只是共同小心翼翼地維護著那個風雨飄搖的流亡政權。

最大看點：僥倖滅蜀

西晉末年，益州蜀郡的巴氏族反抗，李雄稱帝，國號成，史稱「成漢」。李雄善於納諫，唯才是舉，刑政寬簡，尊師重教。成年男子每人每年僅交 3 斛穀，成年女子減半，有病的再減半。每戶賦稅僅幾丈絹幾兩綿，勞役少，新歸附的人免徭役，多數百姓殷富，在那個亂世十分不易。

西元 334 年李雄病死，其兄之子李班繼位，數月後李雄之子李期殺李班自立，沒幾年李雄的堂弟李壽又殺李期自立。李壽剛稱帝時也不錯，繼承李雄寬和儉樸之風，但沒多久變了，一方面濫用刑罰，部下稍有過失便

殺；另一方面追求奢侈，大興土木，百姓疲於奔命，被逼得紛紛造反，國勢日衰。然而，衰不等於亡，死裡還可以逃生，危難之時改革中興的例子不少。東晉能滅蜀，關鍵在於一系列僥倖：

一是蜀室自傷元氣。李壽在位僅6年，此前4年即西元343年死，其子李勢繼位，沒想更糟。李勢身高7.9尺，腰粗14圍，心胸卻很小。此前2年即西元345年，李勢之弟李廣，因李勢沒兒子，請求讓他當皇太弟，李勢不僅不同意，反而將李廣及其支持者捕殺，夷滅三族。其中一位大臣解思明臨刑嘆道：「國家之所以不滅，是因為有我們這幾個人在。往後，危險啊！」解思明談笑自若赴死，士民無不悲哀。上年太保李奕起兵，直圍成都，只因不意亡於流矢，餘眾潰散。直到這時，李勢才警醒起來，改而大赦，謀求內部和解。但已經遲了，外部虎視眈眈已久的真正敵人──東晉抓住這時機，由桓溫率軍伐蜀。

二是高參及時糾正錯誤。本年晉軍至彭模（今四川彭山），桓溫想兵分兩路，謀士袁喬則建議：「應當合勢齊力，以取一戰之捷。如果分兩路，眾心不一，萬一有些偏差就誤大事。不如全軍而進，拋棄灶具，只留三日糧，破釜沉舟，必定可勝！」桓溫聽從，留下弱兵守輜重，親率主力直指成都。

三是鼓手歪打正著。決戰時，晉軍前鋒失利，眾兵都想退。在這千鈞一髮時刻，鼓手犯一個美麗的錯誤，誤擂進軍鼓，袁喬乘勢指揮衝鋒，大破敵軍。桓溫燒其城門，守軍再無鬥志。

李勢連夜逃至葭萌（今四川廣元），覺得大勢已去，便送降文給桓溫，說有勞您大駕，將士愚魯，犯了天威，現在我甘受刀斧祭戰鼓，並令州郡放下武器。然後，像當年西晉皇帝一樣，李勢將自己捆起來，用車拉著棺木，到桓溫軍營受刑。桓溫倒是寬宏大量，幫李勢鬆綁，焚燒棺材，封為歸義侯，帶到晉都，讓他壽終正寢，但成漢就此滅亡。

第三章　東晉初 30 年

桓溫凱旋而歸，心情極好。他建議在四川盆地中部新設一個郡，命名「遂寧」（現為四川地級市），寓意「平息戰亂，實現安寧」。沒幾天，又在東部新立一個縣，命名「樂安」——樂於安定。直到幾百年後，宋真宗認為那裡「洞天名山，封鎖周圍，而多神仙之宅」，詔改為「仙居」（今屬浙江）。

不過，桓溫樂觀過頭了些。大軍一撤，成漢殘兵敗將擁立新帝；同年底，又有晉兵譁變，陷涪城，自稱益州牧。但沒多久都失敗，沒能改變平蜀的大局。直至西元 352 年，桓溫收復失地，平息叛亂，蜀地漸安。

東晉運氣之好，無可比擬。他們不僅僥倖滅了蜀，更重要是此後 36 年僥倖贏了前秦，否則後果不堪設想，在此不議。

此外還有一點值得一說。

西晉亡後，都督涼州諸軍事、涼州刺史、西平公張寔繼續沿用晉湣帝的年號，向東晉稱臣。不過，他私下也向漢趙、後趙稱臣，實際上至少是半獨立的割據政權，史稱「前涼」。其境內分置涼、沙、河三州，統轄範圍包括今甘肅、寧夏西部以及新疆大部。那一帶 5 個由漢人與異族混合組成的小國（前涼、後涼、南涼、西涼、北涼），「由於地理上的隔絕，享受著實實在在的穩定。與之相對照，那些處於中心地區的國家則不比武裝幫派強多少」。[156] 涼州即今甘肅武威，古稱雍州、姑臧、休屠，地處中原通往西方的陸路交通要道河西走廊，商業繁榮，農業和畜牧業較發達。

前涼在張駿時期，與晉關係仍然較親密。為了呈送表章到江南京城，特地向成漢借路。李雄不同意，張駿便派大臣張淳先向成漢稱臣，然後明說：「琅邪王（即司馬睿）在江東振興基業，所以我想不遠萬里輔佐奉擁。」李雄聽了面有愧色，說：「我祖、我父也是晉臣，昔日與其他 6 郡避難到此，得到同盟推舉，才有今天。琅邪王如果真能復興大晉基業，我理當支持！」張淳借路成功，招募士卒護送表章，順利送達京城，受到嘉賞。

---

[156] 《哈佛中國史・南北朝》，P.72。

后来张骏被内乱所杀，其子张重华继位，仍然奉晋湣帝年号，但也想自称「凉王」。本年即西元347年司马聃委派御史俞归出使，册封张重华为凉州刺史等职。张重华不肯受诏，让亲信沈猛对俞归诉说：「我家主公世代忠于晋室，待遇却不如鲜卑。朝廷早封慕容皝为燕王，可我们才授大将军，何等厚此薄彼！您应当同劝我们州主做凉王。」经俞归耐心劝说，张重华决定继续忠于晋室，并积极仲介沟通，东晋与拜占廷正式建交，互派使者，让「丝绸之路」通达拜占廷。从此，中西贸易空前大发展。据当时西方史学家记载，丝绸在他们那里以前只有贵族才穿得起，现在平民百姓也普遍穿了，[157]中国则大量进口琉璃等日用品。

拜占廷即东罗马是世界著名帝国，地处亚洲大陆最西端的黑海与地中海之间，有一条至关重要的「黄金水道」，将亚洲和欧洲大陆分割开来，其中间部分为马尔马拉海（Sea of Marmara），在商业、军事等方面都具有十分重要的意义。早在西汉，中国就与古罗马帝国有往来。他们称汉为「赛里斯国」，意即「丝国」。三国曹魏增辟了与罗马交往的新通道。这时期，拜占廷委派使者到晋王朝来访问。西元363年，晋哀帝司马丕也向拜占廷派出使者。专家学者描述：

在中国北方和罗马帝国西部，有许多旧式的富有贵族家族携带财产逃往建康和君士坦丁堡，但他们中更多人选择留在旧帝国的废墟之中，也许像西多尼乌斯一样维持着贵族的骄傲姿态，但又与新统治者达成某种协议。他们适应了新的社会现实，用羊毛裤子换下丝绸袍子，消遣活动也从古典诗歌转向狩猎。[158]

西多尼乌斯（Sidonius Apollinaris）是罗马帝国的主教。一东一西，不约而同遭遇着共同的命运，令人感慨。

---

[157] 转引自孙玉琴《中国对外贸易通史》卷1，北京：对外经济贸易大学出版社，2018年，P.44，「昔吾国仅贵族始得衣之，今各级人民，无有等差，虽贱至走夫卒皂，莫不衣之矣。」

[158] [美]伊恩·莫里斯：《西方将主宰多久》，钱峰译，中信出版社2014年，P.199。

第三章　東晉初30年

東晉雖然偏安江南，但歷代帝王及老一輩文官武將都希望能收復北方。只要北國沒有「遂寧」，他們就不可能真「樂安」。有一次，若干流亡人士在風和日麗中喝著美酒，飽享江南美景，但一想到北方，天地黯然失色，不免潸然淚下。從此，漢語多一條成語「風景不殊」，悲嘆國土破碎或淪亡。可是，真要北伐時又會遭自己內部所阻。這是因為，一方面國力有限，另一方面也因為第二三代已經適應南方的氣候和習俗，北國倒成了陌生的異鄉。

千古之嘆：野無遺賢好還是野有遺賢好

魏晉南北朝那個亂世，給歷史留下的主要文化遺產是「名士」。所謂「名士」，指有名望而不願做官的人。書聖王羲之的兒子王獻之，突然想念友人戴逵，便冒雪連夜乘船前往。天亮到戴家門前，卻連門都沒敲，轉身就走。王獻之說：「吾乘興而來，興盡而去，何必見戴？」有人寫道：「這就是名士風度，以心照不宣為特徵。在人際關係複雜化的今天，我有理由懷念這個時代。」原來如此。

我印象比王獻之、戴逵更深的，是詩人兼音樂家嵇康。嵇康是「竹林七賢」領袖人物，也是玄學代表人物之一。然而，天妒英才。他娶曹操孫女（或曾孫女）為妻，並在曹氏政權當過官。司馬昭想拉攏，他不給面子。司馬昭的心腹鍾會想結交，也是熱臉貼冷屁股。友人被誣不孝，他卻出面辯護。於是，司馬昭順手將他扯到那友人的案子當中，並處斬。刑場上，3,000太學生請求赦免，當局拒絕。他本人泰然若素，唯索一架琴，在高高的刑臺上，面對成千上萬前來為他送行的人們，最後彈奏一曲〈廣陵散〉。彈畢，從容引首就戮，年僅39歲。僅從嵇康臨刑彈〈廣陵散〉這

個細節看，我覺得司馬氏們不算最黑暗。

沙特（Jean-Paul Charles Aymard Sartre）說「他人即地獄」。其實中國人領悟此理更早得多，自古就有人不願為官，包括帝王這種職位。早在「堯舜盛世」，傳說那麼美好的時代，堯卻連王位都差點「禪讓」不下去。東漢末鄉下十幾歲又沒知識的劉盆子，只因為姓劉血統可利用，被赤眉軍擁上龍椅。他哭著辭職：「我沒那本事，請各位讓我回家吧！如果要殺我，我也不躲，只請各位哀憐！」[159]

孔子是不讚賞隱逸的。在那喪家犬一般狼狽的流浪途中，他遇過幾個隱士。有的隱士嘲諷他，有的邊敲盤子邊高歌：隱士逍遙自在，發誓永遠不走出山林，也不透露山裡有多快樂。孔子明確說：有些人躲在山裡跟鳥獸往來，我孔某做不到。那些隱士，國泰民安的時候，我可以跟他們做朋友，但現在不能。我不能像他們那樣。正因為天下太亂，需要匡濟，我不能躲。我知道這天命太重了，可我還要硬著頭皮去擔當，這就是我跟他們的區別。[160]

後世儒家卻為什麼千百年歌頌隱士，引以為榮呢？比如那位自詡「先天下之憂而憂，後天下之樂而樂」的范仲淹，他對嚴子陵非常崇拜。嚴子陵即嚴光，年輕時就有名望，與劉秀、侯霸等人同學。嚴子陵睡覺時曾經「加足於帝腹」，傳為美談。王莽稱帝後，多次邀嚴子陵為官。他不為所動，隱名換姓避居鄉間。劉秀敗王莽後，為了培養重名的社會風氣，對於王莽時期隱居不仕的官僚、名士加以禮聘，表彰他們忠於漢室、不仕二姓的高風亮節。劉秀派人到處尋找嚴子陵。得知他披著羊皮隱居江邊釣魚，即派員帶著厚禮去邀請。一連三次，嚴子陵實在推諉不過才到京城。然

---

[159] 《後漢書》卷11，〈劉盆子傳〉，第7冊，P.321，「劉恭見赤眉眾亂，知其必敗，自恐兄弟俱禍，密教盆子歸璽綬……盆子乃下床解璽綬，叩頭曰：『……此皆立非其人所致，願乞骸骨，避賢聖。必欲殺盆子以塞責者，無所離死。誠冀諸君肯哀憐之耳！』因涕泣噓唏。」

[160] 《論語・微子》，「夫子憮然曰：『鳥獸不可與同群，吾非斯人之徒與而誰與？天下有道，丘不與易也。』」

而，當他看到侯霸那樣無德之輩居然也當上丞相，便不肯同流合汙，不辭而別，悄然隱居於桐廬。范仲淹因廢后之爭受貶到睦州，路經相傳嚴子陵釣魚處嚴陵灘，感慨不已，當即寫一首絕句：「光為功名隱，我為功名來。羞見先生面，黃昏過釣臺。」范仲淹雖然覺得無顏見嚴先生，但還是組織在此建祠，並撰寫碑文〈嚴先生祠堂記〉，最後一句：「雲山蒼蒼，江水泱泱。先生之風，山高水長！」

謳歌隱士，說透了是為自己鳴哀。北宋寇準平步青雲，官至宰相，春風得意時不太可能在意隱逸。後來一貶再貶，途中寫一首〈題驛亭〉：「沙堤築處迎丞相，驛吏催時送逐臣。到底輸他林下家，無榮無辱自由身。」至此，寇準才驚訝於自己不如那些隱士。最後，他病死於貶所雷州，其妻宋氏奏乞歸葬故里，仁宗雖然准奏，但所撥經費有限，靈柩運至中途就用完，只得寄埋河南鞏縣。從這點來看，最終還是不如那些隱士。

古人稱頌聖明之世，常說「野無遺賢」。如《尚書‧大禹謨》：「野無遺賢，萬邦咸寧。」蔣星煜認為：隱士「是中國社會的特產」，特徵是「清高孤介，潔身自愛，知命達理，視富貴如浮雲」，其風格和意境「絕非歐美人所能了解」。但他並不讚賞隱逸，旗幟鮮明地號召：「勇敢地生活，不做隱士。」[161]蔣星煜從正史統計分布於嵩山、武夷山、天臺山等地著名隱士218名，其中先秦6人、漢6人、三國2人、晉22人、南北朝15人、隋6人、唐52人、五代14人、宋56人、金6人、元15人、明13人、清5人。[162]令我瞠目結舌的是：唐宋多達50餘人，而清朝僅5人，不足1/10！按理說，隨著宋朝之後總人口及其讀書人大增，隱士也相應增多。如果再考量一下人口猛增的因素，以百分比計算，清朝的隱士更顯得微不足道。如果僅以「野無遺賢」的標準衡量，豈不是說清朝比唐宋更開明？

---

[161]　蔣星煜：《中國隱士與中國文化》，上海：三聯書店上海分店，1988年，P.94。
[162]　同上，P.68～70。

唐朝那麼燦爛輝煌，首先取決於她博大的胸懷。到中期，她還能容忍李白。你知道李白多不「自量」嗎？他膽敢到處放肆地喝酒。「天子呼來不上船，自稱臣是酒中仙」，膽敢自居於天子之上。大臣更不在他話下，像高力士那樣的實權人物，李白膽敢假裝酒醉要高公公大人幫他脫鞋。「安史之亂」時他真是醉糊塗了，膽敢站隊到造反的永王李璘那裡去，結果只是流放夜郎西繼續追仙，但途中就被赦還。只有到末世，大唐才變得雞腸小肚。朱全忠變成全不忠滅唐前一年的一天，西北方出現慧星，占卜的說：「君臣有難，當誅殺祭天。」當然要殺臣保君，而不是相反。朝中大臣、豪門貴胄、文人學子和名節人士30餘人被押到黃河邊，一夜殺盡。朱全忠的謀臣李振曾經多次名落孫山，對科舉出身的人嫉恨得要死，將那些屍體扔進黃河，咬牙切齒說：「這些人自詡『清流』，現在讓他們變濁流！」

不能說有做隱士自由的時代都是好時代，但是連做隱士自由都沒有的時代肯定不是好時代。朱元璋奪取政權後，徵召讀書人出來做官做花瓶，不去的綁著、抬著也得去。江西貴溪的夏伯啟被徵，但他實在不願意，就把自己左手的大拇指砍掉。因為當時規定殘疾人不能做官，他想鑽個空子，可惜逃不過。朱元璋大怒，將他五花大綁到京城，親自審訊。朱元璋怒斥：「想想你當年到處逃命，命若懸絲。如今恬然安逸，過上幸福生活，靠什麼？靠的是朕！朕就是你的再生父母。對再生父母，你卻把手指砍掉，不想為他所用，留你這樣的人乾什麼？朕要斬了你的頭！」[163]

後來，朱元璋還撰寫過一篇〈嚴光論〉，說嚴光即嚴子陵們從不想一下，如果沒有君王的恩典，怎麼可能享受安寧！假使劉秀沒有平定赤眉、王郎、劉盆子那些人，天下大亂，嚴光之流能去哪裡垂釣！朱元璋怒斥

---

[163] 《大誥三編》，「人之生。父母但能生其身體而已，其保命在君……爾所以不憂凌暴，家財不患人將，所以有所怙恃者，君也。今去指不為朕用，是異其教而非朕所化之民。爾宜梟令，籍沒其家，以絕狂夫愚夫仿效之風。」

說：「朕觀當時之罪人，罪人大者，莫如嚴光之徒！可不恨歟！」[164] 隱士是天下頭號罪人，你信嗎？幸好嚴光沒活在明朝，否則他可能壽終正寢，並讓皇上賜錢穀安葬嗎？幸好范仲淹沒活到明朝。他要是活到明朝，還敢為「嚴光之徒」建祠寫碑文嗎？敢吹牛「寧鳴而生，不默而死」嗎？

朱元璋為自己的暴行辯護說：「率土之濱，莫非王臣。寰中士大夫不為君用，是自外其教者，誅其身而沒其家，不為之過。」[165] 他的邏輯：你不忠效於我，我殺你理所當然。難怪明朝的隱士比魏晉還少。漢人在蒙古人面前站起來了，卻在本族朱氏腳邊重新倒下，而且是跪下，徹底趴下！

那麼，明朝的隱士為什麼會比清朝多些呢？福建泰寧舊縣誌《隱逸》傳明朝 8 人，其中 5 人是因為改朝換代。比如舉人邱嘉彩，清軍入閩後攜家眷隱居於現金湖邊的肖巖，題聯曰：「尺地可安，幸妻孥能偕隱；高天堪問，與日月以爭光」，長達 20 餘年。附近還隱有他的師友蕭士駿、李向奎，非著明時衣冠不往來。但明末清初的隱士有一點關鍵不同，正如拜倫（George Gordon Byron）〈哀希臘〉（The Isles of Greece）所吟：「前代之王，雖屬專制君主，還是中國人，不像今日變做多爾哥蠻族的奴隸。」他們懷戀的不是朱氏，而是中華。而清亡後，連辜鴻銘那樣的「遺老」也沒隱。

清廷在全盤繼承朱元璋知識分子政策基礎上，更進一步，三管齊下——

一是強迫你做花瓶，不許隱居山林。如受聘於三立書院的傅山，明亡後出家為道。為泯滅亡明遺老的反清意識，也為了展現「野無遺賢」之盛世，康熙詔令三品以上官員推薦「學行兼優、文詞卓越之人」。當地舉薦傅山，他推辭。地方官將他強行推上轎子抬到北京，他割靜脈，自殺未遂繼續稱病，拒絕入宮。康熙則特免他入場考試，直接授官「內閣中書」。

二是誘惑你做鷹犬，鼓勵讀書做官。越來越多讀書人唯求早日入官，

---

[164] 《明太祖文集・嚴光論》
[165] 同⑫。

甚至不惜鋌而走險，由提著腦袋反清復明轉為削尖腦袋投清廷懷抱，考場舞弊成風。讀書人作弊是很恥辱的事，真難以想像清朝怎麼會有那麼多科場弊案。例如浙江鄉試中，考生徐鼎事先寫好歌頌乾隆戰功的〈平緬表〉偷偷帶入考場，入場才發現考題與「表」無關，馬上又出一招：用一根細繩把自己勒得奄奄一息，果然驚動考官，將〈平緬表〉轉呈皇上，挖空心思到何等地步！知識分子都想入官了，都皓首窮經去研究字形結構一撇一捺怎麼寫，忙著從統治者那裡分點殘羹冷炙榮宗耀祖，而不再清心寡慾，不再追求獨立的人格，不再窮究真理，也不再為民請命。

　　三是嚴禁你不同調，否則身敗名裂。隱士與山民有著質的不同，一肚子詩書，可以自絕於富貴，難以不吟風詠月，清時卻連風花雪月也可能惹殺身之禍。錢名世只因為曾經在群臣唱酬中收受同學年羹堯8首詩，後來年羹堯被賜死，錢名世受誅連。雍正免他死罪，革職逐返，卻詔曰「雖腆顏而生，更甚於正法死」，創造性發明一招：御筆親書「名教罪人」匾額懸掛在他家大門上，要求常州知府、武進知縣每月初一十五去他家檢查該牌匾是否懸掛，又召集全國各地385位文臣前往參觀，要求寫詩著文聲討他的「劣跡罪行」。古文〈獄中雜記〉的作者方苞，他也奉命參加了這次「採風」活動，痛罵錢名世「名教貽羞世共嗤，此生空負聖明時」，萬萬沒料想僅5個月後他自己也因《南山集》案下獄，第二年死於獄中。且說那些批判錢名世的詩文，經雍正親自稽核通過後，彙編成《名教罪人詩》一書，然後要求錢名世自己出錢用上好的宣紙刻印，讓全國「刺惡之」。此為「心刑」，讓人生不如死，讓全國的讀書人接受更深刻的教訓。

　　專制極權之下的知識分子最痛苦，心沒黑得說昧心話，不是啞巴得裝啞巴，睜了兩眼得裝著沒看見，想躲也躲不開，死了還可能遭鞭屍⋯⋯

　　如此，能剩幾個隱士？

　　原來，隱士少比隱士多更悲哀！

第三章　東晉初 30 年

　　孟子倡導讀書人的理想是：「達則兼善天下，窮則獨善其身」。其實，在那幾千年當中，除帝王之外任何人都不可能「兼善天下」，但往往有可能「獨善其身」。而到明清時代，連「獨善其身」也不大可能了。范仲淹一生奉行「寧鳴而死，不默而生」的理念，清時最受寵的漢族大儒張廷玉人生信條變成「萬言萬當，不如一默」，嗚呼！

　　俗話說：「惹不過，躲得過。」躲也躲不過，那只有絕望，造成「體制性弱智」。

　　不過，隱士之多少實際還得考慮用人制度的因素。宋之前以推薦為主，隋唐雖開始科舉但推薦色彩還較濃，有些人就以種種手段製造美名，所謂「終南捷徑」就指唐時透過隱逸炒作引起官場注目。北宋開始科舉制日益完善，以考試為主，「朝為田舍郎，暮登天子堂」的理想成為現實，而這些讀書人大都如朱由檢所批「居官有同貿易」，或如阮大鋮所自白「寧願終生無子，不可一日無官」，非常講求現實，一般不再遷就於理想。古人說「大隱隱於市，小隱隱於山」。白居易又發現最好是「中隱」，就是做個地方官，或者在朝中做個清閒的散官，邊官邊隱，似出似處，若即若離，既有世俗的享樂，又有隱逸的妙趣。官場「大隱」、「中隱」多了，山裡「小隱」自然少。顯然，這也是令人悲哀的。

第四章
北魏初 60 年

【提要】

西元 446 年是北魏建國立朝 60 週年，太武帝拓跋燾統一北方後，主要精力轉移到內部，鎮壓此起彼伏的民變，全國性滅佛。中國歷史上「三武一宗」4 次滅佛，此為第一次。

漢化其實就是「封建化」，或者說那個時代的「現代化」。對外開放，向外學習，本意是做模糊數學的加法：1+1＞1。

第四章　北魏初60年

開國立朝：堪與法蘭克帝國相比

北魏是鮮卑族拓跋氏建立的政權，統治華北地區長達一個半世紀之久。有專家學者認為「它可與歐洲歷史上的法蘭克帝國（Regnum Francorum）相比擬，亦是後來北朝各代以及隋唐帝國的母胎。」[166]

鮮卑族先民是商代東胡族的一支。秦漢時，被匈奴打敗，一部分逃入烏桓山，被稱為烏桓人；另一部分逃入大興安嶺，被稱為鮮卑人。西元91年東漢和南匈奴聯合對北匈奴進行致命打擊，北匈奴西遷。鮮卑趁勢占據漠北地區，留在那裡的10餘萬匈奴人併入鮮卑族，鮮卑從此強盛起來。他們主要在長城以外，從東到西整個蒙古草原。〈敕勒歌〉：「敕勒川，陰山下，天似穹廬，籠蓋四野。天蒼蒼，野茫茫，風吹草低見牛羊。」這是他們生活環境的真實寫照。這個王朝留給人印象最深是一個字：遊。這是一個「遊」的民族，也是一個「遊」的政權。他們認為：「吾自先世以來，以遷徙為業；今國家多難，若城郭而居，一旦寇來，無所避之。」[167] 所以，遲遲沒有定都。

拓跋族到盛樂（今內蒙古和林格爾）後，西元310年拓跋猗盧在此定都。西元386年，已經被前秦滅過的拓跋族拓跋珪在盛樂重建代國，不久改國號魏，史稱北魏。

西元409年拓跋珪被兒子拓跋紹殺死，拓跋紹的兄長拓跋嗣很快又把拓跋紹殺了，拓跋嗣繼位。拓跋嗣去世之後，其子拓跋燾繼位，即著名的太武帝。

拓跋燾有著非凡的信念，永不言敗。有一年南征時不巧逢大疫，人馬牛多死，連大將也死過半，倖存的都想北還，拓跋燾說：「天下之人皆可

---

[166]　《中國的歷史・魏晉南北朝》，P.86。
[167]　《資治通鑑》卷96，〈晉紀〉18，第6冊，P.3852。

為吾之民，何愁沒戰士？」[168] 又一次征戰時，太史迷信圖讖，說：「甲子日不吉利啊，商紂王就是在甲子日亡的，歷代兵家都很忌諱！」拓跋燾不信那一套，反詰說：「紂以甲子亡，周武不以甲子勝乎？」就是憑著這種堅定的信念，拓跋燾不斷取得勝利，拓先後滅胡夏、北燕、北涼，征山胡，降鄯善等西域諸國，西逐吐谷渾，並攻取劉宋的河南重鎮，統一中國北方；伐柔然，柔然倉皇逃竄；反攻劉宋，實現飲馬長江之志。史稱拓跋燾「英圖武略，事駕前古」。

西元446年是北魏建國60週年。拓跋燾於此前23年即西元423年繼位，現年38歲，此後6年即西元452年去世。

最大看點：中國史上第一次滅佛

佛教傳入中國不太早，但發展很快。中國有自己的道教，幻想長生不老，羽化為仙，秦始皇就樂此不疲。然而，道士所說的那一套千百年還只是傳說，人們對成仙絕望了，便降格以求死後有另一個世界。佛教跟道教有一個重大區別：不能實證。再說，中國改朝換代太多，不時戰亂，苦難不已。佛教提供精神籍慰，一說今世受苦是前世作孽，無奈，且莫怨東風，東風正怨儂；二說今世為善，來世可以享福，也罷，今世且忍，寄希望於來世。因此，佛教受歡迎的程度很快超過道教，難怪民間有「外來的和尚會唸經」之說。後趙時期，帝王石虎比野獸還殘暴，他在都城開設一個獵場，不許人向野獸擲石頭，違者要處死，官員則以「犯獸罪」勒索百姓。可他也信佛，下令把佛教納入國家保護，到沒人敢向佛的方向吐口水

---

[168] 《魏書》卷2，〈太祖紀〉2，第19冊，P.20，「斯固天命，將若之何！四海之人，皆可與為國，在吾所以撫之耳，何恤乎無民！」

第四章　北魏初 60 年

的地步，明令漢人可以出家。這在中國佛教史上是第一次，佛教在權力的庇護下得到前所未有的發展。後趙短短數十年間，建佛寺 893 所。但由於信佛的人太多，石虎曾想禁止百姓信佛，而只准帝王和貴族信仰。

石虎想做而沒做的事，北魏做了。北魏本來也是崇佛的，僅洛陽就有寺院 1,400 所，僧尼數萬。近 2,000 年後的今天，到洛陽龍門石窟看看，從那山頭雕滿大大小小、神態各異的佛像，就可以想像他們對佛教虔誠到何種地步。然而，到它國慶 60 週年的時候，異常情況出現。

此起彼伏的造反成了拓跋燾最頭疼的事。偏偏在長安佛寺發現藏有兵器，又查出釀酒用具及當地貪官匿藏的財物，甚至密藏女人淫亂。於是，拓跋燾下詔誅殺長安佛門，並令全國廢除佛教。

鄴城毀五層浮屠，沒想到在泥像當中發現兩個玉璽，其文皆曰「受命於天，既受永昌」，其中一個邊上還有一行小字為：「魏所受漢傳國璽」。

拓跋燾死後，佛教才得以恢復。不過，西元 574 年北周武帝宇文邕又禁佛，西元 841 年唐武宗李炎也禁佛，西元 955 年後周世宗柴榮禁佛，加上北魏太武帝拓跋燾，史稱「三武一宗」4 次滅佛。這是其中第一次。

各次禁佛的具體原因不一。西元 446 年這次也有人認為主要原因是拓跋燾要改通道教，還有專家學者認為，中國這 4 次禁佛事件很典型地表現出中國傳統對於宗教的理性態度，使得中國歷史上很少大規模的宗教狂熱。

這年有一點非常煞風景：叛亂此起彼伏。

北魏初期只顧對外作戰，內部管理制度簡陋，甚至不發薪資給官員，任憑他們在當地掠取，貪官汙吏比比皆是。殘暴的統治，必然引起暴力反抗。其反抗之激烈，在我所考察幾個朝代的同時期是沒有過的。他們建國 60 週年之際，北方的統一基本完成，內部反抗卻達到高潮。

拓跋族是一路殺出來的。儘管入主中原，披上儒教的外衣，依然難掩

其殘暴的本性。在與宋作戰時，怕河北邊境上的流民為宋軍作嚮導，居然把他們都給殺了。對於反抗者，更是殺無餘。隰城（今山西汾陽）的白龍率眾起事，拓跋燾親自前往鎮壓。但他輕敵，不把毛賊放在眼裡，僅帶數十騎登山觀戰。不想白龍多謀，在10餘處設下埋伏，奮勇抵抗，連拓跋燾也被掠下戰馬，差點被擒，部下拚死相救才逃出一條老命。拓跋燾再率大軍清剿，不僅斬了白龍，還殺其餘數千人。

此前一年胡人蓋吳在杏城（今陝西黃陵西南）起事，自稱天臺王，置百官，並與劉宋取得聯繫，被授以官職，向長安進逼。同年蓋吳民軍擊敗前來鎮壓的北魏官軍，軍威大振。人們傳言「滅魏者吳」，紛紛響應，隊伍迅速增至10餘萬。河東（今山西永濟）的薛永宗也迅速拉起一支3,000餘人的武裝部隊，移軍汾曲（今山西新絳一帶），接受蓋吳的領導。

拓跋燾就近調泰州刺史周觀率軍去鎮壓薛永宗，居然被擊敗。拓跋燾重新組織，一方面派精騎2萬攻打薛永宗，另一面派3萬攻打蓋吳，並親自隨軍督戰。同年蓋吳在杏城自號秦地王，聲勢大振。拓跋燾增調兵力督長安以北各軍進攻蓋吳。發兵2萬駐長安南山，以防蓋吳逃跑；又發兵10萬修築京畿外圍的要塞，廣縱千里。官兵擊敗部分民軍，俘虜蓋吳的二叔，將他收買。不久，蓋吳被他二叔所殺（一說在作戰時中流矢而亡）。

此外，還有魏金城的邊固和天水的梁會率萬眾起事，占東城，然後直攻西城，被官軍擊退。這時，又有氐、羌等族民眾3萬餘人起事，響應邊固和梁會。不久，邊固被殺，但餘眾推舉梁會為王，繼續與官軍作戰。同年另有安定（今甘肅涇川北）盧水胡人劉超聚眾萬餘人起事。拓跋燾調長安鎮將陸俟領兵鎮壓。

拓跋燾是威武強悍的，結局卻令人跌破眼鏡：被他的太監宗愛所殺，擁立其子拓跋余，可是當年宗愛又將拓跋余殺了，然後立拓跋燾之孫拓跋濬。

第四章　北魏初60年

　　拓跋濬吸取教訓，即位後馬上殺宗愛個措手不及。拓跋濬在位13年，其間恢復佛教，和平外交，與劉宋及北方各國互通商賈，息兵養民，民心逐漸安定，可是內部爭鬥仍然激烈。西元465年，26歲的拓跋濬病死，繼位的拓跋弘年僅11歲。拓跋弘尊奉嫡母皇后馮氏為皇太后。大將軍乙渾欺拓跋弘年少，矯令排斥異己，步步奪權，伺機發動宮廷政變。第二年，馮太后果斷鎮壓乙渾，然後臨朝聽政，處理所有軍政事務，開創「孝文中興」。

千古之嘆：一個民族向外學習有多難

　　其實，歷史上的漢化與「胡化」之類，換言之就是現代化。各民族有所長有所短，少數民族向漢族學習，漢族也向少數民族學習。這在歷史上是常見的事，不改革才不正常。俄羅斯專家學者指出：

許多民族一直處於原始社會，直至19世紀，如澳洲土著和非洲土著，只是在被更加「發達」的民族征服後，他們才改變了自己的生活方式。因此我們不能說原始社會總是要發展成為文明，文明不是必然，而是一種奢侈品。[169]

　　既然是「奢侈品」，自然有人拒絕。且不說《湖濱散記》（Walden）那樣的個體「返祖」現現象，集體部落拒絕現代文明，在太平洋島嶼、非洲和中南美洲一些地方迄今存在。美國國內還有一種艾美許人（Amish），堅持幾百年前的田園牧歌式的生活方式，他們的孩子讀到國中就夠，拒絕高中，與法律衝突，跟當地政府打官司，結果法院裁定艾美許人有權堅持自己的生活方式。更有甚者，印度自古有一種「娑提」（Sati）習俗：婦女穿上新

---

[169] 《世界古代文明史》，P.9。

娘時的盛裝，自登柴堆，活活地與死去的丈夫一起火化。西元1829年英國殖民者禁止這種野蠻陋習，印度婦女卻紛紛走上街頭抗議，說：「印度女人自古以來就自焚殉夫，是我們神聖的自由與權利！」直到西元1987年，印度才立法嚴禁「娑提」。這充分說明：文明不是必然，文明進步難免阻力重重，步履蹣跚。

儒家熱衷於「華夷之辨」，以天朝自居，要放下面子虛心向外學點東西十分不易。漢服峨冠博帶，可以顯得高貴，騎馬就成問題了，一上馬就露膝蓋，就要受凍，到北方根本吃不消，不適應與北方遊牧族作戰。所以，戰國時趙武靈王引進胡服，摒棄笨拙的「戰車」，改而跟敵人一樣騎在馬上靈活地作戰，不想遭大臣們強烈反對。大臣吹了一大堆牛，扣了一堆大帽子，沒一點實質性東西。趙武靈王耐心開導諸臣：「循法之功，不足以高世；法古之學，不足以制今」，[170] 堅定實行胡服騎射改革，提高軍隊戰鬥力，成功抵禦北方威脅。可是直到南宋，朱熹還批評「今上領衫與靴皆胡服」，主張衣著「得復古，且要辨得華夷」。[171]

漢文化在東亞曾經長期遙遙領先，這是顯而易見的。所謂漢化，換言之就是「封建化」或者「帝制化」，甚至可以說是那個時代的「現代化」。少數民族要向漢族學習，也是阻力重重。鮮卑拓跋部與曹操友好，送太子沙漠汗到洛陽為人質。後來，晉武帝司馬炎好心讓沙漠汗回去，酋長們高高興興入塞迎接。沒想物是人非，沙漠汗不知不覺已有些漢化，引起酋長們擔憂：「太子好像得了晉人異法怪術，這可是亂國害民之兆啊！」[172] 結果，把沙漠汗就地殺了，鮮卑族第一次漢化就此夭折。明知落後，但為了維護

---

[170] 《戰國策・趙策二》：「臣聞中國者，蓋聰明睿智之所居也，萬物財用之所聚也，賢聖之所教也，仁義之所施也，詩、書、禮、樂之所用也，異敏技能之所試也，遠方之所觀赴也，蠻夷之所義行也。今王舍此而襲遠方之服，變古之教，易古之道，逆人之心，而怫學者，離中國，故臣願王圖之也。」

[171] 《朱子語類》卷91，北京：中華書局，2020年，5冊，P.2498。

[172] 《魏書》卷1，〈序紀〉，第19冊，P.3，「太子才藝非常，引空弓而落飛鳥，是似得晉人異法怪術，亂國害民之兆，惟願察之。」

第四章　北魏初 60 年

統治堅拒向先進學習，把人民當人質，實在是一種罪惡。

拓跋燾統一北方後，重用漢族謀臣崔浩，明確宣布：「日後凡屬軍國大計，你們不能決定的，都應先徵詢崔浩的意見。」崔浩智謀過人，也開明。拓跋燾滅夏，俘虜著作郎，並見到他吹捧夏主的「官樣文章」，怒火中燒，要殺他。崔浩連忙勸導說：「文人喜歡誇張，多半言不由衷，沒必要殺。」[173] 拓跋燾聽從。萬萬沒想到，他自己卻會惹文禍而喪生。拓跋燾命崔浩主持修撰《國記》，並明確要求「務從實錄」，[174] 可是，北魏貴族讀了，卻認為這是「暴揚國惡」。拓跋燾也變大怒，不僅族誅崔浩，還順手殺了他的姻親范陽盧氏、太原郭氏和河東柳氏等北方大族，北魏的漢化努力又一次失敗。

「孝文中興」取決於一個特殊因素：馮太后本身是漢族，她「性聰達，自入宮掖，粗學書計。及登尊極，省決萬機」，「事無鉅細，一稟於太后。太后多智略，猜忍，能行大事，生殺賞罰，決之俄頃」。[175] 馮太后與拓跋宏還可能有難言之隱。日本講談社《中國的歷史》用了相當多篇幅分析他們可能是母子，也就是說拓跋宏可能按本族風俗續娶了父親之妻，這在儒家看來是不文明的，因此拓跋宏全面漢化的個人動因，是「希望將自己從過去的愚昧黑暗中解放出來」，並奢望能當「中華皇帝」。[176]

這就難怪馮太后去世之後，拓跋宏仍然不遺餘力地深化改革行動。開國之初將都城南遷到平城，已經很接近中原了，可他覺得不夠，親政後第一件事就是再南遷到洛陽，與漢族「零距離」。光有「硬體」不夠，還得有「軟體」，緊接全面摒棄鮮卑舊俗，而照搬照套漢族的生活方式和典章制度，如禁止鮮卑貴族、官員及家屬著胡服，改穿漢服；禁止鮮卑貴族講鮮

---

[173]《資治通鑑》卷 120，〈宋紀〉2，第 8 冊，P.4972，「文士褒貶，多過其實，蓋非得已，不足罪也。」

[174] 同上卷 125，〈宋紀〉7，8 冊，P.5190。

[175]《魏書》卷 13，〈皇后列傳〉，第 19 冊，P.119、120。

[176]《劍橋中國秦漢史》，P.221、92。

卑語，改說漢語；將鮮卑族姓氏改為漢族姓氏；採用漢族官制、律令；學習漢族的禮法，尊崇孔子，以孝治國等等。

西元1872年，李鴻章在〈複議製造輪船未可裁撤折〉中驚呼：「歐洲諸國，百十年來，由印度而南洋，由南洋而中國，闖入邊界腹地，凡前史所未載，亙古所未通，無不款關而求互市……此三千餘年一大變局也！」西元1875年，李鴻章再次強調這一驚嘆。李鴻章所謂千古未有之大變局，指中華文明遭遇史無前例的外來文明——西方文明的侵襲。從漢族來說，早就遭到過千古之變——那外來文明指北方遊牧民族。

遊牧民族也在不斷發展。早在西周末就有人預言：中原必將衰弱，遊牧族必將昌盛。[177] 兩漢之後，一些遊牧民族開始不遊牧了，並且突破部落聯盟形式，開始建立自己的國家。所謂「五胡亂華」，遊牧民族趁西晉「八王之亂」，不僅入塞而且占地建立他們自己的政權。這些割據政權大小不同，共同點是與漢人政權對峙，甚至要爭「中國」之正統。漢趙開國皇帝匈奴人劉淵就公然說：「帝位難道有永恆不變的嗎？大禹出自西戎，周文王生於東夷，上帝看誰有德就將帝位授給誰罷了！」[178] 換言之，朕雖然是「夷狄」，可朕有德，上帝將中原皇位改授給朕了。他們居然也會「文鬥」了，會利用「天命靡常」儒家理論，跟他們的前輩判若兩人。拓跋宏明確北魏繼承的是晉，並問大臣：「你們希望朕遠追商、周呢，還是想讓朕連漢、晉都不如？」他們不認為自己只代表某一族，而直接以中華正統自居，比流亡的東晉更能代表中國。這是一種新興的趨勢，方興未艾，千餘年後至清至高潮。

「五胡亂華」還有一個突出特點：得到部分漢人的認可並參與，甚至可以說是在漢人手把手指導下建立政權。事實上，北魏、契丹等與南方政權

---

[177] 《國語・鄭語》：「王室將卑，戎、狄必昌。」
[178] 《晉書》卷101，〈劉元海載記〉，第13冊，P.1769，「夫帝王豈有常哉？大禹出自西戎，文王生於東夷，顧惟德所授耳。」

之爭很難說仍然是「華夷之辨」了，而是中華正統之爭。呂思勉認為：「這時候的異族，除血統之外，幾乎已經說不出其和漢族的異點了。」[179]

拓跋燾向蠕蠕族即柔然進攻的時候，部從提醒注意南方的漢人，他則哈哈大笑著回答說：

中國人都是步兵而我們是騎士。一隊小馬和初生的犢，如何能夠抵禦虎或者成群的狼呢？至於遊牧的蠕蠕人，他們夏令在北方遊牧，事後向南方轉移，至冬季則向我們的邊境搶劫。只要在夏天去攻擊他們的牧場，在這個時候，他們的馬匹已經不中用了，傳種的馬要追尋雌馬，雌馬要照顧小馬。只要在那時攻擊他們，斷絕他們的水草，幾天之內，他們就要被俘或者被殲了。[180]

對此，法國歷史學家勒內·格魯塞（René Grousset）概括為「雙重優越性」：以中原方法對付野蠻人和以野蠻方法對付中原人。此後，不少遊牧民族都發揮了這種「雙重優越性」，發揮越充分收益越大，契丹、女真、蒙古和滿族幾乎可以給滿分。

氐族建立的前秦是第一個統一北方的非漢政權。他們知道中原「民心思晉」，便努力漢化，要求官吏「學通一經，才成一藝」，恢復太學等等。不過，他們漢化沒多久，在「淝水之戰」中意外遭失敗，原先歸附前秦的其他民族紛紛反叛，北方重陷分裂，影響深遠。雷海宗甚至說：「淝水之戰是一個決定歷史命運的戰爭。當時胡人如果勝利，此後有否中國實為問題。」他將中國歷史一分為二：從最初至「淝水之戰」，「大致是純粹的華夏民族創造文化的時期，外來的血統與文化沒有重要的地位」，可稱為「古典的中國」；之後，為「北方各種胡族屢次入侵，印度的佛教深刻地影響中國文化的時期」，「是胡漢混合、梵華同化的新中國，一個綜合的中國」。

---

[179]　呂思勉：《中國通史》，P.412。
[180]　[法]勒內·格魯塞：《蒙古帝國史：活著就為征服世界》，龔鉞譯，北京：商務印書館，2016年，P.6。

正是吸取了前秦的經驗教訓，北魏全面漢化，力爭漢與鮮卑民族一體化。然而，他們連儒家的糟粕也生吞活剝！馮太后臨終時，特地吩咐下葬後兒孫即脫去喪服，不必拘泥古禮。拓跋宏卻抗囑，說：「中古時未實行守孝三年制度，是因為君主更換太頻繁。皇太后那樣說，是擔心我們誤了國家大事。如今朕不敢荒廢朝政，只打算繼續穿著喪服上朝。」拓跋宏還將正在被歷史拋棄的漢族士大夫門第制度強行搬到鮮卑社會，生硬地製造出新的門第：第一等膏梁門第，三世中出過 3 個「三公」……第六等丁姓門第，三世中出過侍郎。漢人都不得不棄之如敝屣的東西，他也要撿去當寶貝。

拓跋宏駕崩，太子元恪繼位後發現民眾強烈不滿。北部 6 鎮聚集了大批軍功赫赫的人才，但由於用人只講門第，他們升遷無望，又不適應漢族語言與習俗，紛紛反叛。奉命平叛的大將元顥是拓跋弘之孫、元宏之姪，他自己卻叛逃，並在南梁支持下稱帝，反戈一擊，敲響北魏的喪鐘，「孝文中興」變成迴光返照的代名詞。專家學者認為：

> 北魏王朝為我們提供了一個關於遊牧部落徹底、快速接受華夏文明的經典例證。到西元 529 年北魏王朝終結之時，它已經變成了一個事實上的漢族國家。事實上，這也是它垮臺的原因。[181]

後人以北魏為鑑，但沒能鑑好。金國也是一個突然崛起的北方少民族政權，本著「撥亂反正，務在革非」的原則，大力實行漢化改革，曾開創「大定之治」、「明昌之治」兩個盛世，被譽為有「漢文景風」，金世宗完顏雍還被譽為「小堯舜」。然而，金國之亡，也被認為是由於全盤漢化，過度推崇儒學，沉迷於繁文縟節，而消失他們本民族的生氣。

西夏初期，富有革新和務實精神，勇於「更祖宗之成規」。但針對有人主張照搬唐宋制度，謀臣野利仁榮反駁，主張要根據本民族的實際情況

---

[181] 《統治史》卷 2，P.146。

進行改革開放,而不能靠禮義之類的虛功禦敵。[182] 因此,西夏初期幾十年一系列漢化改革,沒有丟失本民族「以兵馬為務」的傳統,迅速強大起來。當時,相鄰的金朝君臣稱道:「以西夏小邦,崇尚舊俗,猶能保國數百年。」然而,話音未落,西夏開始全盤漢化。如夏軍特長是流動作戰,這時卻揚短避長學宋軍在沿邊修築防禦性的城砦。不少宋臣感到驚恐,建議出兵干擾,生怕他們學走宋軍戰術變得更強大,唯有秦州(今甘肅天水)知府何常頭腦清醒。他說:「羌人生長射獵,今困於版築,違所長,用所短,可以拱手持其弊,無煩有為也。」同時,他們還開始學宋人重文輕武,粉飾太平,務虛不務實,也就離亡不遠了。學者認為:

這是一個深刻的歷史教訓,也是一個不幸的悲喜劇。在中國歷史上與党項族的漢化式改革命運相似的何止一個二個……這種大起大落的漢化式改革值得深思,它告訴我們一個簡單而又明瞭的道理,即任何事物都沒有絕對的正確。[183]

是啊,漢文化(儒學)如果真那麼完美,怎麼會時常遭少數民族欺凌?少數民族文化如果真那麼一無是處的話,怎麼可能一次又一次戰勝甚至取代漢人政權?

但呂思勉有不同說法。他認為:「驕奢淫佚的意志,卻是他們所自有;而這種意志,又是與其侵略事業,同時並存的,因為他們的侵略,就是他們的生產事業。如此,所以像金世宗等,要禁止他的本族人華化,根本是不可能的。因為不華化,就是要一切生活都照舊,那等於只生產而不消費,經濟學上最後的目的安在呢?所以驕奢淫佚而滅亡,殆為野蠻的侵略民族必然的命運。」對於其他何任民族來說也如此。如果不改革開放,「就

---

[182] 《西夏紀》卷9,「一王之興,必有一代之制。議者咸謂化民成俗,道在用夏變夷,說殆非也。昔商鞅峻法而國霸,趙武胡服而兵強。國家表裡山河,蕃漢雜處,好勇喜獵;日以兵馬為務,非有禮樂《詩》、《書》之氣也,惟順其性而教之以功利,因其俗而嚴以刑賞,則民樂征戰,習尚剛勁,可以制中國、馭夷夷,豈斤斤言禮言義可敵哉!」

[183] 漆俠:《中國改革通史·遼夏金元卷》,石家莊:河北教育出版社,1997年,P.191。

是要一切生活都照舊，那等於只生產而不消費」。[184]

臺灣學者勞榦的看法又有所不同：「孝文以後北魏政治雖然因腐敗以至於亡，可是鮮卑人和漢人關係從此大為好轉。一直到隋唐時期，鮮卑仍然為當代貴族。清代皇帝（尤其是乾隆）誤會了北魏漢化而亡，盡量的儲存滿洲人的滿洲特質，後來特質並未能儲存下去，可是滿漢的界限，卻造成了清朝亡國的一個主要的原因。」[185] 這就有如前秦了。既要統治漢人，又不能做好民族和睦，怎麼可能長治久安？

清代皇帝（尤其是乾隆）誤讀了北魏漢化而亡，想盡量拒絕漢化，結果滿漢矛盾復發而成為清亡的一個重要原因。這就有如前秦了。既要統治漢人，又不能做好民族和睦，怎麼可能長治久安？

前秦、大清因漢化不足而亡，北魏、金朝漢化過頭也亡，那麼究竟如何才好？

吉田茂是日本前首相，戰後最有影響力的政治巨人之一。他揭示近代日本快速崛起的奧祕，關鍵在於及時意識到：「受倡導的文明原本是一個統一體，很難只單單採用它的科學文明技術。」[186] 文明的「統一體」，常被我們人為地分割。但這裡所謂「統一體」並不等於全盤照搬來替代。日本說是原來「全盤唐化」，後來「全盤西化」，可是直到今天，我們還流行說「看唐朝要去日本」，日本前首相鳩山由紀夫曾公開說「中國古典文化在日本更加廣為流傳」，而日本本民族的文明也隨處可見於大街小巷。看來，日本迄今並未「全盤唐化」或者「全盤西化」，而是唐化、西化得恰到好處！

對外開放，向外學習，本意是做模糊數學的加法：$1+1>1$，謀求如勒內・格魯塞所說的「雙重優越性」。《孫子兵法》曰「求其上，得其中」，

---

[184] 《中國通史》，P.408～409。
[185] 勞榦：《古代中國的歷史與文化》，臺北：經聯出版公司，2006年，P.13。
[186] [日]吉田茂：《激蕩的百年史》，李杜譯，西安：陝西師範大學出版社，2006年，P.40。

學人家難得其100%。要想超越老師，就得向更多老師學習。拓跋宏將自己原本文明不分好歹連姓氏、語言等等根底都全摒棄，而將儒家文明不分好歹全都拿來，結果變成以儒家文明取代鮮卑文明，實質是做減法了：1-1＜1。而日本為確保＞1之功，實際上做了1+2的努力，即本土文明+中華文明+西方文明。正如周作人《日本人的衣食住》一文指出：「中日同是黃色的蒙古人種，日本文化古來又取資中上，然而其結果乃或同或異，唐時不取太監，宋時不取纏足，明時不取八股，清時不取雅片，又何以嗜好迥殊那。」

漢化也好，胡化也罷，首先要力爭＞1，而力免＜1。這是個關乎國運的大問題。

第五章
唐初 30 年

【提要】

　　唐太宗李世民西元 626 年政變上臺至 649 年去世，以人為本，裁減官吏，參政議政蔚然成風，經濟繁榮，犯罪率低，文化多元，具有世界主義色彩，被譽為「貞觀之治」。

　　武則天那無字碑是大音希聲，大象無形，大功無字，更是無聲的抗議。如果要補上文字，建議刻陳子昂那詩「念天地之悠悠，獨愴然而涕下」。

第五章　唐初 30 年

建國立朝：貓兒掀桌為誰作

　　從東漢經三國兩晉南北朝至隋唐的歷史演變，令人眼花撩亂，可記一條大致的主線：東漢→曹魏→晉→劉宋→南齊→南梁（陳朝）→北周→隋→唐。

　　說起大唐，不由令人激情蕩漾。我曾困惑：英國歷史學家湯恩比為什麼說願意活在中國的宋朝，而不選擇唐朝？唐朝像個活潑的少女，在明媚的陽光下翩翩起舞，到處開滿鮮花，芬芳四溢，充滿歡快的旋律。唐朝的男人女人都敢愛，且愛在陽光下，比如武則天做了李世民的才人又做他兒子的妻子，李隆基則將兒媳楊玉環寵為自己的貴妃，都公公開開。而宋朝則曉風殘月，多半悽悽慘慘戚戚，宋徽宗趙佶迷戀名妓李師師只能偷偷摸摸，晏殊等重量級人物寫了「豔詞」不敢認帳，真不爽！大唐近 300 年先後有 7 個盛世，總計達 155 年，有無數美麗的詩篇流芳至今。

　　史書寫隋唐之交，常用一句話「隋失其鹿，天下共逐之」，這讓我常想起家鄉一句俚語：「貓兒掀桌為狗作」，意思說貓將飯桌掀翻，翻下的美味佳餚卻被狗搶吃了，貓爭不過狗，白辛苦一番。這樣的事，歷史上屢見不鮮。項羽將大秦的桌掀了，那桌上的酒肉卻讓劉邦搶吃；綠林、赤眉等民軍將王莽的桌掀了，那桌上的酒肉讓劉秀搶吃……那麼，宇文化及將隋的桌掀了，那桌上的酒肉誰吃？

　　西元 618 年三月宇文化及掀了隋桌，當然想自己吃那桌上的酒肉。楊廣屍骨未寒，宇文化及緊接殺幾十位大臣和外戚，立秦孝王楊浩為帝，自任大丞相，然後從水路西歸都城，「據有六宮，自奉養一如煬帝」[187]。然而，搶食的狗太多了！除了早就在桌下虎視眈眈、爭先恐後的大大小小一群群，又新闖進來一群群──

---

[187]　《資治通鑑・唐紀 1》，第 11 冊，P.7682。

當月：吳興（今浙江湖州所轄區）太守沈法興起兵討宇文化及，至烏程（今浙江湖州）得精兵6萬，連克餘杭等10餘郡，自稱江南大總管，置百官。

四月：梁王蕭銑稱帝，攻克南郡（即荊州），嶺南多地的隋將、刺史、太守紛紛歸附，很快擁地東起九江，西達三峽，北自漢水，南至交趾，兵力40多萬。

五月：東都留守官們擁越王楊侗為帝，國號「鄭」……

在那200多支民軍亂紛紛的爭戰中，有一支越來越引人注目，就是李淵的唐軍。李淵於上年在太原起兵，一邊進擊官兵，一邊與其他民軍相互廝殺，不斷壯大自己，那些狗咬狗、貓咬貓的雜事就不細說了。李淵的形勢也不容太樂觀，太原之北有突厥及軍閥劉武周，南部洛陽有勢力最大的反叛者李密。於是李淵向突厥稱臣求援，溫大雅《大唐創業起居注》所載李淵親筆信原文為：

我今大舉義兵，欲寧天下，遠迎主上，還共突厥和親，更似開皇之時，豈非好事？且今日陛下雖失可汗之意，可汗寧忘高祖之恩也。若能從我，不侵百姓，征伐所得，子女、玉帛，皆可汗有之。

溫大雅是李淵的謀士，《大唐創業起居注》是歷史上第一部起居注，詳細記錄李淵起兵、稱帝及與突厥交涉等方面的數據，是目前關於李唐建國最重要的第一手史料。這裡「子女」指美女。歷史上不少開國之君都這麼無恥，大唐的後人也一再這麼無恥！劉武周也投靠了突厥，李淵一舉兩得。李密那邊，李淵也暫時與之結盟，先解決後顧之憂。這樣，李淵一舉占隋都長安，立楊廣之孫楊侑為帝，而尊遠在江都的楊廣為太上皇，自己為大丞相，李世民為秦王，然後繼續征戰招降。這年見別人紛紛稱帝，李淵忍不住了，逼楊侑禪位，改國號為「唐」，定都長安。

第五章　唐初30年

　　見此情形，本來胸無大志的宇文化及才開竅，忽然想：「人生故當死，豈不一日為帝乎？」[188] 於是他毒殺楊浩，自立為帝，國號「許」。

　　好酒好肉被別人搶光了，殘羹冷炙總得爭一口吧？有這樣想法的人不少。此後，還有朱粲在冠軍（今河南鄧縣）稱帝，國號「楚」；王世充廢楊侗，自立稱帝……

　　從亂世才驚訝地發現，原來想當皇帝的人這麼多！一山不能容二虎，一國不能容二主，土皇帝們相互拚殺，看誰笑到最後。

　　這場桌下搶食的競爭，最終李淵贏。因為，雖然李淵膽小怕事，沒什麼野心，但他不僅有個智勇雙全的好妻子，還有才智過人的好兒子。

　　李淵妻竇氏。在中古那個時代竇氏很吃香，李家竇氏是否漂亮沒依據，但有記載她很能幹，特別有政治才能。她很早就有政治野心，見楊堅取代北周，她就曾經憤憤不平說：「我恨自己不是男子，無法為舅舅掃除禍患！」嚇得父親趕緊摀住她的嘴：「不要胡說！這可是滅門之罪啊！」但父親還是想找個能適應她野心的男人，於是出個招：在門屏上畫兩隻孔雀，誰能兩箭各射中一隻孔雀眼睛就招誰為婿。結果幾十人只有李淵兩箭射中，如約把女兒嫁給他。竇氏聰明善言。楊廣見李淵臉上皺紋多，戲稱他「阿婆」。他回家還窩氣，竇氏卻賀喜：「這是吉兆啊！你繼承的是唐國公，『唐』便是『堂』，『阿婆面』便是『堂主』！」這話暗指李淵將來要取代楊廣做皇帝。竇氏的書法竟能跟李淵相似，一般人難辨雄雌。李淵有好馬，竇氏勸他獻給楊廣，李淵捨不得。後來，楊廣向他索要，被動得很。竇氏早逝，李淵不時思索亡妻的話，越想越覺得有道理。於是主動送駿馬給楊廣，楊廣一高興很快升他為將軍。李淵流著淚對兒子們說：「我如果早點聽你老媽的話，早當這官了！」李淵這時能悟出亡妻話的道理，為時不算晚。

---

[188]《隋書》卷85，〈宇文化及傳〉，第24冊，P.1268。

李淵兒子3個，長子李建成為太子，次子就是大名鼎鼎的李世民，四子齊王李元吉（三子早逝）。兒子個個生龍活虎，齊心協力幫父親征戰，很快在決戰中取勝，基本平定北方與南方，讓人感慨「打仗父子兵」之說不謬。比較而言，論能力，論戰功，李世民顯然高一籌。李淵當年起兵就是李世民的主意。建立唐朝後，為統一全國，先後打了6次大仗，其中4次李世民指揮，另外兩次也不是李建成或李元吉。而早在建國之前，李淵曾許諾將來立李世民為太子。可是成功後，李淵猶豫了：畢竟李建成是長子啊！李淵優柔寡斷，遲遲拿不定主意，而隨著外敵一天比一天減少，內部「分贓」的矛盾一日比一日突顯出來。3個兒子都在暗暗積蓄力量，陰謀著，如同冰河下的激流……

拖到西元626年攤牌時刻終於到！說是突厥犯邊，李建成向李淵建議以李元吉為統帥出征，目的是想藉此撐握李世民的兵馬，並在昆明池設伏殺他。不想李建成手下人卻向李世民告密。於是，李世民先發制人，在玄武門（宮城北門）伏殺李建成和李元吉，史稱「玄武門之變」。3天後李淵只好立李世民為太子，並下詔：「自今軍國庶事，無大小悉委太子處決，然後聞奏。」兩個月後李淵退位，讓李世民登基，正式登上歷史舞臺。從李世民角度說，他是自己掀桌自己獨吞！

李世民登臺跟其他宮廷政變一樣充滿血汙，讓人越來越驚喜是這一個血汙當中誕生的帝王異常美麗可愛……

第五章　唐初 30 年

最大看點：多元的文化

■ 一、開明之政

　　李世民登臺伊始，跟其他所有新政權一樣當務之急是穩定政權。「玄武門之變」後沒幾天，有人告發東宮有個名叫魏徵的傢伙，曾經在李密和竇建德軍中待過，後在李建成手下，並勸李建成趁早幹掉李世民。聽到這樣的事，恐怕沒幾個人不憤怒。李世民不例外，馬上把魏徵召來，怒斥：「你為何離間我們兄弟？」是啊，如果沒有你魏徵之流離間，他們兄弟也許不會反目，就很可能不會發生歷史性悲劇，魏徵可謂罪魁禍首，十惡不赦，死有餘辜。沒想到魏徵神態自若，不慌不忙回答：「可惜太子沒聽我的。要不然，不會輪到你現在殺我！」是啊，確也如此。這說明魏徵很有遠見，很忠於主人。李世民想了想，覺得魏徵非同尋常，不但不追究，反而安慰說：「都是過去的事啦，不提了！」即尊魏徵為諫議大夫，正五品大官。

　　李世民在處理大大小小「太子黨」問題上沒濫殺，而盡量感化。太子黨人看到魏徵都沒事，反而能重用，其他人更感到沒問題，於是放下心來，努力將功補過。當然，負隅頑抗也有，但成不了氣候。幽州大都督李瑗是李建成的死黨，見李建成失敗，怕受牽連，索性反叛。可是，不等李世民出手，就被他自己部下殺了。第二年燕郡王李藝在涇州造反，占豳州，李世民命吏部尚書長孫無忌討伐。唐軍主力還沒到，李藝就被豳州部將楊岌擊敗，也被他部下所殺。李世民第五子齊王李祐，在齊州聲色犬馬，整日跟狐朋狗黨鬼混，李世民派權萬紀為老師去管教。西元 643 年李世民命李祐隨老師進京，這不肖之子竟然勾結地痞流氓在半路將老師劫殺。兇手身分暴露，李祐怕了，索性擁兵反叛。李世民派官兵去鎮壓，還

是大軍未到，李祐就被他的部下抓捕。

「玄武門之變」後第二個月，李世民派魏徵為欽差大臣，到山東宣揚政令，安撫百姓。一路上，魏徵見州縣押解李建成、李元吉的同黨，當即指令將他們釋放。李世民在京中聞知，讚賞魏徵做得對。李世民如此「仁政」，並與魏徵如此默契，史上少有。

這個盛世也有多次民眾起事，不過相對於其他時期規模都小，次數也少得多，不展開說。且說西元626年李世民登帝沒多久，與大臣公開討論如何維穩的問題。李世民不是邊怒罵「刁民」、「暴徒」邊派兵鎮壓，而首先檢討自己工作是否失誤。[189] 更重要的是，李世民這樣說也這樣做，切實努力行「仁政」。於是很快出現「海內昇平，路不拾遺，外戶不閉，商旅野宿焉」的盛世景象。[190] 這幾句文字顯然誇張，我總覺得「路不拾遺，外戶不閉」這種事只可能發生在天堂，但不讓犯罪猖獗應該不太難。

說起歷史上用人，人們很容易想到劉邦與李世民。其實，他們兩人有很大區別。劉邦用人，那可謂「利用」。劉邦跟勾踐一樣，建國後僅一年多一點時間就讓大名鼎鼎的功臣韓信落得身首異處的下場。臨刑前，韓信不由感慨「飛鳥盡，良弓藏；敵國破，謀臣亡」。李世民則完全不一樣。登帝第二個月，所用第一批高官都是李世民老部下：秦叔寶（即秦瓊，西元638年病逝）、程知節（即程咬金，西元665年病逝）、尉遲敬德（西元658年病逝）、高士廉（西元647年病逝）、房玄齡（西元648年病逝）、蕭瑀（西元648年病逝）、長孫無忌（在李治時期因反武則天被貶自縊）、杜如晦（西元643年病逝）、封德彝（西元627年病逝）。這9位開國元勛，沒一位死在李世民手上，除一位後來不幸，全都壽終正寢。李世民跟他們

---

[189] 《資治通鑑》卷192，〈唐紀〉8，第11冊，P.7970，「民之所以為盜者，由賦繁役重，官吏貪求，飢寒切身，故不暇顧廉恥耳。朕當去奢省費，輕徭薄賦，選用廉吏，使民衣食有餘，則自不為盜，安用重法邪？」

[190] 同上。

第五章　唐初 30 年

始終情同手足。高士廉死的時候,李世民自己也重病在身,可他聞訊隨即起身親臨高士廉家祭奠,只因高士廉的外甥跪伏於半路再三謝絕,加之藥性發作,才將他勸回。杜如晦死時,李世民哭之甚慟,廢朝 3 日。後來一次吃香瓜忽然想起,他還不禁愴然淚下,馬上派人將所剩半片瓜祭於杜如晦墳前。李世民可能沒說過「苟富貴,無相忘」的話,但他做到了!

李世民曾經感慨說:「為官擇人,不可造次。用一君子,則君子皆至;用一小人,則小人競進矣。」[191]魏徵說:「是啊,天下未定,則專取其才,不考其行;喪亂既平,則非才行兼備不可!」魏徵這話也非常有理。戰爭歲月,當然只要他是拚命三郎,流氓地痞無所謂。但在和平時期就不一樣了,這道理李世民說得很透澈。

然而,李世民絕不是無原則的兄弟義氣。長孫無忌是李世民的大舅子,功績顯赫,早在李淵起兵時就有他的功勞,「玄武門之變」更是首功。李世民幾次要任命長孫無忌為宰相,長孫皇后卻反對,坦率說:「妾備位椒房,家之貴寵極矣,誠不願兄弟復執國政。」椒房指後妃所居之宮。她主動提醒要吸取漢朝呂氏、霍氏外戚專權教訓。西元 623 年李世民要提拔長孫無忌為司空。司空是「三公」之一,只是一種崇高的虛職,長孫無忌也再三辭謝,不肯接受。李世民解釋說:「吾為官擇人,唯才是與。苟或不才,雖親不用⋯⋯如其有才,雖讎不棄⋯⋯今日所舉,非私親也。」[192]

關於「舉賢不避仇」,除了魏徵,再如裴矩。裴矩原是楊廣的大臣,並為楊廣出過不少餿點子。如楊廣出訪西域,帶著豪華的宮殿式「活動房」炫富,勞民傷財,所以當時就被稱為奸佞,可李世民照樣用他。不過,裴矩現在朝堂上經常公開提的卻是反對意見。李世民登帝之初,據說官場也是賄賂公行。為了解是否屬實,李世民暗中派人送金帛給一些官

---

[191]　《資治通鑑》,卷 194,〈唐紀〉10,第 12 冊,P.8064。
[192]　同上,P.8066。

員,果然有個門吏收一匹絹。李世民將這門吏抓了,要處以死罪,殺一儆百。裴矩堅決反對,指責這樣做用現代話來說是「釣魚執法」。李世民接受這建議,換一種方式,反過來給受賄官員公開送禮,羞辱貪官,同樣取得廉政效果。由此可見,人都有兩重性,遇昏君是奸臣,遇明君則變為賢臣。

李世民一登帝就要求宰相封德彝舉薦人才,久久沒動靜,等追問了才回答:「不是我不盡心,實在是當今天下沒什麼像樣的人才。」李世民聽了很生氣,斥責說:「每一個帝王治國都是取當世之才,難道是到別的朝代取才?你只能說自己不識才,怎麼能說天下沒人才呢?」[193] 李世民用人不拘一格,所以各類人才不斷湧現。馬周從小父母雙亡,孤苦伶仃,但十分好學。他來到長安,因為太窮,住低檔旅店時常被冷落譏笑,後來寄身中郎將常何門下。西元 631 年李世民要求在朝官吏每人寫一篇關於時政的文章。常何是個武將,讓馬周代寫。李世民覺得這文章寫太好了,馬上追問,常何如實說。李世民請馬周進宮,不想馬周清高不識抬舉,連請 4 次才動身。李世民與馬周高談闊論,覺得他確實有才,隨即讓他到掌管機要的門下省任職。

李世民非常注重地方官員的選拔任用。李世民認為都督、刺史之好壞關係整個國家的安危,因此常常把都督、刺史的名字寫在屏風上,隨時在名字上加註他們的善惡,以備升貶之時參考。西元 637 年馬周上疏:「自古以來,國之興亡,不以畜積多少,在於百姓苦樂」,[194] 而百姓所以安居樂業,唯在刺史與縣令。為此,李世民下詔:從現在開始,刺史、縣令朕要親自選拔,請京官五品以上官員各推薦一名。

用人得考慮如何發揮這個人的作用。每一天太陽不同,每一片樹葉不

---

[193] 同上,P.7977,「君子用人如器,各取所長。古之致治者,豈借才於異代乎?正患己不能知,安可誣一世之人?」
[194] 《貞觀政要・奢縱》。

第五章　唐初 30 年

一樣，每一個人都有其長短。天子並不是天才，不是無所不知，無所不能，這是每一個稍具理性的人都不會糊塗的。帝王如果過於專斷，像劉義隆那樣，將士遠在千里之外還苛求嚴格按照他的指令去作戰，作繭自縛，不可能會有好結果。我們老祖宗很早明瞭這點，舜就設過 22 名諫官，之後幾乎歷代都有，只不過大都當花瓶擺設，只有李世民等極少數帝王能真正發揮其作用。帝王能否納諫，可以說是能否有為的一大指標。李世民幾乎是納諫的代名詞，而魏徵則是進諫的化身。據統計，李世民在位 20 多年，進諫的官員不下 30 人，其中魏徵一人所諫 200 餘事數十萬言，大都切中時弊。

當然，帝王都特別愛面子，李世民很難例外。有時候他對諫言也如坐針氈，難以忍受。西元 632 年一天罷朝回內宮，李世民像普通男人在公司受窩囊氣後回家一樣，對皇后發牢騷：「總有一天我要殺了那個鄉巴佬！」皇后大吃一驚：「怎麼啦？」李世民說：「魏徵那個鄉巴佬，經常在上朝的時候當著百官的面侮辱我！」皇后聽了，轉身回房換朝服出來，對李世民禮拜說：「古人說主明才會有直臣。今天聽說魏徵這樣直，看來陛下您真是個明主啊，我能不祝賀嗎？」李世民聽了這話才消氣。西元 643 年魏徵死，李世民親自撰寫碑文，又親自書寫到石碑上，並對眾臣說了那段著名的話：

> 夫以銅為鏡，可以正衣冠；以古為鏡，可以知興替；以人為鏡，可以明得失。朕常保此三鏡，以防己過。今魏徵殂逝，遂亡一鏡矣！[195]

君臣關係如此和諧，在中國歷史上是非常罕見的。

李世民有一定「作秀」的成分。諶旭彬說：「李世民與他的臣僚變得越來越形式主義……幾乎逢諫必納，對進諫者幾乎無不大加賞賜，行動上卻

---

[195]　《舊唐書》卷 71，〈魏徵傳〉，第 30 冊，P.1728。

又幾乎沒有什麼改觀」，不過，「貞觀之治的士大夫仍然是幸運的，至少，李世民願意陪他們玩這樣的形式主義遊戲」。[196]

二、人本主義

　　李世民可圈可點的言行很多，平時讀到不少，可仍然有忽略。有位王安憶曾在一則貼文中寫道：

　　每每看到美國政府為了一個戰死在異國的士兵遺骸斤斤計較寸步不讓之時，一種莫名的感動自心底湧起。每每看到我們自己的生命如草芥和數字時，一種無以言狀的悲涼直達心底。在我們幾千年歷史裡，你檢測不出絲毫的關於人的概念，人的權利，人的尊嚴。沒有人在意我們的生死，包括我們自己。

　　這則貼文在網上引起不小爭議。那些爭議大都帶有某些偏見，我只是覺得王安憶後兩句欠嚴謹。其實在我們的歷史上不乏尊重生命的個案，只不過梧桐秋雨般點點滴滴，不成氣候。例如西元631年李世民「遣使詣高麗，收隋氏戰亡骸骨，葬而祭之」。[197] 可惜司馬光只記這麼簡單。

　　更可惜的是，中國歷史上諸類「天地之性人為貴」的事不僅沒能沿續，連記載也往往被「青山處處埋忠骨」之類口號所淹沒。當然，也有有意無意的誤讀。西元645年高麗戰場上，大將軍李思摩（突厥人）中箭，李世民居然親口為他吮血。這並不是孤例。另一位大將李世勣有次「暴疾」，聽說有個鬍鬚和藥的偏方（《本草綱目》當中有不少此類荒誕的藥方），李世民就真的親自剪了自己的鬍鬚。部將一條生命，勝於他作為帝王的尊嚴，這是一種怎樣的觀念！可是在「小堯舜」完顏雍的眼中，這只不過是「作秀」。完顏雍有次對大臣說：「平時用人，宜尚平直。至於軍

---

[196]　諶旭彬：《秦制兩千年：封建帝王的權力規則》，P.160、163。
[197]　《資治通鑒》，卷193，〈唐紀〉9，第12冊，P.8046。

第五章　唐初 30 年

職,當用權謀,使人不易測,可以集事。唐太宗自少年能用兵,其後雖居帝位,猶不能改,吮瘡剪鬚,皆權謀也。」[198] 人們讀史重權謀,完顏雍政變起家的更是滿眼權謀。

李世民傾心鑄造國家輝煌,但他不會因此忽略百姓的生命。明白這點,就不難理解李世民那種種反常之舉,比如不殺曾經想殺他的魏徵,比如對突厥可以賜寶刀、寶鞭但不肯送美女,一切都緣於他切實踐行「天地之性人為貴」的理念。

李世民對罪犯也不失生命的尊重。西元 632 年冬李世民「親錄繫囚」,並接見死刑犯,心起憐憫,便將他們放回家,要求第二年秋回來受刑,簡直像開玩笑!同樣令人驚奇的是,第二年秋——

> 去歲所縱天下死囚凡三百九十人,無人督帥,皆如期自詣朝堂,無一人亡匿者,上皆赦之。[199]

說實話,我迄今懷疑這事的真實性。不過,冷靜想想,出於李世民那樣的生命觀,做這樣一次實驗應該是順理成章的事。而感於李世民的信賴,死刑犯寧願回去受刑也不是完全沒有可能。前不久有一則國際新聞:法國巴黎郊區的中央監獄外牆突然坍塌,該監獄 230 名長期服刑者,包括著名「連環殺手」蒂埃里・保林(Thierry Paulin)的同黨,卻無一人逃走。由此可見,唐朝這件事應該有可能性,只遺憾沒人跟蹤那 390 人後來情況,把那寫出來一定很有趣很有意義。但李世民此舉到宋朝受到歐陽脩的嚴厲批評,他專門寫一篇題為〈縱囚論〉的文章,指責說「太宗之為此,所以求此名也」,用現代話說是作秀。不過,也有人認為歐陽脩這想法太晦暗。

---

[198] 《金史》卷 8,〈世宗紀〉,第 53 冊,P.128。
[199] 《資治通鑑》,P.8066。

三、弘揚儒學

李世民西元626年成為太子，便在弘文殿側邊建弘文館，收藏圖書20多萬卷，並選弘文館學士職掌校正圖籍，教授門生，遇有制度沿革、禮儀輕重等問題隨時參議。這裡既是國家圖書館，又是國家文學殿堂。

李世民的曾祖和外曾祖都是關隴貴族集團成員。至唐初，以李氏為代表的關隴士族最強，江左和代北士族已沒落，以崔、盧、鄭、李、王為首的山東士族雖經戰爭打擊但根深蒂固，仍有一定勢力。士族勢力太強，對皇權不利。於是，李世民命高士廉等修撰《氏族志》。高士廉等人太書生氣，沒領悟李世民的真實意圖，如實列山東士族為第一等。李世民不滿意，要求重新刊定，毫不客氣批評說：「卿等不貴我官爵耶？不須論數世以前，止取今日官爵高下作等級。」[200] 西元638年修改後的《氏族志》編成，共收錄293姓，以皇族李氏為首，外戚次之，山東崔姓等被降為第三等。李世民看了滿意，正式頒行。

李世民時代，長安不僅成為世界政治中心，也是文化中心。李世民徵天下名儒為官，四方專家學者雲集，高麗、百濟、新羅、高昌、吐蕃等送貴族子弟前來求學，國子監學生達8,000多人。鑒於這樣的新形勢，李世民命國子祭酒、東宮侍講孔穎達等人新編《五經正義》，被認為「其辭富而備，其義弘而雅，故復而不厭，久而愈亮」。李世民感到滿意，准予講習。

四、道先僧後

李世民認為老子李聃是他李氏先宗，拜道教為祖師。李世民奉《道德經》為圭臬，並將僧道排序改為道先僧後。京城的僧尼接受不了這一改革，憤然上表極諫，讓一些官員不敢受理。智實法師率宿德高僧們上訪，

---

[200] 《舊唐書》卷65，〈高士廉傳〉，P.1649。

說如果讓道士女冠在僧尼之上，誠恐「有損國化」。李世民為他們衛教熱情所感動，派宰相去安慰，送他們回寺。智實法師卻很固執，不肯離去，堅持要李世民立即糾正。李世民發怒，將智實法師杖打，然後著民服發配潮州。

李世民其實也是虔誠向佛的，他曾在疏文中自稱「菩薩戒弟子」。名僧玄奘就活躍在李世民時期。玄奘出家後遍訪佛教名師，覺得各派學說分歧太多，難有定論，便決定到佛教發源地天竺去學習。西元627年玄奘從長安出發，經涼州出玉門關西行，歷經艱難抵天竺。他遊學天竺各地，與專家學者交流。玄奘回來，李世民親自接見。玄奘將他17年所見所聞詳陳出來，李世民大開眼界，龍心大悅，便請他將那100多個小國的見聞寫出來。這就是《大唐西域記》，如今已被譯成多國文字，成為世界上最有價值的地理歷史文獻，玄奘則成為《西遊記》的原型。後來，李世民還邀請玄奘一同去征高麗，並勸他還俗，被謝絕。李世民沒強求，相反為他提供優渥的條件，讓他主持譯經。玄奘共譯出經、論75部1,335卷，充分反映了5世紀以後印度佛學的全貌，被稱為中國佛教三大翻譯家之一及唯識宗創始者之一。

五、李世民與詩

李世民酷愛詩，常與大臣論詩，並以詩贈大臣與家人，以詩「勸誡」。如西元635年回顧當年奪權，他讚揚蕭瑀是不可威逼利誘的「真社稷臣」，即席賦詩相贈：「疾風知勁草，板蕩識忠臣。」板蕩指政局混亂或社會動盪。這詩至今常被引用。他的詩收存於《全唐詩》，有1卷98首（其中6首有爭議）。他的詩較其他帝王題材多樣，有謳歌城鄉山川得天獨厚，有描述各地巡幸畋獵，更多是寫景抒情、記事詠懷。《帝京篇》是他的代表作，《全唐詩》置於卷首。這是組詩，前有300字自序，對歷代帝

王加以評論，躊躇滿志地闡述自己的創作動機，描繪京城長安的形勢、建築、景物和宮廷生活，反映唐初那種宏偉恢廓、樂觀奮揚的氣象，給讀者以生機蓬勃的感受，與那些「靡靡之音」、「亡國之聲」形成鮮明對照。

《全唐詩》小傳認為：「有唐三百年風雅之盛，帝（即李世民）實有以啟之焉。」大唐以詩照亮中華文化，李世民可謂燃火之人。李世民證明：詩與帝王本身並不矛盾，柏拉圖在理想國中要將詩人逐出實屬偏見。

此外，不能不說說當時的對外關係。

冷兵器時代，中原飽受北方遊牧民族騷擾之苦。先秦開始築長城，又一代接一代加修。其實，長城並沒有發揮多少實際作用，它象徵更多是漢民族的血淚與恥辱。這一點，李世民早就看透。西元 628 年大臣又建議加修長城，李世民一口回絕：「我該為民掃清沙漠才是，怎麼能勞民到那偏遠的鬼地方去修什麼牆呢？」[201] 這話多有氣概，多麼溫暖人心！

◎突厥：

西元 626 年李世民忙於「玄武門之變」的時候，突厥還添亂，擾隴、渭二州。隨後雖然遣使入唐請和，沒幾天又擾涇州，唐將尉遲敬德將他們擊退。他們進軍渭水便橋，派密探入長安。李世民抓了密探，親自策馬到渭水邊，隔河斥責他們負約，如果不立即停止侵擾，唐大軍馬上到來，那就拚個分曉吧！對方怕了，當場請和，雙方在橋上盟誓，對方退兵。突厥來獻馬 3,000 匹、羊一萬口，李世民不要，只要送還溫彥博等人。原來，上年突厥大舉進犯太原，李淵命溫彥博率軍出擊，結果兵敗被俘，流放到陰山苦寒之地。現在，李世民要人不要牲畜，他們只好放回溫彥博。西元 628 年突厥內部大亂，相互攻擊，但又遣使入唐求婚。李世民不同意，不肯將美女送入狼窩。其中一部請求歸附，李世民為了分化他們，同意冊

---

[201] 《資治通鑑》，P.8010，「朕方為公掃清沙漠，安用勞民遠修障塞乎？」

封。第二年突厥又一部遣使入貢，李世民賜寶刀、寶鞭。另一部也遣使稱臣並求婚，李世民仍不同意嫁美女。因為他們與隋叛將、迄今不肯歸附的梁師都暗中勾結，李世民分兵進擊。在重兵打擊下，突厥陸續有人來降。這種局面延續10來年。西元639年突厥內部進一步分裂，西突分建南庭、北庭，此後10來年繼續經常來降、入貢。

◎薛延陀：

薛延陀最初在漠北土拉河流域，駐金山（今阿爾泰山）一帶，歸附突厥。李世民敗突厥後，他們轉而附唐，並在鬱督軍山（今蒙古杭愛山）建薛延陀汗國。西元629年唐冊封薛延陀首領，隨後將公主嫁薛延陀首領，薛延陀則經常以馬、牛、羊、駝、貂皮等進貢唐，動輒千萬。西元639年唐將東突厥部眾安置在以白道川（即敕勒川）為中心的漠南地區，薛延陀對此不滿，從此時常南侵。西元641年薛延陀發兵20萬侵突厥，突厥向唐求救。李世民派新上任的兵部尚書李世勣等兵分5路出擊，大敗薛延陀，斬3,000餘級，俘5萬餘人。薛延陀潰至漠北，遇大雪，人畜凍死十之八九。西元642年薛延陀轉而向唐獻馬3,000匹、貂皮3.8萬張，並求婚。涼州部分人投奔薛延陀，將軍何力被執一同前往。何力不屈，拔刀割耳以誓。李世民聽了很感動，便同意薛延陀求婚，換回何力。第二年薛延陀遣使來納幣下聘，獻馬5萬匹，牛和駝萬頭，羊10萬口。李世民要求薛延陀可汗（以前稱「單于」）親自到靈州相迎，他沒如約而來，牛羊一路死很多。李世民很生氣，藉口婚禮沒準備好，斷絕這門親事，關係轉壞。西元645年薛延陀多次擾河南，被唐軍擊退。第二年薛延陀擾夏州大敗，被俘2,000多人。同年回紇等也擊敗薛延陀。這時，李世民派大軍分路重擊薛延陀。薛延陀一部分向唐投降，還有一部分在觀望，李世民縱兵追擊，斬5,000餘級，俘3萬餘人。至此，薛延陀汗國被滅。

最大看點：多元的文化

◎吐蕃：

6 世紀時，今西藏山南地區的藏族先民雅隆部逐漸擴展到拉薩河流域。7 世紀初松贊干布以武力降服羌人蘇毗（今西藏北部及青海西南部）、羊同（今西藏北部）諸部，將首邑遷至邏些（今西藏拉薩），建立吐蕃王朝。西元 634 年吐蕃遣使入貢求婚，李世民遣使回訪慰撫。西元 638 年李世民再次遣使慰撫，吐蕃隨唐使者回訪，以重禮求婚，但李世民未允。吐蕃以為是吐谷渾從中作梗，出兵吐谷渾。李世民發兵 5 萬擊吐蕃，吐蕃敗退，遣使謝罪。再次求婚，李世民終於同意。西元 640 年吐番遣使獻黃金 5,000 兩及珍寶數百件作聘禮，再求婚。李世民許以宗女文成公主。西元 641 年著名的文成公主出嫁，李世民遣禮部尚書李道宗送行到吐番。吐番贊普（最高統治者）以女婿的禮節見李道宗，為公主築唐式宮室，自己也穿唐服見公主，並下令禁止以赫色塗面的舊俗，派子弟到長安學唐文化。文成公主的陪嫁有錦帛珠寶、生活用品、醫療器械、生產工具、蔬菜種子，還有經史、詩文、工藝、醫藥、曆法等方面的書籍。後來，吐蕃又從唐引進蠶種，唐派釀酒、製碾磑、造紙墨等工匠到吐蕃傳授技藝。

◎高麗：

最讓李世民頭疼。如果沒有征高麗，隋朝也許沒那麼快滅亡。從前車之鑑角度說，李世民不能再征高麗。本來也相安無事，西元 640 年高麗還遣子弟入長安求學。西元 642 年高麗一個大臣叛亂，殺舊王立新王，自己主持軍政大權。因為原國王由李淵冊封，也就是說唐有保護原國王的義務，因此有人建議出兵。李世民以「山東彫弊」為由不允，並於第二年冊封其新王。然而，高麗新王不聽李世民勸告，繼續攻新羅，占據遼東地區。李世民忍無可忍，對大臣們說：「將來高麗更強大了必然會對我們後人造成威脅，朕還是先擔當起來吧！」[202] 西元 644 年李世民一面詔命造

---

[202]《新唐書》卷 120,〈東夷列傳〉，第 37 冊，P.4702,「今天下大定，唯遼東未賓，後嗣因士馬

第五章　唐初 30 年

運糧船 400 艘，一面出兵試攻遼東。高麗新王感到不妙，向唐貢白金，李世民不受，正式出兵高麗，水路 4 萬兵，戰艦 500 艘，由海上至平壤；另一路步騎 6 萬赴遼東。同時命新羅、百濟等地分別出兵，一同攻高麗。這一役克 10 城，斬敵 4 萬餘，但唐軍陣亡也達 2,000 人，戰馬損失十之七八。李世民認為失敗，痛心地說：「如果魏徵還活著，肯定不會讓我打這一仗！」其實此戰意義還是算重大，這是自三國以來第一次戰勝高麗，收復今遼寧一帶很多在南北朝時期被高麗奪走的地盤。西元 646 年高麗遣使入唐謝罪。因為高麗倨慢唐使者，仍然派兵窺伺邊境，侵擾新羅，李世民不接受高麗的朝貢。然而，上次高麗戰後，李世民得「風疾」。這可能是一種帶有某些遺傳性質的疾病，因為李淵、李治、李誦、李恆、李昂和李忱幾代帝王都患有此病。李世民病了反常，第二年忘了後悔，說：「如今四方基本平定，就剩這一塊地方。趁我還沒死，良將們有精力，一定要解決！」於是再次海、陸同時進攻。水路入高麗，但無功而返。另一路海軍攻入高麗，連勝百餘戰，克石城。同年命江南 12 州造大船數百艘，以備再擊高麗。第二年高麗王遣子入唐謝罪，但這沒能消融李世民的幽恨。次年正月又發兵 3 萬從萊州泛海擊高麗，高麗各城震懼，紛紛棄城逃遁。開國大臣房玄齡病危，但他堅持上表請求停戰高麗。將死之言應該很善，李世民仍然沒聽，繼續命越、婺、洪等州造海船及雙舫 1,100 艘，準備再擊高麗。只因李世民逝世，雙方長時間無力再戰。

除此之外，還與龜茲、吐谷渾、党項、敕勒、高昌、新羅等地有交往，不詳述。西元 629 年各國來朝的使者身著奇形怪狀、五彩繽紛的服飾，美麗壯觀。名儒顏師古感慨說：「遙想周武王時候，天下太平，遠國歸順，周史專門寫〈王會篇〉。今日四方賓服，萬國來朝，千古難有，堪當描畫，流芳百世啊！」李世民聽了很高興，即命畫工作〈王會圖〉，可惜

盛強，謀臣導以征討，喪亂方始，朕故自取之，不遺後世憂也。」

早已失傳。我們無法目睹那民族盛會、國際盛會的詳情，只能想像。西元787年普查，僅在長安娶妻生子並有田宅的外國人就有4,000之多。杜希德認為，隋唐帝國帶有「世界主義」（cosmopolitanism）的色彩。「在整個唐代，整個東亞世界實際上是沐浴在同一個文明之中，雖然樣式稍有不同，但是精神非常相類。」[203] 在東亞文化圈中，居於核心地位的無疑是中國。唐朝是東亞文化圈形成的重要時期，也是與印度文化圈、伊斯蘭文化圈發生密切關係的時期。

最後，還得略說當時的民生經濟。

李世民對百姓不僅關愛，更有一種難得的敬畏之情。他生動而深刻地說：

> 君依於國，國依於民。刻民以奉君，猶割肉以充腹，腹飽而身斃，君富而國亡。故人君之患，不自外來，常由身出。夫欲盛則費廣，費廣則賦重，賦重則民愁，民愁則國危，國危則君喪矣。朕常以此思之，故不敢縱慾也。[204]

正是基於這樣的認知，李世民生活上總是嚴加自我約束。另一方面大力發展經濟。民以食為天，百姓在生產上並不需要官府指手劃腳，只要官府少限制少強求就行。李世民奉行「無為而治」，蕭規曹隨，繼續執行李淵大政，特別是「均田制」和「租庸調制」，盡量輕徭薄賦。

李世民在經濟上沒什麼「大動作」，卻很快迎來繁榮。李世民登帝第二年關中饑荒，米一斗值絹一匹，第三年大水災，第四年即西元630年，史書描述：

> 天下大稔，流散者咸歸鄉里，斗米不過三四錢，終歲斷死刑才二十九

---

[203]　孫英剛：《細講中國歷史叢書·隋唐五代史》，上海：上海人民出版社，2015年，P.64。
[204]　《資治通鑑》，P.7970。

第五章　唐初 30 年

人。東至於海，南極五嶺，皆外戶不閉，行旅不齎糧，取給於道路焉。[205]

這短短幾行字，包括農業豐收、物價低平、百姓安居樂業、社會治安狀況良好、社會經濟得以恢復、百姓富足等內容。說實話，我對孔子治下的中都「夜不閉戶」之類文字根本不信，但我想這段描述即使放到洗衣機裡甩幾下，也還是一幅漂亮的盛世圖。

「貞觀之治」奠定了李唐政權的基本格局，李世民則成為帝王行業的偶像。在無數的好評當中，我最滿意此說：

唐太宗天縱英姿，是不世出的偉大帝王典型。其所以異於歷史上所有雄才大略君主之處，系如秦始皇、漢武帝的對外事業發展大成功，另一方面卻都須以犧牲國民安居樂業的生活為條件，唯唐太宗則未。[206]

李世民的民富國強，並沒有以犧牲百姓為代價。這一點至關重要，應當作為所有明君評價的主要標準。

不過，「貞觀之治」也很可能被灌水。有專家學者認為：「這時的唐朝在經濟力量方面還很弱，與隋代的最盛時期相比有很大差距。此外，當時在政治領域裡也還存在著很多懸而未決的課題。因此我以為，後世人們所津津樂道的『貞觀之治』形象，與當時的現實未必一致。」[207]

再說，「細心的史學家們經研究發現，李世民在登上皇位之後曾經改動了國史，以致其父李淵和兄弟們的功勞都被淡化甚至抹去了。」[208] 李世民僅僅竄改了開國史嗎？

---

[205]　《資治通鑑》，P.8042。
[206]　《姚著中國史》卷 4，P.13。
[207]　《中國的歷史・隋唐時代》，P.89。
[208]　卜憲群：《中國通史・隋唐五代兩宋》，P.40。

千古之嘆：武則天無字碑該補什麼字

我總覺得，後儒必須向女人道個歉，因為在 100 餘年前那漫長的歷史當中，他們聯合官府對女性越來越壓制。司馬光主張：女子 6 歲開始學婦人行為規範，7 歲讀《孝經》、《論語》，9 歲讀《列女傳》、《女戒》，但不許她們吟唱、作詩和彈琴。朱熹更甚，他「主薄同安及守漳時，見婦女街中露面往來，示令出門須花巾兜面。民遵公訓，名曰公兜。」[209] 如果哪個帝王推廣了司馬光、朱熹們這類舉措，女人都不歌舞，出門戴面紗，手不露腕行不動裙，那樣的中國會可愛嗎？如此，也必然影響帝王們的審美，難怪他們不肯推廣。但是，「三綱五常」（官方版）之類還是越來越受他們重視，欠下了中國女人一代又一代滔滔的血淚帳。

其實，孔子本人非常可能並不輕視女人。儘管他說過「唯女子與小人為難養也」的糊話，[210] 我不想為其字面意思狡辯，只是想任何話的語言環境都不可忽略。《論語》偏偏都是「斷章取義」，難免分歧。

中國歷史上不允許女人染政，可是中國政治常常得靠女人挽救。那麼多娃娃皇帝，如果皇太后們再不干政，更不知多少動亂。李零說：「古書常以女禍貶低婦女，但各朝的開國之君往往都得益於妻族和母姓。」[211] 孔子列舉治世能臣十人，第一位便是「文母」，即周文王之妃。

還值得一說是南子。孔子去見衛靈公夫人南子，因為南子「作風問題」名聲欠佳，子路有意見，孔子跺著腳發誓清白。孔子曾罵衛靈公「無道」，[212] 可是魯哀公問晚年孔子：「當今天下，你看哪位國君最賢？」孔子回答：「最賢的我沒見過，比較賢的應該算衛靈公吧！」哀公大吃一驚：「聽

---

[209] 民國 27 年版《福建通志・風俗志》
[210] 《論語・陽貨》，「唯女子與小人為難養也，近之則不孫，遠之則怨。」
[211] 李零：《喪家狗：我讀論語》，太原：山西人民出版社，2007 年，P.172。
[212] 《論語・憲問》：「子言衛靈公之無道也。」

第五章　唐初 30 年

說靈公夫婦淫亂不堪，還比較好？」孔子耍了個花招，側面回答說：「我只論他的政績，不管他的私生活。」[213] 這就是說不以私生活否定其政績。由此可見，孔子有開明的一面，並沒有將女人視為「禍水」。他如果活到現代，以這種政見去法國競選，很可能成功，信乎？

後來，仍然時不時出現女中豪傑。如劉邦夫人呂后，在劉邦發跡之前及死後，都發揮了重要作用。還有竇太后、馮太后及蕭太后等等，武則天則登峰造極。

專家學者認為：「以輝煌的大唐帝國之名而聞名於世的這個漫長的時代，實際上絕非一馬平川的坦途。在這種曲折蔓延的起伏當中，其前半段值得大書特書的乃是武后這位女性的出現。」[214] 大唐近 300 年，武則天實際執政近 50 年。武則天輔政與稱帝期間，敢想敢做，掀起了一場「武周革命」——

生活方面：唐開國 3 個皇帝中有 2 個成為她的丈夫，其後 17 個皇帝都是她的子孫。此外，她還敢幾乎公開地享有「面首」，即男寵。

政治方面：勇於「革唐命」而開創一個「周朝」（她說武姓源於周文王），並模仿周朝的官職稱號、建築、典禮和曆法。她直接稱皇帝，長達 15 年之久，卻沒有兩漢後期那種可怕的外戚之患。「武則天產生了平衡作用，她利用反對派力量來抵制武氏家族的政治野心。」[215] 她的政見與王莽有些相似，但比王莽成功多了！

用人方面：首創「殿試」，即將舉子召到御座前，由她親自策問。有個叫員半千的中進士後遲遲沒等到官位，便越級上訪，以責備口吻說：「陛下何惜階前方寸地，請召天下才子三五千，只要一人在臣先，陛下斬臣

---

[213] 《孔子家語・賢君》：「臣語其朝廷行事，不論其私家之際也。」
[214] 《中國的歷史・隋唐時代》，P.65。
[215] 《統治史》卷 2，P.159。

頭，粉臣骨，懸於都市，以謝天下才子。」這傢伙想當官想瘋了，膽敢請武則天選幾千才子來挑戰，無異於罵她不識才。如果在其他朝代，砍他3個腦袋也不解恨。武則天卻召他入宮做鳳閣舍人，專門起草中央文書呢，一個女人的胸懷豁達如此！

經濟方面：勸農薄賦，人丁興旺。錢穆說：「盛唐時代之富足太平，自唐太宗貞觀到唐玄宗開元年間，歷時100餘年，有一番蓬勃光昌的氣運。」[216] 大唐開國不久，西元622年全國僅200餘萬戶，貞觀初還不及300萬，李治時期的652年增至380萬，到武則天退位的705年又增至615萬戶。

軍事方面：隋朝征戰4次、李世民征過3次的高麗，終於在她手上被滅。這樣，唐代版圖增至最大，東起朝鮮半島，西臨鹹海（一說裏海），北包貝加爾湖，南至越南橫山，大約1,240萬平方公里，並維持了32年。

之前有「貞觀之治」、「永徽之治」，之後有「開元盛世」，武則天承上啟下，被譽為「武周之治」。黃仁宇認為：「武后的革命不能與我們今日所謂的革命相比擬……迄至武則天御駕歸西之日，她的帝國沒有面臨到任何真實的危機。」[217]

歷史上，如當時文豪李白、明朝思想家李贄、清朝史學家趙翼等，都對武則天予以高度評價。

當然，抨擊她的人肯定更多。歷史上攻擊女強人最常用的一個詞：「牝雞司晨」，語出《尚書》，夠悠久。從此，哪個皇后涉足政事，哪家女人嗓門大了些，都要被罵「牝雞司晨」。明代著名學者胡應麟甚至連那個時代都罵成「牝朝」。最大問題，無非是女人不該當政。至於武則天的具體「罪狀」，無非兩條：

---

[216]　錢穆：《中國經濟史》，北京：北京聯合出版公司，2014年，P.196。
[217]　《中國大歷史》，P.128。

一是亂臣賊子：北宋名臣魯宗道說她：「唐之罪人也，幾危社稷。」[218] 在那幾千年當中，有哪一個開國帝王來源乾淨「合法」？為什麼苛求她呢？實際上，「她的帝國沒有面臨到任何真實的危機」，表示當時朝野並不太在乎誰當皇帝。這點很可能出乎現代人的想像，但是無可辯駁的事實。王莽改制成功也充分說明這一點，以後失敗另當別論。其實，宋之前的中國人並不太保守。

二是專制殘忍：學貫中西的文人林語堂在他歷史小說《武夫人》中，將她與史達林、成吉思汗相提並論。確實有一度，她曾任用酷吏，鼓勵告密等等，在當時看也過了些，但並沒有超越「霸王道雜之」的範疇，至多五十步笑百步而已。還有一點不可忽略，其間年號改了 16 次，每次都有大赦。

學者認為「關於武后的活動我們只掌握了很少的可靠且有用的數據」，原因在於「這一時期的紀錄都是男人編著的，他們不僅是其政敵且將其政治生涯視為對自然的扭曲」。[219] 專家學者還具體說：

中國傳統史學家稱 684～705 為「武韋之禍」，是「欠公道的」。因為首先，它忽略了武后篡位前所取得的成就的意義。其次，沒有確鑿證據能說明在她執政最後幾年以前，政府受其統治作風的危害。第三，武后時期農民生活比史學家經常斷言的更為良好。在百姓間，她可能是得人心的。只有很少的中國統治者，其生日能像武后那樣在農村節日中被人紀念至今。[220]

這裡所說武則天被人紀念，指「女兒節」。中國「女兒節」不少，最著名是武則天出生地——今四川廣元，唐代晚期形成一種民俗，女性在武則天生日那天華服出遊。西元 1988 年廣元市政府恢復這一民間節日，定

[218] 《宋史》卷 286，〈魯宗道傳〉，第 48 冊，P.7842。
[219] 《哈佛中國史‧唐朝》，P.31。
[220] 《劍橋中國隋唐史》，P.2～3。

名「女兒節」，日期為國曆 9 月 1 日。此外，還傳說武則天九月初八出生於今西安未央區感業寺一帶，自古有九月初八女兒節活動，人們帶著女兒來祈福。至少說明：該兩地的百姓千百年來以武則天為榮。吳晗曾為之辯護：

不說別的，單就她在位時期，文獻上還沒有發現大規模農民起義的記載這一點來看，和歷史上任何王朝，任何封建統治者統治時期是有所區別的。這一點說明當時的人民是支持她、愛戴她的。宋朝人修的《新唐書》罵她罵得很厲害，但是，宋祁在大罵之後，也還是不能不說一句公道話，「僭於上而治於下」。從今天來說，僭不僭不干我們的事，「治於下」三個字卻是武則天的定評。[221]

所謂「僭於上而治於下」，就是說儘管武則天朝中血淚飛濺，朝外即廣大社會還是太平安寧。這種現象並非偶然，史上常見娃娃皇帝或是昏君、暴君治下出盛世。

武則天死之時，肯定就有爭議。雖然被安排與其夫皇李治合葬於乾陵，墓前兩塊碑，一塊是李治的，上有武則天的題詞（她的書法很不錯哦）；另一塊是武則天的，碑上卻無一字。為什麼要給她立一塊無字碑呢？歷來爭論不休。我覺得這處理相當高明，立碑本身就是標功，大音希聲，大象無形，大功則無字。

不過，這碑更是無聲的抗議。因為「儒家反對女性統治這一禁令的嚴厲性意味著她的地位永遠不能被人接受。」[222]

最後還得說說陳子昂。他比武則天遲 40 多年出生，卻比她早死 3 年，看似擦肩而過，其實有緣。陳子昂生性耿直，曾因其文「歷抵群公」被排擠，但不改其志。李治病逝於洛陽，議遷梓宮歸葬乾陵，陳子昂諫阻。武則天看了，嘆其有才，授「麟臺正字」之職。可他聽說武則天發出征討生

---

[221] 吳晗：《歷史的鏡子》，天津：天津人民出版社，2015 年，P.180。
[222] 《劍橋中國隋唐史》，P.264～265。

第五章　唐初 30 年

羌、吐蕃的戰爭令，馬上又上一份諫，說「無罪戮之，其怨必甚」，「自古國亡家敗，未嘗不由黷兵」。武則天看了，不能不中止這場戰爭。但她仍然沒有為難陳子昂，隨後還提拔為「右拾遺」。這是一種議政官職，意思是撿起皇帝的遺漏（政策失誤）。從陳子昂等人的際遇看，武則天這人對知識分子還是頗有肚量的，比眾多男帝王好一大籌。現在，我突發奇想，如果要為武則天那無字碑補上文字，該寫什麼呢？

我想還是刻上陳子昂那首〈登幽州臺歌〉吧：

前不見古人，後不見來者。

念天地之悠悠，獨愴然而涕下。

第六章
遼初 30 年

【提要】

　　西元 946 年是遼建國立朝 30 週年，遼太宗耶律德光調整戰術，終於實現策馬南下的宏願，用中原皇帝的儀式進入汴梁，接受百官朝賀，正式做起了中華的皇帝。

　　「三千年未有之變局」早在晚清之前已遭遇──一波比一波強的遊牧族征服者。他們南下不再像匈奴那樣劫掠財物，而追求中原的「股份」，探索草原與中華相結合的新形式。

第六章 遼初 30 年

開國立朝：東亞僅此像大國

西元 389 年柔然被鮮卑拓跋氏的北魏大敗，其中北柔然退到外興安嶺一帶，成為蒙古人的祖先；南柔然避居今內蒙古的西喇木倫河以南、老哈河以北地區，後來形成契丹族。契丹曾經臣服於突厥，西元 628 年附唐。西元 907 年契丹人開始建政，很快成為北方統一的政權，全盛時期疆域東到日本海，西至阿爾泰山，北到額爾古納河、大興安嶺一帶，南到河北南部的白溝河，比北宋疆域大得多。當時，「在亞洲的東方，只有契丹像個領土廣袤的國家。」[223]

因此，當時日本就慕名派出「遣遼使」，歐洲人認為契丹就是中國。據說哥倫布出海就是為了尋找他所仰慕的契丹帝國，直到今天世界上仍有近十個國家稱中國為「震旦」（契丹），就跟把中國稱為 china 一樣。

近年國外中國──東方學發明一個詞：「征服朝代」，以中國社會史區分漢族朝代型與征服朝代型兩大類型。征服朝代的特徵，一是內陸亞洲北方系文化後進異民族，以兼領漢族中國文明地帶；二是固有的部族人民與被支配的漢族，相互間存在共生關係；三是文化固受漢族指導，卻非單純的吸收。契丹遼國是中國歷史上第一個征服朝代。

直到唐末，契丹仍然實行部落聯盟選舉制。8 個大部落的酋長稱「大人」，由 8 位大人推選一位首領稱「可汗」，任期 3 年。西元 907 年即唐正式終結那年，契丹「換屆選舉」，耶律阿保機當選新可汗。耶律阿保機了解漢文化，嚮往漢制，並有諸多漢官，如韓知古通曉典章禮儀，王鬱則「工於辭，又精於地理」。在這樣專家團隊輔佐下，耶律阿保機不難知道，儒家在這方面其實比他們「開明」，啟將「公天下」變為「家天下」不僅沒被收回天命，沒遭天譴，反而受千古崇拜。

---

[223] 《中國的歷史·遼西夏金元》，P.184。

但要真做出歷史性改變，耶律阿保機還是猶豫再三。他曾與中原的李克用互換戰袍與坐騎，約為兄弟。耶律阿保機憂心忡忡說：「我只不過是個被你們看不起的酋長，3年到期就要下臺，以後你我還能以禮相見嗎？」李克用笑了。唐制規定各地鎮將有任期，到時要調換到朝中為官。然而「安史之亂」之後，鎮將成為軍閥，根本不理睬中央的調令，成為事實上的獨立王國。現在李克用慫恿耶律阿保機也這麼做，沒什麼好顧慮的。

就這樣，耶律阿保機豁出去了。3年期滿，他不交權不改選。又3年，也不。再3年，仍然不。其他人有意見，並有人鬧事，他鎮壓。西元916年即他上臺第9年，將其他7部落的貴族們請到家裡喝酒，設下伏兵，全給殺了，然後將8大部落合一，自己改稱皇帝，「號令法度，皆遵漢制」。耶律阿保機在鞏固對契丹各部的統治後，開始擴張。他相繼征服奚族、烏古、黑車子室韋、韃靼、回鶻和渤海國，基本統一塞北。

在阿保機之前，契丹對唐朝沒有領土野心。他們要的是中原的財富，及勞力，特別是各種人才。現在不一樣了。耶律阿保機立國之初，心裡很虛，特地遣使請求朱溫封冊。朱溫提出苛刻條件，要求幫助消滅他的死敵李克用，還要定性為甥舅關係，耶律阿保機不想要。西元926年李克用之子、後唐莊宗李存勖意外死了，李嗣源繼位後委派大臣姚坤去契丹通報。耶律阿保機聞訊失聲痛哭，但很快控制情緒，冷靜地對姚坤說：「你們先帝雖與我世交，卻也沒少爭戰。現在你們先帝已經作古，我也沒有什麼好懷恨，完全可以和睦相處。如果你們把黃河以北讓給我，我保證不派兵南下。」姚坤回答：「這可不是我這個使臣有權答覆的。」耶律阿保機聽了很惱怒，將姚坤囚起來。過了十幾天，耶律阿保機改口說：「如果你們出讓黃河以北有難處，那就讓鎮州、定州、幽州三州也行。」說著拿出紙筆，要姚坤書狀立據。姚坤不接紙筆。耶律阿保機怒不可遏，要把姚坤殺了，

第六章　遼初 30 年

經大臣苦苦勸解才暫擱，繼續關押。直到耶律阿保機死，耶律德光繼位，皇太后述律平出面說情，才將姚坤放回後唐。

耶律阿保機有三個兒子，長子耶律倍，自幼聰明好學，並多有戰功，開國之時就被立為太子。耶律阿保機自尊「天皇帝」，述律平「地皇后」，耶律倍則為「人皇王」，並賜予天子的冠冕，皇位幾乎到手。不想，耶律阿保機在征戰返國的途中突然病逝，對於後事沒來得及交代清楚，《契丹國志》稱「尊后為應天太后，國事皆決焉」。

《遼史》稱述律平「簡重果斷，有雄略」，而且還有屬她指揮的「蕃漢精銳」2 萬騎兵，其族「大如古柏樹，不可移也」。按理，太子自然接班就是，無需再考慮。問題是次子耶律德光也優秀，還說他最像父親，20 歲就任天下兵馬大元帥，隨父參加了一系列戰爭，戰功更卓著。更深層的問題是：耶律倍漢化程度很深，集藏書家、陰陽學家、醫學家、音樂家、文學家、翻譯家、漢學家和畫家等於一身，他的傳世名作迄今有收藏於美國紐約大都會博物館的〈射鹿圖〉、波士頓美術博物館的〈番騎圖〉、臺北故宮博物院的〈騎射圖〉等。耶律倍尊孔尚儒，主張「全盤漢化」，以儒家思想為治國之術，述律平則奉行草原本位主義，她願意利用漢文化，但不願讓漢文化過大而影響本民族自身。何況耶律倍也有明顯缺陷，性格「刻急好殺」，經常在姬妾臂上刺洞吸血。奴婢侍妾稍犯小錯，他就用火燙她們，甚至挖她們的眼睛。耶律德光則端莊厚重，秉性仁慈。於是，述律平對文武百官說：「我兩個兒子都很優秀，都適合做皇帝。我實在拿不定主意，現在請你們定奪。你們認為誰更適合，就執誰的鞍轡。」司馬昭之心路人皆知，文武百官爭先恐後搶執耶律德光的鞍轡。耶律倍當然也知母親的心思，只好順水推舟，率群臣向述律平表示：弟弟「功德及人神」、「宜主社稷」。

表面禮樂融融的「選舉」，實際上刀光劍影。耶律倍嘆道：「我以天下

讓主上，今反見疑，不如適他國，以成吳太伯之名。」於是帶著妻妾投奔後唐。他還帶有書籍數千卷，「其異書、醫書，皆中國所無」。上船之際，他悲憤地在海邊立一塊小木牌，上刻〈海上詩〉：「小山壓大山，大山全無力。羞見故鄉人，從此投外國。」[224] 其心其跡，昭然若揭。後唐明宗李嗣源以天子儀衛迎接耶律倍，並賜姓東丹，名慕華，後改為李贊華。但耶律倍仍然心繫故國。李嗣源死後，後唐爭位內亂，耶律倍派人密報耶律德光，李從珂殺了耶律倍。耶律德光賜他諡號「文武元皇王」。

西元 946 年是遼建國 30 週年。遼太宗耶律德光此前 19 年即西元 927 年繼位，現年 44 歲，此後 1 年即西元 947 年去世。

西元 946 年也是南唐保大四年、吳越開運三年、于闐同慶三十五年、契丹會同九年、南漢乾和四年、荊南開運三年、馬楚開運三年、後蜀廣政九年、大理至治元年，加上後晉，也就是說這年同時存在著公認的 10 國，可想而知那是一個什麼樣的時代。

最大看點：策馬渡黃河

西元 931 年耶律倍南逃，耶律德光統一原渤海國疆域，然後將目光轉向南方。渤海國相當於今中國東北地區、朝鮮半島東北及俄羅斯遠東地區的一部分，也稱「靺鞨國」、「渤海靺鞨」、「高麗國」。

後唐在明宗李嗣源治下，國勢很強，被譽為「長興之治」，沒有耶律德光下手的機會。李嗣源去世後，此前 10 年，即西元 936 年機會來了：後唐皇帝李從珂調他姐夫河東節度使石敬瑭到鄆州任節度使，石敬瑭不僅像李從珂當年一樣趁機起兵叛亂，且向耶律德光求援，承諾割讓燕雲

---

[224]《遼史》卷 72，〈義宗倍傳〉，第 52 冊，P.824。

第六章　遼初 30 年

十六州為報酬。燕雲十六州，即幽州（即燕京，今北京）、薊州（今天津薊縣）、瀛州（今河北河間）、莫州（今河北任縣）、涿州、檀州（今北京密雲）、順州（今北京新義）、新州（今河北涿鹿）、媯州（今河北懷來）、儒州（今北京延慶）、武州（今河北宣化）、雲州（今山西大同）、應州（今山西應縣）、寰州（今山西朔州）、蔚州和朔州，這一片土地約 12 萬平方公里，相當於 3 個臺灣，都處於長城南，其中幽州與雲州最為重要。不過，其中有些州在此之前已被契丹所占，石敬瑭只是承認既有事實而已。耶律德光喜出望外，立即親率大軍增援，擊潰李從珂。石敬瑭當權後，不僅稱比他小 10 歲的耶律德光為父皇，還真的正式割讓燕雲十六州。這後果是非常嚴重的，中原從此失去有緩衝作用的防禦重地以及長城之險，埋下宋朝積弱的隱患。

有道是「得隴望蜀」。耶律德光得了長城，進而想黃河。怎樣才能將邊界推進到黃河岸呢？能不能直接將「兒子」石敬瑭廢了奪其地？那樣做道義上過不去。耶律德光頗費思量。沒想到，又一個撿便宜的機會從天而降。

此前 4 年即西元 942 年石敬瑭死，養子石重貴繼位。石重貴能力平平，骨頭卻硬。第二年石重貴盡殺在邊境做生意的契丹人，並扣留遼國貿易大臣，要求回去轉告：「為鄰稱孫，足矣，無稱臣之理。北朝皇帝勿信趙延壽誑誘，輕侮中國。中國士馬，爾所目睹。翁怒則來戰，孫有十萬橫磨劍，足以相待！他日為孫所敗，取笑天下，毋悔也！」[225] 所謂「橫磨劍」，指長而大的利劍，比喻精銳善戰的士卒。被稱為「翁」（老頭子）的耶律德光聽了大怒，因為不稱「臣」意味著不承認遼的主權。是可忍孰不可忍！趙延壽是個大帥哥，又有文才，原是後唐的駙馬爺，被遼俘而降。現在，耶律德光命趙延壽率幽、雲兩州 5 萬大軍南下，並許諾：「若得之，

---

[225] 《資治通鑑》卷 283，〈後晉紀〉4，P.12080。

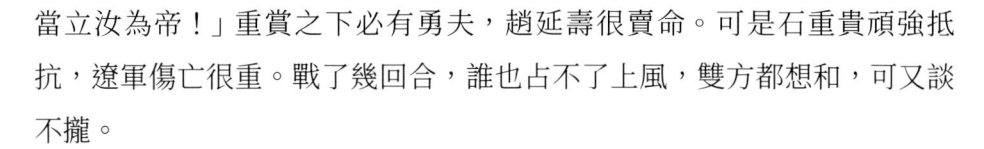

當立汝為帝！」重賞之下必有勇夫，趙延壽很賣命。可是石重貴頑強抵抗，遼軍傷亡很重。戰了幾回合，誰也占不了上風，雙方都想和，可又談不攏。

接連失利後，耶律德光調整戰術，命瀛州刺史劉延祚寫信給後晉樂壽監軍王巒，慌稱城中契丹兵不足 1,000 人，請朝廷派輕兵來襲，他會內應。再說今年秋雨水多，瓦橋北積水漫無邊際，契丹主力已回去了，無法援救。王巒等人信以為真，屢屢上奏催促出兵瀛、莫二州。石重貴上當，命國舅爺杜重威為元帥，李守貞為副帥，率大軍北征。石重貴敕榜雄心勃勃，許諾有生擒胡虜君主的，任命上等大鎮的節度使，賞賜錢 1 萬緡，絹 1 萬匹，銀子 1 萬兩。沒想到大雨一直不停，行軍及運輸極為困難，晉軍大敗。契丹兵抓獲晉方民夫，在他們面上黥字「奉敕不殺」，然釋放他們往南走，一路宣傳耶律德光的不殺之恩，讓還在途中運軍需的其他民夫逃亡，晉方更是潰不成軍。

耶律德光扭轉戰局後，馬不停蹄南下。遼軍包圍晉軍主力，切斷他們與外界聯繫，軍中很快糧盡。石重貴要親自率兵北征，被大將李彥韜勸諫阻止。沒想到，杜重威與李守貞等人卻開始謀劃投敵，派人與遼軍聯繫。耶律德光回覆說：「趙延壽素來淺薄，恐怕不能做中原的皇帝。你如果真能降，就讓你當皇帝。」杜重威信了，即召集將士，宣稱：「君主無德，聽信任用奸臣小人，我們不能不另尋出路。」命將士們放下武器。耶律德光委派趙延壽身穿赭袍來晉營中慰問，也給杜威穿上赭袍。赭袍即「赭黃袍」，指天子所穿的袍服，也用以指代天子。耶律德光在關鍵時刻分別給趙延壽、杜重威畫了一塊大大的餅。然後，杜重威引導耶律德光入恆州。

石重貴獲悉杜重威已降，立即詔劉知遠起兵援救都城，但天還沒亮遼兵先遣部隊就破關入城。石重貴絕望了，在宮中縱火要自焚，被大臣阻攔。這時有大臣送來耶律德光的勸降書，石重貴轉而命令滅火，開啟所有

第六章　遼初 30 年

的宮門。他脫下皇袍，換上素服，與後妃們抱頭痛哭，然後口授降表：「孫男臣重貴，禍至神惑，運盡天亡。今與太后及妻馮氏，舉族於郊野面縛待罪次。遣男鎮寧節度使延煦、威信節度使延寶，奉國寶一、金印三，出迎。」[226]

石重貴聽說耶律德光即將渡黃河，要到河邊去迎接，耶律德光不同意。晉臣們又想讓石重貴口銜璧、手牽羊，大臣拉著車載棺材，一起到郊外迎接，耶律德光也不同意。他傳旨說：「朕派奇兵南來取大梁，不是來受降的。」詔貶石重貴為「負義侯」，讓他帶著家人及宮女 50 人、太監 3 人、東西班（皇家禁軍）50 人、醫官 1 人、控鶴（近幸或親兵）4 人、庖丁 7 人、茶酒司 3 人、儀鸞（儀仗）3 人、健卒 10（軍卒）人，可想而知他的日常生活仍然優渥瀟灑，根本不像俘虜。晉文武百官更是一切照舊，朝廷制度沿用漢人禮儀。相關官員要駕車去遠迎，耶律德光堅持說：「朕正戎裝披甲，沒工夫講究那麼多禮儀！」[227]《遼史》寫耶律德光「貌嚴重而性寬仁」，看來不謬。

耶律德光雖然實現策馬渡黃河的宏願，但不是很順利，更不是沒代價。早在此前一年，即西元 945 年初，遼軍慘敗，耶律德光騎一匹駱駝狼狽逃回，國內又遭大災，人畜死亡多，各部落都有厭戰情緒。當然後晉也因連年戰爭耗得差不多了，便遣使求和。皇太后述律平本來就保守，多次奉勸耶律德光與晉講和休兵。現在聞知晉使來求和，更是極力相勸，直問：「如果讓漢人做契丹王，行嗎？」耶律德光說：「那當然不行！」述律平又問：「那你為什麼非要當漢人王不可呢？」耶律德光說：「不是我一定要當，石氏忘恩負義，不可容忍！」述律平只好說：「即使你得了漢地也不可久留，萬一有什麼意外，後悔就來不及了！」

---

[226]　同上，卷 285，〈晉紀〉6，P.12160。
[227]　同上，P.12164，「吾方擐甲總戎，太常儀衛，未暇施也。」

此後一年即西元 947 年正月初一，耶律德光穿戴絳紗袍和通天冠，用中原皇帝的儀式進入東京汴梁，在崇元殿接受百官朝賀，大赦天下，並將國號「大契丹國」改為「大遼」，正式做起了中原的皇帝。同時改元「大同」，顯然是想要草原和中華的土地與人民實現大同之意。這也是中原政權首次公開承認外族王朝的統治權。此時此刻的耶律德光得意忘形，對著左右大臣大發感慨：「漢家儀物，其盛如此。我得於此殿坐，豈非真天子邪！」[228]

至此，趙延壽的皇帝夢仍不肯絕望。耶律德光見後晉降兵幾萬人聚在陳橋一帶，怕發生兵變，準備斬除後患。趙延壽聽聞，連忙趕去見耶律德光，說：「中原南邊和吳國相鄰，西邊與蜀接壤，邊境長達幾千里。陛下北歸後，如果吳和蜀發難，怎麼辦？」耶律德光一愣，說：「朕還沒有想到這些呢，你說該怎麼辦？」趙延壽說：「臣知道契丹兵馬善戰，但不習慣南方的暑熱氣候，所以我想把降卒全部改編，派他們到那些地區守衛。」耶律德光猶豫說：「朕以前也不想殺降，吃過虧，現在想除後患。」趙延壽說：「可以將他們連同家屬遷往北方的朔州、雲州和鎮州、定州，然後每年輪流戍守黃河沿岸，這樣就可免除後患了。」耶律德光覺得有理，便採納。幾萬降卒的生命就這樣保護了下來，避免「長平慘禍」歷史悲劇重演。那麼，當初耶律德光許諾讓趙延壽回中原當皇帝的事呢？趙延壽現實一些，改而請求做皇太子，指望來日能夠繼承。耶律德光乾脆地回答說：「皇太子要天子的兒子才能做，你做不得！」結果只給個一般高官，斷了他的非份之想。

耶律德光宣諭晉民說：「我也是人啊，你們不要怕，很快會讓你們安居樂業！」可他做的與說的完全不一樣。我們熟知一句俗話「兵馬未動，糧草先行」，戰士沒出發就得準備好軍糧，盡量不要騷擾當地百姓，戰爭

---

[228] 《新五代史》卷 72，〈四夷附錄第一〉，第 40 冊，P.597。

第六章　遼初 30 年

中則常常想方設法燒掉敵人的糧草。可是契丹人不一樣，他們自己不備軍糧，讓將士們隨處去搶劫，名曰「打草穀」。百姓本來就受戰爭驚擾，再來被洗劫一空，不想反抗也被逼得反抗。耶律德光當上了中原的皇帝還是如此。趙延壽連忙勸阻，請遼軍自己供給，耶律德光一句話頂回去：「我們國家沒有這種法律！」

於是，遼兵大行搶劫，所得還不分賞將士，都歸國庫，帶回國內。也不僅劫財，還要把後晉的僚吏、御、宦寺、方技、百工、圖籍、曆象、石經、銅人、明堂刻漏、太常樂譜等等，都送回他們的上京，幾乎把晉國洗劫一空，東西二三千里間哀號不絕。

劉知遠雄武過人，戰功卓著，早在李嗣源、石敬瑭時期就反對稱臣於契丹。耶律德光入主中原後，劉知遠不得不遣親信王峻奉表投降。耶律德光非常高興，親切地稱劉知遠為兒子，並賞賜一根木杖。按契丹禮法，只有貴重的大臣才能得到這種賞賜，就像漢族宮中賜給「假節」一樣榮耀。然而，王峻卻彙報說一路所見都是動亂，耶律德光的暴行令天下大失所望，肯定不能長久。於是，劉知遠在太原稱帝，建立後漢政權。一時間，各地紛紛響應，到處襲殺契丹人。

被勝利沖昏頭腦的耶律德光終於驚醒，想起母親的話，不得不承認當不得漢人王，且覺得自己身體不適應南方水土，藉口避暑，率百官北歸。但怎麼也想不到歸也歸不得，返程沒幾天就起病，才走到今河北欒城的地方就再也起不來了。不到黃河心不死，到了黃河心死卻人也得死。臨終之時，耶律德光遺恨道：

我有三失，宜天下之叛我也！諸道括錢，一失也；令上國人打草穀，二失也；不早遣節度使還鎮，三失也。[229]

---

[229]　《資治通鑑》，卷 286，〈後漢紀〉，第 18 冊，P.12196。

專家學者認為：這三失「恰好說明直至打下開封之後，這個契丹首領仍不知封建政治為何物」。[230]

後來的遼國統治者吸取了耶律德光的教訓，才有「景聖中興」。更後來的金、元、清統治者，應該也吸取了耶律德光的教訓。

千古之嘆：遊牧族的飛躍

李鴻章所謂「三千年未有之變局」振聾發聵，迄今常被提及。其實早在此前近千年，中華文明已遭遇過千古未有之大變局——一波比一波強勁的遊牧族征服者王朝遼、金、元。

西元前10世紀，周人就常遭北方遊牧族的侵犯。周朝以來的中央政府，幾乎沒有不將它列為頭等大事的，經常集中力量予以打擊，有過多次重大勝利，但不能根絕。西晉末年「八王之亂」國力衰弱之際，「五胡亂華」，中原分裂、動亂近300年。這期間「五胡」建立的政權一般都是胡、漢聯合政權。

氐人前秦皇帝苻堅說：「我得王猛，有如劉備得諸葛亮，如文王得姜太公！」[231] 王猛是漢人，家庭貧寒，好讀兵書，可是晉軍請不動他，卻投奔氐人，為他們出謀策劃。正因為有了王猛這樣的高參，前秦日益強大，很快統一北方，緊接直奔南方。只因王猛早死，苻堅在「淝水之戰」中功虧一簣。苻堅做「中華皇帝」的宏願雖然沒能實現，但他啟發了一代又一代遊牧族的野心家。

鮮卑人也注重吸取歷史教訓。北魏先祖拓跋力微曾對各部大人說：「我

---

[230] 《中國政治制度史》下冊，P.594。
[231] 《晉書》卷114，〈王猛傳〉，P.1963-1965，「若玄德之遇孔明……若文王得太公」。

看以前匈奴之流，貪圖財利，劫掠邊民，雖有所獲，可他們死傷更多，長期仇敵，百姓困苦，不是長遠之計。」[232] 他採取與匈奴不同的策略，果然比匈奴更成功，很快由部落發展為國家。到太武帝拓跋燾時代，漢化已成為國策。拓跋燾理想更宏偉，不滿足於鮮卑族強大，還立志「廓定四表，混一戎華」[233]，想做「中華皇帝」。

契丹透過戰爭先後俘獲幾十萬漢人，大部分成為其貴族的奴隸。他們將擄獲的漢人用繩繫住頭和頸，捆到樹上。漢人夜裡解繩而逃。在工作時，也千方百計逃回中原。耶律阿保機接受漢人謀士韓延徽的意見，實行改革，對俘奴「定配偶，教墾藝，以生養之」，給轄內漢人「國民待遇」。這樣，漢人南逃變少，大都就此安居樂業。再說，五代時大燕皇帝劉守光對民眾非常暴虐，史稱「桀燕」，因此很多百姓北逃入遼。遼京城的漢人幾乎占 1/3，其他地方則有「漢城」專門居住漢人，越往南這種現象越多。於是，遼國形成迥異的兩個世界，北部契丹人「畜牧畋漁以食，皮毛以衣，轉徙隨時，車馬為家」，而南部漢人、渤海人則「耕稼以食，桑麻以衣，宮室以居，城郭以治」。[234]

契丹建國之初，耶律阿保機召開了一次影響深遠的會議。耶律阿保機向群臣公布自己的想法，要以祭祀聖人的方式來更好地統治。他提問：「我想祭祀一位有大功德者，應該是誰？」此時佛教已廣為傳播，群臣均以為應該祭祀佛祖，阿保機卻認為不是。太子耶律倍提議：「孔子大聖，萬世所尊，宜先。」這一建議正合阿保機心意，他當即決定建孔廟，「詔皇太子春秋釋奠」。這意味著儒家文化被確定為契丹遼國的正統文化。耶律德光獲得燕雲十六州，加速從單純的遊牧經濟和行政體制向「複合型」政治經

---

[232]《魏書》卷 1，〈序紀〉，第 19 冊，P.2，「我歷觀前世匈奴、蹋頓之徒，苟貪財利，抄掠邊民，雖有所得，而其死傷不足相補，更招寇仇，百姓塗炭，非長計也。」
[233]《北史》卷 2，〈魏本紀〉，第 27 冊，P.51。4
[234]《遼史》卷 31，〈營衛志中〉，第 52 冊，P.259。5

濟體制轉化的程序，對中原攻守自如。

西元 947 年耶律德光成功入主中原，卻旋即無歸，從反面提供了一個血的教訓。所以，景宗耶律賢即位後，提拔漢族官員高勳為南樞密院使，又加封為秦王；漢官韓知古的兒子韓匡嗣為上京留守，後改任南京留守，加封燕王。還選拔一批漢族知識分子治理各州。加上特設王府以女真治女真，實際上是「一國三制」。由此可見契丹人靈活，在政治方面勇於創新。

這樣，越來越多漢人認同，並積極支持、參與，以至將契丹作為自己的母國。在他們看來，遼、宋之戰並不是「華夷之辨」，只是不同華人之爭，不是外戰而是內戰。盧文進堪稱軍事家，被後世貼上「漢奸」的標籤。他本來是後唐將領，但他的上司李存矩不善待部眾，還強納他的女兒為側室，激起兵變被殺。盧文進被擁自立，率眾數萬投奔契丹，多次率契丹騎兵南下幽、薊州等地。他教導契丹人製造各種攻城武器，如飛梯、衝車等，「半月之間，奇策百出」。不僅如此，盧文進每年都要和契丹軍南下，把燕地和山後兩地的男女帶回契丹，教契丹人紡織和製作工藝，結果「中華」的產品幾乎都由契丹國內來生產了。原來，燕地歸劉仁恭、劉守光父子，山後地歸李存矩，他們都施行暴政，百姓人心不振，早就有很多人逃往契丹的領地。《資治通鑑》指責盧文進「殺掠吏民」，「這只能說是一種偷換事實的刻意『扭曲』」。[235]

早年契丹的確帶有野蠻的烙印。當然，漢軍也好不到哪去。西元 605 年隋軍聯合突厥偷襲契丹幾個部落，「盡獲其男女四萬口，殺其男子，以女子及畜產之半賜突厥，餘皆收之以歸」，[236] 不也是搶劫分贓嗎？

然而，到耶律阿保機時代，他們發生了深刻的變化。西元 923 年圍攻沙陀失敗，撤退之時又遭寒流襲擊，平地積起很深的雪，糧草更匱乏，逃

---

[235] 《中國的歷史・遼西夏金元》，P.141。
[236] 《資治通鑑》，卷 180，〈隋紀〉4，第 11 冊，P.8486。

第六章　遼初 30 年

出戰場的人馬大都餓死凍死在途中。後唐莊宗李存勖親自率大軍追擊，竟然發現契丹軍每一處營地「雖去，無一莖亂者」，根本看不到半點敗逃的殘跡，不由對身邊人大發感慨：「蕃人法令如是，豈中國所及！」[237]

契丹居然變得讓中原不可企及了！

由於越來越多漢人參與，契丹產生了質的飛躍，綜合國力迅速提升，「正處在一邊遵守草原遊牧國家的傳統、一邊適當引入中華的國家形式、摸索草原和中華相結合的國家形式和理想方式的最高潮階段」。[238] 可是儒家還長期蔑視他們為「夷狄」，怎麼免得了悲劇？

---

[237]《舊五代史》卷 137,〈外國列傳〉，第 39 冊，P.1269。
[238]《中國的歷史・遼西夏金元》，P.149。

第七章
北宋初 20 年

【提要】

　　宋太祖趙匡胤西元 960 年開國至 976 年逝世，解除功臣後患，鼓勵官民享樂，大力發展經濟，被譽為「建隆之治」。

　　宋仁宗趙禎好評如潮，但也被認為「婦人之仁」。趙禎為少數人的利益叫停改革，弊政繼續。如果留下諸多隱患，儘管顯赫一時，也不能算明主。

第七章　北宋初 20 年

建國立朝：山寨「黃袍加身」

從唐經五代十國至宋的歷史演變，又令人眼花撩亂，可簡略記一條主線：唐→後梁→後唐→後晉→後漢→後周→宋。

西元 948 年後漢皇帝劉知遠死，其子劉承祐繼位。劉承祐治國無方，聽信讒言，濫殺無辜，企圖一舉剷除前朝舊勢力。西元 950 年大將郭威被迫反叛，舉家被害，但他「清君側」之舉得到熱烈響應，後漢軍大敗，劉承祐在出逃途中被殺。郭威帶兵入京，讓太后臨朝聽政，擁立劉氏宗室劉贇（音同「暈」）為帝。忽報遼兵南下，郭威率軍北上抵禦。行至澶州時，將士們突然將黃袍披到郭威身上，擁立他為皇帝，山呼萬歲。郭威只得笑納，返京貶劉贇為湘陰公，逼太后任命他「監國」。第二年正式稱帝，改國號周，史稱「後周」。

所幸郭威挺不錯。他重用文臣，力圖改變後梁以來軍人政權的醜陋形象。他說我是窮人出身，僥倖為帝罷了，豈敢厚自俸養而讓百姓受苦？他禁止各地進奉美食珍寶，並將宮中珍玩寶器及豪華用具當眾打碎。他去曲阜拜謁孔廟、孔子墓，尊崇聖人，以儒教治天下。可惜他命薄，西元 954 年初病逝。

因為郭威親生兒子都被殺了，養子柴榮繼位。所幸柴榮也是難得的明君。他不信佛，下令減寺院和僧尼，不許受戒出家，將銅佛像收為鑄鐵原料。他說：「佛教講利眾生，願意舍自己的生命布施別人，為什麼捨不得銅像？如果施捨我身可以利民，我也不會吝惜。」他用木頭刻一個農夫和一個蠶婦像放在宮中，提醒自己時刻不忘百姓。他在位只有 6 年，39 歲病逝，繼承人是年方 7 歲的柴宗訓。在這歷史關頭顯然又需要一位周公，然而周公不再，只有郭威當年的把戲重演。

建國立朝：山寨「黃袍加身」

西元960年正月初一：歡歡喜喜慶元旦的時候，忽報契丹與北漢聯兵南下，宰相不明真相，慌忙命趙匡胤率禁軍前去抵禦。趙匡胤當時職務是「殿前都點檢」，禁軍最高統帥。

初二：部分將士先出發。京城開始傳言：「將軍出之日，策點檢為天子。」這麼說要改朝換代了，士民恐慌，爭相出逃，只有深居宮中的柴宗訓矇在鼓裡。據傳，趙匡胤從外回到家，試探著嘆道：「外面傳得沸沸揚揚，弄不好要惹什麼大災大難了，怎麼辦啊！」在廚房的妹妹聽了，舉著擀麵棍追出來，面如鐵色斥責道：「大丈夫遇大事，能不能做你自己決定，何必嚇唬家裡人呢？」如果沒有妹妹這番激勵，趙匡胤也許沒下最後決心。

初三：趙匡胤率大軍出發。軍士觀測天象，說：「日下復有一日，黑光磨蕩，此天命也。」當晚行至陳橋驛（開封城北20里），趙匡胤之弟趙匡義、歸德節度趙普等軍官連夜策劃兵變，說：「當今皇上那麼小，不如先立點檢為天子，然後北征。」派人連夜回京城，告知趙匡胤的心腹石守信等人，準備內應。

初四：一大早，趙匡義、趙普等文武官齊立庭院高喊：「諸軍無主，願策點檢為天子！」趙匡胤沒來得及答話，黃袍就披到了他身上，眾人下拜，高呼萬歲。趙匡胤裝出一副很生氣、很無奈的樣子，斥責：「如果你們能聽從我也罷，如果不聽從，我就不當！」眾人表示唯命是聽。趙匡胤進一步要求：「回京後，對太后和小皇帝不得侵犯，對公卿不得侵凌，對朝市府庫不得侵掠，服從命令者有賞，違反命令者族誅，可不可以？」眾人又紛紛應諾，趙匡胤這才上馬，率眾回京。先遣人員已經聯繫相關大臣，有抗拒的人當即被殺。趙匡胤直接入崇元殿，翰林學士陶穀拿出早準備好的禪代詔書，逼柴宗訓行禪代禮，趙匡胤即位皇帝，史稱宋太祖。

第七章　北宋初 20 年

初五：改元「建隆」。因為趙匡胤所鎮歸德軍在宋州之故，定國號為「宋」。

學者認為：「宋太祖只是延續了唐五代前人的做法。因此宋太祖更多的是一個精明的修整者，而非創新之人。」[239] 此說固然有理，但趙匡胤也有一些新舉措讓人驚豔。五代時有個陋習，黃袍加身之後，新皇帝的回報是讓士兵們在京城大街小巷搶劫三五天。郭威黃袍加身時，就曾縱兵擄掠開封，「士庶皆罹剽掠，下則火災，上則彗孛，觀者恐懼，當時謂無復太平之日矣」。趙匡胤不忍沿襲，說想要財物，朕賜給你們便是，萬不可劫掠！結果，這批軍人回京，「自仁和門入，秋毫無所犯」。[240] 這是個好兆頭！

最大看點：「文以靖國」

趙匡胤新官上任第二個月，說來是件小事：朝堂上，趙匡胤命宰相范質將奏書呈上，范質遵命起坐步上前。沒想到，呈完回坐的時候，發現凳子被撤掉了。他不好意思詢問怎麼回事，只好一直站著。開始他還以為是太監搞鬼，隨後大悟，只好建議廢坐儀。從此成為一種新的禮制，千古相沿。

宋之前，「宰相見天子議大政事，必命坐面議之，從容賜茶而退，唐及五代猶尊此制」。[241] 趙匡胤此舉，專家學者認為是中國古代朝儀歷史性

---

[239] ［英］杜希德、［美］史樂民：《劍橋中國宋代史》上卷，中國社會科學院譯，北京：中國社會科學出版社，2020 年，P.216。

[240] 畢沅：《續資治通鑒》卷 1，中華書局，1957 年，〈宋紀〉1，第 1 冊，P.3。

[241] 《宋史》卷 249，范質傳，第 48 冊，P.7274。

的變化，專制君權加強的里程碑，導致「君臣懸隔、上下疏離」。後來更糟，大臣還得跪。改坐為立，只是趙匡胤一系列重大改革當中的小插曲。

一、軍務

宋朝重文輕武，矯枉過正，想必將士們諸多意見。趙匡胤提拔一位有軍事才華的文官去擔任武將之職，理由是：縱然這100多名文人高官都貪汙腐敗，所造成的災禍也不如一名武官的危害。[242] 趙匡胤自己也曾經是這樣一名武官，正因為如此他才會有如此深刻的認知。開國帝王都是造反起家的，所以無不特別嚴厲防範別人造反奪權。騙子特別注重並善於防騙，強盜特別注重並善於防盜。這是趙匡胤執政的基本思想，也是整個宋代皇帝根深蒂固的思路。

趙匡胤登基半年後立更戍法，分遣禁軍戍守邊城，「習勤苦，均勞逸」，從此不允許將帥專領固定兵員，士卒不至驕惰。想當年，柴榮挑選武藝超群的將士為殿前侍衛，即殿前軍，設定殿前都、副點檢，地位在侍衛親軍之上。趙匡胤就是殿前都點檢任上政變的，殿前都點檢之職也變敏感起來。第二年殿前都點檢、鎮寧軍節度使慕容延釗被罷為山南西道節度使。從此不再任命殿前都點檢。七月初九，趙匡胤做了一件流芳千古的事：這天晚朝時，將石守信等大將留下來喝酒，酒興正酣時訴苦：「如果不是你們出力，朕得不到皇位，朕非常感激你們。可是，做皇帝太難了，還不如做節度使愉快，朕每天晚都睡不好啊！」石守信等人忙問其故，趙匡胤說：「這還用問嗎，皇位誰不想要？」石守信等人恍然大悟，連忙叩頭說：「如今天命已定，誰還敢異心？」趙匡胤說：「你們雖然無異心，可是你們部下想富貴，要把黃袍加在你身上，怎麼辦？」石守信等人嚇壞了，

---

[242] 《續資治通鑑》，卷7，〈宋紀〉7，P.167，「五代藩鎮暴虐，民受其禍，朕今選儒臣幹事者百余，分治大藩，縱皆貪濁，亦未及武臣一人也。」

第七章　北宋初 20 年

懇請指明一條「可生之途」。趙匡胤這才明說：「你們何不放棄兵權，到地方去吃喝玩樂，讓我這皇帝也放心呢？」[243] 第二天，年僅 34 歲的石守信等將軍上表聲稱自己有病，要求解除兵權，趙匡胤同意，讓他們解甲到地方。同時廢除殿前都點檢等軍職，禁軍分別歸殿前都指揮司、侍衛馬軍都指揮司和侍衛步軍都指揮司，即所謂「三衙統領」。與行政權相反，兵權分散。實際上，「杯酒釋兵權」是東漢劉秀首創。

二、政務

行政權集中在中央，設參知政事、樞密使、三司使，實行軍政、民政和財政三權分立。中央政府沿唐制，設尚書、門下、中書三省。尚書、門下列於外朝，中書設於禁中，稱政事堂。初始仍用後周宰相范質、王溥、魏仁浦 3 人為相。西元 964 年初，范質等 3 位相繼請退，獨用樞密使趙普為門下侍郎、章平事、集賢院大學士。趙匡胤非常信任，天下事無大小都諮詢他。但同年又設參知政事，配薛居正、呂餘慶為副宰相。參知政事本來是臨時的，唐開始正式作為宰相官名，現在變成一個常設官職，削相權增皇權。

地方官知州有數十名異姓王及帶相印的知州主官。西元 963 年趁有的去世，有的退休，沒退休的便強行調動，然後全用文官代替。同年在各州創設「通判」之職，掌軍民之政，與知州相互牽制。

同時在司法、文化等方面，包括宦官、女後、外戚、宗室等，都進行了集權性質的改革。學者認為：

宋朝統治者的這些集權措施，都立之以法，而且日趨嚴密，甚至達到

---

[243] 同上，卷 2，宋紀 2，P.35，「人生如白駒過隙，所為好富貴者，不過欲多積金錢，厚自娛樂，使子孫無貧乏耳。卿等何不釋去兵權，出守大藩，擇便好田宅市之，為子孫立永遠之業；多致歌兒舞女，日飲酒相歡以終其天年！朕且與卿等約為婚姻，君臣之間，兩無猜疑，上下相安，不亦善乎！」

了細者越細，密者越密，舉手投足，都有法禁的地步。此後，針對社會政治和經濟生活中陸續出現的各式各樣的新情況，宋朝都制定了相應的條令法規……可以這樣說，宋朝法律制度在中國封建社會已達到了相當健全成熟的程度。[244]

三、文化

趙匡胤畢竟是武夫出身，華麗轉身為一個史上著名的文皇帝有一個過程。鄧小南認為趙匡胤「從具備帝王身分到具備帝王形象，這一『形象工程』實際上是一並非痛快順暢的改造過程」，「做了十多年皇帝的宋太祖，舉手投足還時時流露出魯莽率直的一面」，「不情願忍受制度約束」。[245] 但他更難容忍的是唐後期以來武夫專權的歷史重演，要徹底扭轉為「文以靖國」，不得不強忍諸種不快。他說：「朕欲武臣盡令讀書，俾知為治之道。」[246] 趙普雖然為人忠厚，足智多謀，但畢竟讀書不多，其名言「半部《論語》治天下」可以從多種角度解讀，其一是他只讀了半部《論語》。西元966 年是宋乾德四年，可這年從蜀國宮中收來銅鏡背面的文字卻正是「乾德四年鑄」5 個字，怎麼回事？召學士竇儀等人來詢問，竇儀說：「此必蜀物，蜀王衍有此年號。」這麼說，趙匡胤抄襲了亡國之君的年號？趙普等人為什麼不知道？趙匡胤大發感慨：「宰相須用讀書人啊！」換言之，半部《論語》顯然是不夠的！從此，越發重視文官。傳說宋朝太廟刻著一塊誓碑，趙匡胤留下祖訓不殺文人，子孫如違反則遭天譴。[247] 縱觀大宋 200多年，不可能沒殺過文人（文官），但相對極少是真的，人稱宋朝是「文人的樂園」並不虛枉。

---

[244] 《中國政治制度史》下冊，P.523。
[245] 鄧小南：《祖宗之法：北宋前期政治述略》，北京：三聯書店，2019 年，P.195。
[246] 《續資治通鑑》，卷 2，P.42。
[247] 《續資治通鑑》卷 98，〈宋紀〉98，第 6 冊，P.2587，「藝祖有誓約，藏之太廟，誓不殺大臣及言事者，違者不祥。」

第七章　北宋初 20 年

宋代文人與統治者的關係之和諧，空前絕後。范仲淹的口號是「寧鳴而死，不默而生」，歐陽脩的習性是「開口攬時事，論議爭煌煌」。馬勇指出：

> 試看宋人文集和各種語錄，天下事似乎沒有他們不敢議論的，但卻極少見他們有與統治者直接對立的情緒。宋代儒者不論是對現實的憂患，還是對傳統的批判與懷疑，都極易獲得統治者的同情與支持，因為統治者不難覺察他們的忠誠心跡。[248]

孔子提出「君使臣以禮，臣事君以忠」的理想關係，在宋朝基本成現實。

趙匡胤非常重視教育與人才選拔工作，經常親自過問。西元 962 年趙匡胤親臨國子監檢查指導工作，又命國子監增修祠堂，塑繪先聖、先師像，任命官員，招生講學。西元 966 年趙匡胤在紫樓下親試舉人，不能應策試的，即淘汰遣之。西元 972 年趙匡胤在講武殿親自面試，取進士 11 人，諸科 17 人。過關才放榜，成為一種新制。次年三月，新進士 10 人到講武殿謝主龍恩，其中一人是主考官的老鄉，有舉報說不公，趙匡胤也認為其才質最陋，應對失當，即予罷免。同時召見試舉 360 人，取其中 195 人。又在講武殿親自面試，取進士 26 人，其他科若干。西元 975 年趙匡胤親自複試各地報上來的合格舉人，當場出詩題試之，取王嗣宗室以下的進士 30 人，諸科 34 人。趙匡胤說：「曏者登科名級，多為勢家所取，塞孤貧之路。今朕躬親臨試，以可否進退，盡革前弊矣。」勢家指有權勢的人家。孤貧指孤苦貧寒人家之子。這番話道出了他的心聲。唐人「朝為田舍郎，暮登天子堂」的夢想，入宋之後才可能變現實。

宋朝的科舉制度多有改革，逐步完善。如西元 962 年九月置書判拔萃科，即針對選人破格銓選，主考經義和律法。隔年對〈長定循資格〉及有

---

[248] 馬勇：《中國儒學三千年》，P.287。

關制度，即選拔、任用官吏的條例，重新修改，頒為永式。循資格是唐以來資歷選拔人才的標準，通俗說就是論資排輩。西元969年資助西川、山南、荊湖等遠方舉子來京應試的差旅費。西元964年詔對於人才不限內外職官、前資、現任、布衣（平民）、黃衣（道士），都可以投書自薦。

趙匡胤特別重視史學，總結歷史經驗教訓。西元961年先後編《唐會要》100卷、《周世宗實錄》40卷。前者是中國最早一部斷代典制體史籍，分門別類記載唐朝各種典及其沿革，儲存了《新唐書》、《舊唐書》未載的史料，極為珍貴。西元963年又成《新修五代會要》，記敘梁、後唐、晉、漢、周5代。西元974年成《五代史》150卷，為區別歐陽脩的《新五代史》又稱《舊五代史》。同時開始修「日曆」。唐後期開始，每天記載國家、宮廷大事和皇帝的言行。後來沒堅持，趙匡胤現在恢復，為以後的歷史留下第一手數據。

不能不說說趙匡胤的另一面。

千萬不可誤以為趙匡胤削兵權就是不重視軍事，實際上他比別人更渴望強大。一方面有「前世」之憂，大宋沒有一個帝王不想收復燕雲十六州，另一方面又對周邊垂涎欲滴。

在五代十國那個烽火連天的時代，弱肉強食，軍閥與帝王們多半是絞盡腦汁吞併他國，但也有些小國奉行一種「保境安民」的國策，像傳說中的「世外桃源」，或者說像近、現代歐洲一些小國那樣奉行「中立」，只想保持國家現狀，不受別國侵犯也不想侵犯別國，而致力於安撫百姓，例如吳越、南唐等。相對來說，吳越、南唐等國勢雖不強大，但百姓生活相對富裕、安寧。趙匡胤顯然也有這種想法。邊境之地，有外來入侵，可也難免有國人越界出去侵盜。西元961年趙匡胤獲悉有邊民盜人家的戎馬，連忙要求送還，不想惹事生非。秦州夕陽鎮，高山峻嶺，木材多，本來是戎人的專利。原秦州主官派兵強占渭河以南數百里，每年獲巨木萬本，輸送

第七章　北宋初 20 年

京城建築宮殿。戎人自然不甘，酋長尚波於率眾來爭，雙方有傷亡。西元 962 年趙匡胤獲悉，息事寧人，改派秦州主官，赦尚波於等人無罪，並停止採伐。對方以善相報，同年主動獻伏羌縣地，其樂融融。

趙匡胤很想將都城遷到洛陽去。大將李懷忠反對，說：「東京有汴渠方便運輸，每年透過長江、淮河運米數百萬斛，京城數十萬軍的供給有保障。陛下如果遷洛陽，怎麼保障軍需？而且府庫重兵都在汴梁，安固已久，不可動搖。」趙匡胤明說：「朕想西遷沒有別的考慮，正是想借山河險要減省冗兵。」晉王趙光義卻「切諫」即極力反對，文縐縐說：國家安全「在德不在險。」這場君臣爭論難得之激烈。趙匡胤找不出更好的理由了，只能嘆息：「老弟的話當然也有理，姑且從之。可朕擔心，不出百年，天下民力會被耗光啊！」[249] 讀這段話，我大吃一驚。趙匡胤這考慮顯然是英明的，可惜被趙光義的腐儒之見誤了，否則繁榮的大宋財政或許不會那麼緊張，後來金兵也沒那麼容易動輒入侵大宋首都。

然而，趙匡胤按捺不住他心底裡的貪婪。當南唐派使者來求和的時候，趙匡胤直截了當拒絕說：「不須多言！江南亦有何罪，但天下一家，臥榻之側，豈容他人鼾睡乎？」[250] 你是沒什麼罪，但我總不能讓你在我床邊鼾睡啊！

帝王的「床」很大，並且要沒完沒了地加大。在那個沒有國際法的叢林時代，帝國的邊界在哪裡？《統治史》告訴人們：「統治者擴張的步伐想在哪裡停止，哪裡就是邊境。」[251] 換言之，帝王的野心在哪裡，帝國的邊界就在哪裡。所以，帝國是戰爭的代名詞。而「保境安民」只能是一種「世外桃源」式的理想，縱然偶得一時，也不可能久長。

趙匡胤的策略是：先易後難，先南後北，具體說西、北暫以守為主，

---

[249] 《續資治通鑑》，卷 8，〈宋紀〉8，P.203，「晉王之言固善，然不出百年，天下民力殫矣。」
[250] 李燾：《續資治通鑑長編》卷 8，北京：中華書局，2015 年，1 冊，P.195。
[251] 《統治史》卷 1，P.11。

先以南方的南平為突破口。南平又稱荊南、北楚，都城荊州，轄荊、歸、峽3州。南平地處長江中游，北與北宋相鄰，又東臨南唐、西接後蜀、南靠南漢，搶占南平可割裂江南諸國，為各個擊破打下基礎。

南平： 西元962年武平節度使周行逢病死，11歲的兒子周保權繼位。衡州刺史張文表不滿，乘機兵變，占潭州，自稱留後。周保權向宋求援。趙匡胤一邊派員促張文表回歸朝廷，一邊發兵援周保權。第二年趙匡胤命大將率10州兵，以助討張文表為名，借道南平。南平君主高繼衝同意。宋軍至荊門，距南平都城江陵百餘里，先遣數千輕騎連夜從小道入江陵，分據衝要，布列街巷。高繼衝大懼，盡獻3州17縣14萬戶。

後蜀： 南平一亡，後蜀急了。後蜀約為今四川大部、甘肅東南部、陝西南部、湖北西部，都成都。後蜀主孟昶勵精圖治，戰亂較少，是當時經濟文化較發達的地區。這年五月，蜀相李昊說：「臣觀宋氏啟運不類漢唐，厭亂久矣，一統海內，其在此乎。若通職貢，亦保全三蜀之長策也。」李昊建議透過稱臣納貢的方式換取長久和平，但另一位大臣王昭遠則主張依託險要地勢拒守，與北漢聯手反宋。964年孟昶採納王昭遠的建議，委派大將趙彥韜給北漢送密信。哪想，趙彥韜將密信送北宋，將後蜀的軍事部署全都出賣。趙匡胤得密信大笑：「吾西討有名矣！」隨即命6萬步騎分路出兵。孟昶得知，命王昭遠率兵數萬北上扼守利州、劍門等關隘。王昭遠自比諸葛亮，非常自負，口出狂言：「吾此行何止破亂，當領此二三萬，取中原如反掌耳。」結果，這年底宋軍占了利州，次年初突破劍門險要，大敗蜀軍，俘王昭遠，繼而占劍州，兩路直逼成都，孟昶只得降，後蜀滅。有必要多說一句是孟昶的花蕊夫人倒是不屈而殉節，並留下一詩：「君王城上豎降旗，妾在深宮那得知。十四萬人齊解甲，更無一個是男兒。」這詩值得那些總愛將亡國之責歸咎於「女禍」的人一讀。宋軍從發兵到接受孟昶舉族降，總共才66天。

第七章　北宋初 20 年

出征之時，趙匡胤大宴主將王全斌，指示：「凡克城寨，止籍其器甲、芻糧，悉以錢帛分給戰士，吾所欲得者，其土地耳。」結果，王全斌「縱部下擄掠子女貨財，蜀人苦之」，「盜四起，將士猶恃功驕恣，王全斌等不能禁」，「優給裝錢，王全斌等擅減其數，仍縱部曲侵擾之」，並殺降。[252] 這樣，激發蜀兵叛亂，很快發展到十餘萬之眾，推全師雄為「興蜀大王」，占 17 州，至第二年初才平息。蜀民進京控告，百官議王全斌等人罪當死，趙匡胤卻說他們有功，予以特赦。

南漢：南漢位於現廣東、廣西兩省及越南北部，面積約 40 多萬平方公里。南平、後蜀滅亡後，南唐、吳越臣服，只有南漢主劉鋹（音同廠）堅持拒絕降宋。968 年宋攻北漢失利，有人建議先取南漢，趙匡胤則想不戰而屈人之兵，命南唐後主李煜寫信勸南漢主動獻地，劉鋹拒絕。西元 970 年李煜再次奉命致書勸劉鋹降宋。劉鋹大怒，回函很不客氣大斥一通。李煜委屈得很，將這回信呈趙匡胤。趙匡胤死了招降之心，命 10 州兵長驅南下，直取賀州。南漢 10 萬兵列象陣迎擊，宋軍以強弓勁弩破其陣，占韶州。第二年宋軍又克英、雄州，進馬徑，陷興王府，劉鋹降，南漢亡。

南唐：南唐地跨今江西全省及安徽、江蘇、福建、湖北和湖南等省一部分，人口約 500 萬，是當時經濟文化繁榮、科技進步、對外開放程度最高的區域。然而，他們治國理念完全不一樣。面對臥榻之側鼾睡之人，南唐不僅不驅，反而可能搖扇，替他降暑驅蚊，讓他睡更酣。在五代十國那個的紛亂時代，北方「禮崩樂壞，文獻俱亡」，南唐卻出現「儒衣書服」景象，很像春秋時代的鄒魯。趙匡胤上臺時，南唐與吳越遣使祝賀，納貢稱臣。趙匡胤不會滿足於此，只不過出於策略上的考慮，暫時需要一些和平。趙匡胤命水軍演習，南唐嚇壞了，大臣杜著等人叛逃北宋。趙匡胤卻

---

[252]　《續資治通鑒》，卷 4，〈宋紀〉4，P.82、89、91。

斬了杜著等人，讓李璟稍安。但李璟再也無法酣睡，第二年慌忙將都城從金陵遷南昌（後遷回）。同年李璟死，時年僅46歲，我想多半是被嚇死的。繼位的是李煜，就是那位寫過「一江春水向東流」的詞人，史稱「南唐後主」，他那皇帝當得更窩囊。他只能乞求佛祖慈悲，到親自為僧尼削揩屁股「廁籌」的地步。對趙匡胤一昧妥協，只是憂心，每天與大臣借酒燒愁，悲歌不已。他自貶禮制，如「詔」改稱「教」，降諸「王」為「公」，以免刺激宋朝。對於情報說宋軍在荊南造戰艦，請求祕密派人焚燒，李煜嚇壞了，生怕惹怒對方，哪敢批准。西元971年李煜進一步自貶，遣其弟李從善入宋朝貢，將南唐國號改為「江南」，請求賜名。趙匡胤同意，但將李從善扣留。西元974年李煜請求讓李從善還江南，趙匡胤不許。宋軍水陸並進，大敗南唐，直逼江寧城。第二年進圍金陵，直到城中居民樵柴無路。宋軍通告李煜：「城必破，你還是早降吧！」李煜無奈，只得奉表出降。然後，要求李煜寫信奉勸各地守軍降宋。各地守軍如宋軍所願，只有江州守軍胡則不降。西元976年宋軍強攻江州，克城後屠城，劫掠金帛以億萬計。

北漢：北漢大約為今山西中北部，都晉陽，由於地瘠民貧、國力微弱，北漢奉遼帝為叔皇帝，而與後周、北宋為敵。趙匡胤時期，與北漢始終處於戰爭狀態，但剪不斷理還亂，大小戰事隔不了兩三年就一場，卻誰也吃不了誰。

遼國：契丹遼國更是中原的宿敵。面對這樣一個強敵，趙匡胤運氣較好，遼穆宗耶律璟是中國歷史上有名的昏君兼暴君，沉湎酒色而不理國事，不足過慮，只不過偶然因第三者衝突一時。西元974年遼涿州刺史致書宋知雄州，表示：「用息疲民，長為鄰國。」趙匡胤指示回覆，准許修好。但趙匡胤心裡肯定不是這樣想。他曾對身邊大臣說：「契丹數入寇邊，我以二十匹絹購一契丹人首，其精兵不過十萬人，止費二百萬絹，則敵盡

第七章　北宋初 20 年

矣。」[253] 可見趙匡胤的心裡還是視遼為敵，並盤算著如何讓「敵盡」。

清源：清源節度使，簡稱清源軍，位於今閩南一帶，治泉州，兵近 2 萬。西元 962 年發生政變，衙將陳洪進將節度使執送南唐，另推留後。次年陳洪進自稱清源節度副使，聽命於宋。西元 964 年初，宋改清源軍為平海軍，命陳洪進為節度使。陳洪進每年向宋貢奉，為此多搜刮百姓，賣官收賄，泉、漳州之民「甚苦之」。

對於趙匡胤好評如潮。乾隆是個很不謙虛的皇帝，但對於趙匡胤，他自愧不如，自願屈居千古第三。[254]

西元 976 年是宋朝歷史上重要的一年。這年八月還大舉進攻北漢，十月趙匡胤卻突然死了。《宋史》對此記載非常簡略：「癸丑夕，帝崩於萬歲殿，年五十，殯於殿西階。」

野史就繪聲繪色了：那天晚上，趙匡胤召二弟趙光義進宮飲酒，旁人都迴避了，兄弟兩個喝酒到三更半夜，只見趙光義的身影不時離席，不知道為什麼。三鼓之時，趙匡胤忽然從柱子上取下大斧戳弄雪，並對趙光義說「好做」。好做什麼？不知道。只知趙光義在當中留宿，五鼓時趙匡胤已經死了。[255] 這就是「燭影斧聲」千古之謎。

一世英明的趙匡胤最後落個不明不白，令人惋惜。不過，這在帝制時代來說並不奇怪。

---

[253] 同上卷 6，宋紀 6，P.143～144。
[254] 《御制樂善堂全集定本》，「吾於開創之君，獨以唐太宗、宋太祖為不可及焉。二君者，皆以不世之才，平一天下，而以仁愛之心、寬平之政保養百姓，治功燦然，昭於千古。」
[255] 《續湘山野錄》，「延人大寢，酌酒對飲。宦官、宮妾悉屏之，但遙見燭影下，太宗時或避席，有不可勝之狀。飲訖，禁漏三鼓，殿雪已數寸，帝引柱斧戳雪，顧太宗曰：『好做，好做！』遂解帶就寢，鼻息如雷霆。是夕，太宗留宿禁內，將五鼓，伺廬者寂無所聞，帝已崩矣。」

千古之嘆：「明主之仁」與「婦人之仁」

統治者沒幾個不把「仁」字常掛在嘴上。宋高宗趙構說：「人主之德，莫大於仁。」[256] 然而，清代學者唐甄指出：自古以來「雖有仁政，百姓耳聞之而未嘗身受之」。[257] 當然，唐甄所論的標準太嚴了些，在那2,000多年當中，相對「仁」一點的帝王，還是找得出一些。

「孔子的籠子」的內容，具體包括諡號等等。諡號是在死之後，後人依據他生前表現，蓋棺定論，予以一種稱號。這種稱號分三類，即美、平、惡。美諡是褒，惡諡是貶，平諡是憐。惡諡如暴、昏、煬、厲等。奢望透過這種評選，讓後任帝王有所顧忌，自我約束。美諡就多了，據統計占89.3%，最常見「文帝」、「武帝」，似乎每一個朝代開國那一兩代都是文治武功。再就是「孝」、「英」、「哲」等等。「仁」也不少，如西夏仁宗李仁孝、西遼仁宗耶律夷列、元仁宗愛育黎拔力八達、明仁宗朱高熾、清仁宗愛新覺羅顒琰即嘉慶帝，朝鮮、越南歷史上也有。北宋趙禎為史上第一位「仁宗」。

追加美諡的目的，無非是奢望後任帝王「見賢思齊」。然而，美諡多屬溢美之詞，大都名不符實。中國歷史上沒那麼多好皇帝，百姓沒那麼多福氣。比如朱由校，人稱「木匠皇帝」，頑童樣貪玩，朝政任由太監魏忠賢搞得亂七八糟，他的諡號「達天闡道敦孝篤友章文襄武靖穆莊勤悊皇帝」，其中「悊」同「哲」；簡稱「熹宗」，「熹」者光明熾熱也。你看這十幾個字哪一個不美？可又有哪一個符合他的實際表現？

不過，趙禎這「仁」倒是頗貼切。用官場表揚稿來講，趙禎嚴於律己，寬於待人。作為一個皇帝，吃喝玩樂實在是不成問題，可是趙禎防微

---

[256]　《緒資治通鑑》，卷110，〈宋紀〉110，第6冊，P.2920。
[257]　唐甄：《潛書·柅政》。

第七章　北宋初20年

杜漸。有天加班到半夜，趙禎餓了，很想吃碗羊肉熱湯，竟然將口水嚥了回去，第二天與皇后閒談才偶然說起。皇后怨道：「陛下日夜操勞，想吃隨時吩咐御廚就是，怎能讓龍體受飢？」趙禎說：「朕昨夜如果吃了羊肉湯，御廚就會夜夜宰殺，一年下來數百隻，形成定例。為朕一碗飲食，創此惡例，於心不忍！」對於別人，則相反。如諫官王素勸趙禎不要親近女色，趙禎說：「近日，王德用確有美女進獻，朕確實喜歡。」王素堅持說：「臣今日進諫，正是怕陛下為女色所惑。」趙禎只好下令：「王德用送來的女子，每人各贈錢300貫，馬上送出宮。」王素慌忙說：「不必如此匆忙！既然已經進宮，還是過一段時間再打發為妥。」趙禎笑道：「朕雖為帝王，與平民一樣重情。我怕久了，會不忍心送走。」想想有「小太宗」之譽的唐宣宗李忱，他曾迷戀一位絕色佳麗，忽然清醒才擔心重演老祖宗李隆基的悲劇。左右建議將她放出宮，他卻說：「放回去我會想念她，不如賜一杯毒酒！」兩相對比，天壤之別。

趙禎在位42年，為宋朝在位時間最長的皇帝。其間，國際和平，國內和諧，政治、經濟、文化都得以長足發展，GDP占當時世界的65%，特別是「和而不同」的士風成為一道亮麗的歷史風景。

對於趙禎，好評如潮。但在此，我更想「雞蛋裡挑骨頭」。

有些人總抱怨宋朝太弱，不如漢唐威風。我為其辯護，主要是大宋生不逢時，燕雲十六州早被出賣，失去了長城屏障，更重要是對手不再是匈奴那樣的「流寇」，而是比漢唐厲害得多的「半漢化國家」遼、夏、金及蒙古帝國，他們具有以漢人方式對付遊牧族和以遊牧族方式對付漢人的「雙重優越性」，所以不能簡單類比。再說，宋之前面對的是匈奴、吐番，他們雖也強悍但對中原政治或者土地並不興趣；宋及其之後面臨的蒙古人、滿族人不一樣，不僅興趣還要完全吐並，兩宋在這種歷史性鉅變的過渡時期，能長期與遼、金、夏並存並實現繁榮，已屬不易。更何況──

千古之嘆:「明主之仁」與「婦人之仁」

後世評價宋朝軍隊羸弱雖是事實,但這是建國當初有意推行的政策。宋朝確實沒有漢武帝或者唐太宗那樣征伐外族的輝煌戰果,但是究竟哪個王朝更文明,這卻是另外一個問題。[258]

歷史上強盛一時的國家很多,比如蒙古帝國,比如希特勒德國等等,與文明之國相比,你喜歡哪個?

那麼,趙禎是完人?當然不是!明末清初思想家王夫之指出:

計此三十年間,人才之黜陟,國政之興革,一彼一此,不能以終歲。吏無適守,民無適從,天下之若驚若騖、延頸舉趾、不一其情者,不知其何似,而大概可思矣⋯⋯夫天子之無定志也,既若此矣。[259]

所言甚是。趙禎使命感頗強,很想主動解決盛世的「久安之弊」,要求范仲淹開列當務之急。范仲淹不失理智,認為「非朝夕可革」,所以「始未奉詔,每辭以事大不可忽致」。趙禎一再派人催促,朝野輿論壓力增大,范仲淹才上呈改革方案,付諸實施。結果遭到舊利益集團的強烈反對,指責范仲淹等人搞「朋黨」。趙禎嚇一跳,馬上縮回去,叫停改革,並罷范仲淹的官。所以,這時期的官吏們像受驚嚇的鳥一樣,伸了脖頸舉了腳趾卻不知所措。

趙頊即宋神宗繼位後,他曾向王安石提出一個課題:「祖宗守天下,能百年無大變,粗致太平,以何道也?」王安石以〈本朝百年無事劄子〉為題作答,對太祖、太宗、真宗、仁宗、英宗做了總結,其中仁宗著墨最多,但是於「無事」當中談「有事」,褒中含貶,筆鋒一轉:「然本朝累世因循末俗之弊,而無親友群臣之議」,小心翼翼暗示「祖宗不足法」,明確強調「大有為之時,正在今日」,鼓動大膽改革。

近代歷史學家蔡東藩就直言不諱了:「仁宗之駕馭中外,未嘗不明,

---

[258] 《中國的歷史・宋朝》,P.59～61。
[259] 王夫之:《宋論》卷4,北京:中華書局,1964年,P.102-103。

第七章　北宋初 20 年

而失之於柔……仁宗以仁稱，吾謂乃婦人之仁，非明主之仁。」[260]「婦人之仁」是班彪對西漢亡國負有重大責任者王政君的評價，顯然不是褒揚。蔡東藩現在借用評趙禎，似乎太過，但不無道理。

何謂「明主之仁」？沒有現成答案。思索之際，我還是想到范仲淹。他的改革內容 10 項，其中「明黜陟」、「抑僥倖」、「精貢舉」、「擇長官」、「均公田」5 項屬於吏治，另外還有「重命令」、「推恩信」兩項與吏治有關，總計 70% 涉及政治體制。他派一批官員深入各地去現場考核，自己坐鎮中央指揮，將各地報來不稱職的名字一個個勾掉撤職。樞密副使富弼在旁看不過意，提醒說：「您一筆勾了很容易，但這一筆下去要讓他一家人哭啊！」范仲淹回答：「一家人哭總比一路人哭要好吧！」當時的「路」相當於現在的「省」，范仲淹想的是大局。我想這就涉及「婦人之仁」與「明主之仁」的區別。不忍心看一家人哭，不惜讓一路人哭，顯然是「婦人之仁」，而非「明主之仁」。

作為一個明主，就應當為了一國人不哭，而不惜讓某一家幾家人哭。那些官員，平時鸚鵡學舌跟著范仲淹大唱「先天下之憂而憂，後天下之樂而樂」的高調，一到改革，哪怕影響點「灰色收入」就受不了，要反對，要滋事。如此，趙禎卻一昧地「仁」，不惜遷就那少數人，叫停改革，讓弊政繼續累積，從而讓朝政危機由隱到顯，由輕到重，顯然不是「明主之仁」，而只是「婦人之仁」。

趙禎「婦人之仁」所受益之人，恐怕有限。朱熹尖銳指出：從趙匡胤開始，百姓負擔就「比之前代已為過厚重」，「古者刻剝之法，本朝皆備」。[261] 著名大臣包拯認為當時納稅戶口「有常數」，土地產出「虛耗」，財政收入卻增長一倍有餘，表示「誅剝貧民」、「重率暴斂」正愈演愈烈。

---

[260]　蔡東藩：《宋史演義》第 31 回。
[261]　朱熹：《朱子語類》卷 110，第 5 冊，P.2911。

他責問仁宗：如此「日甚一日，何窮之有……輸者已竭，取者未足」，國家根本如何安固？[262] 包拯不說白不說，說了也白說。此後十餘年，劉摯上任冀州南宮縣令時發現，該縣「民多破產」，原因正是民眾實際負稅無形中翻了一倍有餘。他要求按市場價折算絹綿，結果卻招致「轉運使怒，將劾之」，只因偶遇包拯才保住那頂烏紗帽。更令人不敢相信的是，如司馬光批評衙前差役導致「民間貧困愈甚」。狀元出身的大臣鄭獬（音同謝）具體反映他家鄉安州「類多貧苦」，「蓋本州土人貧薄，以條貫滿二百貫者差役，則為生計者盡不敢滿二百貫。雖歲豐穀多，亦不敢收蓄，隨而破散，唯恐其生計之充，以避差役」，但官方則降低標準，「雖不滿二百貫，亦差作衙前」。[263] 簡直可以說衙前之役猛於虎。然而，趙禎卻不敢改革這些苛政。

再看清朝的仁宗嘉慶。他親政第二天就掀起反腐風暴，打下「大老虎」和珅，人們歡呼「嘉慶新政」。他的私德也非常 OK，張宏傑生動地介紹說：

> 如果綜合評價起來，嘉慶帝可能是清代帝王甚至中國歷代皇帝當中私德最好的……「慾望」在他看來是最危險的東西。他的一生，從沒有被聲色、珍玩、不良嗜好所迷。[264]

然而，嘉慶的「打虎運動」卻虎頭蛇尾，只懲治一些代表性的高官作為代罪羔羊，而將一般官員訓斥後輕放。同時，嘉慶像他父輩爺輩一樣竭力排外。特別是馬加爾尼（Macartney）掃興而歸 20 餘年後的西元 1816 年，英國再派使團訪華，繼續謀求與清政府平等協商，建立近代國家關係，嘉慶卻批示「此事朕不以為喜」，像乾隆當年一樣苛求「三跪九叩」之

---

[262] 《包拯集·論冗官財用等奏》。
[263] 鄭獬《鄖溪集》卷 12。
[264] 張宏傑：《坐天下》，北京：人民文學出版社，2015 年，P.67。

第七章　北宋初 20 年

禮，不從就將他們驅遣。嘉慶還下令不准再有外國使臣進京，不屑一顧說：「西洋玻璃是土中提取的液體，鐘錶可有可無，自鳴鐘更是糞土，斷不可用本國的珍貴特產交換這些廢物！」好比說斷不可用我們的算盤交換「夷人」的電腦。

當時，國內國外形勢已發生一系列千古未有之變。清統治者為了自己一族之私，直到嘉慶還試圖透過閉關鎖國僥倖躲過，頑固地以「朝貢體系」抗拒「西發里亞體系」，而不敢自我改革，脫胎換骨，迎頭而上，與列強攜手共進。與此同時，世界各國經濟和人口總量驟增，使傳統社會機制的承受能力達到臨界點。18 世紀，世界人口從 1 億增至 9.19 億，增 43.37%；中國則從 1.5 億增至 3.13 億，增 108.67%。為此，歐洲大力發展工商業吸納過剩人口，逐步走上現代化道路。嘉慶卻死守祖宗成法，連雍正、乾隆時期已經試行解除海禁的政策也大開歷史倒車，堵死了大批剩餘勞動力的出路，流民及盜匪激增，各類造反事件此起彼伏。總之一句話：以「嘉慶新政」啟始，以「嘉慶中衰」告終。

嘉慶雖然也盡心盡力，卻萬般無奈，只能像祥林嫂那樣反覆嘆一句：「為君難，至朕尤難！」何也？張宏傑有句評論相當到位：「失敗的原因，是一直標榜『法祖』的嘉慶，在最核心的地方背離了祖先的傳統。」[265] 是啊，開國帝王那種勇於並善於打破一切條條框框的革命與改革精神，他「法祖」了嗎？

一個帝王僅有「婦人之仁」是不夠的。

一個帝王如果不能把握好國家發展時機，而留下諸多隱患，儘管顯赫一時，也不能算是真正優秀。

---

[265]　同上，P.75。

第八章
西夏初 70 年

【提要】

西元 1108 年是西夏建國立朝 70 週年，崇宗李乾順親政後，改變策略，謀求與宋友好，而不再盲目用兵，小心慎謹地維護著夏、宋、遼三角關係；對內整頓吏治，減少賦稅，注重農桑，國勢漸強。

西夏國祚長達 190 年，可是西夏「正名」之事到它身後也沒能完成。其實，歷史「後母的孩子」不少，比如王莽的「新」之類是否也有「正名」之必要？

第八章　西夏初 70 年

開國立朝：再現三國鼎立

日本講談社《中國的歷史》洋洋灑灑 10 冊，關於西夏僅寫一章，且首先作大段說明：

講述西夏的歷史，實在是很困難。最主要的原因是沒有留下什麼像樣的、系統的記載。儘管多少有一些西夏文寫成的文書和各種文獻，但是多為殘片一樣的東西，遠不足以據其重構歷史的整體面貌……極難看到從西夏的立場撰寫的歷史。[266]

這樣的宣告，我更不能免。

西元 1032 年夏國公李德明去世，其子李元昊繼位，時年 29 歲，年富力強，很想有番作為。一方面，他繼承父輩祖輩國策「依遼和宋」，同時向遼、宋稱臣，接受兩國封號，伺機向西發展。另一方面實行大改革，放棄李姓，自稱「嵬名」氏；改用自己的年號，並開始建宮殿，定文武班，創造自己的文字（西夏文）。可是，李元昊稱帝後，沉湎於酒色，無心於政事。野利遇乞是能征善戰的將軍，曾經讓宋軍聞風喪膽，李元昊不僅殺了他，而且與其妻沒藏氏私通，生下李諒祚。李元昊將國事委以沒藏氏的兄長，自己到賀蘭山享樂。沒藏氏兄妹在京城把持朝政，籌劃謀害太子寧令哥，改立李諒祚。李元昊也準備改立皇后。寧令哥先下手，殺了李元昊。沒藏氏則以「弒君罪」殺了寧令哥及其母親，然後擁立出生僅 11 個月的李諒祚繼位，自己以皇太后的身分攝政，其兄沒藏訛龐為國相，權傾朝野。這沒藏氏是個淫亂之輩，還曾與先夫的出納官李守貴、李元昊的侍從寶保吃多已通姦。這兩個姘夫爭風吃醋，李守貴殺了沒藏氏和寶保吃多已，沒藏訛龐則滅李守貴全家。然後，沒藏訛龐把自己的女兒嫁給李諒祚

---

[266]《中國的歷史・遼西夏金元》，P.231。

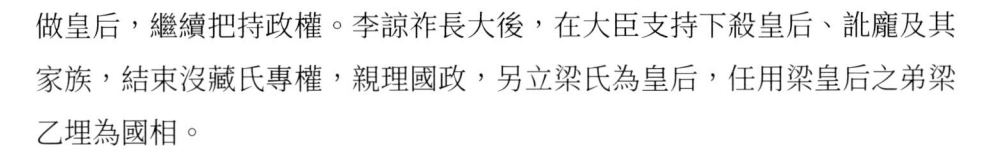

做皇后，繼續把持政權。李諒祚長大後，在大臣支持下殺皇后、訛龐及其家族，結束沒藏氏專權，親理國政，另立梁氏為皇后，任用梁皇后之弟梁乙埋為國相。

李諒祚周旋於宋、遼、吐蕃之間，內政外交均有建樹，21歲時卻突然病故。其子李秉常繼位，年僅7歲，其母梁太后執政，梁乙埋為國相，又落入梁氏專權。李秉常長大後崇尚儒家文化，試圖藉助宋朝對付梁氏外戚勢力。梁太后得知，將他囚禁起來。皇族親黨與梁氏外戚勢力公開對抗，朝野大亂。宋援助李秉常，出動近50萬大軍，兵分5路，從東、南、西南三個方面攻夏，但失敗，宋神宗聞訊失聲痛哭，只得再度議和。李秉常擺脫不了梁太后的控制，26歲時憂憤而死。

李乾順是李秉常長子，年僅3歲，由母后梁氏和舅父梁乙逋共同輔政。梁乙逋企圖控制太后，兄妹之間也爭權。西元1099年遼道宗看出梁太后不得人心，便派員鴆殺梁太后，讓李乾順親政。李乾順時年16歲，藉助遼結束外戚專權，親政後自然依附遼，但對宋也採取和解政策。他對儒家文化十分傾慕，大力提倡漢文化，努力改變西夏的落後風氣。

物體的三角架是最穩的，而男女之間的三角戀是最不穩的。宋、遼與夏三個鄰國之間，如同男女三角戀，相互間有戰有和，撲朔迷離。三國中，西夏是小弟弟。它是從宋叛離出去的，生來為宋之敵。它與遼則不同，共同面對宋這個大國，他們有種天然的難兄難弟之情，唇亡齒寒，不能不和。但在夏與宋開始議和時，他們倒是產生矛盾。西元1044年遼帝耶律宗真親率16.7萬大軍，分三路攻夏，大有一舉滅夏之勢。李元昊在賀蘭山北迎戰，戰不久便請和。耶律宗真不允，全力進攻。李元昊只好避其鋒芒，儲存實力，後撤100餘里，燒毀沿途牧草，等遼兵馬疲憊無食的時候，發動反擊。重新交戰，夏軍仍處於劣勢。然而，忽然起大風沙，遼兵根本不能適應，夏軍乘勢追擊，遼軍大敗，耶律宗真單騎逃走，駙馬及

第八章　西夏初70年

近臣數十人被俘。不過，李元昊明白這次勝利只不過偶然天助罷了，戰後還是遣使請和稱臣。耶律宗真自然不再拒絕。西夏善於利用遼與宋的微妙關係，靈活處理戰與和。西元1085至1099年13年間，夏對宋發動大小戰事50餘次，有時一年就六七次，但同時又與宋往來不絕。

西夏初期幾十年一系列漢化改革中，沒有丟失本民族尚武重刑的傳統。所以，儘管宮中長期混亂，如同武則天時代「亂上而未亂下」，西夏的綜合國力還是迅速強大起來。當時，相鄰的金國稱道：「以西夏小邦，崇尚舊俗，猶能保國數百年。」[267]

李乾順於此前16年即西元1086年繼位，本年20歲，此後31年即西元1139年去世。

最大看點：堅持履行和平協議

西元1044年與宋達成協議，宋承認西夏是獨立王國（但不承認李元昊是皇帝），每年「賞賜」給他們綢緞13萬匹、銀幣5萬兩、茶葉2萬斤，另外每年節日增加綢緞2.3萬匹、銀幣2萬兩、茶葉1萬斤及銀器2,000兩。此後，夏與宋36年間沒大糾紛。

當然，這不等於趙氏後代忘了臥榻之側鼾睡的人。在王安石治下，北宋收復被吐蕃侵占的熙州、河州和全部河湟地區（今青海東北部），切斷西夏的左臂，為總攻西夏作好了準備。可是，王安石被司馬光等指責「開邊生事」，被迫辭職。等到西元1081年趙頊傾全國之力，分兵五路向西夏全面進攻，卻由於組織不善，20餘萬軍被全殲。第二年西夏反攻永樂，宋又20餘萬軍民覆沒。總之，雙方時不時一戰。

[267]《金史》卷8，〈世宗紀〉，第53冊，P.124。

最大看點：堅持履行和平協議

　　北宋至此開國100多年，范仲淹與王安石的改革相繼失敗，積弊日重，現任皇帝是著名的徽宗趙佶，大臣則是臭名昭彰的童貫、蔡京之流，即使偶然能勝一兩仗，解決不了問題。誰也吃不了誰，白白損耗國力。西元1106年，遼出面協調，派使者訪宋，建議將近幾年所占夏國地盤歸還，宋答應。於是，夏派員入宋請罪，言詞極恭。趙佶下詔聲稱：「候誓表到日，即遣使封冊，並以綏州給還，所有歲賜，自封冊後，並依舊例。」[268] 說白了，還是以土地換和平。當然，西夏因連年戰爭陷於疲弊，統治階層內亂不已，也是難以繼續戰。

　　李乾順親政後，更多策略性轉變。西元1108年夏向宋謝侵擾之罪，宋不予理會，並攻占夏地。夏又向遼訴苦，說是被宋逼得沒辦法。遼派使者入宋，為夏說情。夏再派使者入宋謝罪，趙佶終於答應友好，並允諾歲賜如舊。從此，西夏不再盲目用兵，對內注重整頓吏治，減少賦稅，注重農桑，興修水利，國勢強盛。

　　僅僅看在與遼脆弱的關係上，夏也得努力跟宋和平相處。所以，它本年繼續貢於宋。

　　西夏一邊事宋一邊事遼，小心翼翼地維護著三方和平關係。時不時地，夏入貢宋，又入貢遼，誰都不得罪。但國與國之間的三角不可能長期牢靠。此後第二年即西元1109年，夏向遼告狀，說宋沒有歸還承諾的侵地，疆界劃不成。好比夫妻吵架了，向媒婆訴苦。不過，兩國關係談不上糟，下年夏分別向宋與遼進貢。不久，形勢發生重大變化，從遼叛出一個金國，北宋迫不急待撕毀和約，與金聯手夾擊遼，要雪洗百年之恥。

　　宋對夏也變臉，西元1119年令熙河將軍進攻夏之朔方，第二年出擊，卻不想中夏軍埋伏，喪師10萬；又在靈武挑戰西夏失敗。北宋還想拉遼抗金，像沒頭的蒼蠅一樣想報這仇報那仇，沒幾年就與遼一起被金滅了，

---

[268]《續資治通鑑》卷66，第4冊，P.1631。

第八章　西夏初 70 年

而夏在此後還生存了 100 多年。平心而論，北宋、南宋君臣對外都是沒信用的，否則很可能不至於那樣狼狽被滅。

無獨有偶，西夏跟宋也有某些相同的思維。西元 1121 年西夏想趁火打劫，約遼一起攻宋。在這種情況下，遼倒是堅持友好，不肯叛盟，拒絕西夏的蠱惑。西夏便自己來，攻占宋西安州、懷德軍。

千古之嘆：「後母的孩子」何以名正言順

魯迅小說《阿 Q 正傳》有個經典細節——

「你這渾小子！你說我是你的本家麼？」

阿 Q 不開口。

趙太爺愈看愈生氣了，搶進幾步說：「你敢胡說！我怎麼會有你這樣的本家？你姓趙嗎？」

阿 Q 不開口，想往後退了；趙太爺跳過去，給了他一個嘴巴。

「你怎麼會姓趙！——你哪裡配姓趙！」

趙太爺是未莊最有權勢的豪紳，阿 Q 是低賤的草根，不論阿 Q 是不是真姓趙，反正趙太爺不許他跟著姓高貴的趙。這細節發人深省。

唐朝帝王大度得很，很愛拿姓名作獎品。例如宋文通屢立戰功，很快被提拔為武定節度使，並賜姓名為李茂貞，字正臣，寄以厚望。又如朱溫，原來是叛軍黃巢的大將，他認為：「黃巢草莽，只是趁人之危占得長安，並不是憑真才實德建立王業，不足與謀。現在唐朝天子在蜀，各路兵馬漸近長安，說明唐朝氣數未盡。」便殺黃巢的監軍，率部投降官軍。李儇大喜，高興說：「天賜我也！」立即詔命朱溫為左金吾大將軍，還賜給他

一個名字：全忠，希望他從此全心全意忠於唐朝。這種獎勵有時有用，有時根本沒用。最後滅唐者，正是朱全忠——其時他自己又改名朱晃。李茂貞倒是真忠貞，唐亡後依然為唐而戰。

西夏境內實際上包括漢、吐蕃、回鶻及形形色色的羌人和突厥人，党項語、漢語和吐蕃語都是他們官方語，其政權明顯屬於漢地模式。但漢人總認為他們「不事產業，好為竊盜，常相凌劫。尤重復仇，若仇人未得，必蓬頭垢面跣足蔬食，要斬仇人而後復常。男女並衣裘褐，仍披大氈」，[269] 毫無文明可言。

党項有 8 大部落，最大部落原來也姓拓跋，歸附吐谷渾，後來附唐。唐在其地分置 32 個羈縻州，其首領拓跋赤辭被賜姓李，任西戎州都督，接受松州都督府節制，代代世襲。宋初，李元昊的爺爺李繼遷起兵抗宋，後附宋，被賜官，並賜名趙保吉，但不久他又棄宋附遼。

漢化改革，連自己姓名、國名都得改，並不是一件容易的事。李元昊通曉漢蕃佛典、法律，精於軍事謀略，雄心勃勃，將党項部族王國變為獨立之國，與遼國平起平坐。他首先做的是將党項皇室李姓、趙姓改為党項姓氏「嵬名」，其職稱也改為「兀卒」——党項語中相當於皇帝，一如中原帝制。同時，改變漢式年號，漢官與蕃官兩種名號並行，還像後來滿族強求漢人剃髮一樣強制他的臣民「禿髮」，創製自己的文字，「曲延儒士，漸行中國之風」，[270] 而努力與遼、吐蕃區別開來。他們尊孔子為「文宣帝」，這是孔子在中國歷史上第一次稱帝，至少是在這方面與大宋無異了。李元昊請求宋帝承認他們獨立名份，抱怨說：我不是篡誰的權，而是「為眾所推」，繼承本族皇帝，為什麼不可以呢？[271]

---

[269] 《舊唐書》卷 198，〈西戎列傳〉，第 32 冊，P.3600。
[270] 《續資治通鑒長編》卷 50。
[271] 同上，卷 125，「藩漢各異，國土迥殊，幸非僭逆，嫉妒何深！況元昊為眾所推，蓋循拓跋之遠裔，為帝圖皇，有何不可？」

第八章　西夏初 70 年

李元昊有所不知。孔子強調：「名不正，則言不順；言不順，則事不成；事不成，則禮樂不興；禮樂不興，則刑罰不中；刑罰不中，則民無所措手足。」[272] 東晉重臣名士諸葛恢曾經明說：「夷狄相攻，中國之利。唯器與名，不可輕許。」[273] 這裡器指禮器，名指名號。似乎誰要是跟我天朝不好，就要讓誰永遠停留在野蠻狀態；誰要是跟我好，我才肯讓他跟我學習一二。所以，宋堅決拒絕為西夏「正名」。透過漫長的談判與戰爭，還有經濟制裁——禁止在宋境出售優質的党項鹽，仍然拿他們沒辦法，直到西元 1044 年被打得焦頭爛額，也只承認他是「主」(高於王，低於帝)，還要給自己留點面子。

後來雙方講和，西夏仍保持表面上的臣屬關係，但形成與宋、遼事實上三分天下的格局。趙禎再賜元昊姓趙，元昊不要，改回李姓。

李元昊幼子李諒祚繼位後，向宋請求「去蕃禮，從漢禮」，在內外引發爭議。學者敘述：

宋朝與西夏間無休止的外交較量也在繼續進行：党項使臣一再要求得到與契丹使臣相等的禮遇，而宋朝官員則抱怨党項使臣素質低下，言辭無禮；雙方相互攻訐不已。[274]

西夏漢化繼續，也出過一位「仁宗」，西元 1144 年還將儒學機構引入他們的朝廷。任得敬原來是宋朝西安州通判，後為西夏國丈、國相，是西夏唯一的漢族王。他卻說新建立的學校，諸如百無一用的漢學之類，與西夏社會根本不相適應，而且為供奉專家學者浪費了本來就很貧乏的資財，應當撤銷。不過，這反對無效。

趙宋是非常要面子的，可以賜西夏姓趙，但絕不允許他們配享與遼平

---

[272]《論語·子路第十三》
[273]《資治通鑑》卷 96，〈晉紀〉，P.3868。
[274]《劍橋中國遼西夏金元史》，P.197。

等之禮。賜姓名展現皇恩浩蕩，何樂不為？平等之禮則丟天威。夏在宋人眼裡是叛逆，無可寬囿。

後來，明清在「朝貢體系」中，寧肯倒貼錢財，也不容沒有三跪九叩之禮，就出於這種死要面子不要裡子的邏輯。為此，宋沒完沒了地談判與戰爭，延續到金人大舉入侵才被迫戛然而停，耗盡了自己的國力，實在是得不償失。

西夏立國達190年，屬歷史上屈指可數的長壽王朝之一。然而，西夏「正名」一事到它身後仍沒完成。蒙元一方面編了《遼史》、《金史》、《宋史》，另一方面編《史集》，成就了歷史上最初的世界史，卻偏不編《西夏史》。日本講談社《中國的歷史》說這兩個方面編纂的史書，對西夏都抱有極為蔑視的態度。他們始終就未曾打算編纂《西夏史》或《大夏史》這樣的正史。只是在多達496卷的巨帙《宋史》接近卷尾處，作為「外國傳」的開頭部分，以上、下兩卷篇幅「夏國傳」做個簡略的記述。在總數為116卷的《遼史》倒數第二卷即第115卷中，作為「二國外記」之一，被排在高麗的後面。在總數為135卷的《金史》中，也不過是在倒數第二卷即134卷中為其立個「西夏傳」，比《遼史》更簡略。專家學者指出：

> 所有的記述幾乎都拿西夏當「後母的孩子」。而且內容極其粗製混亂，缺乏連貫性。[275]

原來是「後母的孩子」，這就不奇怪了！不是「立嫡不立長」麼？非嫡所生，不被視為正統，再長再能也當不了太子。

其實，歷史「後母的孩子」還多，比如王莽的「新」，武則天的「周」，是否也有「正名」之必要？

---

[275] 《劍橋中國秦漢史》，P.233。

第八章　西夏初 70 年

第九章
金初 40 年

【提要】

西元 1155 年是金建國立朝 40 週年,海陵王完顏亮為便於南侵並洗刷政變血跡,將國都遷到今北京,然後將舊宮殿、宗廟等夷為平地,讓懷舊貴族了斷回歸的念頭。

「罪己詔」即帝王的自我批評,其誠其意值得大打折扣,但總比死不認錯甚至打壓批評好得多。

第九章　金初40年

建國立朝:「據天下之正」

在這個亂世,宋、遼與夏還在那裡明爭暗鬥,爾虞我詐,難斷鹿死誰手,東北角落又蹦出一個割據政權——金,而且它像孫悟空,不出而已,一出來驚天動地。

金國可以追溯到「肅慎」。孔子在陳國時候,天上忽然掉下一隻兇猛的鳥,是被楛矢石砮射中的。陳惠公不明白這鳥和箭的來歷,就問孔子。孔子馬上說:這鳥從很遠的地方飛來,這箭是肅慎國的楛矢石砮。周武王一統天下後,肅慎國將楛矢石砮作為貢品。武王在楛矢石砮上刻字「肅慎氏之貢矢」,分賜下屬異姓諸侯,用以告誡他們莫忘臣屬地位。陳惠王派人到祖廟查尋,果然找到用金盒子裝著刻有「肅慎氏之貢矢」字的楛矢石砮。到遼朝,他們才改名「女真」,也稱「女貞」。但因為遼興宗名為「宗真」,需要避諱,女真被改為「女直」,直到明朝。女真出自黑水靺鞨,原居住在今黑龍江與松花江合流以下黑龍江流域的南北地區。11世紀時,女真向遼稱臣。遼對女真分而治之,把強宗大姓騙到遼東半島,編入遼籍,稱「熟女真」;另一部分留居粟末水(松花江北流段)之北、寧江(今吉林松源市下轄區)之東,這些人叫「生女真」。後來,女真社會經濟大發展,但遼依然欺凌他們,不僅派重兵防禦,每年還要徵收貢馬萬匹,強買北珠、人蔘等珍貴物品,隨意強搶、毆打。宋人更看不起他們,公然辱稱其「夷狄中至賤者」。[276]

遼天慶三年(西元1113年),女真完顏部落的完顏阿骨打繼任酋長,馬上聯繫女真其他各部,造兵械,築堡壘,準備反遼。遼廷聞訊,派員前往視察,當場激變,率500騎至咸州(今遼寧鐵嶺),讓遼國朝野大吃一驚。第二年,完顏阿骨打又率2,500人一舉攻下寧江州(今吉林扶餘)。兩

---

[276]《三朝北盟會編》卷244。

個月後，再以 1 萬人擊敗 10 萬遼軍。金收國元年（西元 1115 年）正月，完顏阿骨打宣布建國，自稱皇帝，國號大金。他解釋說：「遼以賓鐵為號，取其堅硬也。賓鐵雖堅，終亦變壞，唯金不變不壞。」[277] 他背後有個在遼考取進士的漢人楊樸做高參，一切按漢族皇帝開基建國的做派。

從揭竿而起到稱帝，頭尾才三年。以女真的實力，完顏阿骨打沒有多大野心，只求獨立，並無滅遼之意。所以，占江州及黃龍府（今吉林農安）之後，他已知足，派人求和，條件是要求遼國交出仇人，並將設在黃龍府的派出機構撤走。對於遼天祚帝耶律延禧來說，嚥不下這口氣，親率 70 萬大軍前往鎮壓。可他們僅 2 萬人迎戰，就殺得遼軍屁滾尿流，耶律延禧逃回中京（今內蒙寧城）。完顏阿骨打又派人議和，耶律延禧仍不肯認輸。沒想到，大宋認為報百年世仇的歷史性機遇到了，暗中與金結盟，夾擊遼。天輔七年（西元 1123 年）八月，完顏阿骨打病逝於征途，其弟完顏晟即吳乞買繼位，為金太宗，繼續征遼。遼北腹受敵，回天乏術。天會三年（西元 1125 年）二月，逃亡中的耶律延禧被金軍俘虜，遼國正式告終。

硝煙未散，金與宋分享戰果起爭執，沒幾天就鬧翻臉。當年十月，完顏晟詔令金軍兵分兩路南侵大宋。韋休寫道：

　　金國能夠攻滅遼國，實在是他們意想不到的事。他們也自知接著再求擴充，一時也有些難於消化了。所以他們對於宋朝，起初並不存什麼野心，只想藉著代破南京之名，要求一點酬勞。偏是宋朝當國的全是一班徼倖小人……[278]

結果，天會五年（西元 1127 年）二月，金軍在大宋都城開封貶徽、欽二帝為庶人，擄到冰天雪地的天邊去，北宋又告滅。這時，距他們造反頭尾才 14 年。此後不久的金世宗完顏雍自豪地宣稱：「中國家絀遼、宋主，

---

[277]　《金史》卷 2，〈太祖紀〉，P.18。
[278]　韋休：《中國史話》卷 3，書林書局影印，第 3 冊，P.464。

第九章　金初 40 年

據天下之正。」[279] 此話不僅表示地理上他們不再偏居東北一隅，更重要是表示政治文化上不能再視他們為「夷狄」了。

一口氣接連滅遼與北宋的完顏晟說來有趣，居然有人說他跟宋太祖趙匡胤很像。[280] 更有意思的是他嗜酒如命。說來有淵源，他們祖上就不乏好酒之輩。如「景祖嗜酒好色，飲啖過人，時人呼曰『活羅』，故彼以此訕之，景不以介意。」[281] 活羅指慈烏，又名慈鴉，一種烏鴉。又如金世祖完顏劾里鉢「嘗乘醉騎驢入室中，明日見驢足跡，問而知之，自是復不飲酒。」[282] 對於完顏晟來說，戒酒是一件比滅人之國還難的事，以至因私用國庫錢喝酒而受刑的地步。

完顏晟病逝後，繼承人熙宗完顏亶又嗜酒。金人不僅是天生的戰士，還是談判高手，先向遼要求歲幣 25 萬兩和絹 25 萬匹，正好宋給遼的歲貢數目，後向宋要求的賠款，又相當於 180 年歲幣之和。有了這麼多橫財，金國可以說不差錢了。可是一下子占人那麼多地盤，如何管理，不是件輕鬆事。外部方面，與南宋的和平顯然不能高枕無憂，何況還有西夏面和心不和。內憂外患，遠不是醉享太平的時候。因此，完顏亶上臺第一件事就詔令全國公、私禁酒。然而，完顏亶戒酒比完顏晟更難。他越來越變態，常常酒醉而殺人，所殺還多是宗親與大臣。群臣恐懼極了，以至他被右丞相完顏亮所殺。金建國立朝 40 週年，就處在這樣的背景中。

完顏亮於此前 6 年即西元 1149 年弒君篡位，本年 33 歲，此後 6 年即西元 1161 年也被殺篡位。

---

[279]　《金史》，卷 28，〈禮志〉，第 53 冊，P.453。
[280]　確庵、耐庵：《靖康稗史》，原文：「吳乞買當金太祖朝嘗使汴京，其貌絕類我太祖皇帝塑像。眾皆稱異。」
[281]　《金史》，卷 1，〈世紀〉，第 53 冊，P.4。
[282]　同上，P.7。

最大看點：徹底向中原移近

　　金國原來在東北一隅，國都上京會寧（今黑龍江哈爾濱阿城）。隨著勢力擴張到華北，需要面對西北的西夏與南方的南宋，上京就顯得太偏遠了。再說，完顏亮曾經任中京（今北京）留守，跟後來的朱棣一樣，對中京了解，有感情。此外，完顏亮與朱棣還有一個共同的緣由，他們都是弒君篡位，原來的國都留有他們製造的血跡，惡夢一般不忍回顧，唯恐避之不及。於是，完顏亮便以上京「僻在一隅，官艱於轉輸，民艱於赴訴」為由，決定將都城遷到中京。歷時 3 年，燕京皇城建城。此前 2 年即西元 1153 年，正式遷徙，並改燕京為中都，府曰大興。正如俗話說「富人三船，窮人三挑」，再窮的人搬個家也有幾挑破爛傢什，得費個三五日工夫才能安頓好，何況一國之都。隨後兩年，完顏亮基本都在忙這件事。

　　今北京房山西北部是太行山餘脈，名「大房山」，綿亙數十里，有支峰十餘座，中部的主峰貓耳山海拔 1,370 公尺，登臨遠眺，大有君臨天下之感。本年即西元 1155 年初，完顏亮多次親臨山上山下實地考察，感到挺滿意，賜役夫每人絹一匹。

　　完顏亮決定在此山麓建行宮與山陵，委派大臣回上京，將太祖、太宗及太后的梓宮即棺材遷移到這裡來安葬。又先後遣平章政事蕭玉迎祭祖宗梓宮於廣寧（今河北昌黎），平章政事張暉迎祭梓宮於宗州（今河北邢臺）。這年秋，完顏亮行獵，親自射了一頭獐，用以祭梓宮。完顏亮出城到沙流河（今河北唐山）親迎梓宮及皇太后，特地命左右侍從拿了兩根木杖，在太后面前長跪，內疚地訴說：「亮不孝，久失溫清，願痛笞之，不然，不自安。」太后將他扶起，安慰說：「凡民間有子克家猶愛之，況我有子如此。」說著，將持杖者叱退。梓宮運抵中都，完顏亮將「大安殿」改名「丕承殿」，用以安置。同時，大房山行宮也建成，名「磐寧」。磐指厚而

第九章　金初40年

大的石頭,希望從此像磐石樣的安寧吧!在這新都,金燕百官朝完顏亮於泰和殿(俗稱「金鑾殿」),完顏亮則朝太后於壽寧宮。

這年增置「教坊」,人數不詳。教坊是唐代創設的舞樂機構,設於宮中,教習音樂舞蹈。完顏亮在這裡「多為遊宴」,遊樂宴飲,這就讓人更多想像了。

完顏亮曾經對大臣明說,他要「盡得天下絕色而妻之」。可他不僅好色,而且荒淫,《金史》說他「淫嬖不擇骨肉」,即淫樂連親人也不放過。清人趙翼評價更糟,說他比齊文宣、隋煬帝相加還糟。[283]貴妃定哥有絕色,完顏亮跟她早有一腿,後來嫁崇義節度使烏帶,完顏亮透過侍婢捎話:「自古天子都有兩個皇后,妳把丈夫殺掉,然後跟我!」定哥嘆道:「君王太不像話,年輕時做了不該做的事,現在兒女都已長大,怎麼還能胡來!」完顏亮威脅說:「妳如果不殺丈夫,我就滅你全家!」定哥仍拒絕。完顏亮便指使別人將她丈夫縊殺,強納定哥為娘子,後進封為貴妃。這時,發現她妹妹石哥也很漂亮,但已是大臣之妻。完顏亮又威脅那大臣的母親:「妳要把兒媳婦休掉,否則我不客氣!」為免殺身之禍,他們只好屈從。

不過,完顏亮也與民同樂。角抵最早是一種戰鬥方式。《述異記》記載:上古時蚩尤與黃帝打仗時,「耳鬢如劍戟,頭有角,與軒轅鬥,以角抵人,人不能向」。到秦漢時,變成為一種帶有表演成分的遊戲。據記載:秦時「始皇並天下……郡縣兵器,聚之咸陽,銷為鍾鐻;講武之禮,罷為角抵。」直到宋代還很流行。本年,新都組織這種活動,完顏亮登寶昌門觀看,眾多百姓爭觀。

有形無形的都搬差不多了。此後2年即西元1157年完顏亮撤銷上京留守司衙門,罷上京稱號只稱會寧府,毀掉舊宮殿、宗廟、諸大族宅第及

---

[283]　趙翼:《廿二史劄記》,「海陵荒淫,最為醜穢,身為帝王,採取美豔,何求不得?乃專于宗族親戚中恣為奸亂,甚至殺其父、殺其夫而納之,此千古所未有也。海陵在位,蓋兼齊文宣、隋煬帝之惡而更過之。」

皇家寺院儲慶寺，並夷為平地，聽任百姓耕種，不想留下任何舊都的痕跡，讓那些懷舊的貴族了斷回歸的念頭。

此外，不能不進一步說說完顏亮的野心。

這時，金與南宋仍處於「友好」當中。本年正月初一，完顏亮遣使入宋賀「正旦節」。五月二十一日是宋高宗趙構的生日，稱「天申節」，完顏亮派員祝賀，趙構在紫宸殿親切接見，共祝兩國世世代代友好下去。然而，這年發生一件不大可也不小的事：秦檜死了！

秦檜被定義為千古罪人，不用多介紹。他死了，有些人感到不安。臨死之時，秦檜自己也預料，於是遺表希望在他死後加強與金國的盟友關係，嚴防奸人破壞。[284] 秦檜死訊傳出，南宋軍民士臣爭相歡慶，一些大臣紛紛上書揭露他的罪惡，要求徹底查處。趙構被逼得沒辦法，不得已恢復一些受迫害官員的職位，同時貶斥秦檜黨羽。這樣一來，完顏亮不安了：秦檜經辦的和平協議也隨之作廢嗎？完顏亮特地遣使入宋，要趙構給個說法。

趙構始終挺秦檜。秦檜死後第二天，他對大臣們公開說：「秦檜奉行與金和平的原則，對於大宋中興是有功的！」[285] 針對金國不安，趙構於第二年即西元1156年詔曰：與金議和，秦檜只不過贊同朕意而已，怎麼能說是他主謀呢？誰再敢妄議這事，依法嚴懲！[286] 由此可見趙構求和之誠心與決心，也可見迄今有些人將宋與金議和的責任全推到秦檜身上極不公，也不符史實。當然，這不是個案。只反奸臣不反皇帝，是今人一大特

---

[284] 《續資治通鑑》卷130，〈宋紀〉130，第7冊，P.3458，「願陛下益固鄰國之歡盟，深思宗社之大計，謹國是之搖動，杜邪黨之窺覦。」

[285] 李心傳：《建炎以來系年要錄》卷169，「秦檜力贊和議，天下安寧。自中興以來，百度廢而複備，皆其輔相之力，誠有功於國。」

[286] 《續資治通鑑》，卷131，〈宋紀〉131，第8冊，P.3471，「朕惟偃兵息民，帝王之盛德；講信修睦，古今之大利；是以斷自朕志，決講和之策。故相秦檜，但能贊朕而已，豈以其存亡而有渝定議耶！近者無知之輩，遂以為盡出於檜，不知悉由朕衷，乃鼓唱浮言以惑眾聽……內外大小之臣，其咸體朕意，恪遵成績，以永治安；如敢妄議，當置重典！」

第九章　金初 40 年

色。朝綱出了問題，往往歸咎於「奸臣」，而不敢追究皇帝，找替罪羊糊弄百姓。再說，有功就歸皇上英明領導，有過就推給部下，也是極不道德的。趙構在明知有人非議的情況下，仍能如此擔責，不論從道德上還是政治上都是值得肯定的。

本年初趙構已經賜秦檜諡「忠獻」，並詔改岳飛生前封地岳州為純州，岳陽軍為華容軍，進一步清除岳飛的影響。這份詔書則一方面為秦檜加封「申王」，另一方面堵反對派的嘴，給完顏亮吃了一顆定心丸。

從完顏亮本年表現來看，似乎他耽於享樂，不思進取，其實他大有野心。前文說他曾對大臣誓言「盡得天下絕色而妻之」，只是他三大壯志之一，首先是「國家大事，皆自我出」，其次「帥師伐遠，執其君長而問罪於前」，三者都不是凡夫俗子所敢想的。

完顏亮漢學造詣很深，曾拜漢族大儒張用直為師。一方面，他借鑑漢族典章制度，加速漢化改革。如廢除令漢人剃髮易服的民族歧視政策，大量提拔漢官等等。將都城從「僻在一隅」的會寧遷至北京，還有一個重要原因是想藉以顯示自己為中原王朝的合法繼承人，而不只是女真的君主。從此，女真也與漢人雜居。但完顏亮沒有全盤照搬遼、宋舊制。他明示：「顧理道所在，有因有循；權變所在，有革有化。」[287] 另一方面，他「學奕、象戲、點茶、延接儒生，談論有成人器」，時人稱他「一吟一詠，冠絕當時」。不久，完顏亮撕毀和約，兵分 4 路對南宋發動全面進攻。他親自率其中一路進軍壽春，大有一舉蕩平江南之勢。然而，完顏亮太忘乎所以了，滿腹經綸卻忘了一個成語：「螳螂捕蟬，黃雀在後」。

完顏雍是金太祖完顏阿骨打之孫，與完顏亶、完顏亮堂兄弟。俗話說「天下烏鴉一般黑」，金人的皇族與漢人的皇族一樣黑，完顏雍面臨著同樣的險境。所幸他有個非同尋常的妻子烏林答氏。父親留下一條宋朝皇帝用

---

[287]　轉引自漆俠《中國改革通史》遼夏金元卷，P.255。

過的白玉帶，為傳家之寶，烏林答氏卻說：「這玉帶你不該留，應當獻給天子。」完顏雍覺得有道理，將白玉帶奉獻給完顏亶，博得歡心與信任。完顏亮即位之初，對完顏雍很不放心。烏林答氏又勸完顏雍進獻珍異。完顏亮非常好色，調完顏雍為東京留守，卻要烏林答氏入燕京為質。烏林答氏明白這意味著什麼，又不能不從命，只好動身，但在離燕京70里處自殺。她留下遺書，懇求丈夫不要「作兒女之態」，而要臥薪嘗膽，伺機「奪帝位，一怒而安天下」。完顏雍忍辱負重，沒去操辦烏林答氏的後事，讓下人就地草草安葬。為此，完顏亮放過完顏雍一馬，改派心腹高存福任東京副留守，嚴密監視他。

這年趁完顏亮大舉遠征，而「民皆被困，衣食不給」，「民不堪命，盜賊蜂起」，完顏雍的舅父李石勸他果斷起事。各路軍入城，殺了高存福等人，重演「黃袍加身」歷史劇。第二天一早，軍官們到完顏雍的府第求見。完顏雍剛剛走出來，他們便在庭下高呼萬歲。完顏雍推讓一番，再經一番勸進，赴太廟祭告祖先，然後才登皇帝的寶座，為金世宗，宣布改元「大定」，廢完顏亮。遠在長江邊的完顏亮聞訊，想停止南下，率兵北歸奪回權力，可又聽親信建議，想等打過長江，滅了南宋，再回師奪權，兩全齊美。沒想失算，渡江失敗，傷亡慘重，而他的部從已知完顏雍篡權的消息了。在這種情況下，完顏亮仍然要求強渡長江，嚴令：「軍士亡者，殺其領隊；部將亡者，殺其主帥。」於是，主帥耶律元宜與同僚取得共識：「不若共行大事」。連夜譁變，闖入完顏亮大帳，亂箭齊發，將他射死。完顏雍率軍入中都，順利奪取金國中央政權。

平心而論，完顏亮還是有所作為。他改革「一省六部」中央官制，機構精簡，效率提高，更有利於君主集權。恢復遼制登聞檢院，後人直嘆其明古之風。改革法律，頒布了金朝真正意義上的成文法。經濟方面則在中原「括地」，積極扶植女真貴族向封建地主轉化，還控制了貨幣流通。

第九章　金初 40 年

總之，為「大定之治」奠定了一個較好的基礎。至於意欲吞併南宋，如果站在金國的立場看，何罪之有？如果從崇尚「大一統」角度看，更無可厚非。只不過他沒防範後院起火，偏偏完顏雍又英明地華麗轉身，搖身一變為「小堯舜」，他就不能不滿盤皆輸了，就如子貢所說：「是以君子惡居下流，天下之惡皆歸焉。」

杜甫嘆諸葛亮：「出師未捷身先死，長使英雄淚滿襟。」這詩可以借來說完顏亮，不過完顏亮比諸葛亮闇然多了！完顏亮被廢為海陵王。金、宋雙方的史家異口同聲地將他說成一個嗜血的怪物，不承認他是皇帝，僅稱海陵王。蔡東藩甚至說：「歷代無道之主，莫如金亮，亮之罪上通於天」。[288] 像他這樣落得裡外不是人、古今不是人的帝王，似乎不多。

千古之嘆：帝王的自我批評

顧名思義，〈罪己詔〉是帝王自責罪過的詔書，用現代話來說是帝王的自我批評書。至高無上的帝王，偶爾也會主動攬過，自省自責，力求自我改革，自我完善，至少在態度上是值得肯定的。從遠古至近代，有不少帝王發過〈罪己詔〉，這是一道頗具特色的歷史風景。

〈罪己詔〉之題都是後人根據詔書內容另加的，也稱〈哀痛詔〉之類。

一、草擬〈罪己詔〉之禍

金國的歷史很搶眼，大起大落，大是大非，大愛大殺，大譽大毀，被視為「夷狄」卻又被譽為「小堯舜」，十分令人感慨，讀金史不容易打磕

---

[288]　《宋史演義》第七十八回。

睡。完顏亮那麼文儒一個人，卻以謀殺篡位始，又以被謀殺告終。而被他謀殺的熙宗完顏亶，其實也差不多如此。

完顏亶是合法上臺的。他是金太祖完顏旻的嫡長孫，《大金國志》說他：「自為童時聰悟，適諸父南征中原，得燕人韓昉及中國儒士教之。後能賦詩染翰，雅歌儒服，分茶焚香，弈棋象戲，盡失女真故態矣。視開國舊臣則曰『無知夷狄』，及舊臣視之，則曰『宛然一漢戶少年子也』。」

韓昉原來是遼國的狀元，降金後受重用，拜參知政事。西元1139年六月，登帝位已四年的完顏亶與韓昉進行一場討論。完顏亶嘆道：「朕常讀《貞觀政要》，他們君臣坦誠議政，值得學習。」韓昉回答：「因為唐太宗和藹對待下臣，房玄齡、杜如晦等人臣也能夠竭盡忠誠。」完顏亶問：「唐太宗自然是一代明君，那麼唐玄宗呢？」韓昉答：「大唐自太宗之後，只有玄宗、憲宗不錯。但玄宗有始無終，初期重用姚崇、宋璟，行得很正，所以能夠開創『開元之治』；晚年怠政，錯用李林甫，阿諛奸邪，所以導致『天寶之亂』。假如能夠善始善終，重振『貞觀之治』雄風也不難！」完顏亶再問：「那麼，周成王又如何？」韓昉答：「那是遠古的賢君！」完顏亶感慨說：「成王雖然賢，也得靠周公輔佐啊！後人懷疑周公殺了其兄武王，朕認為，為了國家社稷大業，沒什麼好非議。」[289]

這段對話，前面幾句比較平淡，最後一句嚇人一跳。在完顏亶看來，為了國家（其實往往是為了權力）弒君無可厚非。其實，這話與《孟子》所謂「聞誅一夫紂矣，未聞弒君也」，如出一轍；與拿破崙那句「在國家存亡的緊要關頭，任何東西只要能拯救國家就是有理的」[290]，也無出其右。完顏亶在儒雅的外表之下，殺心如此。如此看來，完顏亶最終被弒，金國歷史那麼血腥，並非沒有邏輯。

---

[289]　《金史》，卷48，〈熙宗本紀〉，第53冊，P.48，原文：「成王雖賢，亦周公輔佐之力。後世疑周公殺其兄，以朕觀之，為社稷大計，亦不當非也。」
[290]　[英]約翰·霍蘭·羅斯：《拿破崙一世傳》上冊，北京：商務印書館，1977年，P.46。

第九章　金初 40 年

由此也可見，完顏亶想華麗轉身，走向文明是有誠意的。只是由於人性骨子裡難以自律的慣性，他最終難以自己。在完顏亶與韓昉上述對話之前，完顏亶在上臺伊始就宣布過公私禁酒，可是在這次對話之後，他還是變得跟唐玄宗差不多「不視朝」。史載西元 1142 年某日：

> 上自去年荒於酒，與近臣飲，或繼以夜。宰相入諫，輒飲以酒，曰：「知卿等意，今既飲矣，明日當戒。」因復飲……宴群臣於五雲樓，皆盡醉而罷。[291]

這很容易讓我們聯想自己身邊笑話：某「酒鬼」誓言明天開始戒酒，今晚最後痛痛快快大喝一次，可是明天之後還有明天。歷史上就如此，貴為帝王也如此。

想當初，完顏阿骨打特別制定一條紀律：國庫中的錢財只限用於戰爭，誰如果私自動用，處杖刑 20 板。完顏晟私用了不少國庫的錢，很多人說他是用於喝酒了，被發現，真的被打了 20 大板。[292] 這條史料令人震驚。堂堂一個皇帝私用點國庫，竟然得受刑，豈有此理！所謂「禮不下庶人，刑不上大夫」，此文緊接還有一句「刑人不在君側」。大夫級別指從五品官員，地位低於公和卿，金朝的大夫更低，從六品。大夫以上的官員如果犯法，必須先貶為庶人，所以帝王身邊是沒人受刑的。可現在公然刑皇帝了，叫他今後怎麼有臉上金鑾殿？

其實，完顏晟受刑很可能只是做做樣子。史上有先例。《呂氏春秋》記載，楚文王很小時候，其父武王特地從申國請來老師葆申，專門教導他，他也很溫順聽從老師。楚文王繼位後，有所放縱。有一次，意外得到當時名聞遐邇的茹黃之狗和宛地（今河南南陽）之箭，非常高興，隨即到

---

[291]　《金史》，卷 48，〈熙宗本紀〉，第 53 冊，P.51。
[292]　《三朝北盟會編》，卷 165，「金國置庫收積財貨，誓約惟發兵用之。至是，國主吳乞買私用過度，陪版於粘罕，請國主違誓約之罪。於是，群臣扶下殿，庭杖二十畢，群臣復扶上殿，陪版、粘罕以下謝罪，繼時過盞。」

雲夢澤（今江漢平原）打獵。在那裡，他迷上一個美女，一發不可收拾，居然3個月不回，回來也一年不上朝，真不知該感慨那美女多迷人，還是王公多麼缺乏職業道德。葆申看不過意了，直言諫道：「按照楚室法規，您要受鞭刑！」文王清楚後果，但沒想過真有人要執法。他不想狡辯：「不是說『刑不上大夫』嗎？我從小位列諸侯，請換一種處罰，不要鞭打。」葆申說：「我受先王之命，不敢擅自更改。您不受鞭刑，是讓我棄先王之命。我寧可獲罪於您，也不能獲罪於先王。」文王只好說：「那我遵命吧！」於是，葆申拉過蓆子，讓文王伏在上面。葆申把50根細荊條捆在一起，跪著放在文王的背上，拿起來再放，反覆兩次，然後說：「請您起來吧！」文王卻說：「我已經背上受鞭刑的惡名了，你索性真打一頓吧！」葆申說：「君子讓他心裡感到羞恥就行了，小人才要讓他皮開肉綻。」說到底還是做秀，但葆申還是如觸天怒，快步離開，自行流放到河邊，請求文王治以死罪。文王說：「確實是我錯了，你有什麼罪？」於是，文王殺茹黃狗，折斷宛地箭，美女也驅走，勵精圖治，先後兼併39個諸侯國，使楚國日益強盛。完顏晟身邊有不少儒學高官，他本人好儒，不會不知道這個歷史故事，還很可能是有意「抄作業」。完顏晟以恥為動力，華麗轉身，厲精圖治，滅遼與北宋之後，馬不停蹄，把策略重點轉移到國內改革上，對宗廟、社稷、祭祀、尊號、諡法、朝參、車服、儀衛及官禁制度等，「大抵皆依仿大宋」，制定了完備的禮儀制度，《皇統新律》達千餘條。

　　酒癮難戒，但畢竟有無數人戒了，比如完顏晟。所謂癮，跟一個人的品性毅力有關。完顏亶就不同，一次次公開宣布戒酒，卻一次也戒不了久長。上次宣布「明日當戒」的3年後，丞相完顏勖上書勸諫，他又一次公開宣布戒酒[293]，但成效依舊。

　　酒醉有「文醉」與「武醉」之分，前者醉了話多、嗜睡，後者則可能行

---

[293]　《金史》，卷48，〈熙宗本紀〉，第53冊，P.53，「以平章政事勖諫，上為止酒，仍布告廷臣。」

第九章　金初40年

兇滋事。一個百姓武醉也是可怕的,一個帝王武醉有多可怕,完顏亶是個答案。《金史》中常見他殺人,有些明說是因酒,如西元1147四月「宴便殿,上醉酒,殺戶部尚書宗禮」[294]。最惡劣是西元1149年五月,大風大雨,雷將皇宮屋頂給霹了,火星入寢殿,燒了幃幔,嚇得完顏亶連夜逃避到其他殿。按照「天人感應」理論,顯然是朝政出問題了。完顏亶指示翰林學士張鈞起草〈罪己詔〉,這在歷史上是很正常的反應。〈罪己詔〉早有「範本」,大同小異,以皇帝第一人稱自加貶損,貶損越狠老天爺越容易息怒。張鈞起草這份詔書不例外,說「唯德弗類,上干天戒……顧茲寡昧,眇予小子」,意思說朕無德冒犯了上天,請上天原諒朕這眇小人物的過錯。「小子」是一種謙稱,當然也可以用以罵人。如果不小心碰上惡意挑易,那就麻煩了。時任參政知政事蕭肄與張鈞向來不和,趁機上奏:「弗類,是大無道的意思。寡者,孤獨無親。昧者,不曉人事。眇者,目無所見。小子,是嬰兒之稱。張鈞這個漢人,竟敢公然借詔書漫罵皇上!」《金史》與《續資治通鑑》都有記載此事,後者稍詳,有一句「此漢人託文字以詈主上也」[295]。蕭肄是奚族人,這表示他還利用了民族因素。再說完顏亶可能是前一天宿醉還沒醒,一聽怒火中燒,立即命人將張鈞杖打100棍。然而,完顏亶還不解恨,又抽出佩劍,親手狂捅張鈞的嘴,並將他剁成肉泥。

　　殺完張鈞,完顏亶應該完全酒醒了,接著追查誰指使張鈞這麼做,左丞相宗賢說是完顏亮。這樣一來,完顏亮不能不有異心了。完顏亶卻繼續酗酒,繼續濫殺。這年八月,殺佐司郎中三合,十月殺北京留守胙王元及弟安武軍節度使查剌、左衛將軍特思,十一月殺皇后裴滿氏、故鄧王子阿懶、達懶,遣使殺德妃烏古論氏及夾谷氏、張氏,十二月殺妃裴滿氏……上天降災警告沒用,大臣的諫書沒用,還有什麼可用?恐怕只剩弒君一途

---

[294] 同上,P.54。
[295] 《續資治通鑑》,卷128,第7冊,P.3392。

了，而這用完顏亶本人的話說「為社稷大計，亦不當非也」。於是，完顏亮與駙馬唐括辯等人合謀，將完顏亶殺了，完顏亮自立為帝，改朝換代。

對於完顏亶之死，恐怕沒幾個人會同情。清朝前身「後金」是金國的後人。《國朝宮史》載，皇太極曾評論說：「朕思金太祖、金太宗法度詳明，可垂久遠。至熙宗合喇及完顏亮之世盡廢之，耽於酒色，盤樂無度，效漢人之陋習。」最後一句，用現代話說是漢人躺著也中槍了，但冷靜一想又覺得不無道理。本來，「金初，法制簡易，無輕重貴賤之別」[296]，所以才有君臣訕笑不介意、天子違誓也挨杖刑的事。可是隨著禮儀制度發表，而「這套禮儀制度，處處表現皇帝至高無上的尊嚴」[297]，完顏亶也就變得像叔本華筆下那神猴一樣無法無天了，最終「金以儒亡」。

二、罪己帝王知多少？

中國帝王自我批評的傳統，最早追溯到傳說中的堯，他說自己是全心為民的，因此「一民或飢，曰此我飢之也；一民或寒，曰此我寒之也；一民或罪，曰此我陷之也」[298]。如果有一個百姓飢，那是我讓他餓了；有一個百姓寒，那是我讓他寒了；有一個百姓犯罪，那是我讓他犯罪了。好傢伙，將民眾的飢寒與犯罪之責全往自己身上攬。實際上，任何時候都不可能沒有人不飢寒，也不可能沒人犯罪，豈不是說堯天天有罪？如此看來，這話不實際，但態度感人。不過，這話最早出現在西漢大儒賈誼手上，當中隔了幾千年。

接下來，可能要數商湯。他率眾起義滅了罪惡累累的夏王朝，建立起嶄新的商王朝，可是一連5年大旱，莊稼無收，黎民受飢。湯王心急如

---

[296] 《金史》，卷45，〈刑志〉，第53冊，P.669。
[297] 《中國改革通史》遼夏金元卷，P.237。
[298] 賈誼：《新書·修政語》。

第九章　金初 40 年

焚,以自己為犧牲,入桑林,剪頭髮與指甲,爬上柴堆,向天祈禱說:「如果四方百姓有罪,那就來處罰我一人,請不要以我一人有罪,而讓鬼神殃及四方百姓!」[299] 據說,湯王祈畢,「雨乃大至」,靈驗得很呢!此形此景,我們今天讀來也不免感動。不過,此事最早記載是秦始皇前夕秦國的《呂氏春秋》,也隔了夠久遠。

再接下來,要數周文王了。大災的時候,他作〈詔牧〉曰:「不穀不德,政事不時。國家罷病,不能胥匡……」因為我品德不好,政令不合時宜,國家疲憊不振,也不能匡扶。這文字應該是可信的,這種注重自身道德建設的姿態應該可信的。

古人講「君權神授」,君王之職是神任命的,他人休想篡奪。可是,周作為商的邦屬,卻翦商,並取而代之,逆天命了,不能不給個「說法」。於是,他們對「君權神授」作出新的解釋:神授之權不是「鐵飯碗」,你有德,神就讓你有權;哪天你變無德了,神就收回權,另授給別人。於是,他們一方面大力抨擊商朝末代帝王無德,周奪商之權是神改變授權,大義昭昭;另一方面大力開展道德建設,忠告子孫後代不可失德,以防神再次改變授權,讓別人奪去。朝政出現問題,帝王主動攬責,而不是攬功推過,這是謙遜,是一種美德。周文王帶了一個好頭。從此三千年,在不遺餘力地批判商紂王、秦始皇等無德帝王的同時,經常有帝王在詔書當中作自我批評,努力爭取民心,藉機推新政。

學者蕭瀚根據二十五史統計,中國歷史上共有 89 位皇帝(包括袁世凱)下過罪己詔,具體是漢 15 位,三國 1 位,吳國 2 位、兩晉 7 位、南朝 14 位、北朝 1 位、隋朝 1 位、唐朝 8 位、五代 6 位、宋代 7 位、遼代 1 位、金代 1 位、元朝 4 位、明朝 3 位、清朝 8 位。當然,這只是一家之言。

---

[299] 《呂氏春秋》,「余一人有罪,無及萬夫;萬夫有罪,在余一人。無以一人之不敏,使上帝鬼神傷民之命。」

三、何以「罪己」？

在科技、生產力都很低的歷史上，對天災無能為力，只能「靠天吃飯」。因此，人們對天感到非常神祕，非常敬畏。不幸逢天災，覺得像一個粗暴的家長生氣了，只能戰戰兢兢求他息怒，像商湯那樣。

這類事頗多。西元1832年從夏至秋，旱無透雨，道光皇帝憂心忡忡，五月兩次率百官到郊外祭祀，泛泛自責說：「敬思水旱之不齊，總因政治之多失」，如果老天爺能夠寬恕朕的過錯，百姓就能得到大地的恩惠了。結果，雖然減了一些熱，雨仍不見，旱情繼續加重。六月十八日，道光再次祈雨，具體檢討說：今年辦理王法中、吉三白、尹老須、孟老藏等教民造反案，分別處以凌遲、斬決、監候之刑，他們罪有應得，但所在各地緝拿犯人、查詢證人擾亂鄉裡的事「亦難保其必無」。「百姓皆吾赤子，若一身習教，累及一家；一家習教，累及一鄉，即此恐已上干天和」。現在旱情太嚴重，如果「有可以上格天心者，朕必見之施行」。旱情仍不減，草都難生存了。沒幾天，只好再一次祈雨，道光感到「總緣臣罪日深」，更深入地檢討：祭祀時是不是不夠恭敬，處理政務不夠謹慎，隨意訓斥過什麼人，是不是賞罰不公，是不是勞民傷財，是不是有冤獄，西南用兵「未免殺戮之慘」，是不是「楚粵逆猺，剿撫不當，以致遭塗炭」……「無辜萬姓，因臣一人是累，臣罪更難逭矣」[300]。

道光這自我批評有點意思，因為他檢討到了諸種很具體的過失。西漢朝野是非常崇尚「天人感應」說的，東漢著名唯物主義哲學家王充猛烈抨擊「天人感應」理論的虛妄性與欺騙性，但他對董仲舒求雨之類做法卻讚不絕口，強調如果久旱不雨，君王必須舉行雩祭，以示「惠滀惻隱之恩」，「慰民之望」，撫慰百姓[301]。顯然，在他想來帝王藉此機會體察民

---

[300]　《清道光實錄》卷214。
[301]　王充：《論衡·明雩》。

第九章 金初 40 年

情，有總比沒有好。因天災問題，開啟糾正人禍之始，荒唐些又何妨？只有正視問題，才可能有改革，帶來新的希望。其他人也有同感吧，所以祈雨之類的巫術一代代流傳，千古難衰。

除了天災，更有諸多朝政失誤夠帝王去自我批評，只不過多數帝王是拒絕認錯的，不見棺材不落淚，甚至見了棺材也不落淚。

秦時有一種「祝官」，充當人與鬼神交流的仲介。其中又有一種「祕祝」，職掌「移禍」，即將災異、疾病等禍端轉移，是中國古代比較有特色的巫術。商湯對天說如果四方百姓有罪那就來處罰我一人，也可以視為一種移禍。當然，更多是將過失責任從帝王那裡推卸到百官頭上。東漢學者應劭為《漢書》注曰：「祕祝之官，移過於下。國家諱之，故曰祕也。」漢朝繼承了秦朝這一做法，但漢文帝劉恆看不過意，發詔廢除此職，提出：「百官之非，宜由朕躬。」[302] 祕祝之官從此廢除，但「移過於下」之事千古不衰。

還有另一種情形，與此截然相反。

天不是暴君，他會對人間暴君昏君發怒，也會給明君表示讚賞，獎罰分明，公平公正。董仲舒對漢武帝闡釋：每當道德高尚的人成為君主，天就像父母，示以「祥瑞」。《今文尚書》記載：白魚躍入武王的御船，火光亮於武王的宮室，然後飛到天空化作太陽烏。周公說「善有善報」，孔子說「德不孤，必有鄰」，都是積善累德的結果。周朝末世，朝政日益衰敗，諸侯背叛，殘害百姓，不能正確使用刑罰，邪惡之氣產生。邪穢之氣積蓄於下，怨惡之氣聚集於上，上下不和，陰陽兩種相反的東西絞織在一起，於是災異出現。[303] 董仲舒就是這樣勸誘帝王棄惡從善，學習周文武

---

[302] 《漢書》卷 28，〈封禪書〉，P.1178。
[303] 《漢書》，卷 56，〈董仲舒傳〉，P.1902-1903，「臣聞天之所大奉使之王者，必有非人力所能致而自至者，此受命之符也。天下之人同心歸之，若歸父母，故天瑞應誠而至。《書》曰：『白魚入于王舟，有火復于王屋，流為烏』，此蓋受命之符也。周公曰『復哉復哉』，孔子曰「德不孤，必有鄰」，皆積善累德之效也。及至後世，淫佚衰微，不能統理群生，諸侯背畔，殘賊

王好榜樣，爭取老天爺的表揚，爭做一個明君。

儒家又諄諄教導要謙虛謹慎。漢蔡邕〈讓高陽鄉侯章〉：「臣事輕葭莩，功薄蟬翼。」功勞像蟬的翅膀那樣微薄，形容功勞很小，功臣常用以自謙。有些明君也如此。比如漢宣帝劉詢，他與昭帝劉弗陵共創了「昭宣中興」。西元前 65 年，泰山和陳留郡出現鳳凰，未央宮降甘露，朝野大喜，歡呼盛世。劉詢赦天下並免租，卻在詔書中自我批評說：

朕未能章先帝休烈，協寧百姓，承天順地，調序四時，蒙獲嘉瑞，賜茲祉福，夙夜兢兢，靡有驕色，內省匪解，永唯罔極。

總之，受之有愧，一定要更加努力。5 個月後，他又在一份詔書中自我批評說：「朕不明六藝，鬱於大道，是以陰陽風雨未時。」[304] 為此，命各位公卿大臣推選精通儒家經典的賢能之士一二人。

針對大臣反映「治獄宜慎」的問題，劉詢承認有些獄吏奸巧，存在罪重者輕罰，無辜者伏誅的現象，「此朕之不明，吏之不稱」[305]，這都是因為自己領導不夠英明與獄吏不稱職造成的。出現問題，他首先檢討自己的領導責任，而不全推給下級。

■ 四、罪己誠意幾何？

有些帝王的自我批評，應該是有誠意的。何以知之呢？

漢武帝窮兵黷武，造成「海內虛耗，戶口減半」，橫徵暴斂，危機日重，但他晚年幡然悔悟，發表著名的〈輪臺罪己詔〉，懸崖勒馬，果斷地將工作重點轉移到社會經濟恢復與發展上，為「昭宣中興」打下了良好基

良民以爭壤土，廢德教而任刑罰。刑罰不中，則生邪氣，邪氣積於下，怨惡畜於上。上下不和，則陰陽繆盭（即戾也）而妖孽生矣。此災異所緣而起也。」

[304]　《漢書》，卷 8，〈宣帝紀〉，P.178。
[305]　同上，P.179。

第九章　金初 40 年

礎。司馬光說劉徹「晚而改過，顧託得人，此其所以有亡秦之失而免亡秦之禍乎」[306]，固然有理，但我想或許可以說因為有〈輪臺罪己詔〉，「所以有亡秦之失而免亡秦之禍」也。試想，如果劉徹自己不公開反省，改弦更張，而繼續耗損國力至死，霍光面對那個「主少國疑」的局面，有那麼容易改革復興嗎？

再說梁武帝蕭衍，面對的是另一種情形，群臣一片歌功頌德，他卻詔曰：

> 王公卿士，今拜表賀瑞，雖則百闢體國之誠。朕懷良有多愧，若其澤漏川泉，仁被動植，氣調玉燭，治致太平，爰降嘉祥，可無慚德。而政道多缺，淳化未凝，何以仰葉辰和，遠臻冥貺。此乃更彰寡薄，重增其尤，自今可停賀瑞。[307]

其實，這年三月大雪，平地 3 尺，五月琬琰殿又失火延燒後宮 3,000 間，哪來祥瑞可言？想當年，高祖廟及其陵寢偏殿相繼發生火災，董仲舒抱病起草一份奏章《災異之記》，說朝政有失，天會降災譴責帝王；如不自省，會出怪異現象警告；如果還不悔改，天會改變授命。反之，「天瑞應誠而至」。結果劉徹大怒，要將董仲舒處斬，隨後憐才赦免，但還是罷了他的職。梁時那幫大臣顯然是睜眼說瞎話，明顯拍馬屁，蕭衍要是領受下來，豈不是跟那些大臣一樣虛偽？當然也有君臣一起自欺欺人的，比如北宋的「天書」鬧劇。

因為上年有一系列異常天象，朱元璋祭祖，檢討自己「功業有未就，政治有闕失」[308]。這篇祭文是他親自撰寫的，應該有誠意。西元 1660 年，順治皇帝在一分詔書中寫道：

---

[306]《資治通鑑》卷 22,〈漢紀〉14，第 2 冊，P.872。
[307]《梁書》卷 3,〈武帝紀〉，第 17 冊，P.44。
[308]《明史》卷 48,〈禮志〉，第 58 冊，P.833。

千古之嘆：帝王的自我批評

前者屢詔引咎責躬，由今思之，皆具文而鮮實益。且十二三年間，時有過舉，經言官指陳，雖加處分，而此心介然未釋。今上天示儆……用是深自刻責，夙夜靡寧。從前以言獲罪者，吏部列名具奏。凡國計民生利害，及朕躬闕失，各直言無隱。[309]

這份自我批評雖不一定是順治親筆，但是坦承過去的自責都是空文，並有指示對因言獲罪平反的具體措施，其誠其懇昭然若揭。

西元 993 年四川爆發王小波率領的農民起事，兩年後才平息。為此，宋太宗趙光義下一份罪己詔，命翰林學士錢若水起草。可想而知，這實際上就是起草人在批評皇上，哪敢暢所欲言？所幸趙光義有誠意，提筆親自修改了多字，於是我們看到正式釋出的檔案是這樣：

朕委任非當，燭理不明，致彼親民之官，不以惠和為政，筦榷之吏，唯用刻為功，撓我蒸民，起為狂寇。念茲失德，是務責躬。改而更張，永鑑前弊，而今而後，庶或警予！[310]

這可是鎮反啊，可以大批「狂寇」如何如何壞，也可以大批地方官如何如何沒執行朕的英明決策，怎麼可以怪「朕委任非當」，還上綱上線說朕「失德」呢？如果這自我批評還沒有誠意，那什麼才叫誠意？不久有次大旱，要取消早安排的大宴活動，宋仁宗趙禎命大學士起草罪己詔，未盡皇上之意，趙禎只好親筆加上「上帝之怒，咎自朕致，民實何辜」之語[311]。

當然，更多帝王自我批評是無奈的，言不由衷。明監察御史弋謙性直敢言，多次惹明成祖朱棣不高興，被貶不算，還免職遣送回鄉。明仁宗朱高熾做太子時就聽聞弋謙，覺得他是個好官，因此一繼位便將他召回，提

---

[309] 《清史稿》卷 5，〈世祖紀〉，P.107
[310] 《續資治通鑑》，卷 18，〈宋紀〉，第 1 冊，P.418。
[311] 《續資治通鑑》，卷 48，〈宋紀〉，第 3 冊，P.1173。

第九章　金初 40 年

拔為大理少卿。可是弋謙秉性不改，有些言詞過於激烈，朱高熾很快忍不住了，感到厭惡，一見他就沒好臉色。有些大臣見風使舵，聯手攻擊弋謙「訕君賣直」，建議法辦。朱高熾召集楊士奇等大臣討論。楊士奇說：「弋謙不悉大體，其實他心裡很感激皇上破格提拔的恩典，只是一時疏忽。主上聖明則大臣正直，希望陛下寬容！」聽這麼一說，朱高熾只好忍，但見到弋謙還是親和不起來。楊士奇進言一步勸道：「陛下詔求直言，四方朝覲的臣子都聚在宮闕下，看到弋謙這樣被冷落，都會寒心的。」朱高熾嘆道：「可是也有一些大臣迎合朕。」於是，處分只是不讓弋謙上朝參拜。從此，上奏章論事的人還是越來越少。朱高熾不開心了，又召楊士奇談此事：「朕只不過惱怒弋謙過激、言過其實罷了，你跟眾臣說說，解釋一下朕的心意。」楊士奇說：「我說話無以為憑，請皇上下旨。」朱高熾便命楊士奇當場起草詔書：「朕於謙一時不能含容，未嘗不自愧咎。爾群臣勿以前事為戒，於國家利弊，政令未當者，直言勿諱。謙朝參如故。」[312] 這份自我批評顯然是楊士奇逼出來的，不無勉強，但也不乏誠意。

　　唐末，宦官與藩鎮問題日益嚴重。文宗李昂繼位後，很想闖一番事業，暗暗決心盡快將宦官的囂張氣陷打下去，與心腹李訓等人謀劃「甘露之變」，但失敗。這樣一來，宦官更囂張，「挾天子以令諸侯」，神策軍四面搜捕李訓及其手下，對市民也逢人就殺。其他被殺官吏還有六七百人，同黨千餘人，血流成渠。事後，李昂下罪己詔，自我批評「燭理末明」，將問題歸咎於朋黨之爭，而絲毫不敢指責宦官，顯然言不由衷。

　　西元 1797 年十月，乾清宮、交泰殿起火，太上皇乾隆詔曰：「現在朕雖已傳位為太上皇帝，而一切政務仍親理訓示，政事有缺，皆朕之過，非皇帝之過。即太監人等不能加意小心，大臣等將伊等按例治罪，朕引為己過，尚從寬典。」看似乾隆在為皇帝、大臣及太監們攬過，可是在此文之

---

[312]　《明史》，卷 164，〈弋謙傳〉，第 61 冊，P.2952。

前,大段談論的卻是:「朕二十有五踐阼,紀元六十,傳位皇帝,茲春秋八十有七,精神純固,康健如常,親見五代玄孫,武功十全,諸福備具,並未倦勤,日親訓政……」[313] 這不是明顯地評功擺好、自我表揚嗎?相比之下,「皆朕之過」一句就顯得太空洞。

宋咸淳九年(西元1274年),離南宋最後覆亡僅5年,這年七月,34歲的宋度宗趙禥突然病死,繼位的恭帝趙㬎年僅4歲,老奶奶謝太后主政,更多權力委以丞相賈似道。偏偏這時又面臨凶惡元軍全面進攻,本當皇帝親征,現在全體官員和太學生只好一致強烈要求賈似道親征。元將軍伯顏率20萬大軍南下,破陽邏堡。緊接攻鄂州,守軍不戰而降,「京朝官聞難,往往避匿遁去」。這時,謝太皇太后下〈哀痛詔〉(即〈罪己詔〉),說皇帝年幼,自己年邁,國家艱危,希望各地文武豪傑同仇敵愾,共赴國難,朝廷將不吝賞功賜爵。她在詔書中激動地說:

我國家三百年,待士大夫不薄。吾與嗣君遭家多難,爾小大臣不能出一策以救時艱,內則畔官離次,外則委印棄城,避難偷生,尚何人為?亦何以見先帝於地下乎?天命未改,國法尚存。凡在官守者,尚書省即與轉一資;負國逃者,御史覺察以聞。[314]

她將這詔書張貼於朝堂之上,生怕人不知道。然而,各地反應並不熱烈。狀元出身的贛州主官文天祥,本來是花花公子,因反對賈似道受排擠,讀了〈哀痛詔〉倒是頗感動,拿出家產召募三萬壯士組建民軍,北上抗元,被任為兵部尚書。他建議分置長沙、隆興、鄱陽和揚州4鎮,建都統,足以抗敵,大臣們卻認為不切實際,不予上報。此外,除了一些畬族等山地民,基本上無人響應此詔。皇帝年幼、自己年邁都不是理由,國家這麼大,難道都老幼嗎?為什麼不能選個有能力履職的皇上?這〈哀痛

---

[313] 《國朝宮史續編》卷5。
[314] 《宋史》卷243,〈理宗謝皇后紀〉,第48冊,P.7182-7183。

第九章　金初 40 年

詔〉既太遲，又沒什麼「乾貨」，能收實效才怪呢！

〈罪己詔〉只不過是一種姿態，一種態度，一種表演，聊勝於無。如果指望用它來實現帝王自律，而忽視法制的約束，那肯定是要落空的。君君臣臣那套虛文保護不了臣民，只能將帝王保護得像叔本華筆下那神猴，但有時也可能誤了帝王。法治那套刑杖有時可能冒犯帝王，但有時也可能挽救帝王。假如完顏亶像完顏晟那樣捱過 20 板，他會戒不了酒嗎？他還會濫殺宗親大臣嗎？他可能被宗親大臣所殺嗎？

第十章
南宋初 40 年

【提要】

高宗趙構恢復宋室後（西元 1127～1162 年），與金和解，忍辱負重，集中精力發展經濟、文化，延續了北宋的文明與繁榮，被譽為「建炎中興」。

宋明理學有「程朱理學」與「陸王心學」之分。朱熹理學被批為「偽學」，但後來獨尊為官學。從此，「三綱五常」民間版變為官方版，本意約束統治者的「孔子的籠子」淪為專囚臣民特別是婦女與小輩。

第十章　南宋初 40 年

建國立朝：皇印送上門

南宋與東漢諸多相似，都是重建一個王朝。但北宋之末與西漢之末有所不同，它覆滅是外敵入侵的結果。

西元 1127 年初金兵廢宋徽宗、宋欽宗為庶人，然後押著他們及其宗室、臣僚共 3,000 餘人北歸，包括 1 后、4 妃、31 嬪、41 寵婢及 67 婢。北宋就此滅亡，不過當時不叫亡國，而輕描淡寫為「靖康之變」（「靖康」為年號），趙佶、趙桓則被美化為「二聖北狩」。無獨有偶，西元 1860 年 8 月 22 日，聞訊英法聯軍要進攻北京，咸豐皇帝倉皇避到承德避暑山莊去，也沒說恥辱的「逃」字，而美其名曰「木蘭秋獮」，「木蘭」是滿語捕鹿，「秋獮」指秋獵。對帝王來說，只有褒義詞，而沒有貶義詞，甚至沒有中性詞。

金兵第一次圍開封時，康王趙構與丞相張邦昌一起到金營做人質。沒想到，金兵見他箭術很好，而且「意氣閒暇」，完全不是他們印象中紈褲子弟的樣子，以為他是假皇子，要求換個真的。可是一放，金兵後悔了，再次舉兵南下，指名要趙構去議和。趙構經過磁州的時候，州官宗澤勸道：「金人要你議和是騙人，你去是自投羅網！」有道理！趙構不繼續前進了，再次逃脫魔掌。金兵很惱怒，又包圍開封，勒索更高。

金國有如暴發戶，其實沒多少底氣。10 年前他們軍隊才 1 萬兵，一下攫取那麼多土地，根本管不過來。他們不像後來的元、清，雖然有本事輕易進出中原但不敢久留，只想撈一把走人。金國明顯是部落式策略，即孤軍深入敵後擒王，對方臣服即結束戰爭。金兵要宋臣自己「選舉」一個新君。尚書員外郎宋齊愈與張邦昌向來不和，趁機寫上張邦昌的名字。張邦昌是個本分人，幾十年讀書想當官，但做夢都不敢想過當皇帝，很清楚後果，急得要自殺。金兵威脅：如果張邦昌不繼位，朝中大臣不擁戴，就殺

所有大臣，然後屠城。張邦昌無奈，只得從命，國號「楚」，定都金陵。

可是張邦昌仍然不想做歷史罪人。第一次會百官時，哭著上馬，「復號慟」、「復慟」，堅稱「非敢竊位」，「傳令勿拜」。歷代皇帝南面而坐，他卻「東面拱立」，發文不稱詔書而稱「手書」，不讓大臣稱陛下，不自稱朕而稱「予」。宋哲宗的元祐皇后，早年被廢出家為尼，現在算是在京唯一的宋室。金兵一撤，張邦昌馬上請元祐皇后主持工作，並將皇位讓給趙構，結束僅存33天的「大楚」政權，恢復宋室江山，他自己只以原職宰相的身分辦事。

當時，趙構在濟州（今山東濟寧），張邦昌特地派人將玉璽送去。由此可見，張邦昌是臨危受命，且為國為民辦有實事。例如面對金兵獅子大開口勒索，張邦昌遣使求免，斷然說即使汴京城內鐵鍋鐵板都變成金銀，房屋殿宇皆化為布帛，也拿不出那麼多錢。後來卻仍要按「漢奸」賜死他，我覺得太過。否則，如果張邦昌積極與金國聯手征剿南宋，不說有無南宋，至少是不大可能有南宋之初的「盛世」吧？相比劉秀厚待劉盆子壽終正寢，趙構在這一事方面差多了！

最大看點：和平帶來雙贏

趙構一現身，金兵立即追擊。開封顯然難守，多數大臣主張避難江南。同年撤到揚州，後來相繼退鎮江、江寧、明州、臺州、溫州、處州、越州、蘇州等地。在揚州的時候，金兵前鋒距城僅數十里。趙構一聽戰報，慌忙帶領少數隨從乘馬出城，從瓜洲渡江。古代戲文說是有泥馬相救，玄乎其玄。據說趙構被這突如其來一嚇，失去生育能力。更嚴重的後果是趙構一撤，華北各地紛紛向金兵投降。金在黃河與長江之間建個

第十章　南宋初 40 年

「齊」國，讓最早投降的宋臣劉豫為帝。劉豫這傀儡更囂張，公開揚言要平江南。倒是金不同意他南下，不久索性將他廢了。大臣秦檜從金營逃出，回到流亡中的宋室。秦檜頗有文化修養，得到不少名士的推薦，名儒胡安國就認為秦檜「歸自虜中，若得執政，必大可觀」。[315]

西元 1129 年發生變故：大臣爭寵，苗傅、劉正彥發動兵變，指責趙構「不當即大位」，強迫他禪讓於 3 歲的太子（不久亡故），另請太后聽政，欲與金人議和。張浚、韓世忠等率軍討伐叛賊，苗傅、劉正彥被殺。趙構復位，大力表彰有功人員，賜韓世忠軍旗「忠勇」二字，並封他妻子梁紅玉為「護國夫人」。東京留守杜充放棄抗金起義不斷的河北各地，丟掉了長江以北的所有宋地，隨後還降金。在趙構轉輾躲避外敵之時，還有內部軍人譁變。最糟是西元 1137 年，在趙構重用岳飛大舉北伐的關鍵時刻，因為與岳飛等人不和，大將酈瓊竟然率 4 萬軍降偽齊，北伐只好取消。

專家學者敘述：酈瓊叛逃「這災難性的事件象徵著高宗對金國態度的轉捩點。高宗心灰意冷……更關心控制自己的將領而不是與金國作戰」。[316] 他再也不信任心那些私家軍，轉而向金軍求和。不過，這對於他是個非常痛苦的決定。秦檜擔他在這個問題上跟徽宗與欽宗一樣出爾反爾，特別請求說：「望陛下更精加思慮三日，然後別具奏稟。」三天後，趙構重申和議立場，秦檜卻請求他再思三日，直到他「堅確不移」，[317] 這才正式開始和議工作。

趙構委派大臣洪皓使金，表示願意放棄正統而稱藩臣。金主逼迫洪皓叛變輔助劉豫，洪皓不從，被流放。同年再派使者，送上趙構的請和書，低聲下氣稱：

---

[315]《朱子語類》卷 131，第 6 冊，P.3406。
[316]《劍橋中國宋代史》上冊，P.615。
[317]《三朝北盟會要》卷 184。

今以守則無人，奔則無地，此所以朝夕諰諰然唯冀閣下之見衷而赦己。前者連奉書，願削去舊號，是天地之間，皆大金國之尊無二上，亦何必勞師遠涉而後為快哉！[318]

對此，金主仍不理會。再派張邵為使者，由於張邵不肯行拜禮，斥責劉豫偽皇帝，被金拘禁。金兵又大舉南下，一路攻江西，另一路攻浙江。只有「岳家軍」取得一些勝利。金軍勢如破竹，到處屠城焚城。趙構堅持不斷派使者求和，並給金國文官武將送禮行賄。西元1133年宋將劉子羽、吳階在洋州（今陝西洋縣）設伏大敗金軍。金軍傷亡嚴重，又染疫疾，不得不撤退，這才同意議和。於是，趙構令邊將不得擅自出擊金與偽齊，岳飛也班師。但劉豫繼續囂張，甚至與交趾（今越南北部）勾結夾擊宋，攻占鄧州、襄陽等地。金兵攻沿原（今陝西寶雞南），吳階、岳飛、韓世忠等宋軍努力收復失地。三方拉鋸戰，反覆無常，不贅述。

西元1131年趙構將越州作為臨時都城，改年號為「紹興」，寓「紹祚中興」之意，並把越州改名為紹興。「紹祚」指承繼帝位。趙構還親筆寫了這4個字，作為紹興府署的匾額。

西元1138年定都杭州，並改名為臨安。「臨安」何意？有的說「臨時偏安」，有的說「臨近安徽」，眾說紛紜。我想該是臨時偏安吧！意指暫時安於一方，終歸是要回到國都開封去的。臨安跟開封一樣也設垂拱殿、大慶殿、文德殿、紫宸殿、祥曦殿、集英殿等等，但這些殿實際上同指一個，只是根據不同需要臨時換個名稱而已，這也展現了「臨安」之意。不過，西元1133年在此建太廟和明堂，表示似有將此作為永久都城之意。

西元1127年四月，秦檜隨同宋徽宗趙佶、宋欽宗趙桓及大臣張叔夜等被金兵擄走北上，他還被金兵所用。西元1130年十月，金兵南侵山陽（今江蘇淮安），秦檜隨行，伺機而逃。秦檜說是殺了監視他的金兵才逃成

---

[318] 《建炎以來系年要錄》卷26。

第十章　南宋初 40 年

功，朝臣多持疑，但他對金國由主戰轉變為主和的立場，正中趙構下懷。他從金國逃回，主張「如欲天下無事，南自南，北自北」，趙構覺得「檜樸忠過人，朕得之喜而不寐」[319]，重用秦檜為相。西元 1141 年終於議和順利成功，金國廢劉豫，河南、陝西還宋，條件是宋像偽齊一樣臣服。

第二年金國發生政變。他們跟宋一樣有的主戰有的主和，現在主戰派上臺，撕毀和約，再次攻占洛陽、開封，劉琦、岳飛、韓世忠、張憲和張俊等宋將奮力反擊。北方的戰馬在中原大地本來就相當於現代坦克，金兵又發明一種戰術：三匹馬連在一起，橫衝直撞，更是無以能敵。岳飛也發明一種戰術，針鋒相對：步兵伏地砍敵人的馬足，只要砍到一條，整個三馬戰車便癱瘓，有點像赤壁之戰中火燒連營，金兵弄巧成拙，連連潰退。

可是雙方軍力還是有著明顯的差距。宋末史家馬端臨認為：即使張韓劉岳能取得一些小勝，也不可能挽救整個局勢。[320] 清代史家趙翼也認為：連三歲小孩也知道不可能收復中原了，所以秦檜還沒上臺，有識之士就開始謀劃和談。[321] 這些觀點雖然都有馬後砲之嫌，但代表著理性的思考，可以佐證趙構當時的策略選擇是正確的。

「岳家軍」反攻到距開封僅 45 里的朱仙鎮時，秦檜急忙叫停，強令撤退。「在主和派秦檜看來，抓住自己軍隊處於優勢時機與對方和議機會難得，不然到時如果金軍重振旗鼓，反擊過來，就得在對自己不利的情況下和議。一個是勇往直前一鼓作氣發誓收復華北的武將岳飛，一個是綜觀戰況尋找和議機會的文官秦檜。兩者本質上的區別，造成了不可挽回的悲

---

[319]《宋史》卷 473，〈秦檜傳〉，第 51 冊，P.100637。
[320]《文獻通考·兵考》，「建炎中興之後，兵弱敵強，動輒敗北，以致王業偏安者，將驕卒惰，軍情不肅致。張韓劉嶽之徒……一遇女真，非敗即遁。縱有小勝，不能補過。」
[321] 趙翼：《廿二史劄記校證》卷 26，北京：中華書局，2013 年，P.585「欲乘此偏安甫定之時，即長驅北指，使強敵畏威，還土疆而歸帝后，雖三尺童子知其不能也。故秦檜未登用之先，有識者固早已計及於和。」

劇。」[322] 其他將軍都奉命撤回，只有岳飛抗命，在前線堅持作戰。趙構大怒，一天之內連發 12 道金字牌郵遞命令，岳飛才撤。

有識之士開始擔憂：「朝廷之勢日削，兵將之權日重。」[323] 為此，校仿劉徹給霍光送周公背負周成王圖，趙構送給韓世忠《郭子儀傳》，並露骨地威脅利誘：你如果不像郭子儀一樣「心專朝廷」，而膽敢「有命不即稟」的話，非旦你子孫享不了福，你自己也難免飛來橫禍。[324] 黃仁宇評論岳飛：「如若讓他生存，則不僅幾費周折談判剛有頭緒之和議可能變卦，而且這朝代南北奔波喘息未定，本身也會因為能將在旁而感到威脅。」[325] 趙構和秦檜怕這些大將誤大事，便採取與老祖宗趙匡胤一樣的「杯酒釋兵權」，以優渥的生活待遇換取他們自願。韓世忠、張俊同意，劉琦抵抗被革職，至於岳飛的結局眾所周知。

西元 1141 年宋、金終於正式簽訂和約，約定以大散關（今陝西寶雞南）與淮水一線為界，宋帝對金帝稱臣，並每年進貢白銀 25 萬兩、絹 25 萬匹，逢年過節另行送禮，他們則送還趙佶的櫬柩和趙構的生母。對於大宋來說，這和約顯然是恥辱的。趙構的心情既感到寬慰，又感到痛苦。他無奈地為自己辯解說：「朕對南北之民均愛！朕之所以議和，並不是害怕戰爭，而是害怕戰爭給百姓帶來的傷害。有些大臣偏激，批評朕軟弱，那不是天下人的共識！」[326] 這話應該發自肺腑吧！

這之後有些反覆。金又發生政變，完顏亮弒君篡位後撕毀和約，大舉南侵，但被宋軍擊敗。他仍然強求渡江，激發兵變，遭亂箭射殺。接任的

---

[322]　《中國的歷史‧宋朝》，P.123。
[323]　《宋史》卷 375，〈張守傳〉，第 50 冊，P.9191。
[324]　錢穆：《國史大綱》，「子儀方時多虞，雖總兵處外，而心專朝廷，或有詔至，即日就道，無纖介顧望，故身享厚福，子孫慶流無窮。今聊所管兵，乃朝廷兵也。若知尊朝廷如子儀，則非特身享福，子孫昌盛亦如之。若恃兵權之重，而輕視朝廷，有命不即稟，非特子孫不饗福，身亦有不測之禍。卿宜戒之。」
[325]　黃仁宇：《中國大歷史》，P.164。
[326]　轉引自《中國的歷史‧宋朝》，P.126。

第十章　南宋初 40 年

完顏雍吸取前任教訓，主動與宋議和。從此，宋金休戰約 30 年。

此外，這時期的經濟文化不可忽略。

趙構如果像他有的祖輩那樣沉湎於丹藥、女色之類，那麼我也認為他對金求和是為了保住自己的權力。他不是這樣，還是有中興之志，力求盡快終結戰爭，轉而著重發展社會經濟，讓百姓過上好日子。當然，他只能恩澤力所能及的只是南方，無法顧及原來宋室全體子民。能讓一部分人先幸福起來，總比全都跟著受苦受難好。何況在北方的同胞有時僥倖逢上個好皇帝也不錯，如「大定之治」等。

張筱兌評論：「經過『靖康之難』的打擊，宋室的國家政體幾近陷於癱瘓，南宋在軍事上一直萎靡不振，但在經濟文化方面卻一直是遼、夏、金、元等少數民族王朝的領袖，這也使得『中興』有了更為確鑿的歷史含義。」[327] 由於向金「歲貢」，同時還有新的戰爭，南宋顯然背上沉重的經濟負擔。官府得保證「歲貢」，得將稅賦列為頭等大事，難免苛捐雜稅。

在外患尚未解除情況之下，趙構便將民生經濟發展工作擺上重要議事日程。西元 1136 年將江淮一帶營田改為屯田。所謂營田是官田的一種，募人耕種，收取租利；屯田指組織在官田耕種，軍屯或民屯。官府出資每戶 20 萬緡，要求莊客承佃，每 5 頃為 1 莊。莊客 5 家可相保共佃，1 人為佃頭。每戶莊客還由官府給牛、種子及農具等。每家另外給菜地 10 畝，並借給本錢 70 千，分兩年償還，不收利息。收成時，以斛斗折算也可，不一定還現金。為了大力開墾兩淮間平原大面積沃土，西元 1150 年詔令從江蘇、浙江、福建一帶發動土豪大戶人家前往開發，每年收谷 500 石的免本戶差役一次，700 石的補進義副尉（非武散官），達 4,000 石的補進武校尉（非武散官）。朝中特設力田科，專門鼓勵民眾開發兩淮。

---

[327]　張筱兌：〈論南宋建炎中興及江南民生〉，《大連民族學院學報》2004 年 2 期。

最大看點：和平帶來雙贏

　　同時鼓勵商業，特別是邊貿。西元 1142 年在泗州與金開設互市榷場。商人有資百千以下的，每 10 人為保，留一半貨，到市場交易後再將另一半貨物運去。兩邊商人各居一廊，將貨物呈給主管官員，牙人往來評議。每交易千錢，官府從各方收 5 厘的利息。這樣貿易雖有些麻煩，但有保障，受到雙方歡迎。於是，宋陸續開放棗陽、安豐花靨鎮（今安徽壽縣西北），金則在蔡（今河南汝南）、唐（今河南唐河）、鄧（今河南鄭縣）、秦（今甘肅天水）、鞏（今甘肅隴西）等地置場，交易方式參照泗州，有力促進了雙方經濟發展。西元 1151 年與大理各族開展馬匹交易，選購良馬送建康、鎮江等地。但對與金國的海上通商，因為「海商假託風潮」風險大，難以控制，西元 1159 年予以禁止。

　　對於天災人禍，官府努力救助。外敵入侵之時，有些不良金盆洗手，奮起抗敵。例如「家貧無行」的王倫，在京城被破之際毅然自告奮勇說：「臣能彈壓之。」欽宗即解所佩夏國寶劍以賜。王倫又說：「臣未有官，豈能彈壓？」欽宗便取片紙書曰：「王倫可除兵部侍郎。」王倫第二天就召集了萬餘人，願以死報國。另一方面則盜賊蜂起，有些地方不得不開展「嚴打」運動，規定竊盜贓一錢以上者即處死，行人在蔬圃拔蔥也被斬。物極必反，「民知均死，由是竊盜少衰而劫盜日盛」。對此，趙構冷靜分析：「社會治安一直好轉不了，跟地方官吏有關。如果派兵彈壓，又要加重民眾負擔，形成惡性循環。」[328] 於是，將西元 1130 年之前的積欠，除大戶及公職人員之外，一切免除。又如西元 1144 年蒲（今陝西蒲城）、解（今山西永濟）、汝（今河南臨汝）一帶鬧饑荒，許多人被賣為奴，官府出絹贖出，讓他們回家。

　　更值得一書是貨幣革命。金融是現代經濟的核心，在古代經濟中也日益重要。我們可以經常讀到官府與私人發生鑄錢的糾紛，可以常讀到地

---

[328]《續資治通鑑》卷 110，第 6 冊，P.2914。「比緣國難，盜起未息者，蓋奸賊之吏無卹民之意；及煩王師。而軍需不免又取於民，因循輾轉，日甚一日，欲民不盜，不可得也。」

第十章　南宋初 40 年

方官員貪汙「火耗」的案例。從金銀銅鐵錢到紙鈔，有如從紙鈔到現金支票、電子貨幣，都被視為貨幣革命。世界上最早使用的紙幣，公認是北宋西元 1023 年發行的「交子」，比美國、法國等西方國家要早六七百年。不過，當時交子更重要的性質，相當於現代有價證券，即支票之類。南宋時期，由於經濟快速發展，銅幣的製造已經不能滿足流通的需求，加上南宋經濟主要靠海外貿易，導致錢幣大量流失海外，民間因此出現可用於交易的「會子」。臨安知府錢端禮率先統一由官府出面發行會子，流通於兩浙地區。西元 1160 年提拔錢端禮為戶部侍郎，命他負責大量印製交子——這就相當於現代國家銀行了，供各州城鄉使用，開始在全國範圍內流通。據統計，在南宋 152 年中，共發行會子近 14 億貫。按當時一兩黃金兌換 35 貫銅錢換算，相當於發行了 1,600 多噸黃金。

然而，官府一介入，創新很容易被玩死。現代世界之所以以紙幣為主，主要是因為它背後有一種「準備金」（reserve）。這是商業銀行庫存的現金按比例存放在中央銀行的存款，一旦遇到突然大量提取銀行存款時，有充足的清償能力。宋、元的前期實際上也有類似的「準備金」，只是後期被挪用了，才造成愈發嚴重的通貨膨脹。明朝則從朱元璋就開始發行「空頭紙幣」，並且禁用金銀交易，導致官員的薪資（紙幣）日益縮水，越來越多人私自重新使用又笨又重的白銀。明清時代，紙幣退位於金銀。歪打正著，由於外貿發展，而外貿主要使用白銀，此舉倒是在一定程度上保護了經濟，使明朝避免像宋、元末期的嚴重通貨膨脹。

與「光武中興」類似，趙構使得宋室的治國精神未斷，儒家文化得以延續。雖然偏居江南一隅，小朝廷不斷流亡，但科舉沒停，時而還加強。西元 1128 年在臨時首都揚州開科，以詩賦及經義試進士，分兩科錄取。趙構在集英殿試各路進士，取 451 名；川、陝、河北、京東因路途梗阻不能赴揚州，賜第 104 名。西元 1133 年置博學宏詞科，具體分制、詔、

書、表、露布（傳遞軍報的旗子）、檄、箴、銘、記、贊、頌、序等12種文體，古文雜出6題，考3日。分3等給官，上等授京官，給館職。可能是太繁之故，同年恢復為10科。西元1143年將臨安府學改為太學，設12齋（班），每齋30人。不久，趙構親自書寫六經，刻在太學石上。西元1145年趙構說：「讀史發現，古代養士常常多達兩三千人，真是盛事！」於是增加國學弟子100人，總數達700人。同年開科，正取300人，特奏名247人；武舉取士2人，特奏名3人。當時太學生分上舍、內舍、外舍3等。外捨生合格升入內舍，內舍合格升入上舍；上舍成績優異直接授官，中等參加複試，下等參加省試。西元1146年外捨生名額增至1,000人。同時，開始著手建立武學。

西元1162年55歲的趙構忽然將皇位禪讓，自己當太上皇。中國歷史上有不少「禪讓」的佳話，但大都是被迫的。我認為趙構這次貨真價實，毫不勉強。與金議和終於達成之時，趙構曾對大臣大發感慨：「凡事得考慮周全。朕才35歲，為周全頭髮都白了！」[329] 這皇帝當得實在是太累了，見好就收，享幾年清福去吧！趙構主要是心累。祖上的「澶淵之盟」迄今還非議不斷呢，他做的事業有幾人能夠理解？當然理解的還是有，比如蒙古人寫他：「帝方偷安忍恥，匿怨忘親，卒不免於來世之誚，悲夫！」[330]

趙構沒有親生子女，只有兩個過繼的兒子趙昚（即慎）和趙琢。他們兩人各有千秋，太后和大臣看法不一，遲遲沒立太子。試金子用火，試女人用金子，試男人則用女人。趙構深諳此道，出個絕招：各送10個美女給兩位候選人，過些日子把她們召回，結果發現給趙琢那10個都不是處女了，而給趙昚那10個完璧歸趙。因此，趙構決定傳位給趙昚。這故事

---

[329] 轉引自《中國的歷史‧宋朝》，P.126。
[330] 《宋史》，卷32，〈高宗紀〉9，第41冊，P.412。

第十章　南宋初 40 年

的真實性，我是持疑的，但沒法深究。

趙昚即位後很想有番作為，將秦檜時期製造的冤假錯案全部平反，包括岳飛。然後，迫不急待命張浚等人率師出征，準備一舉收復中原，初戰告捷，接連攻下靈壁（今屬安徽）、虹縣（今安徽泗縣）、宿州（今安徽宿縣），轉而在符離（今安徽符離集）大敗，不得不潰退。趙構再次語重心長地告戒說：「抗金之事，你還是等我百年之後再說吧！」[331] 從此，趙昚像個頑皮的孩子，不聽大人言，闖了禍之後，老老實實回到趙構的和平路線。趙昚總體上也做得不錯，開創了「乾淳之治」。

千古之嘆：「孔子的籠子」第二次大改造

如果用數位化表示，此為「孔子的籠子」4.0 版。

◎「程朱理學」

「罷黜百家，獨尊儒術」之後，在外來文化、軍事的衝擊之下，又一次次「禮崩樂壞」，儒家的危機一次甚於一次。「大一統」的王權也一次又一次四分五裂，那些「亂臣賊子」比春秋戰國的諸侯們膽大妄為多了，更是誰也不願待在「孔子的籠子」裡。先是東漢的讖緯化，儒學步入歧途，不得不「援道入儒」，可是這樣一來，引發「越名教而任自然」的社會思潮，覺得道家的自然無為思想才是人生的最高境界，批判抵制儒家的「名教」思想。

隨後，又受到佛教的更大衝擊。隋朝有人認為「佛，日也；道，月也；儒，五星也」，[332] 儒家淪落到星星拱佛、道為日月的地步。而儒家本身也

---

[331]　周密：《齊東野語》卷 3，P.51，「大哥，且待老者百歲後卻議之。」
[332]　《隋書》卷 77，〈李士謙傳〉，第 24 冊，P.1179。

不爭氣，一些人轉而追名逐利。隋時馬光等太學博士，「時人號為六儒。然皆鄙野，無範儀，朝廷不之貴也」[333]，聖人名譽掃地。大儒王安石感慨說：儒學之道簡單易行，並不要求像佛教那樣苦行禁慾，官場中卻還是少有德才兼備之輩，[334] 難怪有人覺得「偽名儒不如真名妓」，難怪「儒門淡薄，收拾不住，皆歸釋氏焉」，[335] 出現「儒釋道分工」論，認為應當「以儒治世」、「以道治身」、「以佛治心」，直呈打破儒術獨霸之勢。

在這種歷史背景下，唐宋儒家發起新一輪反擊。唐中葉的「古文運動」是其發軔，至北宋高潮，南宋集大成。

理學又名「道學」，以儒家學說為核心，相容佛、道兩家的哲學理論，論證綱常名教的合理性和永恆性。如理學太極圖就源於道教，理學「無慾」概念源於佛教。這樣，理學雖然在當時及以後不斷遭到強烈抨擊，但也被一些人認為是中國古代最精緻、最完備的理論體系，且被南宋後期及元朝採納為官方哲學，明清相沿。其流派紛紜複雜，主要有：以北宋「二程」（程顥、程頤兄弟）、南宋朱熹為代表的「程朱理學」，強調「理」（「天理」）高於一切；以南宋陸九淵、明代王守仁為代表的「陸王心學」，強調「心」是宇宙萬物的主宰。總之又稱「宋明理學」。

二程之學以「理」為最高哲學範疇，把「天理」提升為宇宙本體，把董仲舒的「天人合一」改為「天人一理」，把全部學說建立在「天理」上，其核心是強調道德原則對個人社會的意義，注重內心和精神修養。然而，「兩程出，而前聖之道始亂矣」。[336] 朋黨爭執步入高潮，「北宋五子」（即理

---

[333] 同上，卷 75，〈馬光傳〉，P.1155。

[334] 王安石：〈揚州龍興講院記〉：「今夫衣冠而學者，必曰自孔氏。孔氏之道易行也，非有苦身窘形，離性禁欲，若彼之難也，而士之行可一卿、才足一官者常少。而浮屠之寺廟被四海，則彼其所謂材者，寧獨禮耶？」〈書瑞新道人壁〉：「夫新之材信奇矣，然自放於世外，而人悼惜之如此。彼公卿大夫操治民之勢，而能以利澤加焉，則其生也榮，其死也哀，不亦宜乎？」

[335] 大慧宗杲：《宗門武庫》

[336] 顏元：《四書正誤》卷 1。

第十章　南宋初40年

學代表人物周敦頤、邵雍、張載、程顥、程頤）被批為「五鬼」，程頤被禁止講學，放歸鄉里。但二程培養了眾多弟子，遍布中原、河東、蜀中、關中、閩贛、吳越、湖湘等地，理學也在各地繼續發展。

福建的朱熹改造、發展二程學說，一是構築一個博大而嚴密的理學體系；二是奠定了理學的傳授道統；三是完成宋代的學術範型，其《四書》、《五經》是漢代以後儒學經典解釋學的又一高峰。朱熹著述極豐，是中國歷史上著作最多的儒家學者之一。

從哲學角度看，宋明理學認為宇宙間只有一個最高的「理」，而萬物各自的理只是最高理的具體展現。朱熹借用佛教「月印萬川」說，「將個別與一般絕對對立起來，並以此論證中國傳統社會『尊卑貴賤』等級秩序的合理性」。[337] 從社會角度看，《家禮》是他最有影響的禮學著作，展示並強化父系的主宰地位，在「相當大程度上束縛了人自身的發展」，[338] 明朝中葉才開始流行，普及面僅次於《論語》，從此形成「禮下庶民」的局面。學者指出：

> 宋代儒家的政治品格不再糾結於馴服君主，轉而致力於涵養君子和治理家族。孔子的制法終於找到了新的方向，不是給帝王製造符命讖緯，而是給民間創立鄉規民約、族譜家法等。[339]

先秦儒自古主張「禮不下庶人」，現在「孔子的籠子」開始用來約束庶人了！

朱熹強調「天理」和「人欲」對立，要求人們放棄「人欲」，服從「天理」，顯然也具「孔子的籠子」功能。朱熹名言「革盡人欲，復盡天理」，並通俗地解釋說：「飲食者，天理也；要求美味，人欲也。」[340] 試作推理：

---

[337]　馬勇：《中國儒學三千年》，P.294。
[338]　《哈佛中國史‧宋的轉型》，P.101。
[339]　張向榮：《祥瑞：王莽和他的時代》，P.608。
[340]　《朱子語類》卷13，第1冊，P.239。

吃麵糰充飢是「天理」，想在麵糰裡包肉又加味精、大蒜等等就是「人欲」；住茅房遮風擋雨是「天理」，想蓋華屋住得舒適就是「人欲」，而想裝修得富麗堂皇又裝空調之類則更當「革盡」；穿燈心草等編織物遮羞是「天理」，穿棉衣保暖姑且恩賜，而想穿羊毛衣之類又暖又輕便又好看絕不能不革⋯⋯總之，像畜牲一樣求溫飽求生存是「天理」，求享受就是「人欲」。所以，他反對改革，反對發展。他攻擊王安石：「如熙寧變法，亦是當苟且惰馳之餘，勢有不容已者，但變之自不中道。」[341] 中道即中庸。專家學者指出：「朱子學（包括道學）的眼中釘肉中刺，他們視為儒教內異端邪說的，就是那時的體制派王安石新學。」[342]

朱熹將董仲舒「三綱」、「五常」並論為「三綱五常」，且與「天理」捆綁在一起，強調「三綱者，君為臣綱，父為子綱，夫為妻綱」，三者從屬關係絕對化，構成一個完整的政治倫理道德體系，並成為社會生活秩序的規範。

理學家們自我感覺相當之好。南宋思想家陳亮說：「信斯言也，千五百年間，天地亦是架漏過時，而人心亦是牽補度日。」[343] 意思是說人心壞了，怎麼修補也沒用。朱熹認為漢唐以後的帝王都是出於人欲之私，頂多是「假仁借義以行其私」，連劉邦、李世民等皇帝也不算「聖王」，他們雖有「建立國家，傳世久遠」之功，也「未可謂德」，而「賢於盜賊不遠」。[344] 直到清朝，還有儒生憤憤不平說：劉邦、李世民尊儒不夠，必須成為孔子、朱熹等等那樣的「聖人」才有資格做皇帝。[345]

---

[341] 同上卷 24。
[342] 《中國的歷史・宋朝》，P.178。
[343] 陳亮：〈甲辰答朱元晦書〉
[344] 《朱子全書・歷代一》
[345] 曾靜：《知新錄》，「皇帝合該是吾學中儒者做，不該把世路上英雄做。周末局變，在位多不知學，盡是世路中英雄，甚者老奸巨猾，即諺所謂光棍也。若論正位，春秋時皇帝該孔子做；戰國時皇帝該孟子做；秦以後皇帝該程、朱做；明末皇帝該呂子（呂留良）做。今都被豪強占據去了。吾儒最會做皇帝，世路上英雄他哪曉得做甚皇帝。」

第十章　南宋初 40 年

至於皇帝，北宋及南宋前中期大都不喜歡理學，可是後期越來越喜歡，括括元、明、清時代。為什麼呢？專家學者指出：

若就正常的情形來說，各朝政治成績最劣的是明代，明代的許多制度可以說已達荒謬的程度……宋代以後，理學的力量一天一天的龐大，「忠臣不事二主」已成為不可動搖的一個控制社會心理的巨大力量。因而「革命」就是「造反」，造反就是逆倫大案而為社會所共棄。這樣就使得明代君主如武宗、熹宗之流無論如何昏暴，世宗、神宗無論如何荒唐，也都會有忠臣去支持。[346]

概而言之，理學對於皇帝特別是對於昏君、暴君是十分有利的。

◎「三綱五常」的不同版本

歷史上「三綱五常」還有一個非常重要的版本，姑且稱之為民間版：

君為臣綱，君不正，臣投他國；

國為民綱，國不正，民起攻之。

父為子綱，父不慈，子奔他鄉；

子為父望，子不正，大義滅親。

夫為妻綱，夫不正，妻可改嫁；

妻為夫助，妻不賢，夫則休之。

初讀這個版本之時，我感到無比震憾。儒家會主張「君不正，臣投他國」並不意外，孔子、孟子、伍子胥們早都這麼做的。儒家會主張「夫不正，妻可改嫁」也不意外，《詩經》及樂府詩都有寫休夫之事。要說儒家會主張「國不正，民起攻之」，我就不敢相信了！

費了好大一番工夫，我還沒有查到原始版本，但基本證實。明朝嘉靖

---

[346]　勞榦：《古代中國的歷史與文化》，臺北：經聯出版公司，2006 年，P.13。

年間（西元 1522～1566 年）刊印的宋元小說集《清平山堂話本》，卷二〈張子房募道〉，劉邦將韓信等 3 個開國功臣殺了，張良心懷「十怕」，辭職要去修道追仙，該小說主要寫這段軼事——

張良曰：「是齊王韓信，大梁王彭越，九江王英布，元來這三王，忠烈直臣，安邦定國……這般猛將尚且一命歸陰，何況微臣，豈不怕死」……

張良訴說已罷，微微冷笑，便道「我王豈不聞古人云：『君不正，臣投外國；父不正，子奔他鄉』……」[347]

這證明在明朝或之前就有此版本「三綱五常」在民間流傳。當代著名大儒杜維明也公開承認：

孟子講的五倫都不是單向的控制……法家稱「三者逆，天下亂」，儒家使用時變了，「君為臣綱，君不正，臣投他國」，強調君要真正像君。[348]

或許先有民間版後有官方版，也許先有官方版後有民間版，不管怎麼說，可以確定一點是：宋後歷代官方推行了官方版，而封鎖了民間版。

這一版「孔子的籠子」實效唯有將所有臣民特別是女人牢牢地關了進去，官職小一些的，輩份小一些的，年紀輕一些的，或是女性等等，所有弱勢群體的「人欲」都被革盡，受屈辱甚至冤死倒成了「天理」。著名清官海瑞任應天巡撫時，依例每月初二、十六兩日「放告」（坐衙審案），每次受理案件多達三四千，怎麼審得過來？原來，海瑞有個「竅門」：根本不用麻煩審理案情，只要依據「三綱五常」（官方版），公開主張：「凡訟之可疑者，與其屈兄，寧屈其弟；與其屈叔伯，寧屈其姪；與其屈貧民，寧屈富民；與其屈愚直，寧屈刁頑。事在爭產業，與其屈小民，寧屈鄉宦，以救

---

[347]　洪楩：《清平山堂話本》，上海：上海古籍出版社，1987 年，P.103。
[348]　杜維明：〈仁的反思：面向 2018 年的儒家哲學〉，文匯講堂第 58 期，P.265。

第十章　南宋初40年

弊也；事在爭言貌，與其屈鄉宦，寧屈小民，以存體也。」[349] 刀爾登的說法更幽默：「其實禮教自己是不會殺人的，它只負責勸人甘願被殺，以及將慘狀敘述為妙事耳。」[350]

有些人認為，理學沒有實際用處。由宋入元的學官、書院山長袁桷（音同絕）嘆道：這幾十年興朱子理學，連小孩子都口口聲聲大言不慚地欺世盜名了，嗚呼！[351] 理學孕育出來的「累累官綬」，形同一群廢物。如果要說有用的話，那只能是「本來只存在於士大夫之間的禮的世界，開始作為拘束普通百姓的模範樹立起來。這個趨勢一直持續到清代，甚至今天還在進行」。[352]

「孔子的籠子」4.0版對權力似乎要求更嚴了，因為「革盡人欲」的要求對象理論上也包括帝王。但實際上，這一版「孔子的籠子」不僅依然沒能將權力關進去，客觀上反而將他們捧得更加「神聖」，「復盡」了權力，暴君昏君比漢唐、兩周只會更多不會更少，亡國之事仍然一而再、再而三發生，而且是屢屢亡於儒家從來不願正眼看一下的「夷狄」。對於北宋亡國責任，趙構不敢追究自己祖宗趙佶們，卻歸咎於更早的改革者王安石，竟然說：「王安石之學，想學商鞅那套富國強兵之術。國家淪到今天這地步，人們只知道蔡京、王黼有罪，卻不知這禍根在於王安石！」[353] 趙構全盤否定王安石之風。但當時學者周密則認為：亡國之責正在於理學！[354]

---

[349] 《海瑞集》上冊《興革條例》。
[350] 刀爾登：《中國好人》，P.31。
[351] 袁桷：〈送陳山長序〉，「數十年來，朱文公之說行，祠宇東南，各以《四書》為標準，毫杪摘抉，於其不必疑者而疑，口誦心膺，孩提之童皆大言以欺世。故其功用少而取效近，禮樂刑政之本，興衰治亂之跡，茫然不能知。累累冠綬，礙於銓部，卒莫能以自見，良有以也。」
[352] 《宋史》，P.176。
[353] 《宋史》卷381，〈王居正傳〉，第50冊，P.9277，「安石之學，雜以伯道，欲效商鞅富國強兵，今日之禍，人徒知蔡京、王黼之罪，而不知生於安石。」
[354] 周密：《癸辛雜識・道學》，「列之要路，名為尊崇道學，其實幸其不才憒憒，不致掣肘耳，以致萬事不理，喪身亡國。」

◎理學之衰

在南宋初期即朱熹生活的時代，儒學並不受歡迎。宋孝宗趙昚就明說：「近時儒者多高談，無實用」，「儒生之論，真不達時變」[355]。無怪乎發生「偽學案」。

朱熹死後第41年，宋理宗趙昀起用理學追擊「新學」。蒙古人已經入侵成都了，趙昀忙的不是抵抗侵略，而是對孔廟進行歷史性大改造，逐出王安石，加進周敦頤、程顥、程頤、張載和朱熹，時人譏之「不管炮石卻管安石」。此舉「意味著朝廷正式承認朱子學是御用學問、體制學說。如果說唐朝實體是被黃巢和朱溫（朱全忠）消滅的，那麼唐朝的理念，卻是此時被朱子學消滅的。」[356] 換言之，大唐最終是被理學焚屍滅跡。

元統治者推崇孔孟和宋明理學，先後加封孔子為「大成至聖文宣王」，孟子為「鄒國亞聖公」，程顥為「豫國公」，程頤為「洛國公」，董仲舒、司馬光、朱熹等人從祀孔廟。西元1313年即入元第42年蒙古人恢復科舉，並詔定以朱熹《四書章句集註》為取士標準。從此，朱熹學說成為元、明、清三代的官方哲學。明末清初，甚至出現「世儒習氣，勇於誣也孟，必不敢倍程朱」的局面，朱熹比孔孟更惹不起。「明初理學之冠」薛瑄公然叫囂：至此宇宙真理現已非常明瞭，無須人們再思考著述了，只要遵照朱聖人的教導就行！[357]

理學受寵了，權力不僅仍然沒進「孔子的籠子」，相反愈發肆無忌憚。理學有效地約束了無數庶民的「人欲」，「體制性寡婦」、「體制性烈女」、「體制性弱智」層出不窮，但依然沒能約束皇帝們的「人欲」。享有「理宗」之譽的趙昀縱慾無度，不僅寵閻貴妃亂政，而且經常召唐安安等

---

[355] 《中國的歷史‧宋朝》，卷139，〈宋紀〉139，第8冊，P.3713，3730。
[356] ［日］小島毅：《中國的歷史》，P.153。
[357] 《明史》卷282，〈薛瑄傳〉，第63冊，P.4833，「自考亭以還，斯道已大明，無煩著作，直須躬行耳！」

第十章　南宋初 40 年

歌妓舞女進宮淫樂,以致反動標語貼上朝雲門:「閻馬叮噹,國勢將亡。」這閻就指閻貴妃。元明清時期更多皇帝縱慾,如元順帝沉溺密宗,所謂「男女雙修之術」,後宮糜亂,沒多少心思對付越來越多的造反,直至被朱元璋趕出中原。又如明泰昌帝朱常洛,沉湎於鄭貴妃送的一批美女,沒幾天就倒在後宮不能起來,在位僅 29 天。清同治帝據傳也是妓院常客,19 歲死於花柳病。皇帝成了最大的偽君子,當然也可以說是受害者 —— 被寵壞了!

理學本身就是「人盡可夫」。要求臣民「不事二君」,儒學卻不論宋君,還是消滅宋君的敵人,或元君與消滅元君的敵人,或明君與消滅明君的敵人,只要是統治者它都竭力服務。這時期「夷狄」已經擄去了他們的皇帝,割走了半壁江山,趙構已經考慮以外貿補貼農業了,理學一方面強烈排外,朱熹還認為其他民族只不過半人半獸,[358] 另一方面卻長期地服務於「夷狄」即蒙古與滿清的統治者。

有人認為問題在於被統治者利用,而不是理學與理學家本身的問題。西元 1929 年山東省立第二師範學校師生因上演林語堂編劇的《子見南子》,遭孔教勢力瘋狂迫害,校長宋還吾被迫離職。上海《大公報》發表社論聲援孔教勢力,宋還吾撰文駁斥,責問:「自漢以來,歷代帝王,為什麼單要尊崇孔子?最尊崇孔子的幾個君主,都是什麼樣的人?他們尊崇孔子的意義是什麼?如果孔子沒有這一套東西,後世帝王又何從利用起?他們為什麼不利用老莊與荀子?」同理,如果理學不與極權統治需求相符,元明清帝王又何從利用起?他們為什麼不利用老莊與荀子,也不就近利用王陽明?

本來,隨著步入「獨尊儒術」時代,儒家可以越來越理直氣壯地推銷「孔子的籠子」,而不必再像「喪家狗」樣哀求,甚至不乏連哄帶逼。南宋

---

[358] 《劍橋中國秦漢史》,卷 4,第 1 冊,P.63,「到得夷狄,便在人與禽獸之間,所以終難改。」

時，監察御史方庭實當面對趙構說：天下是全中國人民的天下，而不是陛下您一個人的天下！趙汝愚編有《國朝諸臣奏議》一書，專收批評性奏議，幾乎所有宋朝官員的文集當中都有對朝政的批評文章。正因為接受了大臣們的批評監督，所以宋神宗趙頊抱怨：「朕平生未嘗作快意事！」趙頊們不能我行我素，無法無天。當時朝堂景象，此見一斑。

這種景象到明時還殘存。明武宗朱厚照死了由堂弟朱厚熜繼位，老宰相楊廷和與60餘位大臣討論後，上書表示認為小宗入繼大宗應以大宗為主，即朱厚熜雖無法做朱厚照的兒子，但必須做他叔叔即朱厚照父親的兒子，大宗才不算絕後。這樣，朱厚熜應該稱伯父為父親，稱伯母為母親，而改稱自己的生父為叔父，改稱自己的生母為叔母。朱厚熜無法接受，質疑：「父母難道能更換嗎？」楊廷和再次組織討論，認為「這是依據宋儒程頤、朱熹的理論，最得禮儀之正，可為萬世法。」楊挺和還想搞「文字獄」，哪位官員膽敢反對此法要當斬。[359] 朱厚熜無法接受，但又無奈，只好暫擱。4年後，朱厚熜恢複本來的稱呼，即稱自己生身之母為母親。楊廷和等人如喪考妣，煽動200多名大臣在宮門齊聲大哭，聲稱朱厚熜如果不改變對他父母的稱呼，就哭個不停。朱厚熜不再讓步，下令逮捕哭聲最大的134名五品以下的官員（第二天另捕90人），全部廷杖，其中16人死於杖下。

元朝的制度挺嚴，官員上班遲到就得受笞杖。有次，大臣趙孟頫不小心也遲到被打了，抱怨說：「古者，刑不上大夫，所以養其廉恥，教之節義，且辱士大夫，是辱朝廷也。」[360] 從此，笞杖之刑只限於曹吏以下小官，而不再對高官。大明王朝對於優良傳統沒繼承，惡習倒是發揚光大了，將「孔子的籠子」砸得殘破不堪……

---

[359] 《明史》卷190，〈楊廷和傳〉，第61冊，P.3353，「有異議者即奸邪，當斬。」
[360] 《元史》卷172，〈趙孟頫〉，P.2686。

第十章　南宋初40年

明朝「有一整套駕馭臣民之術」,「使中央集權得到進一步發展,皇權空前膨脹,明代廷杖的經常濫施,甚至一次可以廷杖一百多個朝臣,錦衣衛、東廠、西廠的恣意橫行等,均是君主可以濫用權力的例證」。[361] 朝堂上那100多個高官大臣肥胖胖、白晃晃的屁股被杖得鮮血與屎尿橫流,慘痛哭嚎聲聲聲遏白雲,是不是莊嚴地宣告「孔子的籠子」的原旨徹底破產?

至此,應該終於明白:帝王並不是「孔子的籠子」約束的對象,而變成「孔子的籠子」的主人了!「孔子的籠子」約束的對象,只是臣民!

◎「理學中興」

馬勇指出:「官學化的過程,對儒家思想的發展實際上是弊大於利。因為任何思想一旦定於一尊,都勢必導致其活力的減弱和式微。」[362] 所言極是!雖然理學長期享受獨尊,但儒士們越來越蔫。北宋理學創始人之一張載振臂高呼:「為天地立心,為生民立命,為往聖繼絕學,為萬世開太平」,讓一代代儒士熱血沸騰,真以為「天下興亡,匹夫有責」呢,實際上人們中中相告是「莫談國是」。據說,大才子紀曉嵐有一次不小心談及國事,乾隆毫不客氣給他澆一大盆冰水:你以為讓你當個大學士就真可以為天地立心了嗎?其實朕只不過把你跟戲子一樣養著玩罷了,你還真想妄談朝綱?

即使從學術角度說,理學過於內斂,於社會無多益。當時就有陸九淵與朱熹分庭抗禮,還曾在「鵝湖之會」上大辯論。兩人在學術上齊名,只不過帝王寵愛有殊。陸九淵認為心即理,因此「人欲」與「天理」不是對立的。儘管土掩石壓,這一學說還是在民間發展壯大,至明末王陽明集大成為「心學」。王陽明批評朱熹及其追隨者:他們以為可以透過學習古代文獻

---

[361] 《中國政治制度史》下冊,P.744。
[362] 《中國儒學三千年》,P.343。

就能掌握道德，而真正的道德只能透過個人的行為獲得。有人並稱「孔、孟、朱、王」，足見其成就之大，完全可能成為「孔子的籠子」5.0版。「明朝中國五大學者」之一朱舜水指出：「宋儒辨析毫釐，終不曾做得一事，況又於屋下架屋哉？」[363] 借用許蘇民評論李贄的說法，「心學」是處於萬曆年間中國社會時代矛盾的焦點上——

這一焦點就是：是繼續維護封建的泛道德主義、用「死的」來拖住「活的」，還是衝破封建的泛道德主義，用「新的」突破「舊的」、替朝氣蓬勃地創造自己的新生活的人們開出一條新路？[364]

結果，明末清初的統治者還是選擇用「死的」拖住「活的」，用「舊的」死防「新的」，試圖以此控制社會，殊不知官腔官調與民間話語漸行漸遠，以致大明王朝被拖死。趙鼎新指出：「由於新儒教義（主要是程朱理學）被欽定為科舉考試的唯一內容，明朝政治還具有相當儀式化和僵化的特徵。」[365]

康熙竭力推崇《朱子全書》，說「非此不能知天人相與之奧，非此不能治萬邦於衽席，非此不能仁心仁政施於天下，非此不能外內一家」，[366] 把朱熹理學視為治國治民的萬靈丹方。然而，當時專家學者已紛紛指出朱熹學說的謬誤，纂修官毛奇齡著《四書改錯》一書，指斥朱熹對《孟子》的解讀錯得一塌糊塗。朱熹從《尚書》中歸納儒學精華，並模彷彿教命名為「十六字心傳」，儒士們都認為這代表著聖人的最高智慧。清初專家學者閻若璩卻發現這是晉時偽書。

清統治者對理學的錯誤不僅視而不見，反而一昧打壓。御史謝濟世，有「眼觀十行，過目不忘」之譽，更讓我印象深刻的是，他檢舉貪案惹雍

---

[363]　朱舜水：《朱舜水文集》卷9。
[364]　許蘇民：《李贄的真與奇》，南京：南京出版社，1998年，P.93。
[365]　趙鼎新：《東周戰爭與儒法國家的誕生》，P.206。
[366]　康熙：《御纂朱子全書·序言》。

第十章　南宋初 40 年

正不滿，刑部審問：「誰指使你做的？」謝濟世答：「孔子、孟子！」刑部尚書生氣了：「他們怎麼指使你？」答：「讀孔、孟書，當忠諫。見奸弗擊，非忠也！」這話可笑，但不能說不妙。雍正聽了卻大怒，以「所言風聞無據，顯系聽人指使，要結朋黨」之罪擬斬，讓他陪斬，讓他喪魂失膽。不想，謝濟世又著《古本大學注》五書，「詆謗程、朱」，被人舉報。雍正親自讀他的書稿，讀到「拒諫飾非，拂人之性」一句，便認定他「怨望謗訕」。剛好舉人陸生楠著《通鑑論》被認為「非議時政」，於軍前正法，又順便捎上謝濟世，斬完陸生楠才宣布謝濟世又只是陪斬。[367]

「文人皇帝」乾隆，自詡「朕不以語言文字罪人」，可他製造的「文字獄」創歷史之最。乾隆對謝濟世仍不可原諒，怒批曰：「我聖祖將朱子升配十哲之列，最為尊崇。天下士子，莫不奉為準繩。而謝濟世輩倡為異說……即行銷毀，毋得存留。」[368] 乾隆們一個個試圖令天下文人學子再不敢非議理學，問題是，帝王豈能治得了理學本身之陽痿不舉？乾隆後期，理學還是無可奈何地走向衰微，「士大夫皆不尚友宋儒」。[369]

著名才子袁枚年少時，父親長期漂泊在外，主要是靠姑母沈氏教養。沈氏講「二十四孝」中〈埋兒奉母〉的故事，作一詩：「孝子虛傳郭巨名，承歡不辨重和輕。無端枉殺嬌兒命，有食徒傷老母情……」沈氏尖銳否定郭巨那種孝行，要袁枚別貪郭巨那種虛名。一個女流之輩也牴觸到如此地步，可見官方強推的那套東西多麼不得人心！嘉慶年間，京城已經 20 多年沒人讀、沒人賣理學著作。[370]

---

[367] 同上，P.6850。
[368] 《清高宗純皇帝實錄》卷 151。
[369] 愛新覺羅・昭槤：《嘯亭雜錄》卷 10，北京：中華書局，1980 年，P.318。
[370] 《嘯亭雜錄》，P.317-318，「自於、和當權後，朝士習為奔競，棄置正道。黠者垢詈正人，以文己過，迂者株守考訂，訾議宋儒，遂將濂、洛、關、閩之書，束之高閣，無讀之者。余嘗購求薛文清《讀書記》及胡居仁《居業錄》諸書於書坊中，賈者云：『近二十餘年，坊中久不貯此種書，恐其無人市易，徒傷貲本耳！』」

千古之嘆：「孔子的籠子」第二次大改造

沒想到，這不久後的道光至光緒初年，理學派中不僅忽然驚現曾國藩與左宗棠等高官大臣，還有同治的老師倭仁與翁同龢等重量級人物，人們驚呼「理學中興」。

曾國藩在當今似乎仍然被奉為「正能量」，其家訓仍然流行。那麼，他的家書究竟是些什麼貨色呢？曾國藩說是會看相，可他擇的5個婿，除了一個稍好，4個都沒給他女兒帶來幸福。長女曾紀靜嫁袁公子，這公子卻滿身惡習，胡作非為，曾國藩氣得跟他斷絕關係。然而，他還是要求已嫁從夫，將逃回娘家的女兒送回虎穴。三女兒類似遭遇，他同樣對待，還寫信給兒子說：

> 羅婿性情乖戾，與袁婿同為可慮，然此無可如何之事……爾當謹囑三妹柔順恭謹，不可有片語違忤。三綱之道，君為臣綱，父為子綱，夫為妻綱，是地維之所賴以立，天柱之所賴以尊……君雖不仁，臣不可以不忠；父雖不慈，子不可以不孝；夫雖不賢，妻不可以不順。吾家讀書居官，世守禮義，爾當告誡大妹、三妹忍耐順受……爾諄勸諸妹，以能勞忍氣為要。[371]

曾國藩比宋儒更進一步，不許隻言片語違背「三綱五常」，而且強調君可以不仁，父可以不慈，夫可以不賢。試想：你忍心以這樣的話奉勸你的女兒或妹妹嗎？我小時候印象很深，有種習俗俚語叫「做外家」，就是聽聞女兒在婆家被欺負了，得叫上一幫親人去打鬧出氣的。女兒去世，「外家」人得去「驗屍」證明不是受虐死才能蓋棺。董叢林嘆道：「我們今天看來，曾國藩這個做父親的，貴至封侯，權傾一方，卻連自己的女兒也保護不得，豈不是太窩囊，也太殘酷了嗎？可是有什麼辦法呢？綱常名教這套東西在曾國藩身上是淪肌浹髓的啊！」[372] 親生女兒、同胞妹妹的正常

---

[371] 《曾國藩全集·書信》第2冊，P.936。
[372] 董叢林：《曾國藩傳》，北京：人民出版社，2014年，P.395。

第十章　南宋初 40 年

生活之「欲」就是這樣被親生之父、一母所生之兄「革盡」。

在外，曾國藩早年就有「曾剃頭」的惡名，他的自我辯護是「書生好殺，時勢使然耳」，[373] 頑固不改。後來鎮壓太平天國，不僅對被他口號詩騙降的全屠並感到「頗為痛快」，而且濫殺南京平民，其機要祕書趙烈文記載：

其老弱本地人民不能挑擔，又無窖可挖者，盡遭殺死。沿街死屍十之皆老者，其幼孩未滿二三歲者亦被斫截以為戲，匍匐道上。婦女四十歲以下者，一人俱無，老者無不負傷，或十餘刀，數十刀，哀號之聲達於四遠。其亂如此，可為髮指！[374]

多少無辜男女老少的「生存欲」就這樣被「革盡」。可想而知，曾國藩來到人間之初也是「性本善」吧，何以儒書讀多了倒是變成野獸一般冷血、凶殘？清統治者卻給他賜予「文正」諡號，說明了什麼？

劉錫鴻私章自詡「儒俠」，立志「以儒救世」，出使英國、德國，親眼見過西方社會諸多方面，卻仍然反對洋務運動。他認為：──「我中國歷代聖君賢相，才智非遜於西洋」，「彼之實學，皆雜技之小者……子夏曰：『雖小道，必有可觀者焉；致遠恐泥，君子不為。』非即謂此乎」「君所以治其臣，故君尊臣卑」，「中國自天開地闢以來，歷年最多，百數十大聖繼起其間，製作日加精備，其言理之深，有過於外洋數倍者……道固萬世而不可易」

──英國人並非自古傳說中的「夷狄」，「向疑英人僻處海島，唯知逞強，無敬讓之道。乃上下同心，以禮自處」，但他認為「今英國知仁義為本，以臻富強，未始非久由入中國，得聞聖教所致」？西方現在知仁義是從中國學去的。

---

[373]《曾國藩全集・書信》，第 1 冊，P.118。
[374] 趙烈文：《能靜居士日記》，《太平天國史料叢編簡輯》，第 3 冊，P.376。

——「英國無事不與中國相反。論國政則由民以及君,論家規則尊妻而卑夫……蓋其國居於地軸下,所戴者地下之天,故風俗制度咸顛而倒之也。」

——與日本使者在英國交流時,明言「日本國政令改用西法,並仿其衣冠禮俗,西人皆鄙之」。「祖宗制法皆有深意,歷年既久而不能無弊者,皆以私害法之人致之。為大臣者,第能講求舊制之意,實力奉行,悉云其舊日之所無,盡還其舊日之所有,即此可以復治。若改弦而更張,則驚擾之甚,禍亂斯生,我中朝敢不以貴國為戒乎」?中國要以日本「明治維新」為戒,而不是學習。

——反對農業、印刷業機械化,「夫農田之以機器,可為人節勞,亦可使人習逸者也;可為富民省僱耕之費,亦可使貧民失衣食之資者也」。報社排版「何必用機器,以奪此數萬人之口食哉」。「若以中國字類之富,字畫之多,雖有機器,豈易全造其字戳而編排之哉」。

——反對造軍艦,「大鐵甲船之無用,業於土、俄兩國之戰,已有明徵,則我中國自不宜辦此,以滋虛耗」

——特別反對開鐵路,「鐵路之造,不唯有害於中國,並有害於英」。「火車之不能行於中國,猶清靜之治不能行於歐洲,道未可強同也」。「中國遊客較少,造鐵路制火車必至虧本,勢不可能」[375]。直到晚年,他還專門寫一篇 7,000 字的〈仿造西洋火車無利多害折〉,說:「火車實西洋利器,而斷非中國所能仿行也。臣竊計勢之不可行者八,無利者八,有害者九」。美國電腦科學家查爾斯·薩克爾(Charles Patrick Thacker)被譽為「現代 PC 之父」,他說:「在鐵路時代到來之前,你不可能建造鐵路。」[376] 大清卻在鐵路時代到來之後,還遲遲不能建造鐵路,已建

---

[375] 劉錫鴻:《英軺私記》,長沙:湖南人民出版社,1981 年,P.26、108、110、53、122、189、43、105、142、78、161、193、25、41、136。

[376] 轉引自 [美] 肯尼斯·史丹利、喬爾·雷曼:《為什麼偉大不能被計畫》,P.70。

第十章　南宋初 40 年

好的吳淞鐵路也被拆除，中國鐵路事業被延遲數年。當時德國駐華公使（Maximilian August Scipio von Brandt）讀了劉錫鴻所著《英軺私記》，評論說：劉錫鴻這書沒別的，「一力攔阻人前進而已」，「一意反手關自己的大門」。[377] 面對世界千古鉅變，中國的發展之「欲」就如此被「革盡」！

那麼，皇帝們的「人欲」呢？毫髮無損，依然橫流！同治 6 歲登基，倭仁專門為他輯錄一大本古代帝王正反面事蹟及名臣奏議《啟心金鑑》。哪想他「見書即怕」，「精神極散」，「無精神則倦，有精神則嬉笑」，十七八歲還「奏摺未能讀」。長大成人，熱衷女色，擅長的是「房中術」，常出宮視察酒樓、戲館與花巷。對此，倭仁們束手無策，只能眼睜睜看著他年僅 19 歲就揮霍完卿卿性命。張昭軍描述：

> 同治朝以後，理學名儒相繼去世，尤其是在西方文化和啟蒙思潮的衝擊下，程朱理學迅速衰落下去。光緒、宣統年間，宗理學人士無視時代大潮，程朱理學沒有任何起色，篤守理學往往與頑固守舊連繫在一起，為進步人士所唾棄。伴隨清王朝的滅亡，程朱理學結束了官方哲學的統治地位，對普通民眾社會文化生活的影響也日漸式微。[378]

「理學中興」的結果是一系列國恥。光緒決心效法的榜樣是俄國彼得大帝和日本明治天皇。彼得大帝和明治天皇都是以改革成功著稱於世，可見光緒心志。可是著名大臣徐桐，《清史稿》說他「崇宋儒說，守舊，惡西學如仇」，竭力支持義和團，對於廢改革派光緒「主之甚力」，揚言：「寧可亡國，不可改革。」、「寧可覆國亡家，不可言和」。理學就是這樣反王安石變法而始，反「戊戌變法」而終。

◎宋儒之我見

「孔子的籠子」各版功能略有不同，1.0 版為分封政治服務，2.0 版為

---

[377] 轉引自《獨醒之累》，P.295。
[378] 張昭軍：〈程朱理學在晚清的「復興」〉，《光明日報》2007 年 8 月 31 日。

挽救分封政治服務，3.0版為集權政治服務，4.0版則為極權政治服務。

著名史家呂思勉將中國歷史文化分為三個時期，一是先秦、兩漢時代的諸子之學，二是魏、晉、南北朝、隋、唐時代的玄學與佛學，三是宋、元、明時代的理學（之後是西方文化）。第一期文化注重矯正社會病態，不僅只有儒家。王莽變法失敗，大家認為此路不通，漸趨消沉，與佛教相契，唐朝到極點，韓愈等人便開始批佛，努力重整儒學。宋儒從哲學上融化了先秦諸子和玄學、佛學，「士大夫的氣節，確實是遠勝於前代」，然而問題更多：

（一）因其修養的工夫，偏於內心，而處事多疏。

（二）其持躬過於嚴整，而即欲以是律人，因此，其取人過於嚴格，而有才能之士，皆為其所排斥。

（三）又其持論過高，往往不切實際。

（四）意氣過甚，則易陷於黨爭……所以宋儒根本是不適宜於做政治事業的……宋學是不適宜於競爭的，而從第十一世紀以來，中國的文化，卻受其指導，那就無怪其要迭招外侮了。[379]

宋之前，中原一般只不過是受外來勢力的侵擾；宋之後，王權在「孔子的籠子」精緻的服務下更加專制，看似更加強大了，卻一再遭到外來勢力毀滅性的打擊，而且是越來越慘，整個民族的活力被窒息。

不過，宋朝時候有一種嶄新的思潮與系列活動，沒引起應有的重視。「從一開始，理學家就反對新法支持者的主張，即擴大政府的活動和中央集權化。反之，他們主張由地方社會主導改革，強調道德領導，支持社會自發建立如書院那樣可以把地方士人組織起來的機構，以及推動一些可以讓地方社群獲益的設施，如義倉等等」。[380] 范仲淹創辦了應天府書院、龍

---

[379]　呂思勉：《中國通史》，P.440。
[380]　[美]包弼德：《歷史上的理學》，[新加坡]王昌偉譯，杭州：浙江大學出版社，2010年，P.20。

第十章　南宋初 40 年

山書院，張栻主持嶽麓書院、麗澤書院，朱熹創辦了白鹿書院，書院開始在全國各地湧現，極大地推動了中國的文化教育事業。范仲淹熱衷於宗族文化活動，創辦「范氏義莊」，創修家譜，創作〈家訓百字銘〉，創新了一種新的、綿延千古的社會風尚。朱熹參與並推動了「社倉」的創辦與發展。只遺憾儒家這方面的事業也沒能真正成功，書院沒能發展為大學，義倉沒能發展為社會保險，家教沒能培養獨立的人格，反對集權而倡導地方作用的努力更是失敗，理學的歷史作用似乎只剩「三綱五常」（官方版），步入工業文明時代便顯得愈發落伍了⋯⋯

我當然樂見「孔子的籠子」5.0 版早日誕生。不過，我有兩道極深刻的陰影，一是 20 多年前曾見報刊發表十個博士關於復興儒學之類呼籲書，落款時間用的是「一玖捌 X 年」或「一玖玖 X 年」，或許是用天干地支，詳情實在想不起，但當時那種毛孔悚然的感覺揮之不去。果真如此的話，不如不復興好。二是讀到著名學者譚其驤在復旦大學「儒家思想與未來社會」國際學術討論會閉幕式上說：

> 在我腦子裡，儒家思想和未來社會扯不上關係。一定要講這兩者有關係，是違心之論⋯⋯現在如果提倡儒學，事實上已經回不到孔子那裡去，倒很可能回到明清時代的程朱理學、陸王心學那一套東西上去⋯⋯假如還要提倡儒家文化，拒絕接受他人的優秀文化，那後果是不堪設想的。[381]

恕我直言，對於譚老「回不到孔子那裡去」之說不敢恭維，我想西方透過「文藝復興」回到了古希臘文明，我們為什麼不能？所以我寫了小說《孔子浪漫史》，想找回那個充滿人性與詩性的孔子。至於「很可能回到明清時代的程朱理學、陸王心學那一套東西上去」的擔憂，深有同感。

我常常覺得生錯了地方。我曾在家鄉的報紙打了一次「筆墨仗」，先

---

[381]　葛劍雄：〈悠悠長水：懷季龍先師〉，載季劍青、張春田《傳燈：當代學術師承錄》，北京：北京大學出版社，2010 年，P.272。

後寫了〈拒絕朱熹〉、〈徹底拒絕朱熹〉兩篇短文，文末強調：

  我並不想鼓動誰去鞭屍，只是針對老有人搬出他的幽靈要求我磕拜，我本能地毛孔悚然，堅決地拒絕！[382]

  我對朱熹及儒家迄今是這種態度。曾有出版社、雜誌社約我寫朱熹，我問能不能批評，答覆不行，我便拒絕。

  其實，我對朱熹的感覺有如孔子。想像那個活生生的朱熹，應該也不乏可敬與可愛。例如他說劉邦與李世民之流賢於盜賊不遠，堅定的理想主義者，絕不認同「成王敗寇」那一套。如果都能這樣，朱元璋、乾隆之輩就沒那麼多光環。朱熹還敢直接批評時任皇上趙構服飾問題（雖然我不贊同），還是想發揮「孔子的籠子」的作用。再如朱熹感慨史書不好讀，也讓我深有同感，只可嘆他獨享風光之後的中國史書更不好讀。說白了，我尊重他在歷史上的作用，理解他的時代局限，但是對「三綱五常」（官方版）、「二十四孝」及《弟子規》、《女兒經》之類復辟的現象深感憂慮。再說透些，那類「革盡人欲，復盡天理」之類的東西不大可能毒害我個人什麼了，但我們的民族不能再受其害！

---

[382] 馮敏飛：〈徹底拒絕朱熹〉，《三明廣播電視報》，2001 年 1 月 2 日。

第十章　南宋初 40 年

第十一章
元初 20 年

【提要】

　　西元 1291 年是元建國立朝 20 週年,忽必烈相繼喪妻喪子,加之疾病折磨,精神時有失常,幸好朝政未失序。桑哥暗中結黨營私,民憤極大。大臣冒死彈劾,忽必烈驚悉後問其罪。

　　脫脫文能修宋史,武能建奇功。張士誠據高郵稱王,脫脫率軍圍剿,卻突然被解兵權。脫脫完美地詮釋了「君要臣死,臣不死是為不忠」的「天理」,叛軍則死裡逃生,很快將元帝趕回草原。

第十一章　元初 20 年

開國立朝：「史上最大的陸上帝國」

歷史上的蒙古如同一頭從天而降的雄獅。鐵木真即成吉思汗，出生時間迄今無定論，有的說西元 1155 年，有的說 1162 年，還有的說 1167 年，卻有著天才般的組織能力，僅用 2 年多時間就統一大半個蒙古草原，然後將部族改組為國家，更有力地向外擴張。

現代專家學者驚嘆：「擁有十萬多騎兵戰鬥力的機動部隊，在當時的歐亞大陸是絕無僅有的。確實在歐亞大陸史上還從未曾出現過。蒙古的崛起，可以說幾乎就是命中注定的」。他們迅速征服了歐亞許多地方，包括南宋、金、西夏等等，「走向史上最大的陸上帝國」，「連線草原和中華的前所未有的大統一」。[383] 但仍然有兩大迷團，一是「在幾乎沒有接觸過世界上高等文明的情況下，產生如此出眾的領袖」成吉思汗，二是「僅有 150 萬人口的蒙古人如何做到建立起一支以少勝多的軍隊，征服了人口數遠在其上的眾多民族」。[384] 成吉思汗曾經直言不諱說：

人生最快樂的事是戰勝敵人，追逐他們，搶奪他們所有的東西，看他們所親愛的人以淚洗面，騎他們的馬，臂挾他們的妻女……我的子孫們將穿繡金的衣，食佳餚，乘駿馬，擁美婦，而不想這些享受是什麼人給他們的。[385]

他們的征服欲異常強烈，但是非常原始的，基本滿足於掠奪戰利品。法國歷史學家勒內·格魯塞所著《蒙古帝國史》，副題「活著就為征服世界」，可謂畫龍點睛。當然，他們占據中原後不得不有所改變。

成吉思汗將征伐來的領土分給他 4 個兒子，後來這 4 大汗國各自獨

---

[383]《中國的歷史·遼西夏金元》，P.261～264、270、296。
[384] [美] 阿爾伯特·克雷格：《哈佛極簡中國史》，李陽譯，北京：中信出版集團，2016 年，P.144。
[385]《蒙古帝國史》，P.262～263。

立,即位於中亞的察合臺汗國,二是俄羅斯窩瓦河下游地區的欽察汗國,三是位於波斯的伊利汗國,再就是窩闊臺汗國——初以蒙古為中心,後以中國漢地為中心。

少數民族的首領與漢族帝王有諸多不同。他們往往只是軍事首領,比較「民主」,沒有奴隸般的部下。蒙古族的汗位,兒子及兄弟的兒子都有資格繼承,這就難免像漢族王室一樣骨肉相殘。飛鳥盡狡兔死之時,成吉思汗也曾將他的兄弟哈撒兒下獄。母親聞訊趕來,直接為哈撒兒鬆綁,然後坐下,迅速解開上衣,捧著她兩個乾枯的乳房,怒不可遏地吼道:「這是你們吃過的奶!哈撒兒犯了什麼罪,你要毀自己的骨肉?小的時候,你帖木真、哈赤溫和帖木格吃我一隻奶,只有哈撒兒有氣力吃兩隻奶,讓我感到寬慰。所以,長大後帖木真有心計,哈撒兒有力氣。我們的敵人,哈撒兒一一用箭射倒了。如今,敵人盡絕,你用不著他了麼?」成吉思汗不敢面對母親,躲到帳外去。但後來,還是將哈撒兒殺了。

成吉思汗快死的時候,講一個寓言給兒子們聽:有兩條蛇,一條千頭一尾,另一條一頭千尾,一輛馬車駛來,千頭一尾的被輾死了,因為它每一個頭都奔往不同的方向,逃不了;而一頭千尾的蛇只有一個方向,輕易躲過車輪。他的兒子們明白了,由長子窩闊臺繼位,沒發生爭執。但任何遺囑效用都是不長的,窩闊臺死後恢復常態,競爭出位的是他姪子蒙哥。蒙哥死後,勝出的是他弟弟忽必烈。忽必烈取勝後,抓了其弟審問:「老弟,我們究竟哪一個有理?」其弟不亢不卑回答:「從前是我,現在是你。」是的,權在誰手裡就誰有理,漢人更是如此。這種現象,沿續至蒙元覆滅。

所幸忽必烈有明君的一面。為了減少漢人的反抗,他努力展示謙和、仁愛。他執政的西元 1263 ～ 1269 年間,死刑僅 91 名。元末明初學者葉子奇認為:

第十一章　元初 20 年

自世祖混一之後，天下治平者六七十年。輕刑薄賦，兵革罕用，生者有養，死者有葬，行旅萬里，宿泊如家，誠所謂盛也矣。[386]

世祖即忽必烈。這段描述，不亞於漢唐盛世。如果說成吉思汗想征服世界的話，那麼忽必烈只想征服東亞。但忽必烈的視野絕不限於東亞，而「按照前所未有的綜合設計和覆蓋整個歐亞大陸的規模，創造出一個新型的世界國家和橫跨東西的交流圈。在世界史上，還不曾看到如此龐大規模和周到設計來實施國家建設的範例」。不過，「對於真正全面統治包括擁有龐大人口的中華本土乃至歐亞大陸的廣闊領土，就無論如何也顯得力不從心了。外表上的中華帝國、本質上的蒙古軍事國家這一國制所具有的兩面性，也是歐亞大陸草原史和中華王朝史這兩個世界史上洪流最終的一個匯合點。」[387]

元朝公然實行民族歧視政策。馬可‧波羅（Marco Polo）對忽必烈印象非常好，但如實記錄：「所有的中國人都厭惡大可汗的政體，因為他所派的地方政府首長多為韃靼人，尚有更多的色目人，他們視中國人如奴隸，使他們無法忍受。」[388] 色目人指各色名目之人，即外國人。全國劃分 4 個等級：蒙古人地位最高，色目人其次，漢人屈居第三，南人即原南宋地區的各民族墊底。因此，「很多心存不軌的人，經常有謀反的趨向」。[389]

但忽必烈有一種明顯的「中華」意識，接受了漢文化。他不僅採納漢族大儒劉秉忠的建議從《易經》中選擇「大元」作為國號，且採用傳統的中國方式記載元朝歷史，要求翰林院蒐集撰寫遼史和金史。

忽必烈的晚年很不幸。此前 10 年，皇后察必病世。察必不僅美麗，而且聰明，可以說是一個非常優秀的「賢內助」。想當年，先皇死之時，

---

[386]　葉子奇：《草木子》
[387]　《劍橋中國秦漢史》，P.308，314。
[388]　《中國大歷史》，P.183。
[389]　《中國大歷史》，P.183。

忽必烈遠在南方戰場，有人勸他弟弟阿里不哥自立為大汗，並即調兵遣將。察必知道後，一方面立即派人去責問：「發兵是大事，太祖的曾孫真金在此，你們為什麼不讓他知道？」另一方面祕密派人火速報告忽必烈，讓他趕回來，順利繼位。後來滅南宋，俘宋幼主趙㬎，忽必烈大宴群臣，眾人狂歡，只有察必沉默不語。忽必烈問：「我平定江南，從此天下太平，大家都高興，妳為什麼不高興？」察必跪奏道：「妾聞自古無千歲之國，毋使吾子孫及此則幸矣！」[390] 正因為有這樣一位「眾人皆醉我獨醒」的皇后，忽必烈努力保持幾分清醒，對漢族也保持幾分開明。現在失去賢內助，他能不傷心嗎？

禍不單行，此前6年太子真金又病逝。忽必烈有12個兒子，最愛真金，從小讓漢儒精心教育，「日以三綱五常、先哲格言薰陶德性」。有一次談論立身處世之道，真金說：「父汗有訓誡，不要有傲慢自大之心。只要懷有傲慢自大之心，就會壞事。我看孔子的話，和父汗的話很吻合。」這讓忽必烈聽了十分欣慰。真金西元1273年被立為皇太子，西元1279年開始參與朝政，不想英年早逝。白髮送黑髮，忽必烈的內心又遭一次沉痛打擊。

就這樣，忽必烈開始酗酒，暴飲暴食，越來越肥胖，被疾病折磨得痛苦不堪。從此他上朝少了，主要透過皇后對外發號施令。所幸的是雖然他個人精神有時失常，國家尚未失序。大元建國立朝20週年，就處於這種背景當中。

忽必烈於此前31年即西元1260年繼位，本年76歲，此後3年即西元1294年去世。

---

[390] 《元史》卷114，〈察必傳〉，第56冊，P.1890。

第十一章　元初 20 年

最大看點：揮淚斬寵臣

　　趙孟頫是南宋降臣，受忽必烈重用。本年正月的一天，忽必烈與趙孟頫閒談，談到另兩位降臣葉李與留夢炎，問他們兩個相比較，誰優誰劣。趙孟頫說：「留夢炎是我父親的摯友，為人莊重厚道，多謀能斷。葉李所讀的書我都讀過，他所知所能的事，臣都能知能辦。」忽必烈說：「你認為留夢炎比葉李好是嗎？可是，留夢炎在宋為狀元，位至丞相，而在賈似道欺君誤國時阿諛順從，怎麼能算忠臣？葉李當時雖然是平民，卻勇於上書，斥責賈似道，顯然比留夢炎好。因為留夢炎是你父親的摯友，你不便非議，但可以規勸他啊！」趙孟頫這才發覺皇上並非閒談，立即尊命，賦詩勸留夢炎：「往事已非那可說，且將忠直報皇元。」忽必烈看了，大加讚賞。

　　忽必烈這話英明！多少人，奸臣橫行之時，默忍、阿諛甚至唯恐不能同流合汙，奸臣倒下後才揭發批判，裝出一副大義凜然的樣子。當然，這主要跟帝王有關。昏君必然奸臣當道，奸臣當道了必然昏君。現在忽必烈能說這話，看來還沒病昏啊！趙孟頫退朝後心情久久不能平靜，對大臣徹理大發感慨：「陛下談論賈似道時，責備留夢炎不能直言。想想現在，桑哥比賈似道更壞，我們也不敢直言。將來，如果有人追問，我們如何推卸責任？可我畢竟不是陛下的親信，身輕言微。您讀書知理，又受陛下信任，真希望您能率先站出來！」徹理聽了大受鼓舞，又與幾位自己的好友同僚商議。

　　不久機會來了，忽必烈到城郊狩獵，徹理等人護從。趁皇上心情好，他們異口同聲控訴右丞相桑哥諸罪。徹理非常激動，言色俱厲，觸怒龍顏。

　　俗話說「打狗看主人」，桑哥就是忽必烈的寵物狗。桑哥出身於藏

族，通蒙古、漢、畏兀兒（即是回鶻）、藏等多種語言，最初在「總制院」任職。總制院是忽必烈創設的中央機關，掌管全國佛教事務和藏族地區軍政事務，後更名「宣政院」。此前10年即西元1281年，藏族地區發生騷亂，忽必烈臨時提拔桑哥，命他率軍去鎮壓，很快平息。從此，忽必烈開始寵信，桑哥權勢顯赫。此前4年即西元1287年，桑哥進為右丞相兼總制院使，獨攬朝廷大權。桑哥相繼推出幾項新政，如在全國上下轟轟烈烈開展錢穀檢查運動，首先檢校中書省，查出虧欠鈔4,770錠，昏鈔（破舊紙幣）1,345錠，桑哥親自審案，處死責任人楊居寬、郭佑等人。桑哥提出兩項增收節支的措施，如要求占地超過4頃的都要交地稅。這些新政顯然有利於國家財政。有人奏請為桑哥立「德政碑」，忽必烈欣然恩准。興猶未盡，忽必烈還破格命禁衛軍及侍衛兵百人為桑哥導從，恩許乘小輿而行，並讓他掌握銓調中央和地方官員的人事權。對於這樣的重臣，你們怎麼能如此攻擊？

忽必烈大怒，斥責徹理「醜詆大臣，失幾諫體」，命左右狠掌他的嘴，「血湧口鼻，委頓地上」。拉起來再問，徹理不認錯，申辯說：「臣與桑哥素來無仇，之所以冒死數其罪，完全是為國家！如果害怕聖怒而不敢說實話，奸臣怎麼能清除，百姓的禍害又怎麼平息？而且，陛下還會蒙受拒諫的惡名，臣擔心呀！」話說到這種份上，忽必烈不能不將信將疑了。隨後詢問幾人，連禁衛軍長官也說桑哥確實罪惡累累，只是平時不敢言。於是，桑哥被罷去相位，交付審訊。

大臣們指控桑哥不僅擾亂朝綱、塞人口舌，而且結黨營私，賣官賣法。不久，忽必烈命徹理率禁衛軍300餘人抄桑哥的家，抄得近半個皇家財產。忽必烈親口責問桑哥：「你藏了這麼多珍珠，怎麼我那次向你要兩顆，你說沒有？你把那些帶回的粗毛衣給我，卻把金錢和更貴的東西留歸自己，你的忠心何在？」忽必烈還責問：「漢人為我織的無縫衣才兩件，你

第十一章 元初 20 年

卻有3件，這不是罪嗎？」為桑哥立的「德政碑」被砸，其黨羽開始受查辦。桑哥被處斬，並罷其苛政。

桑哥黨羽眾多，僅說一位：楊璉真伽。他是西夏僧人，任元朝江南釋教都總統，掌江南佛教事務。可是，在桑哥支持下，楊璉真伽卻瘋狂地找人盜陵。他們盜宋理宗趙昀的陵，將棺中寶物搶劫一空不算，還把趙昀的屍體倒掛，撬走其口內含的夜明珠，瀝取腹內的水銀。7天後，楊璉真伽又來取趙昀的頭顱，截為飲器。他們取了諸帝骨骸，不分真假，雜以牛馬枯骨，在臨安故宮中築一高達13丈的白塔壓之，名曰「鎮本」。當地民眾目不忍睹，詩云：「故宮思見舊冬青，一塔如山塞涕零。領訪魚影香骨案，更從何處哭哭靈。」想當年，趙昀一邊推崇「革盡人欲，復盡天理」，一邊挖空心思謀求永垂不朽，哪想落得如此下場。楊璉真伽「氣焰燻灼，延於四方，為害不可勝言」，所盜墳101座，攘奪財物計金1,700兩、銀6,800兩、玉帶9條、玉器111件、雜寶貝152件、大珠50兩、鈔11.6萬錠、田300畝。桑哥伏誅，楊璉真伽也被削職問罪。不過，大臣們要求將他也處以死刑，忽必烈卻不同意，次年還詔發還楊璉真伽被沒收的土田、人口。但第二年又有桑哥的3位餘黨被處以死刑。忽必烈獨對楊璉真伽網開一面，為什麼？

有必要再說一下桑哥之死。史論忽必烈：「帝度量恢廓，知人善任使，故能混一區宇，擴前古所未有。唯以亟於財用，中間為阿哈瑪特、盧世榮、僧格所蔽……」[391] 僧格本指僧人風格，當時特指桑哥，誰能料想他竟然如此無品無格？桑哥臨刑時曾說：「我敗就敗在沒有聽鄂爾根薩里之言！」鄂爾根薩里是集賢館學士兼太史院事，屢勸治天下必用儒術。聽了這話，「帝益信其無罪，詔還所籍財產」。看來忽必烈這人耳根頗軟，聽桑哥臨死一句善言，竟然懷疑自己錯殺了，「卒不能知其罪」。人死不能復

---

[391] 《續資治通鑒》卷191，〈元紀〉9，第11冊，P.5216。

生，歸還點財產吧，尚未殺的楊璉真伽姑且留一命吧！至於其他3人，或許巧逢忽必烈發病之時。

忽必烈慎刑，但是易動怒。早在登帝之初，他曾特地交代：「朕乘怒欲有所殺奪，卿等宜遲留一二日，覆奏行之。」[392] 當年斷死罪僅7人。縱觀這20多年，儘管治安狀況較差，特別是江南反抗此起彼伏，「盜賊迄今未靖」、「盜賊蜂起」、「連年盜起」，年斷死罪一般幾十人，少有上百。本年大肅桑哥黨羽，也只斷死刑55人。大臣舉報當時著名文人馮子振曾經「詩譽桑哥，且涉大言」，建議治罪。忽必烈反駁：「馮子振有什麼罪？如果說桑哥好話就有罪，那麼朝中各位大臣，誰沒有說過他的好話？朕也說過他的好話！」[393] 這話可嘉，勇於擔責。

再說件小事：西元1290年，尚書省報告江陰、寧國等路大水，災民達45萬8,478戶，需要救濟。忽必烈批示：「此何需上聞，當速賑之！」國家這麼大，什麼都搞官僚主義那一套，等一級一級報上來，再一級一級轉下區，災民早餓死了！史評忽必烈：「度量弘廣，知人善任使，信用儒術，用能以夏變夷，立經陳紀，所以為一代之制者，規模宏遠矣。」[394]

此外，本年還值得一說是忽必烈繼續推進政治體制改革。

南宋滅亡後，元朝保留其機構和全部行政官員，採用漢法，建立健全各項政治制度。有人說：「事實上，儘管忽必烈汗——成吉思汗的孫子——征服了中國，但他本人首先就已經被華夏文明所征服。」為此，西北諸蒙古宗王曾特地遣使責問忽必烈：「本朝舊俗與漢法異，今留漢地，建都城郭，儀文制度，尊用漢法，何故？」實際上，「忽必烈的統治政策

---

[392] 《元史》，卷5，〈世祖〉2，第55冊，P.60。
[393] 同上，卷17，〈世祖〉14，P.245，「詞臣何罪！使以譽桑哥為罪，則在廷諸臣，誰不譽之！朕亦嘗譽之矣。」
[394] 同上，P.254。

充滿了折衷主義色彩」。[395] 換言之，也就是蒙漢兩種文化的改革與創新。

本年即西元 1291 年詔令罷尚書省，右丞相以下均歸入中書省，其「行尚書省」改為「行中書省」——錢穆風趣地解釋為「行動的中書省」，簡稱「行省」或「省」。行省制，即在中央設中書省，總理全國政務。行中書省是地方機構，相當於現代的縣市政府。中書省是中央機構，相當於現代的行政院。樞密院掌管軍事，御史臺負責監察。行省設丞相一人，掌管軍政大事。行省下設路、府、州、縣。元朝在全國共設 10 個行省。這是中國政治制度史上的一次重大改革，對後世有巨大影響。現代的「省」概念就源於此。

千古之嘆：皇帝為什麼越來越蠻橫無禮

所謂「忠」，《增韻》注曰：「內盡其心，而不欺也。」忠這種品格，孔子非常重視。但他倡導「君使臣以禮，臣事君以忠」，[396] 並沒說臣要無條件服從於君。相反，孔子主張「危邦不入，亂邦不居；天下有道則現，無道則隱」，[397] 絕不在一棵歪脖子樹上吊死。更有甚至，如果碰上「無道」，不僅可以隱，還可以走，「道不行，乘桴浮於海」。[398] 他這樣說，也這樣做了。忠還是不忠，從還是不從，現還是隱，留還是走，取決於一個前提條件：「有道」，即「明君」，具體說是「君使臣以禮」。費孝通認為：

在《論語》中，忠字甚至並不是君臣關係間的道德要素。君臣之間以「義」相結合，「君子之仕也，行其義也」。所以「忠臣」的觀念可以說是後

---

[395]　卜憲群：《中國通史・遼西夏金元》，2016 年，P.146。
[396]　《論語・八佾》。
[397]　《論語・泰伯》。
[398]　《論語・公冶長》。

起的，而忠君並不是個人與團體的道德要素，而依舊是對君私人間的關係。[399]

「三綱五常」民間版所謂「君為臣綱」中的君與臣也是互為條件的，後儒卻只強調臣絕對服從於君，而不論君王有沒有「道」，有沒有「禮」。更甚者，他們苛求「忠臣不事二君，貞女不更二夫」，[400] 民間還廣為流行一種說法：「君要臣死，臣不死是為不忠；父叫子亡，子不亡則為不孝。」君要殺臣美其名曰「賜死」，臣還得對著白綾、鴆酒或者屠刀叩謝皇恩浩蕩。

凡忠必愚。正是有了這種愚忠的「天理」，後來的帝王對臣越來越無禮，濫殺無辜，還美化為「武死戰，文死諫」。武將死於戰沒話說，戰爭本來就你死我活，每一個將士在從軍之時就必須做好戰死的準備。可是文官為什麼要死於諫呢？總不能要求每一個學子在參加科舉之時就做好死於官場的準備吧？難道他們進諫跟戰士衝鋒陷陣一樣面對的是敵人？文官死於諫，只能說昏君暴君太不稱職，該死的是這帝王。「文死諫」是不正常的，不能跟「武死戰」相提並論加以頌揚。美化「文死諫」實際上是為昏君暴君開脫。

元朝也是尊孔崇儒的，特別重視「三綱五常」（官方版），文宗皇帝每年都要親自走訪慰問孝子與烈女節婦，由朝廷加以旌表，儒生則可以不交皇糧國稅。蒙古人作為「夷狄」，文明程度明顯相差一大截，怎麼也如此重儒呢？儒家自古搞「華夷之辯」，怎麼會甘心讓「夷」來治「華」呢？除了給好處賄賂，只有講「君臣大義」，他們就不再搞「華夷之辯」。現在的異族皇帝不是應當被排斥的「夷」了，而是應當無條件地忠於的「君」。揭開那漂亮的包裝，不難發現後儒與「夷狄」統治者相互利用，同謀私利。

伯顏能文能武，屢立戰功，但他政治觀念極保守。伯顏擅權，一手遮

---

[399]　《鄉土中國》，P.41。
[400]　《史記》卷82，〈田單傳〉，第3冊，P.1917。

第十一章　元初 20 年

天,「勢焰薰灼,天下之人唯知有伯顏而已」。他還大肆貪腐,「天下貢賦多入伯顏家」,與太皇太后私通,以致朝野傳誦「上把君欺,下把民虐,太皇太后倚恃著」的歌謠。[401] 順帝對伯顏很不滿,早就與姪兒脫脫開始密謀除掉他。伯顏也蠢蠢欲動,與人合謀取代順帝。鹿死誰手,看誰搶先。

脫脫受儒家影響很深,對於政變這種事難以下決心,「復懷疑久未決」。脫脫請教他的啟蒙恩師兼心腹幕僚吳直方。吳直方回答:「《左傳》有曰:『大義滅親。』臣只知忠於國家,哪還顧得上其他!」[402] 看——慫恿人政變、叛亂也是有一大套理論的。

如果說脫脫與順帝發動政變與改革是挽救元朝,那麼這一努力又讓順帝親手毀了。其實,順帝這人沉溺密宗,後宮糜亂,沒多少心思做正事。脫脫沒多久就心灰意冷,稱病辭職。社會危機加劇,5 年後又將脫脫請回,實行改革,鎮壓愈演愈烈的民變。脫脫在軍事上是血腥的,大破徐州,大滅民軍的勢焰。順帝很高興,加官太師,在徐州為他建生祠,立〈徐州平寇碑〉。不久鹽販張士誠又起兵,據高郵稱「誠王」,國號「大周」。順帝命脫脫率百萬大軍前往圍剿。叛軍據城固守,脫脫攻城不下,便屯兵圍城以待轉機。這時,有人趁機攻擊脫脫,順帝聽信讒言,以「費財,已逾三月,坐視寇道」為罪名,削奪脫脫的官職與兵權。詔書到達軍中時,部將龔伯遂勸道:「將在軍,君命有所不受。現在緊要關頭,不可風吹草動!」脫脫卻說:「天子詔我而我不從,是與天下抗也,君臣之義何在?」老老實實交出兵權,還頓首謝詔說:「臣至愚,荷天子寵靈,委以軍國重事,蚤夜戰兢,懼弗能勝。一旦釋此重負,上恩所及者深矣。」[403] 副使哈刺答見狀,絕望說:「丞相此行,我輩必死於他人之手,我寧死於丞

---

[401] 權衡:《庚申外史》卷上。
[402] 《元史》,卷 138,〈脫脫傳〉,第 57 冊,P.2219,「《傳》有之,『大義滅親。』大夫但知忠於國家耳,餘復何顧焉。」
[403] 同上,P.2223。

相前。」言畢，拔刀刎頸。脫脫被流放，但在流放途中，又有人假詔聖旨賜予毒酒，脫脫還是毫無反抗地喝下，完美地詮釋了「君要臣死，臣不死是為不忠」的「天理」。

順帝的「忠臣」遠不止脫脫一個，也不止他們同族人。直到元朝被漢人滅了，還很多名士為之殉節，甚至有不少漢族名士追隨順帝北逃。清人張其淦編《元八百遺民詩詠》，收元遺民 850 多人，而《古今圖書整合》所載宋遺民僅 700 人。從這角度看，元朝的政治文化似乎成功了——理學成功了。

脫脫乖乖地就擒，副使自盡，高郵城下的「大軍百萬，一時四散⋯⋯其散而無所附者，多從紅軍」。[404] 紅軍即紅巾軍，民軍主力。此為一大轉捩點，元軍主力解體，張士誠死裡逃生後像脫韁的野馬，一路南下，迅速攻占平江（今江蘇蘇州）、湖州、松江、常州等地，元朝的命運也就定型了。專家學者敘述：

> 如果這次圍攻高郵實際上能迫使張士誠投降（它幾乎變成為現實），那麼全國起義的支柱毫無疑問將會遭到破壞⋯⋯然而，就在圍攻進行之時，妥歡貼睦爾出人意料地在一個錯誤的時機作出一個錯誤的判斷，他下令將脫脫解職，並將其流放。很不幸，脫脫出於對朝廷的忠誠而服從，高郵之圍因此而解。元朝喪失了軍事與政治的主動權，幾乎馬上就要平息的起義又採取新的形式復甦了。[405]

脫脫死後 6 年，大臣上書為他鳴冤叫屈，順帝只得予以平反，恢復其官職，復其家產。可這有什麼意義？大臣們不滿，4 年後監察御史聖奴、也先等人還上書要求追責：「奸邪構害大臣，以致臨敵易將，中國家兵機不振從此始，錢糧之耗從此始，盜賊縱橫從此始，生民之塗炭從此始。設

---

[404]　權衡：《庚申外史》
[405]　《劍橋中國遼西夏金元史》，P.583。

第十一章　元初 20 年

使脫脫不死，安得天下有今日之亂哉！」[406] 然而，這反思也沒用，因為太遲了，這之後 2 年元統治者就徹底被逐出中原。

歷史上，脫脫之死絕不是孤例。遼末代皇帝天祚帝逃亡中，叛軍耶律余睹率金軍緊追不捨。奸臣蕭奉先獻計說：「耶律余睹此番率兵而來，並不是衝著您，只不過是為奪晉王罷了。為了您的安全，不如乾脆把晉王殺了，耶律余睹也就死心，自然退兵。」天祚帝居然也信，真的賜死晉王額嚕溫。額嚕溫素有人望，這時有人緊急告密，請他快逃。沒想到，額嚕溫卻說：「安能為蕞爾之軀而失臣子之節！」坐以待斃。結果，「諸軍聞其死，無不流涕，由是人人解體」。[407] 此後第 3 年，遼也被金國徹底滅了。

脫脫與額嚕溫之死，究竟是誰之罪？愚忠的文化有沒有責任？

再說，順帝對忠臣能臣無禮，也不是孤例。忠意味著愚，意味著委屈。碰上不愚忠的，那是另一種糟。

當時，形成一種類似春秋或者唐末的局面。「與西元 1344～1349 年間的地方分權時期不同，此時中國很多地方已建立了各種新的軍事、行政機構來對付西元 1351 年以後的暴動；這些機構在人力與財力兩方面都能夠獨立行動，並在不久後確實這樣做了……元政府成了一個只能控制京城及其周圍地區的地區性政府了」。[408] 為此，朝中形成兩派，一派以別兒怯不花為首，認為為了對付流竄的土匪，或是在處理災荒或地方動亂時，地方駐軍需要有一些不受限制的權力，地方官需要少受干擾，而更多地努力爭取當地民眾的合作；另一派以脫脫為首，則建議集權，認為「要將一切資源和領導權都集中在善的力量的領導者身上，引導這股力量積極地不屈不撓地對抗惡的力量」。後一派中有個著名人物劉基，即劉伯溫，有「三分天下諸葛亮，一統江山劉伯溫；前朝軍師諸葛亮，後朝軍師劉伯溫」之

---

[406]　《元史》，P.2224，「然以國家多故，未及報而國亡。」
[407]　《元史》卷 94，〈宋紀〉94，P.2438。
[408]　《劍橋中國遼西夏金元史》，P.586。

譽，以神機妙算、運籌帷幄著稱。本來他是元朝的忠臣能臣，卻屢遭無禮。初為江西高安縣丞，不避強權，被人陷害，幸好長官信任才免禍，辭職了事。西元1343年朝廷再召為江浙儒副提舉，又因檢舉監察御史得不到支持，反遭諸多責難，只好再辭職。西元1352年民軍徐壽輝陷杭州，朝廷重新起用他為江浙省元帥府都事。朝中想招安方國珍，劉基則認為方氏兄弟為首犯，不誅無以懲後。結果，方國珍重賄官府，還是被招安並授官（最後降明），反而責劉基。劉基一怒之下又辭官，西元1360年被朱元璋任用為謀臣，為朱元璋滅元及群雄產生關鍵性的作用。朱元璋多次稱劉基為：「吾之子房也。」子房即張良，幫劉邦奪天下的謀臣。專家學者敘述：

1357年，元廷同意給石抹宜孫、劉基及他們這派人小小的提升，但拒絕把他們升到元朝官僚機構中更有影響的地位上來……是明代第一位皇帝而不是妥歡帖睦爾有效地實施了1342年起就在江浙行省實行的平均賦役和公眾動員措施；是他接受了元朝於1357年拒絕採納的道德專制主義主張；還是他最終在中國建立了史無前例的高度中央集權的制度。[409]

這就是說，如果順帝重用了劉基，他很可能成為朱元璋那樣的創業帝王。如果劉基也愚忠，那麼對於順帝來說有損失但不致命。而劉基不愚忠，順帝的「無禮」就無異於自殺了。

這種自殺的帝王豈止元順帝？接下來的末代皇帝朱由檢，不也很典型嗎？

專制與愚忠也不僅制約「家天下」的陽壽，還可能嚴重製約國家民族的深遠發展。鄭和下西洋首航於西元1405年，哥倫布發現美洲新大陸是西元1492～1502年間，相差近百年。鄭和下西洋之舉，7次之後被皇帝一句話叫停，永無下文。而哥倫布出生於義大利，後來改事法國，又改葡萄牙，其探險事業屢遭國王、公爵拒絕。再求助於西班牙，第一次仍遭國

---

[409] 同上，P.589。

第十一章　元初 20 年

王和王後，第二次總算同意，這才成就了震驚世界的偉業。顯然不能說明朝的皇帝更不開明，但鄭和事業（當然也許不能這樣說）的繼承者如果能像哥倫布那樣開明，這一天大的功績也許輪不到哥倫布！

我總覺得孔子「君使臣以禮，臣事君以忠」之說，應當是一種因果關係，即只有「君使臣以禮」，臣才事君以忠，而不是相反。古羅馬政治家、哲學家塞涅卡與孔子英雄所見略同，他主張：如果公共領域已然墮落到無可救藥的境地，如果它已經被邪惡之徒占據，有智慧的人不必做無謂的爭鬥，也不要做無益的犧牲。那麼，處於這類境地的智者具體該怎麼辦？先秦儒拿出了主意，明說：「所謂大臣者，以道事君，不可則止」，[410] 孔子、孟子做出了樣榜。這「道」，相當於現代憲法。

但漢儒就開始扭曲了，董仲舒明確主張「善皆歸於君，惡皆歸於臣」。宋儒更甚，兩者割裂，將「臣事君以忠」絕對化為「君要臣死，臣不死是為不忠」，而不斷淡化「君使臣以禮」，閹割出「三綱五常」官方版。這樣，讓帝王產生一種錯覺，以為「臣事君以忠」天經地義，君對臣禮不禮則無所謂，助長了他們對臣不禮的輕狂，導致每一個朝代之末越來越多的文武大臣以腳投票，實際上變成害君害國了！

是的，帝王被後儒們越寵越壞！胡秋原深刻指出：「知識分子之阿諛，是智慧墮落之悲慘現象；亦是一個政權腐敗之標準徵兆。而知識分子之阿諛，只有使帝王益趨狂暴。」[411] 這是儒家的悲哀，更中國的悲哀！

---

[410] 《論語‧先進》。
[411] 胡秋原：《古代中國文化與中國知識份子》，北京：中華書局，2010 年，P.191。

第十二章
明初 30 年

【提要】

　　明太祖朱元璋西元 1368 年開國至西元 1398 年逝世，狠治貪官，與民休息，大規模移民，恢復發展經濟，被譽為「洪武之治」。

　　「貿易戰」通常比喻國際貿易中類似戰爭的嚴重磨擦，也指因貿易引起的實戰。前者很容易惡化為後者，歷史上諸多外戰都是貿易引起的。這是中國歷史留給我們特別慘痛的教訓之一。

第十二章　明初 30 年

建國立朝：「驅逐胡虜」

　　朱元璋原來只是一個走投無路的小和尚，只是在流浪中捲入造反部隊；只是偶得「浙東四先生」為謀臣，其中章溢忠告說：「天道無常，德能感天，只有不嗜殺的人才能一統天下」，朱元璋才開始裝斯文；只是在進京的前一年，才由宋濂給他披上「驅逐胡虜，恢復中華，立綱陳紀，救濟斯民」的漂亮外衣。這樣，在元朝末年那一大堆造反民軍當中，朱元璋很快勝出。西元 1368 年伊始，朱元璋在應天（今江蘇南京）稱帝，國號「大明」。「洪武」是朱元璋的年號。

　　朱元璋稱帝後，致書元順帝，勸他降，被拒絕。第二年末委派使者赴雲南招降元梁王，被殺。西元 1378 年元昭宗死，朱元璋派使者前去弔唁。在和解無望，又一直被擾邊的情況下，西元 1381 年初朱元璋才命徐達率師北征，渡臚朐河（今蒙古國和中國境內之克魯倫河），抓了一些官吏便回師。雙方不時地小打小鬧，不贅述。

　　蒙古人退回草原後，重新以部落為單位過起逐水草而居的生活，但並沒有偃旗息鼓，在上都（今內蒙錫林郭勒）繼續使用元的國號，史稱「北元」、「殘元」、「故元」或「胡元」，仍然比較強，史稱「引弓之士不下百萬眾也，歸附之部落不下數千里也，資裝鎧仗尚賴而用也，駝馬牛羊尚全而有也」[412]，直到 260 多年後被清朝吞併，只是我們認為元朝在朱元璋立國之時即滅亡。

---

[412]《明史紀事本末》卷 10，第 1 冊，P.149。

最大看點：「救濟斯民」

朱元璋對官員殘酷，對百姓還是有些愛心。有年冬天視察城濠建設工地，見有個農民工在水裡摸什麼東西，得悉監工把他的鋤頭丟到水裡了。朱元璋大怒：「這麼冷的天，手腳都凍裂了，怎麼還忍心讓他們下水？」說著即命那農民從水中上來，另外取一把鋤頭給他，並將那監工抓來狠打一頓。

朱元璋對經濟工作挺重視，還在戰爭奪權之時就開始處理經濟問題。稱帝後，他說：「天下初定，百姓財力俱困，譬猶初飛之鳥不可拔其羽，新植之木不可搖其根，要在贍養生息之而已。唯廉者能約己而利人，貪者必朘人而厚己。有才敏者或泥於私，善柔者或昧於欲，此皆不廉致之也。爾等當深戒之！」[413] 西元1370年命諸郡縣富民入京師，朱元璋親自接見，並賜酒食。西元1397年調查浙江等9個布政司及直隸、應天10個府州擁有田地700畝以上的地主，共1.42萬戶，編成名冊，分批召見。如此重視，正是在他這種想法下，戰後經濟恢復挺快。

西元1368年朱元璋除了宣布登基開國、追擊殘餘之敵及軍事改革外，還迫不急待做了一件大事，就是委派國子監生周鑄等164人浩浩蕩蕩分赴全國各地去丈量田地與考核人口。諭曰：「兵革之餘，郡縣版籍多亡，過制之取，民多病焉。夫善政在於養民，養民在於寬賦。今遣鑄等往定稅額，此外令毋有所妄擾。」[414]

西元1381年初令各州縣之下分里甲，每110戶為1里，設「里長」；每10戶為1甲，設「甲長」。以戶為單位進行戶口登記，記載其鄉貫、姓名、年齡、丁口、田宅、資產；並以職業分類，主要有軍、民、匠、灶（鹽），還有儒、醫、陰陽等。戶籍登記一式4份，分別存於中央戶部、布

---

[413] 同上，卷14，第1冊，P.195。
[414] 同上。

第十二章　明初 30 年

政司、府、縣。每 10 年編訂一次。官府以此為依據徵賦役，故稱「賦役黃冊」。西元 1387 年再命國子監生分行天下州縣，丈量全國田畝，以稅糧多少劃分若干個區，每區設糧長 4 人。命各州縣分割槽編造以田地為主、寫明田主姓名的圖冊，也一式 4 份，詳列面積、地形、四至、土質，作為徵稅依據。因為圖上所繪田畝像魚鱗，所以田畝清冊又叫「魚鱗圖冊」。有了這樣的圖冊，加上「賦役黃冊」，賦稅可能更公平，但更難逃漏稅了。

西元 1374 年初遣官分赴河南、山東、北平整頓屯務，要求軍屯 3 分守城，7 分耕作，每人授田 50 畝，發給耕牛和種子，稅每畝 1 斗。西元 1388 年查天下各地屯田，每年增租稅糧 500 多萬石。

西元 1370 年責令地方官獎勵墾荒，招集流民，官給牛、種。隔年從山後（今河北太行山北端）移民 3.5 萬戶 19.7 萬人散居北平，從軍的給衣糧，為民的給田以耕。同時從沙漠徙蒙古人 3.8 萬戶屯田北平，墾田 1,300 多頃。西元 1379 年新墾田 27 萬項。1388 年徙澤州、潞州無地農民到河南、河北墾荒，置屯耕種。西元 1381 年查全國田畝，僅 366.7 萬頃。透過十幾年新墾，12 年後年增至 850.7 萬頃，增長 1 倍多。西元 1395 年末對河南、山東近 3 年新墾田不徵稅，繼續鼓勵墾荒為田。

黃河之害仍嚴重。如西元 1375 年初開封大黃堤決口，命 3 萬民夫搶救。西元 1384 年開封東月堤決，從陳橋到陳留橫流數千里，又決杞縣入巴河。西元 1390 年河決歸德，發動 10 個衛的軍民搶救。同年又決開封、西華諸縣，漂沒民舍 1.57 萬戶。西元 1392 年初河決陽武，泛陳州、中牟等 11 個州縣，發民丁及 17 個衛的軍士搶修。

災後減免租賦，賑濟災民不少，不贅述。當時也重視興修水利工程，預防水、旱災。如西元 1368 年修和州銅城堰閘，周迴環流 200 餘里。1390 年崇明、海門發生海溢，決堤 2.39 萬丈，發民工 25 萬人修海堤。西元 1394 年特諭工部：凡陂塘湖堰可蓄水防旱的都要修治。隨後，分遣國

子監分別到各郡縣，督吏民修治水利。1395 年各地開塘堰達 4 萬餘處，疏通河流 4,162 處，修建陂渠堤岸 5,048 處。

貧苦出身的朱元璋不忘艱苦樸素。西元 1385 年詔令天下四民（即士、農、工、商）守其業，不許遊食。庶民之家，不准衣錦繡。西元 1390 年末甚至罷織文綺緞匹。

然而，朱元璋實際上並沒有給百姓帶來多少福祉。流行在他家鄉的「鳳陽花鼓」唱道：

說鳳陽，道鳳陽，

鳳陽本是個好地方，

自從出了個朱皇帝，

十年倒有九年荒。

所謂「救濟斯民」，只不過是個政治口號。鄉親們口中的大明，還不如朱元璋筆下的蒙元了。

說來令人不可思議，對自己開國功臣大肆屠殺的朱元璋，對元朝統治者卻好像是他們「禪讓」一樣，感恩戴德。進軍大都（今北京）的最後關頭，朱元璋明令不得傷害元皇親貴族。對俘獲的元貴族封給爵位，賜予優厚生活待遇，甚至強迫漢人繼續對他們行禮如儀。他說：「元雖夷狄，入主中國，百年之內生齒浩繁，家給人足，朕之祖父亦預享其太平」，「朕本農家，樂生於有元之世」。[415] 既然蒙古人治下這麼幸福，你為什麼要去推翻呢？朱元璋說是他們的天數已盡。那麼，如此之好的蒙元為什麼會被天改授命呢？當然，當時沒人敢這麼追問。

這時期，朱元璋的主要精力在於鞏固自己的統治，留在史冊上更多是血淚。

---

[415]　《明太祖實錄》卷 53。

第十二章　明初 30 年

一、體制改革

朱元璋在《太祖寶訓》中寫道：「朕觀元朝之失天下，失在太寬。昔秦失於暴，漢興濟之以寬，以寬濟猛，是為得之。今元朝失之於寬，故朕濟之以猛，寬猛相濟，唯務適宜爾。」我們通常覺得蒙元統治是野蠻殘暴的，但在朱元璋看來，元亡的教訓失之於寬鬆，大明現在要強化統治才是。

現代常將秦至清 2,000 多年稱之為「封建社會」，其實大謬。錢穆認為：明朝是中國近代史開始，也是世界近代史開始，「可惜的是西方歷史這一階段是進步的，而中國這一階段則退步了，至少就政治制度來講，是大大退步了」。「倘使我們說，中國傳統政治是專制的，官府由一個皇帝來獨裁，這一說法，用來講明清兩代是可以的」。[416]

建國伊始，百廢待興，各種制度一般都沿襲前朝，只是稍加改革。西元 1376 年廢元制「行中書省」，將全國劃為 13 個「承宣布政司」，意為「朝廷有德澤、禁令、承流宣播」，置布政使、參政官等。第二年又在中央政府置通政使司，專門負責接受內外章奏，每天早朝時匯達御前。

西元 1380 年置諫院官，設左右司諫各 1 人，左右正言各 2 人。1382 年罷御史臺，設都察院，主掌監察、彈劾及建議，與刑部、大理寺並稱三法司。遇有重大案件，由三法司會審。都察院不僅可以對審判機關監督，還擁有「大事奏裁、小事立斷」的權利，為最高監察機關。

西元 1368 年朱元璋在稱帝同月立衛所制及將兵法。在中央設大都督府，作為全國最高軍事機關；在京師及郡縣要害地區設所，數府郡劃一防區設衛，相似於我們現代大軍區。戰時，命總兵官佩將印領兵出征，戰後將印還於朝廷，大將軍單身回第，軍士各回本衛。皇帝掌握兵權，防止

---

[416]　錢穆：《中國歷代政治得失》，北京：三聯書店，2005 年，P.92。

地方武裝割據。西元 1380 年初在廢丞相的同時，罷大都督府，將其分為中、左、前、後、右五軍都督府，並與兵部互相牽制。兵部有權頒發命令，但不直接統率軍隊，都督府掌管軍隊的管理和訓練，但沒有調遣軍隊的權力。這樣，軍權集中於皇帝之手。

朱元璋處死胡惟庸不解恨，隨手連中書省也給罷了，廢丞相。其職能歸六部，六部直接對皇帝負責，相權與君權合一。朱元璋還憤憤然詔曰：「嗣君不許復立丞相。臣下敢以請者置重典。」從此，在中國延續了近 2,000 年的相權被徹底剝奪。專家學者認為：朱元璋更多地複製了他本人熟悉的元朝慣例。結果便產生了一種雜糅了蒙古汗和宋朝皇帝兩方面傳統的新統治模式，即「專制統治」（despotism）。[417] 從此，朱元璋得像秦始皇一樣勤政。有人統計某 8 天當中，內外諸司的奏疏多達 1,660 份，涉事 3,391 件，也就是說朱元璋平均每天要批閱 207 份檔案，處理 423 件政事。其辛其苦，你可以自己想像一下：你子女每天向你呈送 200 多份書面請示，要你決策 400 多件事務，那會是一種怎樣的負擔！朱元璋能長期保持這份精力嗎？可能都正確決策嗎？他的兒孫皇帝也能如此嗎？

同年九月，朱元璋便認了，設「四輔官」，2 年後改設「殿閣大學士」，後來發展為「內閣」制度。但「明代的政治體制中，內閣確實不是相權的回歸，而是由皇帝的祕書顧問機構，逐漸成長為一個超越單純的祕書職能的權力協調機構。它究竟是『有名無實』還是『有實無名』，取決於內閣大學士個人的政治能力及其對皇帝的影響力……儘管內閣偶爾會堅持自己票擬的意見，但歸根結柢所有的權力還是集中在皇帝一人之手。」[418]

朱元璋立下《皇明祖訓》，並強調說：「後世有言更祖制者，以奸臣論。」《中國政治制度史》生動地描述：

---

[417]　《哈佛中國史・元與明》，P.83。
[418]　卜憲群：《中國通史・明清》，P.61。

第十二章　明初 30 年

　　明代皇權空前膨脹，朝儀時山呼萬歲，再山呼萬萬歲，已成定例，連跟從皇帝行丹墀，也規定「常面北，不南向，左右周旋不背北」。皇帝是如此的威嚴、崇高，以致在君臣隔閡的明朝中葉後，「一逢召對，遂有手足茫茫之感」。大臣不是只會叩頭呼萬歲，就是「口噤不復出聲」。最典型的是神宗召見閣臣時，吳崇仁竟然「驚怖，宛轉僵臥，仍至便液並下」，直到把他送回家後，仍然「如一土木偶，數日而視聽始復」，成了極大的笑話。[419]

　　稍加深思，就笑不出來了。雷海宗說：「漢末、魏晉南北朝時代皇帝實權削弱，隋唐復盛，宋以下皇帝的地位更為尊崇。到明代以下人民與皇帝真可說是兩種物類了，不只皇帝自己是神，通俗小說甚至認為皇帝有封奇人或妖物為神的能力。」[420] 文盲朱元璋哪來如此「創造性」？怎麼眨眼之間，一個走投無路的小和尚就變為人間至高無上的神了？國人驚人的創造力全用在為帝王服務上。

二、除功臣

　　那些人提著腦袋跟著朱元璋南征北戰，好不容易成功，總以為可以分贓享福了。開始幾年，朱元璋沒忘他們的功勞。第二年即西元 1369 年初在首都立功臣廟，朱元璋親自敲定功臣位次：徐達、常遇春、李文忠、鄧愈、湯和、沐英等 21 人，死者祀像，活者留其位。第二年大封功臣，封李善長、徐達等 6 人為國公，湯和等 28 人賜誥命、鐵券。誥命是授贈給官員家屬的榮譽證書。鐵券是皇帝賜給功臣、重臣一種帶有獎賞和盟約性質的憑證，類似於現代勛章，允許其世代享有優厚待遇及免死罪，所以也稱「免死券」。明代鐵券現在中國歷史第一檔案館還有實物，為金屬鑄造

---

[419]　《中國政治制度史》下冊，P.745～746。
[420]　《中國文化與中國的兵》，P.99。

的半覆瓦形，其上刻有受賜人的姓名、勳勞、官爵，寫明持有此券，本人犯法可免 2 次死罪，子孫可免 1 次。西元 1377 年還錄用已故功臣的子孫 500 餘人，給他們授官。

政權稍穩定，朱元璋開始過河拆橋，卸磨殺驢。胡唯庸是開國功臣，西元 1377 年升為左丞相，位居百官之首，僅次於朱元璋，相當於副總統。但他有些驕縱跋扈，有人說他想謀害徐達、劉基。西元 1380 年初，大臣塗節告胡唯庸謀反，朱元璋當時沒有表態。4 天後，胡唯庸說他家的舊宅井裡湧出醴泉，蔚為奇觀，實為大明祥瑞之兆，邀請朱元璋前往觀賞。朱元璋高高興興答應，不想半路有個太監攔御駕，說胡唯庸家方向有異常。朱元璋立即返回，登上宮城，果然發現胡唯庸家牆道裡藏著士兵，刀槍林立，於是將胡唯庸逮捕，當天處死。諸多專家學者認為，這是一個明顯的冤案。4 天前塗節就告胡唯庸謀反了，猜忌多疑的朱元璋還可能應邀去他家嗎？胡唯庸如果真的在家裡埋有伏兵，可能讓人在城牆上遠遠望見嗎？歷史上的「謀反案」多如牛毛，但沒幾件經得起推敲深究。

胡唯庸死了，血案還沒完。西元 1386 年胡唯庸餘黨林賢坐通倭罪，被滅族。周德興是跟朱元璋穿一條褲子長大的，防倭有功，退休回家，但其子犯法，株連被殺。西元 1390 年潭王朱梓因其弟被控胡唯庸餘黨，與妃自焚；同月吉安侯陸仲亨等人被告胡唯庸餘黨，下獄月餘被殺；開國功臣、韓國公李善長被控與胡唯庸有勾結，賜死，其妻女弟姪皆被殺。西元 1392 年靖定侯葉昇被控胡唯庸餘黨，被誅。直到西元 1393 年朱元璋自己也覺得對胡、藍案誅殺過多，這才赦其餘黨。據統計，僅這一案殺了 3 萬多人。專家學者評論：「1980 年代的這次大規模肅清，是當時人類歷史上最恐怖的血腥屠殺，它給士人造成的心理重創，遠勝於蒙元統治時期的種種。」[421]

---

[421]《哈佛中國史・元與明》，P.87。

第十二章　明初 30 年

胡惟庸案僅僅是朱元璋製造的四大血案之一。其二，元朝時全國錢穀冊簿，慣例是先署印後填寫，稱「空印」。明朝相沿未改，不想西元 1376 年朱元璋突然治以欺罔罪，凡主印吏及署守有名的人都入獄，誅殺數百名官員，連坐被殺數以萬計。其三，西元 1385 年戶部侍郎郭桓與中央六部及各地方官勾結，盜賣官糧 700 餘萬石。殺郭桓之後，朱元璋疑北平官吏李彧、趙全德等與郭桓有關係，將六部左右侍郎以下皆處死，入獄多達數萬。因為多屬冤枉，怨聲遍及全國各地，朱元璋又將審刑官吳庸等人處死，以平民憤。其四，藍玉屢立戰功，官拜大將軍，封涼國公，又是太子朱標岳父的親戚、太子妃的舅父，西元 1393 年突然被控謀反，被殺不算，還被剝皮實草，傳示各地。緊接追究其黨羽，牽連致死達 1.5 萬餘人。

其他如西元 1394 年穎國公傅友德因請封田被賜死，同年定遠侯王弼也被賜死。第二年宋國公馮勝被告謀反被殺，退休的信國公湯和在家病死。在開國功臣中，只有湯和一個人得以壽終正寢，──或許他也是被嚇死的。

西元 1914 年，「南開校父」嚴修到北京參觀歷代帝王畫像，認為「唐太宗為最偉，明太祖為最奇」。最奇就是最醜，把他畫得歪嘴，痲臉，五官不正，稱之「五岳朝天」。不過，也有人將他畫得極其英武。實際上，朱元璋其人也的確如此，有偉大的一面，也有極醜惡的一面。史家杉山正明認為：

> 現實的朱元璋，乃是一個堪稱為惡的集合體，是個性格陰暗的人物。在他攀上權力頂峰的過程中，不只一次背叛他人，對於舊主和朋友，他也能若無其事地加以殺害……在世界史上，像這樣的例子，實在是絕無僅有……從「大明」這個國號中，可以嗅出強烈的白蓮教氣息；而在朱元璋的心中，恐怕早已失去了「人性」的存在吧！[422]

朱元璋以嗜殺著稱於世。

---

[422]　轉引自楊海英《文明的遊牧史觀》，鄭天恩譯，新北：八旗文化出版社，2019 年，P.218。

三、抗倭

歷史上外交基本思路：「中國居內以制夷狄，夷狄居外以奉中國」，努力打造一個「四夷來朝」的禮制體系，製造一種自己為「天下共主」的虛幻景象。以影響力強弱為半徑，劃一個以中國為圓心的朝貢關係圈。明朝樂此不疲。朱元璋稱帝不久，先後派員與高麗、安南、日本、占城、爪哇、暹羅、真臘、東南亞島嶼三佛齊、汶萊、琉球等國聯繫，要求他們前來朝貢。設3個市舶司，明州用來接待日本，泉州接待琉球，廣州接待東南亞各國，發表了一系列優惠政策。然而，朱元璋很快失望，因為他發現來朝貢的「內帶行商，多行譎詐。」同時，還有原來反元的民軍殘留在一些海島威脅大明政權。於是，朱元璋開始閉關鎖國。西元1371年頒令「禁瀕海民不得私出海」，隨後又4次頒禁海令。朱元璋還曾指示沒必要頻繁向外國派使團。許倬雲批評道：

> 這一時代的世界，實際已有了非常重大的變化……國際經濟網路，已在逐漸形成，將歐、亞、非、美四個大陸與太平洋的許多島嶼（例如今日的印尼、菲律賓等）都編織在一個龐大的經濟體系之內。然而，明朝政府並未察覺這一正在進行的鉅變，仍以防守海疆的角度，制定官方的海禁。[423]

倭寇即日本海盜活動，一般分兩個時期。前期元末至明初，與原方國珍殘部相互勾結，主要侵擾朝鮮與中國北方沿岸。後期主要是嘉靖年間，在南方沿海殺人放火。朱元璋派使者要求日本國王良懷取締倭寇，並向大明朝貢。日本正值內亂，地方軍閥多借國王的名義對外活動，「懷良親王」拘明使者。朱元璋一面命當地守軍擊退倭寇，另一方面再遣人出使日本。「懷良親王」送還被掠的中國人，但倭寇仍然時常侵擾。朱元璋也無奈，

---

[423]　許倬雲：《萬古江河》，P.316。

第十二章 明初 30 年

只好派兵出海防範,暫罷市舶司。

閉關似乎收到立竿見影之功,倭寇幾乎沒再侵擾,但中日兩國政治關係變緊張。同年日本遣使貢方物,朱元璋以無表文為由卻之,並令中書省擬文譴責。西元 1380 年日本又派使者入貢,沒有國書,只有將軍奉丞相書,朱元璋很可能不知道「懷良親王」早退隱,認為其詞句傲慢,再卻之。這次回書不僅譴責「懷良親王」,甚至威脅要出兵討伐。「懷良親王」毫不示弱,回覆說任你文攻武戰我都不怕,大不了輸了做你臣屬,可你如果輸了做我小國臣屬那就太難堪了,還是講和為上吧![424] 這回覆讓朱元璋大怒,但鑒於元朝征討日本失敗,弄不好真要「反作小邦之差」,不敢輕易出兵,只好繼續打「口水戰」。1386 年日本又遣使入貢,朱元璋怒氣未消,還是卻之。第二年,有人說日本使者曾支持胡惟庸謀反,朱元璋立即斷絕與日本的關係。

可是,倭寇問題依舊,只能以防守為主。這年在浙江沿海設防城 59 個,福建 16 個。西元 1396 年設捕倭獎,詔:「凡指揮千百戶獲倭船一及賊者,升一級,賞銀五十兩,鈔五十錠。軍士水陸擒殺倭賊,皆賞銀。」第二年重申禁海外互市。這些措施無疑產生一定作用,但仍然沒有解決問題。

■ 四、治民

朱元璋主張「刑用重典」,建國前一個月就急不可待頒發律令 285 條。西元 1373 年《大明律》修成,共 606 條,頒行天下。《大明律》有「罵詈」罪名,罵人也犯法。為了推行《大明律》,西元 1385 年又頒《大誥》。這是

---

[424] 《明史》卷 322,〈日本傳〉,第 63 冊,P.5589,「臣聞天朝有興戰之策,小邦亦有禦敵之圖。論文有孔、孟道德之文章,論武有孫、吳韜略之兵法。又聞陛下選股肱之將,起精銳之師,來侵臣境。水澤之地,山海之洲,自有其備,豈肯跪途而奉之乎?順之未必其生,逆之未必其死。相逢賀蘭山前,聊以博戲,臣何懼哉。倘君勝臣負,且滿上國之意。設臣勝君負,反作小邦之羞。自古講和為上,罷戰為強,免生靈之塗炭,拯黎庶之艱辛。特遣使臣,敬叩丹陛,惟上國圖之。」

朱元璋親自撰寫的刑典，內容是整理這一年審判貪腐方面的重大案件，計 74 條。同時，開展大學大講《大誥》運動，全國各地到京城參加「學習班」者達 19 萬人。第二年成《大誥續編》，共 87 條；又成《大誥三編》，共 43 條。西元 1387 年成《大誥武臣》，共 32 條。因為逐年增加太多，且「比年條例增損不一，以致斷獄失當」，只好對《大明律》進行大修。西元 1389 年修成，重新頒發。繼續深入開展「普法」宣傳活動，西元 1391 年賞民間誦《大誥》子弟達 19 萬人。隨後又對明律進行一次大修，於西元 1397 年正式頒發《大明律誥》，申令：「今後法司只依《律》與《大誥》議罪。」朱元璋還特別強調：「定律不可輕改」，「子孫守之，群臣有稍議更改，即坐以變亂祖制之罪」。後來的明帝們，「歷代相承，無敢輕改」。

朱元璋治貪下了很大決心，花了很多心思。為防止官員私自塗改帳冊，他令將一至十數字改為壹貳叄……沿用到我們今天。官吏貪贓滿 60 兩的，處死不算，還要剝皮示眾，空前絕後之嚴酷。他還特別下令：百姓不分貴賤，皆可直接到京城告發地方官吏的貪汙罪行，地方官吏不得攔阻。然而，朱元璋嚴猛反貪的效果並不理想。但據劉辰《國初事蹟》記載，朱元璋曾嘆道：「本欲除貪贓官吏，奈何朝殺而夕犯！今後犯贓者不分輕重皆誅之。」他居然還想進一步加大刑罰的力度。

刑部主事茹太素為人「抗直不屈」，辦事「以平允稱」，但表達能力較差，每次上奏章動則七八千字，朱元璋看得很不耐煩。西元 1375 年末一次，朱元璋叫人唸給他聽。唸到 1.65 萬字，還沒聽出個所以然，朱元璋大怒：「虛詞失實，巧文亂真，朕甚厭之。」將茹太素痛打一頓不算，為此訂立上書陳言格式（八股文），「繁文過式者罪之」。西元 1382 年廣平府吏王允道建議：磁州的臨水鎮產鐵，希望恢復元朝時置鐵冶都提舉司管理，每年可收鐵 100 多萬斤。不知這話觸痛了朱元璋哪根神經，即將王允道杖一頓，流放海外。說不准什麼事會犯法，會處以如何刑罰。

第十二章　明初 30 年

更恐怖的是西元 1382 年，朱元璋將管轄禁衛軍的親軍都尉府改為錦衣衛，授以偵察、緝捕、審判、處罰罪犯等權力。這是一個軍事特務機構，由皇帝直接掌控。它另立法庭和監獄，俗稱「詔獄」。詔獄裡採取剝皮、抽腸、刺心等種種酷刑。朱元璋還讓錦衣衛在朝廷上執行廷杖，不少飽讀儒書的大臣慘死杖下，文明掃地。到處派特務，稍有異常言行就可能被監視到。不過，西元 1393 年後朱元璋沒再讓他們濫捕，後來主要是朱棣讓錦衣衛橫行。

朱元璋治下的社會景象，他在《大誥三編》中親筆描述：

《大誥》一出，鄰裡親戚有所畏罹，其蘇、松、嘉、湖、浙東、江東、江西，有父母親送子至官者，有妻舅、母舅、伯、叔、兄、弟送至京者多矣……有親戚影射，四鄰擒獲到官者，本人梟令，田產入官，人口發往化外，如此者多矣。

當時法律規定：「凡軍民人等往來，但出百里即驗文引。如無文引，必須擒拿送官。仍許諸人首告，得實者賞，縱容者同罪。」文引即官方准予通行的文書。各地設關卡，「凡無文引私度關津者，杖八十。若關不由門、津不由度而越度者，杖九十。若越度緣邊關塞者，杖一百，徒三年。因而出境外者，絞。」休想走旁門左道，翻山越嶺。強調「人民互相知丁」，「市村絕不許有逸夫」。逸夫即無業遊民。「或於公門，或在市閭裡，有犯非為，捕獲到官，逸夫處死，里甲四鄰，化外之遷」。如果犯了事，你的四鄰也得發配到邊遠的不毛之地去。

■ 五、意識形態

「意識形態」一詞在西方哲學界，也是此後三四百年才有，但統治者控制臣民思想觀念之事，中國古人早精通，所以早在軸心時代，包括老子、荀子等人在內的一些思想家就提出「解蔽」的命題，貫穿了人類思想

的全部歷程。後儒及帝王的任務則是「遮蔽」——愚民。牟宗三將意識形態譯為「意底牢結」可謂傳神，人們的大腦給牢牢控制結實了！朱元璋空前重視這方面的工作。

別看朱元璋沒什麼學歷，現代小學都沒有，但他智商絕不低，且非常好學，學業不錯。據說他寫有幾首親筆詩，其一為〈罵文士〉：「嘰嘰喳喳幾隻鴉，滿嘴噴糞叫呱呱。今日暫別尋開心，明早個個爛嘴丫。」有些迂腐文士「吹牛很厲害，實做成公害」固然該罵。但朱元璋在意的並不是讀書人吹牛，而出於長遠心計，事先封好文人之嘴，不許批評朕，朕還得做諸多讓你們不爽的事呢！

朱元璋詔令編的書，用現代話來說大多是政治教材。為鞏固皇權並對其後世子孫進行訓戒，朱元璋登基第二年便命人編修《祖訓錄》，專門輯錄朱元璋的言論和政事，按內容分類，易檢索又易讀，西元1374年書成，1376年修訂，1395年重定，更名為《皇明祖訓》，從此形成一個修「寶訓」的傳統。同時召集儒臣收集歷史上後妃的故事，編成《女誡》一書，印發給親戚和宮女對照學習。西元1374年修成《皇明寶訓》15卷，西元1380年修成《臣戒錄》，印發給文武百官學習。另編有《醒貪簡要錄》、《彰善癉惡錄》等反腐教材。

可是朱元璋對孟子極其不滿。西元1372年某日，朱元璋讀《孟子》。當他讀到「民為貴，社稷次之，君為輕」等語時，大發雷霆，立即召見文臣，宣布即日起罷免孟子配享孔廟的資格，將孟子的牌位撤出孔廟。此令一下，舉世譁然，因為歷史上從來沒半個帝王這麼做過。大臣紛紛上奏反對，朱元璋堅持己見，不許異議。可是，刑部尚書錢唐偏偏視孟子高於帝王高於自己的生命，堅持進宮為孟子求情。朱元璋大怒，命禁軍射殺。錢唐肩臂中兩箭，鮮血直流，仍然爬著進宮。朱元璋不能不有所感動，命人把錢唐送去治療，且於不久後恢復孟子配享孔廟的資格。但對於《孟子》

第十二章　明初 30 年

不可輕饒，刪掉原文 85 條，編成《孟子節文》，科舉考試只能以此為準。民國時期專家學者容肇祖依據當時國立北平圖書館所藏洪武二十七年刻本《孟子節文》，與《孟子》足本比對，梳理了朱元璋所刪內容，指出：

《孟子節文》就是不許說人民有尊貴的地位和權利，不許說人民對於暴君汙吏報復的話，不許說人民應有革命和反抗暴君的權利，不許說人民應有生存的權利，不許說統治者的壞話，不許說反對徵兵徵實同時並舉，不許說反對捐稅的話，不許說反對內戰，不許說官僚黑暗的統治，不許說行仁政救人民，不許說君主要負善良或敗壞風俗的責任。這 11 個「不許說」，實質就是權力王國的主宰者們「不許」道德王國的思想者們「說」不利於現存統治的話，而孟子洋溢著道德理想主義光輝的王道政治學尤其「不許說」。[425]

朱元璋就如此野蠻，不僅要活著的臣民屈從，還要讓死去千年的聖人也屈從於他！

西元 1390 年朱元璋根據漢族的傳統，上承周漢，下取唐宋，定朝臣衣服及士子巾服之制。第二年又更定冠服、車室、器用制度。服飾方面，男服有冕服，即皇帝的著裝；朝服有通天冠服、皮弁服、朝服等；公服有百官的正式辦公服；常服恢復唐宋時代的常服系統。女服有褘衣，為皇后受冊、謁廟、朝會時穿著；翟衣為皇后的第二禮服；禮服為品官命婦的大禮服。人們日常生活，青布直身的寬大長衣，頭上戴四方平定巾，一般平民穿短衣，裹頭巾。還規定凡家中有人經商的，全家人都不穿戴絲綢服飾，以展現重農輕商。

1372 年朱元璋釋出《正禮儀風俗詔》，在全國上下轟轟烈烈開展一場「教化」運動。其詔一條曰：

鄉黨序齒，從古所尚，今後民間士農工商人等，平居相見及見時宴會

---

[425]　容肇祖：〈明太祖的《孟子節文》〉，《讀書與出版》1947 年第 4 期。

揖拜之禮，幼者先施；坐次之列，長者居上。佃戶見田主，不論齒序，並以少事長之禮。若在親屬，不拘主佃，只行親屬禮。

連鄉下人喝酒怎麼坐席位都給規定死了，你看朱元璋工作多麼深入，多麼細緻，但我想那酒喝起來多無趣！

專家學者認為，至元朝「可以說中國是儒學統治，但還不是儒教國家，因為縣府衙門和鄉村普通官員們還沒有被徹底儒學化」。只有明朝開始，「隨著地方官員、士大夫和學官們對市井民眾等進行長期灌輸，地方社會也被納入了儒教網路當中，儒家社會開始出現，儒教國家也隨之形成」。[426]

王朔我也曾長期把他當「痞子」看，但不知不覺常覺得他有些言論之深刻不能不佩服。比如他說：「你要小心這世上的壞人，他們都盡力教你學好，然後好由著他們使壞。」朱元璋們的「德治」就如此！

國子監說是教育部門，實際卻跟監獄一般。學校設「繩愆廳」，配皂（音同皂）隸2名及行刑凳2條，專門處罰犯規學員。學員初犯記錄在案，再犯杖5下，三犯杖10下，四犯發配充軍。這一設定沿續到清，西元1905年才取消。儘管如此嚴厲，還時有「學運」發生。首任校長宋訥，格外嚴酷，常有人被迫自殺或餓死，連屍也得經他親自驗。教師金文徵於心不忍，想方設法保護學生，直接向朱元璋告狀。朱元璋說學生餓死罪在教師，而不在校長。金徵文不死心，又透過老鄉關係建議吏部尚書令75歲的宋訥退休。宋訥向朱元璋辭行，說是被迫退休。朱元璋大怒，將金文徵等人全殺了，並出榜告示，寫入《大誥》。西元1394年學生趙麟不堪虐待，出壁報表示抗議，朱元璋也將他殺了，並梟首示眾。當時國子監幾任校長，除特別受寵的宋訥之外，不是被殺就是被貶。

---

[426] 《統治史》卷2，P.215。

第十二章　明初 30 年

千古之嘆：歷史上的「貿易戰」

現代所謂「貿易戰」實際上包涵兩個概念：一是通常比喻貿易中類似戰爭的嚴重磨擦，二是因貿易引起的實戰。前者很容易惡化為後者，歷史上很多戰爭都是貿易引起的。這是中國歷史留給我們特別慘痛的教訓之一。

一、遊牧族南下劫掠

北方遊牧族與中原農耕族，沿長城綿延 2,000 餘年的征戰，多半是生活所迫。匈奴習俗「寬則隨畜，因射獵禽獸為生業，急則人習戰攻以侵伐，其天性也」。[427] 蒙古人在成吉思汗掌權後，甚至不再依靠傳統的遊牧，而靠戰利品生活。

劫掠不僅成為他們物質生活主業，而且成為精神生活的支柱。「一場戰爭下來，不僅戰俘成為參戰者的奴隸，劫掠的財物歸參戰者所有，而且斬首一顆要賞酒一卮，這就為匈奴騎士投入戰爭提供了充足的燃料和持續的動力。於是，匈奴人以嗜殺和痛飲為人生之樂，馬背上的生活就剩下簡簡單單的兩件事：揚鞭放牧、揮刀殺戮。前者是物質需求，後者是精神追求」。[428] 搶劫成為精神需求，也就意味著他們在生活不窘迫之時，也可能南下劫掠取樂。

歷史學家姚大中認為：遊牧地帶「貴族們的消費慾望，與定居社會生產的奢侈品有過接觸以後，便被刺激起來。相對方面，遊牧經濟自身生產而超過飽和點時，過剩的牲畜與毛、皮等也必須脫手，否則反成為社會發展的阻礙」。於是，「定居地帶可以與草原隔絕，草原上的遊牧社會卻不能

---

[427]　《史記》卷 190，〈匈奴傳〉，第 3 冊，P.2205。
[428]　高洪雷：《另一半中國史》，北京：人民文學出版社，2012 年，P.1。

與農業定居社會切斷連繫，必須與之發生經濟上的往來關係。也唯如此，使遊牧社會對定居社會有顯著的依存傾向，依存方式，正常的途徑便是貿易」。[429] 世界歷史學家們曾經困惑：遊牧社會憑什麼成為農業社會的強勁對手？謎底是：遊牧生產 +X= 發展，公式中 X 表示對外貿易。

匈奴的商貿紀錄，最早可追溯秦始皇時期。烏氏倮是秦國最大農場主兼外貿商人，他用畜產與南方交易絲織品，透過關係送給匈奴王，匈奴王償還十倍價值的畜產。烏氏倮暴富，馬牛多得像穀子一樣，秦始皇破例讓他跟文武大臣一起上朝參議國事。商人享有這樣的政治地位，在中國歷史上是十分罕見的。不久，匈奴與西漢的貿易有模有樣。賈誼說他們狡猾，換言之就是生意頭腦精，與中原的交易不僅滿足自己生活需求，還做轉手的國際貿易。因為匈奴還需要轉輸西亞地區，所以他們「深求」。[430] 漢景帝時期有正常的貿易了，邊境地區再沒有大規模劫掠，只是些小偷小摸。[431]「武帝即位，明和親約束，厚遇關市，饒給之。匈奴自單于以下皆親漢，往來長城下。」[432] 可見漢武帝之初，和親與邊貿雙管齊下，官方關係仍然友好。後來發生馬邑事件，才撕破臉，「自是後，匈奴絕和親，攻當路塞，往往入盜於邊，不可勝數。然匈奴貪，尚樂關市，嗜漢財物，漢亦通關市不絕以中之」。[433] 戰爭也沒能中斷貿易。

漢地統治者出於政治方面的考慮，卻往往不想跟他們發展正常的貿易關係。而他們也不一定有那麼多可交易的商品，何況劫掠幾乎可謂「無本生意」。貿易與掠奪對於「取得」的意義並無實質區別。所以，他們在明

---

[429] 《姚著中國史》卷 2，P.48。
[430] 賈誼：《新書・匈奴》，「夫關市者，固匈奴所犯滑而深求也，願上遣使厚與之和，以不得已，許之大市……則胡人著於長城下矣。」
[431] 《漢書》卷 94，〈匈奴傳〉上，第 6 冊，P.2785，「景帝復與匈奴和親，通關市，給遺單于，遣翁主如故約。終景帝世，時時小入盜邊，無大寇。」
[432] 同上，P.2785～2786。
[433] 同上，P.2786。

第十二章　明初 30 年

知得依靠對外貿易才能謀發展的硬道理之後，還是難改劫掠的習性。對於他們而言，前文公式當中的 X，可以填「對外貿易」，也可以填「南下劫掠」，或者填「對漢朝貢」也無妨。

在那冷兵器時代，遊牧民族在軍事方面占有天然的優勢，能統一六國的秦始皇、能滅強秦的劉邦也無法戰勝匈奴，西漢之初是真心想與之和平的，寧願送美人、貢財物甚至出讓些土地。《劍橋中國秦漢史》敘述：「從西元前 192 年至前 135 年，協議修訂不下於九次。我們能夠有確切把握斷言，漢朝為每一次新協定付出了更高的代價」，「老上（單于）還成功地在和親協定中引進了新的內容，即增加了有關邊境貿易的條款」，但「有證據顯示，比起締結持久的和平以解決所有政治爭端來，北匈奴對建立與漢朝的貿易關係可能更感興趣」，「很清楚，邊境市場制度是匈奴強加於漢朝的」，卻「沒有跡象說明冒頓（單于）曾經表示願意尊重中國的要求」，「匈奴和漢朝的關係一般是在貿易和戰爭之間交替出現」。[434]

那麼，在美人與厚利兼得的情況下，匈奴為什麼還不肯放棄劫掠與戰爭呢？古代為了取得敵方或其他關係微妙的信任，往往要派送王子或世子之類出身貴族的人去做人質，稱「質子」。質子的命運是危險的，一旦交惡，往往首當其衝。可是，匈奴單于連質子之生死都不顧，在於他們「侵掠所獲，歲鉅萬計，而和親賂遺，不過千金，安在其不棄質而失重利也」？[435] 和親換不來持久的和平，逼得漢武帝劉徹改變策略，對匈奴主動出擊，千里追蹤，大有剿滅之勢。

對於遊牧民族的生存條件與生活方式，漢人理解並同情。明朝大臣王崇古說：「北虜散處漠北，人不耕織，地無他產，虜中鍋釜針線之日用，須藉中國鑄造，綢緞絹布之色衣，唯恃搶掠」，對於他們「瘦餓之形，窮

---

[434]　《劍橋中國秦漢史》P.366～367、383。
[435]　《漢書》，〈匈奴傳〉下，第 6 冊，P.2830。

困之態」，漢族「邊人共憐之」。[436] 柏楊說：「中國人常大惑不解地責備他們不安於自己的鄉土，但如果把位置調換一下的話，恐怕也免不了會有同樣的行動。」[437] 我覺得這話很公允。

張騫出使大宛（泛指今中亞費爾干納盆地），帶回一種馬，這種馬跑得非常快，會流鮮血樣的汗，因名「汗血寶馬」。劉徹非常喜歡，稱之「天馬」，命人特鑄一匹金馬，送到大宛換「汗血寶馬」，沒想被拒絕。漢使者生氣，當場砸了金馬，卻暴露那鑄馬並非真金，對方感到被戲弄，怒殺漢使者。劉徹派兵討伐，不想失敗。浩浩蕩蕩再征，圍攻40餘日。大宛抵擋不住，只得殺了國王降漢，改立曾經親漢的貴人為宛王，這才罷兵。草原上出土的石碑，常記載漢人如何入侵。史書大都是漢人寫的，自然帶有某些偏見。法國作家歐內斯特・勒南（Joseph Ernest Renan）說「曲解歷史，正是一個民族之形成的重要組成部分」[438]，大概正是此意。

中外大量歷史證明：諸多戰爭的原因在於貿易不暢。

二、海盜與朝貢

其實，中國商業發展很早。據說所謂商朝，就因為他們善於經商而得其名。西周之初，薑子牙受封建齊國，針對那裡地貧人少的特點，採取「因俗簡禮」、「尊賢尚功」、「通商工之業、便魚鹽之利」三大國策，5個月便安定，齊國很快成為那個時代天下第一霸。對賣淫徵收「夜合之資」，也在那裡合法化、產業化、國營化。《周禮》有「司市」之官，「掌市之治教刑罰，量度禁令」，依法管理。孔子學生子貢還做「國際貿易」，賺了很多錢，否則孔子周遊列國哪來那麼多盤纏？

---

[436]　《皇明經世文編》卷318。
[437]　柏楊：《中國人史綱》上冊，P.24。
[438]　[伊朗] 霍馬・卡圖贊：《新月與薔薇：波斯五千年》，王東輝譯，P.3。

第十二章　明初 30 年

　　早在宋朝，海外貿易就發達。當時，西北部陸上「絲綢之路」行不通了，只能向海外發展。於是制定《市舶法》，在廣州、泉州、明州、密州設立「市舶司」，一方面委派欽差大臣拿著敕書金帛，乘大型海船到南洋，招徠各藩國商人貿易，採購香藥、龍腦、珍珠等物品；另一方面鼓勵「招商引資」，各地市舶司負責人如果能以減免抽稅的策略招徠海外商人，交易額達 5 萬貫或者 10 萬貫者，朝廷補助抽稅差價，以進行獎勵。趙構曾諭曰：外貿是最賺錢的，如果外貿發達了，國家就可以少收農業稅。[439]這想法多麼超前！據統計，現代先進國家的消費者和政府每年要花 3,500 億美元去支持農業——這個數目的錢，足夠讓這些國家裡的 4,100 萬頭乳牛坐在飛機頭等艙裡繞著地球飛一圈半。早在近千年前，趙構就想到了，當時還有誰想到過？

　　然而，中國又很早就開始奉行「重農抑商」的國策。始作俑者是商鞅，《商君書》明說「不農之徵必多，市利之租必重。」不可思議的是，後世儒家倒是 2,000 多年如一日堅持商鞅這種以農為本、商為末的思想，所謂「四民」士最貴，農次之，商最末。晉武帝李炎開創了「太康之治」，卻承繼重農抑商的傳統，強制「儈賣皆當著巾，白帖額，題所儈賣者及姓名，一足著白履，一足著黑履」，[440]真不知他們怎麼如此挖空心思、絞盡腦汁羞辱人！

　　那麼，想要所缺物資怎麼辦？發明一招：「朝貢」，又稱「進貢」。《禹貢》注：「貢者，從下獻上之稱，謂以所出之穀，市其土地所生異物，獻其所有，謂之厥貢。」貢賦之物為當地「所生異物」，也就是我們現代所稱土、特產。朝貢體系又稱「宗藩體系」，與條約體系、殖民體系並稱世界主要國際關係三大模式之一。中華朝貢體系公認最典型。

---

[439]　《宋會要・職官》，「市舶之利最厚。若措置得宜，所得動以百萬計，豈不勝取之於民？朕所以留意於此，庶幾可以少寬民力爾。」

[440]　《太平御覽》卷 8。

「四方來賀」指周圍的小國來朝賀。朝賀即朝覲，指臣子朝見君主。中國古代帝王和文人很迷戀這種感覺，「四方來賀」成為盛世的重要象徵之一。帝王只不過圖個風光，只要你三不五時帶點土特產就行了，有來必記上史冊，向世人、後人炫耀。一代代帝王迷戀這種感覺，像鴉片上癮一樣欲罷不能。通俗地說，只要你承認中國的中心地位，就可獲朝貢資格。你朝貢一元禮品，天朝接待你白吃白喝不說，還回饋給你十元百元的禮品。貢使團除了貢品，附帶有大批私物，或由天朝「給價」（一般高於市值）收購，或恩准許他們自行交易，又讓他們大賺一把。漢武帝劉徹，人們熟知他「雖遠必誅」，殊不知他也有「軟弱」的一面，也會不計成本搞「金錢外交」，弄到國貧民窮的地步。[441] 實行「厚往薄來」的政策，甚至「恣其所欲」。「外藩」都爭著向中國朝貢。

　　一些小國並沒有真情實意。比如交趾（即安南，今越南），雍正表揚其「累世恭順，深屬可嘉」，殊不知表裡不一。明朝大臣葉向高就指責：「其君長尤狡獪，有二名，以偽名事中國。自黎氏以來，雖奉貢稱藩，然自帝其國中，如趙佗故事，死則加偽諡。」[442] 有些外商甚至三五成群臨時湊個小團體，隨口瞎編一個稀奇古怪的國名，說是來貢，騙點錢，比正經八百貿易賺多了。早在明朝就發現這樣的騙子。日本冒充來華朝貢的特別多，一份貢品會有 10 倍的走私品藏在船中。

　　一代代帝王硬要將朝貢視為國家核心利益來捍衛。周邊小國如果膝蓋硬，中原君臣就要急了，連忙邀請，甚至暗中賄賂他快來一跪。如果通知了還不來，帝王可要發怒。楊廣視察突厥的時候，高句麗使者也在那裡，卻沒有朝貢隋。楊廣不高興了，立即下詔，著令高句麗使者回去通知他們國王來朝。可是等了一年，高句麗王的影子也沒有。楊廣覺得很丟面子，

---

[441]　《漢書》，卷 96，〈西域傳〉下，第 6 冊，P.2893，「及賂遺贈送，萬里相奉，師旅之費，不可勝計⋯⋯民力屈，財力竭。」
[442]　葉向高：《蒼霞草》。

第十二章　明初30年

即征高句麗，一戰再戰。直到高句麗被長期的戰爭拖怕了，提出和解，恢復朝貢關係，楊廣覺得有面子了，才停征高句麗。

誰都知道朝貢貿易是賠老本的事，一多誰也受不了。早在西漢，就有大臣建言拒絕匈奴來朝。當時匈奴來朝，每次達200餘人。漢哀帝劉欣時，他們國書說：「蒙天子神靈，人民盛壯，願從五百人入朝，以明天子盛德。」[443] 幾句馬屁話，人數要翻倍，也就是說賞賜要翻倍，劉欣很想拒絕。大臣建議花錢買平安，劉欣才勉強答應。可這500男人回去，他們又說婦女也要入朝。是啊，和親了，嫁去了「公主」，能不讓她們攜子女回娘家省親嗎？再準備紅包吧！北宋有一系列對策，如「非貢奉物，悉收其稅算」，並限定入貢人數，無法驗證的人員一律拒絕，查出假冒的予以治罪，對擅自承載外國人入貢的則「徒三年，財物沒官」。對日本要求特別嚴格，一方面大幅壓價，甚至砍到1/6；另一方面限規模，每10年1次，每次只許2船200人。

蒙古人對商人特別友善，因為他們的生活、軍事用品必須依靠掠奪或貿易。退回北方之後，蒙古人不再想征服世界，與明朝建立關係完全是為了生存和鞏固脆弱的草原經濟。瓦剌部首領也先再次統一蒙古，又呈現一片雄心勃勃大帝國的景象。所以明廷不僅不想跟他們發展正常的貿易，對朝貢也多了個心眼。偏偏也先派出的一個貢使團說是3,000人，實際只有600人，想騙取鉅額補貼，明廷不允。也先大怒，立刻親率4路大軍向中原進攻，「兵鋒甚銳，大同失利，塞外城堡，所至陷沒」。明英宗朱祁鎮率軍反擊，卻連自己也被俘。幸好瓦剌的野心不大。對他們而言，「明朝就是能生金蛋的雞，只希望它能允許貿易而絲毫沒有滅掉明朝的想法」，所以朱祁鎮被俘後也沒受虐待。[444] 但也先是狡猾的，他將朱祁鎮當人質與

---

[443]《漢書》，卷94，〈匈奴〉下，第6冊，P.2819。
[444]《哈佛中國史・元與明》，P.176。

盾牌,「請」到各關口。太監喜寧叛變,將大明軍情托盤而出,並唆使也先直抵北京城下,要挾談判,索金萬萬計。幸好于謙等大臣明智,及時果斷擁立朱祁鎮之弟朱祁鈺,斷了瓦剌的非分之想,然後索回朱祁鎮。

朱祁鎮回來,奪回皇位,繼續陶醉於「朝貢體系」。蒙古土默特部落也強盛起來,而明朝的「朝貢體系」則越來越僵化。俺答汗上臺後,多次寫信給朱厚熜,誠懇說:他們之所以犯邊,只因為大明閉關,生活所迫,如果同意通商我即約束部下,不僅朱厚熜堅持閉關,大同地方官甚至粗魯地殺了他們的使者。俺答大怒,親率 6 萬大軍分 4 路進犯大同等地,長驅入營潞河東 20 裡的孤山、汝口等處,「殘掠人畜二百萬」,史稱「庚戌之變」。俺答赤裸裸威脅朱厚熜說:「給我錢,跟我做生意,馬上解圍,否則每年殺到你城裡去!」[445] 朱東潤說:俺答的要求和後來英國侵略者東來的故事一樣。[446] 對於他們的「求貢書」,明廷用個緩兵計,騙他們先退兵。第二年俺答又派遣兒子率兵到宣府、大同貢馬,仍然是請求開馬市,朱厚熜不得已同意。但同年朱厚熜拒絕以牛羊交易穀豆,單方面關閉馬市,俺答又時不時縱兵南下。好不容易才和解,息兵互市,史稱「隆慶和議」,雙方才締結和平。

朱元璋嚴厲實行「海禁」,將「朝貢貿易」視為唯一合法的對外貿易方式,外商「非入貢即不許其互市」。朱棣時雖有鄭和浩浩蕩蕩下西洋,民間仍然不准出海,逼得漁民被生活所迫冒充日本海盜。「倭寇」問題絕不簡單,它有著重要的自身的根源。浙江巡撫朱紈在沿海實行保甲連坐制,嚴厲海禁,特別是西元 1549 年俘「海盜」李光頭等 96 人盡誅之,引起公憤。御史陳九德為此彈劾,朝廷只得予以革職,朱紈被迫自殺。更多地方官對私人海外貿易是默許的。政策與現實的衝突越來越激烈,大臣們越來

---

[445] 瞿九思:《萬曆武功錄》卷 7,「予我幣,通我貢,即解圍,不者歲一虜爾郭!」
[446] 朱東潤:《張居正傳》,北京:三聯書店,2000 年,P.40。

第十二章　明初 30 年

越不滿，諷刺道：

> 片板不許下海，艨艟鉅艦反蔽江而來；
> 寸貨不許入番，子女玉帛恆滿載而去。[447]

據明萬曆年間謝傑所著《虔臺倭纂》記載，當時大臣紛紛請求朝廷允許在近海與外通商，如福建巡撫許孚遠認為：「寇與商同是人，市通則寇轉而為商，市禁則商轉而為寇。」

新上臺的明穆宗朱載坖詔告群臣：「先朝政令有不便者，可奏言予以修改。」福建巡撫都御史塗澤民不失時機上書：「請開海禁，準販東西二洋。」[448] 私販指走私商，公販指合法商人。朱載坖當即批准這一奏請，宣布解除海禁，允許民間遠販東西二洋，史稱「隆慶開關」。一般認為它在中國古代經濟史和對外貿易史上占有重要的地位，對中國乃至世界經濟發展都有一定的影響。也有人認為此舉的意義不宜過分誇大，因為它並不是完全放開沿海貿易，而只是開放福建月港一口，且只允許漳州和泉州的商人進行外貿，朝廷依靠月港收取的稅金很有限，象徵意義大於實際意義。但不管怎麼說，月港「公私並賴，其殆天子之南庫也」。[449]

月港位於閩南漳州。那裡的土壤多鹽鹼，可耕地只有十之二三，而且沒有深水港，稍大的船出海就得幾條小船牽引。所以，當地民眾更是視海為田，船帆為牛犁，而官府疏於管理，那裡便悄然發展成為著名的走私港。「澄民習夷，什家而七」，當地居民大都以外貿為生。現在「易私販為公販」，朝廷索性取龍溪、漳浦兩縣部分地新置海澄縣（今龍海市），闢為中外貿易的樞紐。

據張燮《東西洋考》記載，當時月港有 18 條航線，與 47 個國家和地

---

[447]　謝傑：《虔臺倭纂》。
[448]　張燮：《東西洋考》卷 7，北京：中華書局，1981 年，P.131。
[449]　同上，〈周起元序〉，P.17。

區頻繁進行直接貿易，從月港出口的貨物 116 種，進口貨物 140 多種。當時中國的產品如絲織品、瓷器、茶葉、鐵器等廣受世界各國歡迎，而中國雖然進口品種多，但民眾消費進口商品能力很有限，所以需求總量並不大，許多國家只好以白銀支付，以致白銀大量流入中國。從此，「倭漸不為患」。[450]

三、列強遠道而來

中國人自古好義利之爭，說是重義輕利，其實不盡然，否則朱由檢不會抱怨大臣們「居官有同貿易」，臨上吊自縊之時還遺詔怒斥「皆諸臣之誤朕」。明末，中國距資本主義僅一步之遙。但就這一步，成為成語「功虧一簣」的經典註腳。猶抱琵琶半遮面，清朝經濟在半迎半拒的羞羞答答中還是有所發展。美國漢學家魏斐德（Frederic Evans Wakeman）認為「中國擁有世界上最好的商人」，[451] 還有著名漢學家學者說得更具體：「雖然中國人口的絕大多數總是由農民組成，且西方長時間認為中國是農業社會最名副其實的典型，不過到了清朝中葉，中國可能是全世界最商業化的國家。宣稱過著理想化『耕讀生活』的中國菁英分子，他們通常是無法不依靠從貿易得來的家產資助過活。而那些 19 世紀來到中國自稱為『商業先鋒』的西方人，認為自己教導當地人交易的好處，其實也不過是自欺欺人的假像。」[452] 原來，口口聲聲「重義輕利」的儒士中不少人業餘經商，且不比西方「商業先鋒」遜色！

然而，此時已非當時，世界發生了一系列「三千年未有之變局」，這就是工業革命、資產階級革命等。

---

[450] 《明史》，卷 91，〈兵志〉，第 59 冊，P.1501。
[451] ［美］魏斐德：《中華帝制的衰落》，鄧軍譯，合肥：時代出版公司，2010 年，P.43。
[452] 《哈佛中國史・大清》，P.123。

第十二章　明初 30 年

　　工業革命意味著什麼？以微不足道的縫衣針來說，李白「鐵杵磨成針」顯然不是寫實。我們不難想像手工製作一枚針多麼費工，不信可以去削一根牙籤試試。亞當斯密說：如果不依靠技術，「即使他傾盡全力，恐怕一天也難造一枚針」，而如果專業化生產 ──

　　我見過這樣的一個小廠，因為只有 10 個工人，所以有人身兼兩三項操作。雖然這樣的小廠資金匱乏、設備簡陋，但只要工人們勤懇工作，一天生產 12 磅針也不成問題。依每磅 4,000 枚中號針來計算，10 個工人日產針 4.8 萬枚，平均下來每人每天生產針 0.48 萬枚。[453]

　　機器生產縫衣針簡直跟天女散花一般，得敲掉多少工人的飯碗？所以英國當時經常發生工人砸機器的事，政府也曾禁止機器出口，但生產效率的提高畢竟是人類進步的需求。一個人一天生產 0.48 萬枚針，十天八天就可以將一個縣的需求滿足了吧？可是一臺機器不能生產十天八天就報廢，那麼接下來生產的針就得銷到縣外、省外乃至世界各地。用現代話來說，就是「產能過剩」。

　　伴隨著工業革命的是經濟全球化。全球化的歷史可以追溯到 15 世紀末 16 世紀初，即「地理大發現時代」，即「大航海時代」，中國明朝中期「弘治中興」前後。中國在全球化早期雖然也不是一帆風順，但可以說常領世風之先，如漢時西北的「絲綢之路」、南宋的「海上絲綢之路」、明後期的「隆慶開關」。但步入清朝，就越來越被動了，以致「落後捱打」……

　　在明清更替前後，國際政治也發生了驚天動地的變化：由神聖羅馬帝國內戰演變而成的歐洲國家 30 年混戰終於結束，建立起「西發里亞體系」，由此確立國際關係中應遵守的國家主權、國家領土與國家獨立等原則，成為當今世界國際關係的基礎。特別是西元 1625 年，荷蘭法學家、歷史學家兼外交家胡果・格勞修斯（Hugo Grotius）出版《戰爭與和平法》

---

[453]　［英］亞當斯密：《國富論》，高格譯，北京：中國華僑出版社，2018 年，P.2、3。

(*De Jure Belli Ac Pacis*），論述與戰爭有關的國際法問題，在西方世界產生巨大影響。奧地利國際法學家勞特派特稱讚這部法：「除了《聖經》以外，從來沒有另外一部書，對人類的思想和事務產生過這樣巨大的影響。」

那麼，國際政治鉅變對中國影響如何？有學者認為：「到 19 世紀中外衝突發生的時候，源於歐洲的國際法已經成為處理國際事務的基本準則。而當時的大清帝國，對此卻一無所知：既不知《西發里亞和約》為何物、格勞修斯為何人，更不知此前幾百年西方世界的鉅變！」[454] 當時大清對國際法真的「一無所知」嗎？

與俄國在東北發生衝突時，康熙委派代表團前往尼布楚（Nerchinsk，今俄羅斯涅爾琴斯克）與俄方代表團談判。中方代表團當中，除了滿族高官，還有兩位耶穌會派到中國的傳教士，即供職於欽天監的葡萄牙人徐日昇（中國名，下同）和法國人宮廷教師張誠，此行身分是顧問與翻譯。臨行時，康熙特地囑咐說「朕鑒於所用西人，皆忠貞可靠，足資信賴」，要求滿族高官與他們商量著行事。談判在雙方平等的基礎上進行，條約的擬定等重要環節都遵守了國際法規則。康熙二十八年（西元 1689 年）簽訂《尼布楚條約》（*Pactum Nertschiae*），這是中國歷史上第一次以「中國」作為主權國家的國際條約。對於這份條約存有爭議，中方有人認為吃虧，俄方也有人認為吃虧，從雙方都有人認為吃虧這種反應看，這應該是一份比較公平的條約。

然而，此後至西元 1839 年的 150 年間，不論是中國官方還是非官方的文獻，都沒有再涉及國際法的記載。這表示清政府不願意把談判的經過公諸於眾，清朝統治者對國際法實施了封鎖。教授鄧文初回顧國際法在中國的遭遇，指出：「話語封鎖是清帝國維持其統治的關鍵技術。但如果放

---

[454] 仲偉民：〈孤立於世界的悲劇與災難：由《圓明園劫難記憶譯叢》看 19 世紀真實的中國〉，《思想戰線》2018 年第 2 期。

第十二章　明初 30 年

寬歷史的視野，也可以說，這也是其在國際策略中處處被動、屢遭打擊，最後辱身失國的總根源。」[455]

那麼，清朝統治者為什麼要裝駝鳥？西元 1716 年，康熙在一次強調海禁政策時明說：

海外如西洋等國，千百年後，中國恐受其累。此朕逆料之言。[456]

我覺得康熙這判斷與預言是非常清醒而英明的，表示他對當時世界「三千年未有之變局」瞭如指掌。世界貿易體系與天朝長期奉行的「朝貢體系」水火不容：兩種體系代表的是兩種價值觀，意味著新舊兩個截然不同的時代。如果承認平等的價值觀，不僅對外的「朝貢體系」將崩潰，內部「三綱五常」（官方版）的意識形態也將傾覆，專制統治的根基就要塌陷。

當年的英國傳教士陸一約也曾指出：「保守的政客有充足的理由，抵制任何外國事物的引進。他們害怕蒸汽機和電報，因為恐懼這種便捷的通訊方式。他們深感西方啟蒙思想的先進性，但是他們擔心歐洲的先進思想使得民眾日漸開化，如同羅馬的天主教神父懼怕他的信眾可以誦讀《聖經》……中國一旦與西方思想接軌，必將引發革命。中國富有遠見的政治家當然預見到了這一點，每個了解中國的人也一樣。」[457] 原來，大清統治者更懼怕的是西方的思想，無法容忍的是歐式國際體系觀。劉仲敬敘述稍後的慈禧們「並不介意用同樣、甚至更多的優惠購買和平。他們只有一點不能容忍，就是歐洲式的國際體系觀。如果勝利者像金人一樣，要求失敗者稱臣稱蕃，他們反倒更容易理解」，「大清難以融入英國人主持的世界秩序，主要因為自身就是一個世界秩序」。[458]

---

[455] 鄧文初：《歷史學家的作坊：一種知識社會視角的探詢》，北京：東方出版社，2018 年，P.189。
[456] 《清聖祖實錄》卷 270。
[457] ［英］陸一約：《中國人的日常生活：福建河流及道路沿途風光》，張躍軍、劉為潔譯，廈門：廈門大學出版社，2018 年，P.239～240。
[458] 劉仲敬：《經與史：華夏世界的歷史建構》，P.334、338。

明著硬對抗顯然不行，西洋人與遊牧族不可同日而語。於是，隨後的統治者對內施以「洗腦」，扭曲真相與真理。聰明才智不是放在發明創造上，而用在詆毀、抵制人家的發明創造上。

對外則以「禮」約之。葡萄牙、西班牙、荷蘭、法國、美國、普魯士、瑞典、丹麥、奧地利、義大利等國陸續上門來請求發展商貿關係，均只是獲「朝貢國」待遇。荷蘭是17世紀世界最強大國家之一，西元1605年開始聯繫，國書明確寫道：「求凡可泊船處，準我人民在此貿易。一者是天主所定，一者各國規矩皆然。且令中國人民，兼得利益。」萬曆皇帝予以拒絕。不久，荷蘭便強占臺灣。鄭成功抗清失利，撤退臺灣，逐荷蘭人。荷蘭懷恨在心，配合清軍進剿臺灣鄭氏，但清廷對其開恩仍很有限。順治皇帝視荷蘭為「聲教不及」的夷人，只是「念其道路險阻」，僅賜8年一次朝貢。荷蘭不滿足，西元1665年又派大臣來謀商務關係，仍然無功而還。西元1686年再來，康熙終於有所感動，但也只是改為5年一貢。

英國更難堪。英國女王5次致信通商，全都失敗。西元1793年英國外交使團訪華，中英雙方都非常重視。英國代表團團長馬加爾尼有勳爵身分，7艘大船滿載著價值達1.3萬鎊的禮物。乾隆本來也非常高興，早早令廣東及沿途官員好好接待。然而，中方強求馬加爾尼行「三跪九叩」之禮。馬加爾尼以死相拒。為什麼？因為馬加爾尼認為自己是「西方獨立國帝王所派之欽使，與貴國附庸國君主所遣貢使不同」。[459]

那麼，清廷為什麼要堅持苛求呢？不久後，咸豐坦言：這不是英國跪不跪的問題，如果讓朝鮮、琉球等知道了，他們也會要求與我天朝平等，這樣下去還了得？[460] 著名歷史學家、中國社會科學院近代史研究員雷頤指出：「朝廷之所以堅持一定要跪拜，有一層擔心，就是廢除列強觀見中

---

[459]　[英] 馬加爾尼：《乾隆英使觀見記》，劉半農譯，天津：百花文藝出版社，2010年，P.91。
[460]　轉引自張宏傑〈咸豐皇帝的驚天計畫〉，《領導文萃》2020年15期，「朝鮮、琉球等國，久奉正朔，每遇朝貢，皆極恭順。若見該夷之桀驁倨侮，必皆有輕視天朝之意。」

第十二章　明初 30 年

國皇帝跪拜的禮儀，有可能導致中國臣民對跪拜的懷疑，進而導致對皇權的懷疑。」所以，「清廷把禮儀裡跪不跪看作甚至比割地賠款、請外國人當中國外交使團的團長都更重要」。[461] 如此，針尖對麥芒，雙方讓無可讓，結局只能是不歡而散。

至於英國政府請求簽約的內容，一是開放寧波、舟山、天津、廣州之中的一地或數地為貿易口岸，二是允許英國商人比照俄國在北京設一個倉庫用以收貯發賣貨物，在北京設立使館；三是允許英國在舟山附近一島嶼修建設施，作為存貨及商人居住；四是允許選擇廣州城附近一處地方作為英商居留地，並允許澳門英商自由出入廣東；五是允許英國商船出入廣州與澳門水道，並能減免貨物課稅；六是允許廣東及其他貿易港公報稅率，不得隨意亂收雜費；七是允許英國聖公會教士到中國傳教。除第七條其餘全是商業性質，乾隆以無先例為由，全部拒絕。乾隆給英王回信說：「天朝物產豐盈，無所不有，原不藉外夷貨物以通有無。特因天朝所產茶葉、瓷器、絲斤為西洋各國及爾國必需之物，是以加恩體恤，在澳門開設洋行，俾得日用有資，並沾餘潤。」[462] 當時，清廷諸多大臣都認為「中國之物，番人最重者，無若茶與大黃。非此二物，則病脹滿而不治」，只要「絕茶與大黃不使出」，便可迫使夷人不遠萬里而來三跪九叩。[463]

20 餘年後英國再派使團訪華，繼續請求平等協商，建立近代國家關係，嘉慶卻明確批示「此事朕不以為喜」，像乾隆當年一樣苛求三跪九叩之禮。英國使團團長阿美士德（William Pitt Amherst）也認為這並不是一個簡單的禮節，而是強求以此表示英國同意做清朝的屬國。所以，阿美士德也拚死拒絕，結果同樣被驅回。

嘉慶還明令不准再有外國使臣進京，同時頒賜一道敕諭給英國女王，

---

[461]　雷頤《從天朝體系到條約體系——晚清外交觀念與體制變遷》，鈍角網 2020 年 6 月 22 日。
[462]　梁廷枏：《粵海關志》。
[463]　中國近代史資料叢刊《鴉片戰爭》（一）。

毫不客氣說：今後不用再派使者來了！妳如果真能傾心孝順朕，也不必每年來朝拜，心裡念著就得。希望妳永遠尊此！[464] 這話跟教訓小孫子一樣，無異於絕交書。可是嘉慶餘怒未消，當日又諭兩廣總督，指令他們將英國使者如同押送本國充軍罪犯一樣遣送回國，沿途彈壓，並準備停止英國在廣州的貿易。幸好當時兩廣總督不糊塗，靈活處理。過幾天嘉慶自己也有所意識，改示「以禮遣歸」。白雲濤評論：「就處理此事而言，荒謬、無知、自私到了極點。」[465]

其實，不僅西方需要中國市場，中國也需要西方市場。中國長期是自給自足的自然經濟，對西方貨物興趣不大，而西方對中國生絲、土布、瓷器、綢緞、糖、樟腦等非常興趣。中國民眾對西方貨物沒什麼需求，但不會不喜歡他們的銀子。這樣，在鴉片戰爭以前的貿易當中，中國一直是順差，英國逆差，白銀大量流入。中央官府要海禁，地方官府可不要，偷偷摸摸也要跟外商交易。中英兩國無法進行正常的溝通，又由於地方勢力與朝廷三心二意，列強視為有機可乘，越來越膽大妄為，便漸漸由禮儀衝突演變為武裝衝突，由兩國矛盾擴大為中國與多國矛盾。

雖然早就有絲綢之路、鄭和下西洋、《尼布楚條約》之類歷史可以炫耀，可由於總體上閉關鎖國，加之有意無意的誤導，朝野對於國外遲遲缺乏必要的認知。著名理學家、大學士徐桐不屑一顧地嘲諷：「西班有牙，葡萄有牙，牙而成國，史所未聞，籍所未載，荒誕不經，莫過於此。」[466] 他還說這一定是英國、法國、美國瞎編的國家，目的要是向中國多討些好處。實際上葡萄牙早在明朝萬曆時就到中國，並租澳門了（直至西元1887年）。徐桐後來還做慈禧的「國師」，能不誤國嗎？

---

[464] 《清仁宗實錄》卷320，「嗣後無庸遣使遠來，徒勞跋涉。但能傾心孝順，不必歲時來朝，始稱向化也。俾爾永遵，故茲敕諭。」
[465] 白雲濤：《天朝，失去的歷史機會》，北京：人民出版社，2015年，P.19。
[466] 劉成禺：《世載堂雜憶》。

第十二章　明初 30 年

其實，乾隆不傻也不會不講理，完全能夠適應現代文明。曾有英商控告廣東行商倪宏文拖欠白銀達 1 萬多兩，經查屬實，但倪宏文無力償還，巡撫將倪宏文「減等擬徒，援赦杖責」。乾隆認為「殊屬寬縱」，要求刑部從嚴處理。刑部批覆駁斥廣東地方保護主義：

> 今倪宏文拖欠夷商貨銀，數至盈萬，實屬有心誆騙遠人，非內地錢債之案可比。至所供落價虧本，及賒與客販、舟覆貨沉等語，均系狡詞支飾，豈可憑信。[467]

刑部認定其翻船沉貨是謊言，「改擬杖流監追」，即不僅要杖責，更重要的是賠償人家的損失。也不僅如此，乾隆還追究那位廣東巡撫「平日尚能認真辦事，何以審擬此案荒唐若此」，將其「著交部察議」。同時要求不僅當事人倪宏文得賠，相關官員也得「按數攤賠」。為什麼要這樣處理呢？乾隆解釋說：

> 外國夷商，販貨來售，內地民人，與之交易，自應將價值照數清還。若因拖欠，控告到官，尤宜上緊嚴追給領，並將拖欠之人從重究治。庶免夷人羈滯中華，而奸徒知所懲儆。[468]

乾隆認為應當保護外商的合法收益，有法律糾紛應當盡快處理，以免外商延期滯留中國。乾隆還強調說：「地方官庇護內地奸商，而令外夷受累，屈抑難伸，其事實乖，殊非體恤遠人之道。」[469]

乾隆公正處理此案，目的是怕洋人在中國久留，同時也注重對外的商業信用。因此，我想要是都能堅持以這樣態度對待國際貿易，不僅不至於後來發生「鴉片戰爭」。

馬勇指出：「明代中晚期開始的中西文明交流在清代前中期確實中斷

---

[467]　伍媛媛：〈清代中西貿易商欠案檔案（上）〉，《歷史檔案》2020 年 4 期。
[468]　伍媛媛：〈清代中西貿易商欠案檔案（上）〉，《歷史檔案》2020 年 4 期。
[469]　伍媛媛：〈清代中西貿易商欠案檔案（上）〉，《歷史檔案》2020 年 4 期。

了上百年時間，累積了相當多的問題。在純粹的精神文明領域，中國莫名其妙走進了一個所謂的乾嘉時代；在中西貿易交往上，不僅非法貿易日益嚴重，而且使合法貿易也問題多多。」[470] 面對越來越多的新問題，乾隆、嘉慶、道光們卻沒有找到新的方式去對應。

短短的近代，中國被迫接受了一個又一個不平等的條約，令人悲憤不已，乾隆、嘉慶、道光們負有重要責任。據說，咸豐在簽約《北京條約》之餘，對賠款 1,600 萬兩銀子毫不在乎，而在乎「朕弟」的芳顏讓「夷酋」看到了，又讓夷國總統的名字在國書上與朕的大名平等相稱，怒氣沖沖地在該國書上批示道：「該國王竟自稱朕，實屬夜郎自大，不覺可笑。」真不知他指誰。如此要面子，卻又打不過人家，令人啼笑皆非。

---

[470] 馬勇：《重尋近代中國》，北京：線裝書局，2014，P.4。

第十二章　明初 30 年

第十三章
清初百年

【提要】

　　清聖祖玄燁即康熙、世宗胤禛即雍正與高宗弘曆即乾隆時期，自西元1681年康熙平三藩至西元1796年乾隆退位，康熙創設「內務府」，雍正創設「軍機處」，為長治久安發揮了積極作用；拓展疆域，面積比明朝增加300多萬平方公里；引進高產而抗旱的糧食，人口跳躍式增長；組織編纂《康熙字典》、《四庫全書》，向歐洲推介中華文化，被譽為「康乾盛世」。

　　從文明角度看，明清是一個停滯時期，如同雖然活著但永遠長不大的矮子。不要簡單說歷史上多文明，或者說多不文明，問題在於：越後面的王朝就越像老雞頭積澱了越多的毒素。

第十三章　清初百年

建國立朝：偶然之偶然

　　滿族的祖先，隋唐稱「靺鞨」，五代以後稱「女真」，明朝後期才改稱「滿洲」，一般稱「滿」。當時他們總人口才34萬，兵4萬，而中原人口達1.6億，根本不成比例。努爾哈赤雖有「無敵雄師」之譽，也只不過在東北一隅橫衝直闖。翻開中國地圖看看，蒙古高原自東北向西南方向延綿萬里，東北和南方是兩大平原，再向東是碧波萬頃的渤海。在山與海之間，只有一條極狹的走廊。這走廊兩端，一頭是山海關，一頭是錦州。它是從遼東進關的必經之地。大軍要想過關，不走這條走廊就得遠繞蒙古。即使繞道蒙古入塞，如果沒打通這條走廊也不敢久留。因此，儘管喪失關外40餘城，只要山海關最後一道關守住，就仍然有「一夫當道，萬夫莫開」之勢，滿族想要入關統治中原的可能性微不足道。

　　他們本來很可能沒有入主中原的奢望。專家學者認為：

　　皇太極對將來統治天下懷有矛盾的心理。他想當皇帝，但未必渴望北京的龍床。他的主要漢族謀臣寧完我、范文程和馬國柱，經常勸他出兵明朝，占領中原。但皇太極堅持說，他並非「好殺掠而興兵」。相反，他與明朝交兵是因為對方拒絕響應他的和平建議。[471]

　　清廷中的漢官反對與明廷議和，令我們今天感到難以接受。又如明朝名將祖大壽的養子祖可法降清後，也力勸皇太極一心一意征服天下，還說北京的防禦比明軍慘敗的大凌河還薄弱，一旦拿下北京，整個天下就會望風而降。由此看來，滿清入侵實際上是「漢奸」勾引、鼓動他們來攻打。這種事歷史上太多了。

　　何況他們不是沒有後顧之憂。努爾哈赤透過30多年努力，在西元

---

[471]　《洪業：清朝開國史》，P.119。

建國立朝：偶然之偶然

1616 年基本統一女真各部，便在赫圖阿拉城（今遼寧新賓）稱帝，史稱「後金」，西元 1626 年改名為「大清」。第二年努爾哈赤轉而向大明挑戰，但多年沒有實質性戰果，他自己倒是在被袁崇煥打傷後不久死去。西元 1643 年即入關前一年，皇太極死，肅清王豪格與碩睿王多爾袞爭奪皇位，相持不下，暫立 6 歲的福臨為帝，隨時可能爆發內戰，自相殘殺，哪還敢奢望入關像小老鼠奢望得到大象般的中原？

就在這時刻，李自成率民軍攻入北京，朱由檢自掛皇宮後的歪脖子樹上。3 天後才發現其屍，李自成趕到現場，假惺惺嘆道：「我來與汝共用江山，如何尋此短見？」進京前後幾天，李自成華麗轉身，竭力約束部下，所殺只是「寄生蟲」即衙蠹、府蠹、豪蠹、學蠹和官蠹，所以他們受到北方軍民的熱烈歡迎。上年被朱由檢錄取的狀元周鍾，上表勸李自成早日稱帝，稱讚他「四海歸心，比堯舜而多武功，邁湯武而無慚德」，肉麻無以復加。還有不少人將李自成比作秦始皇，但他仍然草根本色，不喜歡冠冕堂皇，裝模作樣，遲遲不肯接受帝王禮儀，明說「我馬上天子耳，何用禮為」。他十分鄙視那 1,300 餘名公開表示願意歸順的明朝官員，不禁大發感嘆：「此輩不義如此，天下安得不亂！」[472]

李自成如果有劉邦、朱元璋等人那般雄才大略也好，問題是他們沒幾天就醜惡轉身，顯現街頭巷尾流氓地痞小混混的真面目，搶了皇宮占了皇妃就忙著享樂去。這幫宣稱「闖王來了不納糧」新官軍，不僅往死裡壓榨士大夫的錢財，還劫掠平民百姓。當時北京市民稱其「淘物」，因為他們前一批闖入民宅搶了錢財，緊接一批搶衣物，再來一批搶食物。最不該是占了吳三桂心愛的女人陳圓圓。吳三桂世受國恩，時為遼東總兵，鎮守山海關，在大明、大清和大順（李自成政權）三者的夾縫中，他最不可能選擇大清。大明滅亡後，李自成招降吳三桂，吳三桂已同意，並起程南

---

[472]　計六奇：《明季北略》卷 20，下冊，北京：中華書局，1984 年，P.458。

第十三章　清初百年

下。可就在這途中，吳三桂接到家書說陳圓圓被李自成部下搶走。陳圓圓是「秦淮八豔」之一。在這驚變的日子裡，吳三桂 10 天裡寫了 6 封信給父親，每一封都關切陳圓圓的安危。愛江山更愛美人，才顯英雄本色。吳村梅〈圓圓曲〉描述這一事件，詩很長，其中一句最出名：「慟哭六軍俱縞素，衝冠一怒為紅顏。」《清史稿》也說：吳三桂「聞其妾陳為自成將劉宗敏掠去，怒，還擊破自成所遣守關將」。是的，吳三桂怒髮衝冠，當務之急驟然變成找李自成報仇：「還我河山，歸我佳人！」於是，他忽然想藉助於滿人，「泣血求助」他們入關來幫他報殺父奪愛之仇，「救民於水火」。吳三桂開出的報答是，讓他們占長城以北更多地盤。吳三桂的幻想是清兵趕走李自成就會撤回東北，而他可以像東漢或者南宋那樣恢復大明江山。

清廷攝政王多爾袞喜出望外，馬上擱下內訌入關。此前 3 次南下，清廷都鼓動士兵搶掠，這次則禁止無故燒殺劫掠，而「當定國安民，以成大業」。他們一路張貼安民布告：

義兵之來，為爾等復君父仇，非敵百姓也，今所誅者，唯闖賊。官來歸者，復其官；民來歸者，復其業。必不爾害。[473]

清軍自稱「義兵」，打著「為爾等復君父仇」的旗號，一路順利，很快進京。

李自成敵擋不了清兵，占北京僅 42 天，最後一天才匆忙稱帝，隨後四處放火，向西逃去，沿途洗劫民宅和商店。吳三桂被封為「平西王」，奉清軍之命追剿李自成，不久大功告成。然而，多爾袞卻不肯返回關外，而趁勢將他們的朝廷搬到北京來，並野蠻地南下。他們新張貼的布告口氣大變，強調中原天下並不是你朱氏一家之天下，誰有德誰都可以坐天下。我滿清是有德的，你們如果歸順，榮華富貴，否則……[474]

---

[473]　蕭一山：《清代通史》第 1 卷，上海：華東師範大學出版社，2006 年，P.258。
[474]　同上，P.262，「天下者，非一人之天下，有德者居之。軍民者，非一人之軍民，有德者主

這時，原來朱由檢那幫大儒名臣，與李自成歡娛畢，又手舞足蹈地投身多爾袞的懷抱，改朝換代輕易完成。[475]

明亡清興是中國歷史上改朝換代最富戲劇性的一幕。吳三桂頭腦清醒而來想後悔也來不及，只能硬著頭皮認賊為父繼續錯下去。後來被迫反清，說滿人如果退回遼東去，可以保證讓他們享受朝鮮的待遇，康熙不理睬，漢人則沒法信任他。從入關到全面征服大江南北的40年間，滅南明流亡小朝廷，平吳三桂等「三藩」，征討鄭成功父子，東西南北到處血流成河。所以，范文瀾說「清朝最怕漢人寫歷史」。康熙們竭力自吹「自古得天下之正莫如我朝」[476]，實屬恬不知恥的謊言。

從大明到大清是一串偶然，而從野蠻屠殺到所謂盛世則是另一系列偶然。

福臨上任時才6歲，顯然需要「周公」，這就是他的叔叔多爾袞。直到西元1650年多爾袞病逝，第二年福臨將多爾袞同母之兄以謀亂罪幽禁後，他才開始親政。福臨也曾雄心勃勃，想闖一番事業，但他更迷戀情色，不惜改變祖制選收漢人宮女，弄得大江南北人心惶惶。他寵愛董妃，董妃偏偏薄命。西元1660年董妃一死他的心也死，只想遠離紅塵，雖經勸諫重新蓄髮罷出家之念，精神卻再也振作不起來。第二年病死，年僅24歲。也有人說他最終還是出家去了，成為清史三大疑案之一。

福臨14歲結婚，共生8個兒子。那麼，選誰為太子呢？康熙是第三子，只因臉上有幾顆淺淺的痘痕，居然成為入選的理由。原來當時已比較開放，任用德國傳教士湯若望（Johann Adam Schall von Bell）為欽天監。

之。我今居此，為爾朝雪君父之仇，破釜沉舟，一賊不滅，誓不返撤。所過州縣地方，有能削髮投順，開誠納款，即與爵祿，世守富貴。如有抗拒不遵，大兵一到，玉石俱焚，盡行屠戮……」

[475] 張怡：《謏聞續筆》，「於是，諸名公巨卿，甫除賊籍，又紛紛舞蹈矣。」
[476] 《清聖祖實錄》卷275。

第十三章　清初百年

湯若望也通現代醫學，說福臨患的不治之症是天花，康熙臉上有痘痕代表他出過天花具有終身免疫力，而其他皇子都沒出過天花。換言之，沒出過天花的還會出天花，夭折可能性大。就這樣，福臨在臨死前下「罪己詔」自我檢討14條過錯，並指定康熙為太子。福臨一死康熙即位，但康熙這時也只有8歲，又需要「周公」。這「周公」是鰲拜等4位大臣。

鰲拜有「滿洲第一勇士」之稱，為清王朝立下汗馬功勞，但在4位輔政大臣中地位最低。不過由於其他3位年老多病等原因，鰲拜還能專權。鰲拜結黨營私，日益驕橫，後來發展到不顧康熙意旨，先後殺幾位大臣的地步。

西元1669年的一天，16歲的康熙領著一群少年在宮內玩「布庫」。布庫即摔跤，是滿族一種常見的角力遊戲，所以鰲拜不以為然，還跟著他們嬉鬧，讓他們抓住。萬萬沒料到康熙的臉陡然一變，當即宣布鰲拜30條罪狀，廷議當斬，但念鰲拜歷事三朝，不忍加誅，予以革職。就這樣，不可一世的鰲拜偶然不小心被年紀小小的康熙下獄，不久死於禁所。從此，康熙開始親政。

康熙在拓展疆土方面很有作為。但他比較低調。西元1722年康熙登基60週年，群臣建議舉辦大慶活動。他不同意，同年末逝世。

康熙有16個兒子。長子胤禔在平噶爾丹時立過戰功，但他迷信喇嘛，為當皇帝竟然想用魘鎮之術謀害太子，甚至說要替父殺子，被囚終生。次子胤礽，一改滿人不立太子的習俗，被立為太子，是中國歷史上最後一位太子，也是在位時間最長的太子。但他從小被寵溺，養成暴戾性格，飛揚跋扈，奢侈驕橫，最後被廢，煮熟的鴨子飛了，也被囚禁至死。三子胤祉是個書生學究，言多必失，儘管有康熙庇護也不可能傳位給他，後來也被幽禁。四子胤禛性格不同，韜光養晦，吃齋念佛，好像對皇位根本沒有覬覦之心，卻最終奪得大位，年號「雍正」。民間盛傳胤禛將康熙遺詔「傳位十四子」改為「傳位於四子」，前些年遼寧省檔案館新館展出康

熙用漢、滿、蒙3種文字寫的遺詔原件，證明並非竄改。

雍正兒子有10個，然而長子早在乾隆出生前7年死去，二子、三子、七子、八子、九子、十子都夭折，六子過繼給別人，只剩第四子弘曆與第五子弘晝兩個競爭。弘曆只比弘晝早出生一個時辰。1735年雍正去世，弘曆繼位，年號乾隆。弘晝被稱為歷史上著名的荒唐王爺，因為他喜好辦喪事吃祭品，但有歷史學家認為他其實裝瘋賣傻，目的是為避免捲入太子之爭。這倒好，讓乾隆集中精力享受權力。

最大看點：「嫁妝」與應變

一、「嫁妝」

「內蒙古」與「外蒙古」之分始於清朝。16世紀，蒙古人主要分4部：察哈爾部、鄂爾多斯部、土默特部、喀爾喀部，另有兩部：東北北部嫩江流域的科爾沁部、東北西部遼河流域的喀喇沁部。6個部落中，喀爾喀部疆域最大，察哈爾部勢力最強。滿洲人在入關之前，已征服除喀爾喀部之外5部。他們將那5部稱為內蒙古，喀爾喀部稱為外蒙古。柏楊風趣地說：內蒙古是滿族帶入嫁妝的一部分，永遠留在中國。[477]

清朝帶入的「嫁妝」，不止一個內蒙古。清朝在疆域方面，對中國是有功的。其「嫁妝」大致如下表：

時間	區域	面積（km²）	說明
西元1644年	今東北（除遼東半島）	約200萬	帶入

---

[477] 柏楊：《中國人史綱》下冊，P.158。

第十三章　清初百年

時間	區域	面積（km²）	說明
西元 1644 年	今內蒙古地區	約 118 萬	帶入
西元 1696 年	今內蒙部分地區古及原準噶爾	約 180 萬	康熙兩次親征
西元 1702 年	今西藏地區，即原土伯特，包括藏、衛、康	約 160 萬	兩次遠征
西元 1724 年	今青海地區	約 60 萬	大軍奇襲
西元 1759 年	今新疆地區	約 190 萬	多次戰爭

準噶爾分兩部，天山北路準噶爾盆地稱「準部」，天山南路塔里木盆地稱「回部」。準部於西元 1696 年被征服，回部也於 1758 年被征服，便將這片地方改名為新疆。後來在此建省，有人反對，認為新疆是中國的包袱，棄之不足惜。葛劍雄說：「駁斥這種謬論最有力的論點是地緣理論：面對沙俄的侵略，中國總需要鞏固邊疆；一旦放棄新疆，甘肅就成了新邊疆；而如果甘肅不守，陝西就成了新邊疆。」[478] 我到新疆旅遊，坐在那長驅終日的車上，深感葛劍雄此論之妙。

乾隆實行種族滅絕政策，禮親王昭槤還「理直氣壯」地記載：

此固厄魯特一大劫，凡病死者十之三，逃入俄羅斯、哈薩克者十之三，為我兵殺者十之五，數千里內遂無一人。蒼天欲盡除之，空其地為我朝耕牧之所，故生一阿逆為禍首，輾轉以至澌滅也。[479]

當時史學家趙翼也說：「時厄魯特懾我兵威，雖一部有數十百戶，莫敢抗者，呼其壯丁出，以次斬戮，寂無一聲，駢首就死。婦孺悉驅入內地賞軍，多死於途，於是厄魯特種類盡矣。」[480] 椿園也記：「大兵分途進剿，誅殺厄魯特男婦子女逾百萬，其餘竄伏於山谷中者，經官兵四出搜查誅夷

---

[478]　葛劍雄：《統一與分裂：中國歷史的啟示》，P.268。
[479]　昭槤：《嘯亭雜錄》卷 3，北京：中華書局，1980 年，P.81。
[480]　趙翼：《皇朝武功紀盛》卷 2。

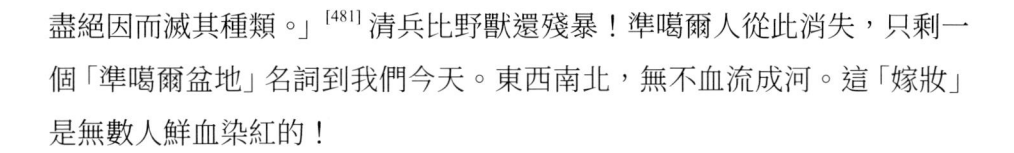

盡絕因而滅其種類。」[481] 清兵比野獸還殘暴！準噶爾人從此消失，只剩一個「準噶爾盆地」名詞到我們今天。東西南北，無不血流成河。這「嫁妝」是無數人鮮血染紅的！

二、應對「天下」之變

◎西方的「中國熱」

孔子時代所謂「天下」只是今日中國很小一部分，他所謂「周遊列國」其實還沒出今天山東、河南兩省。後來面臨的「國際社會」，長期也只不過加上今天的朝鮮、日本、越南等等周邊小國。除鄭和下西洋一度到過非洲好望角（有爭議），基本上沒有超越我們現代所說的亞洲，也只不過是真實「天下」很有限的一部分。隨著航海技術發展，步入清朝，世界局勢發生了「三千年未有之變」。

在「康乾盛世」那個時代，西方對於中國多數是尊重而友好的，政治、經濟、文化交流比較正常。康熙善於抓歷史機遇。西元1681年，法國國王路易十四（Louis XIV）向清朝派出科學傳教團。康熙熱情接待，甚至在巡視中與他們同住一頂帳蓬，同吃一桌飯菜，情同手足，讓他感動與欽佩得一塌糊塗。白晉（Joachim Bouvet）是法國天主教傳教團成員之一，西元1682年到北京，為康熙講授天文、曆法及醫學、化學、藥學等西方科學文化知識，並用西藥治癒了康熙的瘧疾。康熙很感激，特地在皇城西安門內賜地建房作為傳教士的住宅。康熙特聘白晉為欽差，委託他回去應徵更多耶穌會士來中國。白晉回法國後，出版了《中國現狀》與《康熙皇帝》兩本書，詳細介紹康熙的文治武功，及其品德、性格、生活、愛好等，溢美得很。這書不僅送呈路易十四及皇族，還在巴黎公開發行，向西方大展康熙那經過精心包裝的光輝形象。其他傳教士紛紛響應，爭著出

---

[481] 椿園：《異域瑣談》卷2。

第十三章　清初百年

書宣傳介紹中國，中國變成當時世界最耀眼的「文化輸出國」。

法國耶穌會神父杜赫德（Jean-Baptiste Du Halde）：雖然一生從未踏入中國，卻對中國文化非常著迷。他收集大量在華耶穌會士有關中國的通訊、著作、研究報告等，精心選編《中華帝國及其所屬韃靼地區的地理、歷史、編年紀、政治和博物》（*Geographical, Historical, Chronological, Political, and Physical Description of the Empire of China and Chinese Tartary*）一書（簡稱《中華帝國全志》），內容涉及中國地理、歷史、政治等各個領域，分 4 卷，長達 2,500 頁。這不僅是耶穌會士報告的分類彙編，也是 18 世紀上半葉歐洲有關中國知識的總彙。西元 1735 年在巴黎首印，隨後被譯成英文、德文、俄文，介紹到歐洲各國，引起歐洲專家學者越來越大興趣，直到 19 世紀都是歐洲關於中國知識的「標準著作」，被譽為法國漢學三大奠基作之一。

法國耶穌會傳教士劉應（Claude de Visdelou）：曾向康熙奉獻金雞納霜（奎寧），治好康熙的瘧疾。他對中國和中亞歷史都有研究，著《韃靼史》（*Histoire de la Tartarie*）一書，彙編中國史書有關匈奴、韃靼、蒙古、突厥等史料，西元 1779 年在巴黎出版。

法國耶穌會傳教士馮秉正（Joseph-Francois–Marie-Anne de Moyriac de Mailla）：出生於法國一個古老的望族家庭，西元 1686 年拋棄榮華富貴，不斷申請來中國傳教，西元 1702 年終於成行。馮秉正正精通滿、漢語言，先後為康、雍、乾三位皇帝做過翻譯等方面的服務。他會同德瑪諾神父一起測繪河南、浙江、福建等地，後測繪臺灣及其附屬各島。歷經 10 餘年，於西元 1718 年製成《皇輿全覽圖》和各省分圖稿 32 幅，刻印成冊。馮秉正還熟悉中國古籍暨其風習、宗教、歷史，尤其善於考據，便以《通鑑綱目》一書為主，博採其他史書加以補充，對明清兩代尤為詳細。歷時 6 年，《中國通史》7 卷本終於譯成。馮秉正將書稿寄回

法國，由於意外原因在裡昂學院圖書館沉睡 30 年，直到西元 1783 年才付梓。同年就有人將此翻譯成義大利文，對於歐洲人研究中國提供了很大方便。

歐洲旅居中國和東印度的傳教士：將相互間的書信和報告彙編為《耶穌會士書信集》，西元 1702～1776 年共刊出 34 卷，其中 16 至 26 卷收集由中國寄回的信。西元 1843 年在巴黎重新出版，名為《耶穌會士中國通訊集 1689～1781 年》，記載康熙、雍正、乾隆年間白晉、馬若瑟（Joseph de Prémare）、宋君榮（Antoine Gaubil）等眾多法國耶穌會士的通訊，對中國哲學宗教、歷史地理、民風習俗、物產工藝、倫理道德等方面都有描述，成為當時歐洲人了解中國乃至東方的第一手數據和主要參考文獻，很快被翻譯成歐洲多種文字，成為 18 世紀歐洲漢學的三大鉅著之一。

這樣，很快在歐洲掀起一場「中國熱」。當時西方帝王們像當今少男少女追星一樣崇拜中華文化，不僅仿造中國皇家園林，還仿效康熙親自駕牛扶犁耕地作秀。人們驚呼：

「哥倫布在美洲發現了新大陸，耶穌會士們在中國發現了東方文明」；

「柏拉圖在《共和國》中作為理論敘述的理想，在中國已經被付諸實現」；

「孔子啟蒙了伏爾泰，伏爾泰啟蒙了西方」……

伏爾泰（Voltaire）有「法國的孔子」之譽。他並沒有到過中國，只是憑著傳教士們的介紹，就對中國崇拜不已，認為中國是「舉世最優美、最古老、最廣大、人口最多和治理最好的國家」，畢恭畢敬在自己書房中掛著孔子像，每天一起床向孔子行禮；將元雜劇《趙氏孤兒》改編為《中國孤兒》在法國廣泛上演，並公開呼籲「全盤華化」。托克維爾還寫道：

遊客告訴我們，中國人安寧但不幸福，有工業但不進步，穩定但不強大，有物質性的秩序但無公共道德。由於這些，社會的發展還算不錯，但

不是很好。我想，當中國向歐洲人開放之時，他們會發現那是世界上中央集權制的最佳模式。[482]

法國路易十四對中國，「雖不能至，心嚮往之」，建立起凡爾賽——北京軸心。隨後，兩國新領導人也相互心儀，路易十五派兩位特使訪問北京，乾隆決定派一個外交使團回訪。但不巧，中國使團正準備啟程的時候，法國大革命爆發，路易十六被送上斷頭臺，聯繫暫時中斷。

此際，如果能夠堅持把握好機遇，大清無疑能夠順應世界之變，並保持一定的領先之態。可惜乾隆們沒能這樣做，而是坐等他們產生受騙上當的感覺。西方專家學者繪有一圖，總結從馬可波羅到第二次世界大戰時期西方對於中國看法的變化情形：[483]

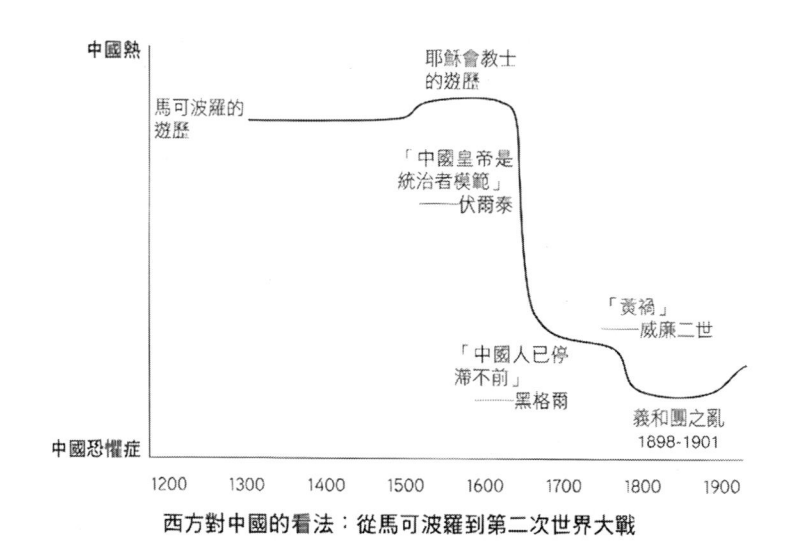

西方對中國的看法：從馬可波羅到第二次世界大戰

原來，歐洲傳統社會等級森嚴，特別是當時法國社會分三個等級：第一等級教士和僧侶，第二等級國王和貴族，第三等級平民、商人等資產階

---

[482] ［法］托克維爾：《論美國的民主》，董果良譯，北京：商務印書館，1988 年，P.101。
[483] ［挪威］小高・史蒂格・史丹斯利：《被扭曲的中國》，吳國卿譯，臺北：經聯出版公司，2016 年，P.16

級和無產階級。第一二等級享有免稅權，國家稅賦全由第三等級承擔，而在權利方面卻相反。所以，有些人便利用中國「民為貴，社稷次之，君為輕」之類思想為武器攻擊本國政治。這樣一來，引起反擊。人們尋找真相，才發現「狡猾的耶穌會士」帶回的信息「褒獎過度了」。他們發現乾隆根本不是什麼「政治寬容的典範」，恰恰相反是「中國歷史上最大的（以禁止『危險思想』為名的）文獻毀壞者之一」，「孔子和中國政府的美德就等於是耶穌會士的發明，是出於宣傳目的的信口開河」。他們還「輕易地嘲笑中國人在天子之下的等級制度，認為這一褊狹的制度已不適合強大的民族國家的時代」。[484] 這樣一來，耶穌會士教團失去各方面的信任，西元1773 年被教皇取締。更糟的後果是「從 18 世紀末開始，西方世界從未再次對中國感興趣，也從未對這個國家興起過那麼高的評價」。[485] 這麼說，中國跌落神壇了，——落到另一個極端，誤以為董仲舒、朱熹後儒的思想就是孔子、孟子等先秦儒家的思想，就是中華文明。

◎中西方衝突

這時期發生兩起影響巨大的外交事件：一是禁教糾紛，二是英國使團訪華失敗。

楊光先沒讀什麼書，在明時曾經恩蔭一個小軍職，入清只是道地的「草根」，但「人之好鬥至老不衰有如此者」。他第一鬥大明兵科給事中陳啟新，指責其非議宋太祖的〈勸學歌〉，「如此作孽，真不容於天地之間矣」，沒被理睬；二鬥大明首輔溫體仁，結果被廷杖謫遼西；三鬥時任清廷欽天監正的德國傳教士湯若望，卻大獲全勝。楊光先作為一個大明遺民，不排滿人而極端排洋人，主張「寧可使中夏無好曆法，不可使中夏有

---

[484] [美] 魏斐德：《中華帝制的衰落》，鄧軍譯，合肥：黃山書社，2010 年，P.130。
[485] [美] 顧立雅：《孔子與中國之道》，高專誠譯，鄭州：大象出版社，2000 年，P.315～317。

第十三章　清初百年

西洋人」,[486] 開創一種惡劣的特色邏輯。楊光先對天文地理一竅不通，卻「理直氣壯」地著文怒斥湯若望從西方帶來的「地圓說」，彈劾湯若望二罪：一是他帶來的《時憲曆》（即我們現今仍然通行的「農曆」）諸般不是，且封面上有「依西洋新法」五字，屬「暗竊正朔之權，以尊西洋」；二是順治與董鄂妃相繼去世的原因，在於湯若望所選的日子與其本命相剋，換言之，順治與董妃是湯若望害死的。當時攝政的鰲拜等人對曆法也一竅不通，聽信訐語，將湯若望及贊成西洋曆法的欽天監官員李祖白等人下獄，不久分別判處湯若望等人凌遲、斬首、流徙。碰巧北京發生強烈地震，人心恐慌，認為這是因為刑獄不公，上天示警，所以康熙祖母出面干預，湯若望等人才倖免於死。

康熙親政後為湯若望平反，起用南懷仁（Ferdinand Verbiest）為欽天監監副，重新使用比較精確的時憲曆，並下令被軟禁在廣東多年的傳教士栗安黨等20餘人歸各省居住。同時，他親自巡視北京的天主堂，御書匾額，由各地教堂轉抄。康熙還明說：「我們這個帝國之內有三個民族，滿人像我一樣愛敬你們，但是漢人和蒙古人不能容你們。你們知道湯若望神甫快死的那一陣的遭遇，也知道南懷仁神甫年輕時的遭遇。你們必須經常小心會出現楊光先那種騙子。你們應以謹慎誠俱作為準則。」[487] 康熙這話比較可信。雖然說蒙古人搞「華夷之辨」我不大相信，但漢人當中像楊光先那樣的「讀書人」其實是層出不窮的，蒙古人如倭仁之流會嚴重排外也只因為讀多了儒書。

然而，這時耶穌會內部卻出現分歧。原來，像當年佛教傳入中國被逼得向帝王低頭一樣，耶穌會到中國後也努力適應國情，這引起他們一些人

---

[486]　楊光先：〈不得已·日食天象驗〉：「寧可使中夏無好曆法，不可使中夏有西洋人。無好曆法，不過如漢家不知合朔之法，日食多在晦日，而猶享四百年之國祚；有西洋人，吾懼其揮金收拾我天下之人心，如厝火於積薪之下，而禍發之無日也。」

[487]　轉引自席澤宗〈論康熙科學政策的失誤〉，《自然科學史研究》2000年1期。

的不滿。爭論最後,教皇克萊孟十一世發出禁令:鑒於湯若望、南懷仁等人在中國那些有悖於天主教原則的政務活動,決定禁止中國天主教徒遵守中國的政令習俗,不許祭孔、祭祖。

第二年,使節多羅(Carlo Tommaso Maillard de Tournon)到北京傳達教皇的教諭。康熙大怒,下令驅逐多羅。同時,為防止教廷對中國內部事務的干涉,建立傳教士領取信票制度,規定凡留華傳教士,必須發誓永不返國,才發給其信票。清廷與羅馬教廷為解決禮儀之爭,雙方互派了使者,但最終沒有和解。於是,康熙又下令禁止天主教在中國傳播。

乾隆因禮儀之爭而導致中英首次交流不歡而散。當時,安育德神父還勸慰馬加爾尼說:你想開點吧,他們不知國際大勢,對誰都如此。不過,也不要把他們看成頑固不化,將來總有一天會跟世界交流,從長遠計議吧![488] 這話在我們今天讀來,不能不覺得中肯。但乾隆們為一點繁文縟節或曰面子,拒絕與英國以至整個西方世界平等友好交往,令我們今天還感到惋惜。

◎周邊關係

俄國:當時俄國人向東擴張,但清廷忙於內部平「三藩」,無力相爭。西元 1685 年康熙忙完內戰,開始北伐,進攻雅克薩城(今俄羅斯阿爾巴津(Albazin)用大炮轟 4 天 4 夜,俄軍不得不投降。清軍允許他們撤退到尼布楚,焚毀雅克薩城後撤回。俄軍在撤退途中遇到尼布楚來的援軍,重返雅克薩。第二年康熙派兵再攻雅克薩,經過幾個月戰鬥,俄軍傷亡慘重。這時,俄國派員到北京和談。西元 1689 年中俄在尼布楚簽定《尼布楚條約》,主要內容是:劃定外興安嶺之南屬中國,之北屬俄國;額爾古納河

---

[488] [英] 馬加爾尼:《乾隆英使觀見記》,P.148~149,「因中國向來閉關自守,不知世界大勢。初非惡化有惡意,即如締結條約、互相通商,為現今文明各國共有之辦法,中國則從來未聞有與它國訂結條約之事。然謂中國人固執不化,將來永無與它國人締約交通之一日,則又未必盡然。」

第十三章　清初百年

之東屬中國，之西屬俄國。這是中國與西方正式簽訂的第一份條約。

朝鮮：豐臣秀吉統一日本後，曾致書朝鮮國王：「吾欲假道貴國，超越山海，直入於明，使其四百州盡化我俗，以施王政於億萬斯年。」這就是說日本的目標是中國，朝鮮只不過是借道。西元 1591 年日本派兵 20 萬侵入朝鮮，一度占平壤。朝鮮國王李昖是個好色怠政之徒，政治腐敗，軍隊望風而潰。於是，朝鮮請大明援助。明廷認為：「倭得朝鮮以為巢穴，退可以守，進可以寇，中國從此無息肩之期。」[489] 在歷史上，這種看法無疑是英明的。中國援朝將日軍擊潰。西元 1618 年明朝和後金作戰，朝鮮派兵援助明朝。西元 1636 年清軍占朝鮮，國王投降，改向清朝朝貢。但他們長期懷念明朝，比許多明朝遺老遺少更忠誠，直到西元 1704 年李朝肅宗還特地從宜春門到禁苑壇，祭祀大明崇禎皇帝；又命漢城府在後苑春塘臺設「大報壇」，祭祀大明神宗皇帝。清廷待他們也不薄，如西元 1697 年一次就發倉米 2 萬石給朝鮮賑災。

安南（今越南）：仍讓清廷有些頭疼。康熙善待他們，如西元 1682 年免他們貢白絹、白木香等物，雍正和乾隆都曾遣使冊封安南王。但他們發生內亂，阮文惠攻陷京城稱帝，被趕下臺的皇帝黎維祁逃到北京求救。西元 1788 年乾隆派大軍護送黎維祁回國復位，可是阮文惠趁人不備發動反擊，清軍大敗，黎維祁再逃北京。這時，阮文惠放低身段，派員到北京請罪，西元 1790 年又親自到北京賀乾隆 80 大壽。乾隆原諒他，冊封他為安南王。

緬甸：南明最後一位皇帝朱由榔逃到緬甸，吳三桂攻入俘朱由榔。後來，雲南總督向歸附的緬甸某部落酋長索賄並將他迫害致死，其妻為報仇，說服緬甸王出兵攻掠雲南邊境。西元 1767 年乾隆派兵攻入緬甸，不想中埋伏，全軍覆沒。兩年後再派兵遠征，卻碰上瘧疾，進退兩難。這時中國僑民武裝在另一側發起攻勢，緬甸兩面受敵，只好求和。西元 1788

---

[489] 《皇明經世文編》卷 451。

年緬甸主動向清廷進貢。兩年後乾隆冊封緬甸王，確立宗藩關係。

尼泊爾：也許因為隔著浩瀚的西藏加上天高的喜瑪拉雅山之故，他們遲遲沒與中國建立官方關係。西元 1788 年西藏班禪一個部下因受虐待，逃到尼泊爾，而班禪又欠尼泊爾很多貿易款，他們便在這名叛逃者的帶領下突然向西藏發起進攻。乾隆派巴忠等官員前往應戰。巴忠居然擅自與尼泊爾談判，許諾每年支付 1.5 萬兩贈銀，讓他們撤軍。贈銀的事不敢向乾隆彙報，私下要求班禪支付。班禪不肯，於是尼泊爾再次攻占西藏。西元 1792 年清軍進西藏，尼泊爾軍逃走。清軍追入尼泊爾，他們只好求和，稱臣進貢。

暹羅（今泰國）：與中國始終友好，除冊封入貢之類，還有不少經濟交流。如西元 1724 年暹羅入貢稻種和果樹，雍正予以嘉獎；西元 1728 年準暹羅商船運米穀、貨物至福建、廣東、浙江，米穀免稅。西元 1747 年也準福建商船到暹羅販米和木料。為抵禦緬甸侵略，西元 1775 年暹羅到廣東請求購硫磺、鐵炮等軍火，乾隆準購硫磺和鐵鍋，只是不予鐵炮和銃子。1781 年暹羅又來求購銅器，也沒同意。因為這在國內也是禁止交易的，未予破例。

日本：儘管明時有倭寇影響，雙方關係還是友好。西元 1689 年閩浙總督疏請令日本商船在定海山停泊，等檢查後才允許貿易。康熙認為這樣做只有麻煩而無益處，要求不查即放行。

不可忽略：國內文化與國際宣傳形成鮮明對照。

西元 1748 年乾隆令從西洋、緬甸、暹羅等海外採集圖書，繕寫進呈，交送翻譯。但相對來說，中國人對外了解遠不如外國人對於中國的了解，形成巨大的「文化赤字」。我相信這是有意為之。

康熙、雍正和乾隆的漢教育程度都很高。乾隆還喜歡寫詩，一生作詩 4.3 萬首，比「唐宋八大家」全部加起來還多，從娘胎裡開始計算平均每天

第十三章　清初百年

1.5首。當時的御用文人自然把他的詩捧上天，現代網友就不客氣了，說：「乾隆寫七律能把人笑死，經常要麼押韻了結果詩意不貫通，要麼詩意貫通了不押韻，變成打油詩。」（其實有些也挺雅緻）更不謙虛的是他自我總結一生有「十全武功」，自詡「十全老人」，並作《御製十全記》，用滿、漢、蒙、藏4種文字到處建碑。那麼，他們治下的文化事業如何？

▌一、科舉

早在清初，范文程曾進言：「治天下之道在得民心，士為秀民。士心得，則民心得矣。請再行鄉、會試，方其登進。」[490] 清統治者欣然採納。「八股文」在明朝就名聲狼籍了，清朝還是長期堅持。為什麼呢？大臣鄂爾泰坦言：「非不知八股為無用，而牢籠英才，參策志士，其術莫善於此。」[491] 所以，錢穆指責：「若說考試制度是一種愚民政策，清代是當之無愧的。」[492]

入關第二年即西元1645年正式開科，並頒布〈欽定科場條例〉，隨後一再修訂，對科舉制度的各方面作了非常詳盡的規定。專家學者認為，「其細密嚴謹的程度世所罕見，其中對防止舞弊的規定可以說是密不透風、水潑不進。未讀過〈欽定科場條例〉的人很難想像清代科舉制度之嚴密程度」。[493] 然而，再嚴的制度也難不倒利慾薰心的「小聰明」。

讀書人作弊是很恥辱的事，真難以想像清朝怎麼會有那麼多科場弊案，密如雞蛋殼也可以透入風、潑進水。順天府（今北京）有一次鄉試，乾隆特地委派官員現場搜檢，如臨大敵，有些考生怕了，將暗藏的蠅頭小卷偷偷扔到貢院路邊及窗外，不計其數，但還是有人想僥倖。結果第一場

---

[490]《清史稿》卷238，〈范文程傳〉，中華書局，2020年，第8冊，P.6161。
[491]《滿清稗史》第37節。
[492]《中國歷代政治得失》，P.142。
[493] 劉海峰、李兵：《中國科舉史》，北京：東方出版中心，2004年，P.354。

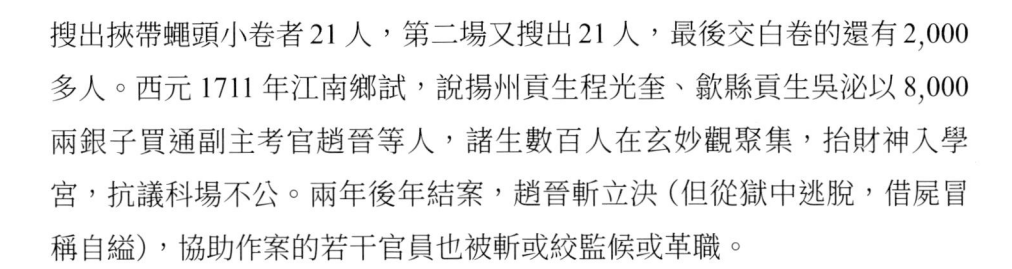

搜出挾帶蠅頭小卷者 21 人，第二場又搜出 21 人，最後交白卷的還有 2,000 多人。西元 1711 年江南鄉試，說揚州貢生程光奎、歙縣貢生吳泌以 8,000 兩銀子買通副主考官趙晉等人，諸生數百人在玄妙觀聚集，抬財神入學宮，抗議科場不公。兩年後年結案，趙晉斬立決（但從獄中逃脫，借屍冒稱自縊），協助作案的若干官員也被斬或絞監候或革職。

二、編著

《康熙字典》：西元 1716 年編成，全書 12 集，每集上中下 3 卷，收錄漢字 47,035 個。其優點一是收字相當豐富，在很長時期內是中國字數最多的字典（西元 1915 年《中華大字典》超過）；二是以 214 個部首分類，並注有反切注音、出處及參考等，差不多把每一個字的不同音切和不同意義均列舉入；三是除僻字僻義外，差不多在每字每義下舉例，而又幾乎全引始見的古書。缺點是全書反切和訓釋羅列現象，作者很少提出自己的見解，疏漏和錯誤不少。

《四庫全書》：鑒於《永樂大典》失散，西元 1772 年乾隆詔令將所輯佚書與各省所採及武英殿所有官刻諸書彙編在一起。因為採用古代圖書主要分類：經、史、子、集四庫，所以名為「四庫全書」。這是一項浩大的文化工程，歷時 10 年才完成。第一步徵集圖書，歷時 7 年。第二步整理圖書，對各類圖書進行審閱，提出應抄、應刻或應存意見。應抄之書是合格著作，抄入《四庫全書》；應刻之書是最好的著作，不僅抄入《四庫全書》還應另行刻印；應存之書是不合格著作，只能在《四庫全書總目》中存名，三審之後送呈乾隆親自確定。第三步抄寫底本，先後選拔 3,826 人從事這一工作。第四步校訂，分校、覆校、總裁等各司其職，將誤筆差錯減少到最低程度。乾隆經常親自審檢《四庫全書》書稿，多次發現錯別字，如將「桃」誤為「梅」之類。總纂紀昀等人某年被記過 3 次，纂修周永年某年

第十三章 清初百年

記過 50 次，總校官何思鈞記過 3,828 次，這說明乾隆對此書品質督察非常嚴格。《四庫全書》共收書 3,460 多種，經部分易、書、詩、禮、春秋等 10 類，史部分正史、編年、紀事本末等 15 類，子部分儒家、兵家、法家等 14 類，集部分楚辭、別集、總集等 5 類，總約 10 億字。一般認為這部書客觀上儲存了大批重要典籍，開創中國書目學，確立漢學在社會文化中的主導地位，具有重要的文獻價值、史料價值、文物價值與版本價值。《四庫全書》現有電子版可利用。

然而，現代隨著研究深入，越來越多專家學者認為《四庫全書》其實是一部「四不全」的次品乃至廢品。它收錄全文的圖書雖然多，可是編纂中明令禁焚的書籍達 3,000 多種，幾乎與全文收入的相當，此外因詔令上繳違禁書籍，百姓偷偷焚毀的書籍恐怕不止萬部，這實際上是一場文化浩劫。此外，還有大量刪削、竄改，且錯訛較多。康熙明示說：

> 明季諸人書集詞意牴觸本朝者，如錢謙益等，均不能死節，妄肆狂言，自應查明毀棄。劉宗周、黃道周立朝守正，熊廷弼材優於濟，諸人所言，若當時採用，敗亡未必若彼其速，唯當改易字句，無庸銷毀。又直臣如楊漣等，即有一二語傷觸，亦止須酌改，實不忍並從焚棄。[494]

近代史家孟森揭露說：

> 今檢清代禁書，不獨明、清之間著述，幾遭盡毀；乃至宋以來，皆有指摘，史乘之外，兼及詩文……始皇當日焚書之顧，絕不至離奇若此。[495]

國外學者也認為：

> 透過這項龐大工程，清廷實際上進行了一次文字清查（文學上的「宗教裁判」）工作，其目的之一是取締一切非議外來統治者的著作。編纂人

---

[494]　《皇明經世文編》，卷 14，第 1 冊，P.341～342。
[495]　孟森：《心史叢刊》，北京：中華書局，2006 年，P.288。

在搜求珍本和全整文字以編入這一大文庫時，也就能夠查出那些應予取締或銷毀的一切異端著作⋯⋯正如 L. C. 古德里奇所論證的，這是最大規模的思想統治。[496]

編書不過是手段，禁毀才是他們的目的。用當時話說是「寓禁於編」，用現代話說是「建設性破壞」。經過清朝之手，《四庫全書》留在歷史上是一道莫大的恥辱！一道血淋淋的傷！一道永遠的痛！

三、文字獄

早在入主中原之初的西元 1648 年，清統治者就在全國各府學縣學立一塊臥碑，碑上刻著 3 條禁令：一是不得言事，二是不得立盟結社，三是不得刊刻文字，這三條正好是近代西方所謂的言論自由、結社自由和出版自由。他們組織編書多，製造的「文字獄」更多。文字獄不是他們發明，但幾乎可以作為他們的代名詞。特別是「文人皇帝」乾隆，製造 130 多件文字獄，佔整個清朝文字獄總數的 80%，其中 47 案的人犯被處以死刑。學者說：「乾隆是一個用任何標準來看都令人恐懼的文字獄製造者。他有一種學者般的敏銳的感覺，這種感覺是針對所有文獻如何威脅到他正試圖強加給中國的歷史上的正統派傳說，無論這些文獻多麼古老。」[497] 人們因此稱那個時代為「中國的中世紀」。

文字獄滋味如何，可以將自己嘴巴用透明膠封上半日一日體驗一下。體驗方式可以更多，比如遇到美女不能兩眼閃亮而要跟著老和尚怒斥其為老虎，比如看到兒子作業本上 2+2=4 不能稱讚而要跟著朝廷糾正為 2+2=5⋯⋯所以在專制社會，越有知識越不糊塗的人越痛苦。從春秋亂世

---

[496] 費正清：《美國與中國》，世界知識出版社出版，1999 年，P.92。
[497] [美] 裴德生：《劍橋中國清代前中期史》，戴寅等譯，北京：中國社會科學出版社，2020 年，P.293。

第十三章　清初百年

孔夫子立誓「朝聞道夕死可以」，到「康乾盛世」鄭板橋感嘆「難得糊塗」，中國人的精神退化何等地步！

　　相對來說，清初比較寬鬆，順治末期還允許私人修明史。莊允誠《明史輯略》「存在一些直接攻擊滿洲人的細節」，仍於西元 1660 年刊刻並在杭州書店售賣，第二年初才送審，禮部、都察院都認定該書「無害」。但是，浙江湖州知府漢軍旗人陳永命、江南道員李廷樞和浙江歸安前知縣吳之榮 3 人卻藉此訛詐莊允誠數千兩白銀，莊允誠拿不出那麼多錢，吳之榮便上告，這才導致《明史輯略》被查，莊允誠下獄致死，相關人包括該書編校、刻印甚至讀者 70 人處斬。順治、康熙兩朝曾要求明臣將過去的仇恨留在前朝，放下包袱投身新時代。這時期不少文字獄其實是遼東漢軍與一些漢官、紳士內鬥，借刀殺人。康熙說他們不是迫害的主動者，並非完全沒有理。趙鼎新說：「在許多情況下，人們被定罪捕殺的原因並不是由於他們真的寫下了什麼反對朝廷的文字，而只是因為他們著述當中的遣詞造句可以被引申曲解出藏有謀反作亂的禍心。」[498] 但雍正開始就不同了，認為政權已穩固，轉而強硬，頻頻製造「文字獄」。乾隆一方面自我粉飾「朕從不以語言文字罪人」，另一方面又赤裸裸公開威脅追負責追查的大臣也「不得存稿，如欲留以取巧沽名，將來別經發覺，並爾子將不保首領」。[499] 乾隆時期的文字獄登峰造極。當時的文人不敢研究歷史，更不敢連繫現實，「古人之文一涉筆必有關係於天下國家，今人之文一涉筆唯恐觸礙於天下國家」，[500] 只能埋頭於故紙堆，鑽研文字音韻之類，美其名曰「乾嘉之學」。如此，所謂「國家興亡，匹夫有責」，如何擔當？

　　不管怎麼說，文字獄是統治者心虛的表現。他們不僅要粉飾過去的醜惡，還要為今後繼續作惡作好準備。

---

[498]　《東周戰爭與儒法國家的誕生》，P.205。
[499]　《乾隆實錄》卷 151、436。
[500]　李祖陶：〈與楊蓉諸明府書〉。

越來越多讀書人由提著腦袋反清復明變為削尖腦袋投清廷懷抱，皓首窮經，甚至不惜鋌而走險，自然沒心思考慮國家民族，統治者也就放心了，成功了。然而，對於中華民族來說呢？

當時世界政治、經濟、文化、軍事、科技都在突飛猛進，大清的教育事業不是跟上這種形勢，開啟民智，而繼續用千百年前的四書五經之類「牢籠」國家菁英的思想，造成全民「體制性弱智」，罪莫大焉！時過境遷，這一點越看越清晰，也越看越讓人不寒而慄……

一、推廣水稻

古代常有「演耕」活動，即皇帝為號召百姓春耕生產，在御苑一塊土地上種些莊稼，做做秀，表示帶頭春耕了。康熙可是動真格，在豐澤園種了幾畝水稻。水稻一般九月成熟，但有年六月下旬的一天，他忽然發現一株稻子又高又壯，穀粒已經飽滿成熟。他把這株稻穀收藏起來，第二年再種下去，也在六月間成熟。如此反覆，經過10年實驗，培育出一個嶄新的水稻優良品種「御稻米」。

時任直隸巡撫的李光地得知，馬上建議在天津一帶種水稻。藍理任天津總兵時，進一步建議說：「直隸沿海曠地，豐潤、寶坻等處窪地，如果學習南方開為水田栽稻，一兩年後可變成肥沃之地。我想到福建招募農民200人，開墾水田1萬畝。如果可行，我還想再到江南招無業之民到天津來安家落戶，發給耕牛和稻種，讓他們將沿海棄地盡量開墾，若干年後再徵稅。同時，我們官兵也要學習以前的好傳統，亦兵亦耕，節約軍餉。」康熙看了，立即批示同意。5年後，果然獲得成功，從而結束長城內外沿線不種水稻的歷史。後人為了紀念藍理的功德，稱這些稻田為「藍田」。天津至今仍是北方重要的水稻產地，所產的稻米稱「小站稻」，現為中國農產品地理代表。同時，在北京玉泉山等地推廣水稻，也獲成功，並流傳到現在。

二、鼓勵墾荒

康熙們非常重視墾荒種糧。如西元 1714 年湖南荒田 4.61 萬頃，招民開墾，免租 6 年。西元 1723 年雍正專門下詔：墾荒對百姓是最有利的，但有些州縣甚至督撫「陋規」不少，導致墾荒比買地還不合算，所以百姓變得寧肯拋荒。今後，各地不得勒索阻撓。寧夏北部原來是一片尚未開發的荒灘，南北綿延數百里，東西寬四五十里或二三十里不等，蒙語稱之「查漢託護」，意為「白色河灣地」，即今平羅等地。因唐徠、漢延兩渠水流不到，地曠人稀。西元 1726 年當地負責水利的官員通智和川陝總督岳鍾琪在這裡組織開新渠，渠成後可墾地 2 萬餘頃，按每戶授田百畝可安置 2 萬戶。兩年後雍正令召募遠近的農民移居那裡，由官府發給牛具、種子和銀糧，鼓勵他們在那裡安居樂業。如今羅平縣人口已達 29 萬，並有「塞上小江南」之譽。

據統計：西元 1661 年全國耕地面積僅 526 萬頃，西元 1722 年達 851 萬頃。農業種植方式也得以改進，廣東部分地區收穫早稻後插晚稻，收穫晚稻後再種油菜或甘薯，一年三熟。江西土薄，早稻收穫後不能續種晚稻，就種蕎麥，一年兩熟。由於南方多熟種植的推廣，每年可增產糧食 60 多億公斤。而由於糧食增產，加之沒有大範圍的戰亂，人口迅速增長。康熙時期全國人口恢復 1 億，西元 1740 年增至 1.4 億，1762 年超過 2 億，1785 年突破 3 億大關。

三、發展工商業

我總認為：發展經濟就像食色一樣，百姓可以「無師自通」，除非天災人禍，官府只要少加禁制和剝削就行（當然不可否定官方的引導作用，如康熙移民屯田等）。所以，像中國這樣物產豐盛之地，要經濟繁榮並不是難事。

中國是農業大國，歷朝歷代重視的是農業，商業長期受打壓，手工業與科技則被視為「奇技淫巧」。《尚書・泰誓》：「（商王）作奇技淫巧，以悅婦人。」清道光年間文人管同的〈禁用洋貨議〉：「昔者，聖王之世，服飾有定製，而作奇技淫巧者有誅。」由此可見，「奇技淫巧」顯然是個貶意詞。在國學大師錢穆《中國經濟史》一書當中，也沒有工商業的一席之地。然而，從一些蛛絲馬跡看，「康乾盛世」工商業已有長足發展。

馬加爾尼在他訪華日記中說：「中國工業雖有數種，遠出吾歐人之上……」[501] 能有幾種冠於世就了不起啦！當今先進國家，不也都只有幾種而不是所有產品聞名於世嗎？不過此文應該有些歧義，其「工業」一詞所指在當時中國應該極其有限，能夠對應的恐怕只有礦業。

礦業在古代有著十分重要的意義，但統治者顧慮重重，往往禁止多於開採。雍正時期就主禁。西元 1740 年，大學士趙國麟建議：「凡產煤之處，無關城池龍脈及古昔帝王聖賢陵墓，並無礙隄岸通衢處所，悉聽民間自行開採，以供炊爨，照例完稅。」[502] 乾隆准奏，直隸、山東、山西、湖南、甘肅、廣東等省俱聽民採煤。據統計，西元 1735 年全國礦場僅 162 處，西元 1787 年增至 309 處。但乾隆是有條件的，他坦言「朕思開採一事，雖有益於鼓鑄，每易於滋事」，要求「斷不可因目前之微利，啟將來之患端」。廣西一個銅礦因為與苗疆近，乾隆就要求「照常封閉，以杜聚集奸匪之漸」[503]。新疆金礦類型較多，以砂金和脈金為主，曾有人在阿勒泰的河床中淘出重達 170 兩的金塊。乾隆時期在阿勒泰地區發現大型金礦，關內很多流民跑去那裡挖礦淘金。官府怕流民多了引發騷亂，派兵把守關口，不准運送糧食進去。流民出逃礦區只好鋌而走險，翻山越嶺，打家劫舍，變成危害一方的土匪。朝廷多次派兵去圍剿，耗了幾年，土匪

---

[501] 《乾隆英使覲見記》，P.197。
[502] 張習孔、田珏《中國歷史大事編年》卷 5，P.238。
[503] 《乾隆實錄》卷 297。

第十三章　清初百年

反而越剿越多。乾隆退位當年即西元1796年，他對一些軍國大事放心不下，還重申查禁新疆開挖金礦。

中國的絲綢業發展很早，在西漢就拓展了「絲綢之路」。棉花在南北朝時期引進，明代後期已經「遍布於天下……（人）皆賴之，其利視絲、麻，蓋百倍焉」。[504] 棉花種植衍生出紡線、織布、印花、染色「一條龍」產業，其生產集散地在今上海、蘇州一帶。明清時，內務府在南京特設「江寧織造」，以皇商身分共同經營江南地區的絲綢產業。明朝由提督織造太監主管，西元1663年改由內務府派員常任，後改為「江寧織造郎中」。歷史上對手工業也有一些限制，《江寧府志》載：江南絲織業規定「機戶不得逾百張，張納稅當五十金，織造批准造冊，給文憑然後敢織」，江寧織造大臣曹寅（曹雪芹祖父）向康熙奏請免稅，獲準允，民間織機一時突飛猛進。康熙多次嚴令禁止各級官僚透過陋規、攤派等手段剝削手工業者與商人。如西元1700年規定：「如遇大差大役，有因公濟私，以一派十者，又有每年每節派送大小禮儀者，郡守之交際又有派之各屬者，有府州縣衛所官出門，派中火路費以及跟役之食用者，有上司差使往來派送規例下程者，起餉銀派解費者……應勒石永禁。」[505] 對此禁令，全國各地貫徹落實。如山東巡撫李偉在長清縣孝里鋪（今濟南長清區孝里街道）樹了一塊「禁止苛派告示碑」，其精神與康熙此令高度一致：

今欽奉恩詔：內開雜派款項，永行禁革，以安民生。我皇上視民如傷，時勤宵旰。凡屬臣工，自當益加警惕，弊絕風清……[506]

嚴禁向企業亂攤派，為工商業發展創造一個良好的社會環境。清時僅南京市區就擁有織機3萬多臺，男女工人5萬，相關就業者20多萬，年

---

[504]　[美] 裴德生《劍橋中國清代前中期史》上卷，P.621。
[505]　《清朝文獻通考》卷21。
[506]　韓子奎：〈長清「禁止苛派告示碑」史話〉，《濟南日報》2022年3月27日。

產值達白銀 1,200 萬兩。

中國瓷器也歷史悠久。這時期，西洋原料及技術傳入，使「瓷都」景德鎮生產的瓷器如虎添翼，步入高峰。乾隆時督陶官唐英《陶冶圖說》：「景德鎮袤延僅十餘里，山環水繞，僻處一隅，以陶來四方商販，民窯二、三百區，工匠人夫不下數十萬，籍此食者甚眾。」景德鎮四大傳統名瓷青花瓷、玲瓏瓷、粉彩瓷、色釉瓷，在康熙時發展出青花、五彩、三彩、郎窯紅、豇豆紅、琺瑯彩等裝飾品種，雍正時發展出粉彩、鬥彩、高低溫顏色釉等品種，乾隆時又發展出青花玲瓏瓷、象生瓷雕、仿古銅等特種工藝瓷，不斷推陳出新，深受西方消費者喜愛。遺憾的是德化白瓷在元、明時為高峰，這時期開始衰落。

明清時代先後三次限定西洋商人只可在廣州一地通商，史稱「一口通商」，一方面給廣州帶來迅速發展的機遇，另一方面是廣州生產並銷往海外的工藝品，主要有廣繡、廣彩、廣雕及外銷畫、外銷銀器、外銷漆器、外銷扇等，中華民族的傳統風格、廣東本地審美趣味與西洋情調相映成趣，也給西方世界好一陣驚豔。僅說當時的外銷扇，與中國傳統扇有較大區別，從材質角度而言有像牙扇、玳瑁扇、檀香扇、貝雕扇、銀累絲扇、羽扇、絲繡扇等。據「沐文堂」收藏全集《中國扇具》介紹：這些扇子被歐洲上流社會貴婦、少女們作為時尚飾品，連瑪麗女王和維多利亞女王都愛不釋手，並且在社會開始風行一套「扇語」──例如把扇柄放在唇上，表示「請你吻我」；左手拿著扇子，表示「來跟我談」；表示手指掃過扇面，表示「想親近你」；扇子橫放頰前，表示「我愛上你」；右手執扇置臉前，表示「請跟隨我」；左手執扇置臉前，表示「想認識你」；扇子擱在右頰上，表示「對」；扇子擱在左頰上，表示「不對」；慢慢關上張開的扇子，表示「願嫁給你」；扇子掉在地上，表示「交個朋友」。當時在思想文化界，歐洲也有一股「中國熱」。如果此風能夠保持下來多好！

第十三章　清初百年

總體來說，「康乾盛世」的外貿政策是有限制的。這「使中國商人無法利用本國商品在國際市場的絕對優勢獲取高額利潤，對船舶規模、攜帶兵器的限制使中國商人無法開展遠洋貿易，甚至連在印度洋西岸、阿拉伯半島等傳統貿易區域的優勢也逐漸喪失了」。[507] 否則，這個盛世的遺憾很可能會更少些。

英國「麥迪森數據庫」創造者安格斯・麥迪森（Angus Maddison）認為：

19世紀以前，中國比歐洲或亞洲任何一個國家都要強大。從5世紀到14世紀，它較早發展起來的技術和以菁英為基礎的統治所創造的收入都要高於歐洲的水準。14世紀以後，雖然歐洲的人均收入慢慢地超過了中國，但是中國的人口增長更快。1820年時，中國的GDP比西歐和其衍生國的總和還要高於將近30％。[508]

中國在西元1820年GDP占世界比重約為32.9％，在千年大國經濟占比排名中居第二（第一是美國1944年占38.1％）。這個時間距乾隆時代稍晚一些，但值得參考。在當時世界來說，中國GDP總量是第一。歷史上中國沒有GDP之類的綜合經濟數據，外國歷史上應該也沒有。不過，麥迪森曾經擔任過很多國家政府的經濟顧問，他創立的數據，應該有較可靠的依據。

但在那個世界資本主義商品經濟蓬勃大發展的時代，清朝皇帝在經濟方面仍然是禁止比拓展更多。《世界經濟千年史》認為：「在歐洲貿易向外擴張的頭三個世紀中，與美洲、非洲或亞洲其他地區相比，中國的市場更難於滲透，因為貿易受到中國政府制定的條件的限制。」《世界經濟千年史》一書有大量圖表，現引其中一張如下：[509]

---

[507]　孫玉琴：《中國對外貿易通史》第一卷，北京：對外經濟貿易大學出版社，2018年，P.199。

[508]　［英］安格斯・麥迪森：《世界經濟千年史》，伍曉鷹、許憲春、葉燕斐、施發啟譯，北京：北京大學出版社，2003年，P.109。

[509]　同上，P.110、30。

中國與西歐人均GDP水準的比較，西元400年至1998年

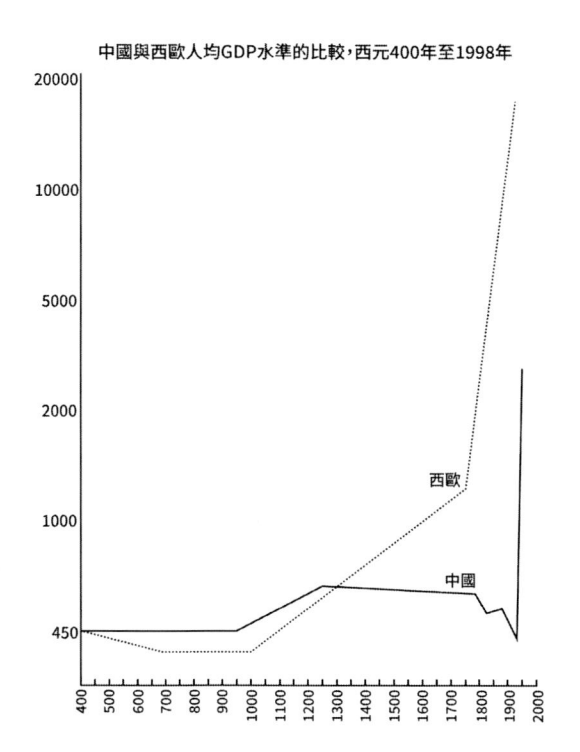

由此可見：西元400年即北魏東晉時，中國的人均GDP與西歐幾乎一樣，此後西歐下滑，中國保持發展。至西元1000年前後即北宋初期，中國忽然開始上升並持續兩三個世紀。元時還保持騰飛發展的氣勢，但在明朝戛然而止，並且開始讓西歐超越，在這個「盛世」之末卻變成階梯形持續下降，而西歐則直線上升，中國與西歐經濟向相反的方面發展。不過，清時人口猛增，人均自然會大幅下降一些。

千古之嘆：「狗腳松」與「老雞頭」

湯恩比將文明的成長分為三種情形，一是成熟的，二是流產的，三是介於二者間的停滯不前——他們的箴言或者說墓誌銘是：「不動即生

第十三章　清初百年

存」。[510] 雷海宗痛心地寫道：

> 晚明、盛清是政治文化完全凝結的時代。元、明之間仍有閩、粵人的活動，王陽明的奇才，足以自負。明末以下的三百年間並沒有產生一個驚人的天才，也沒有創造一件值得紀念的特殊事業，三世紀的工夫都在混混沌沌的睡夢中過去。[511]

從文明的角度看，晚明至清中期是一個停滯的時期，這是一個比較大的共識。德國哲學家赫爾德（Johann Gottfried Herder）還有個生動的說法：

> 這個帝國是一具木乃伊，它周身塗有防腐香料、描畫有象形文字，並且以絲綢包裹起來；他體內血液循環已經停止，就如冬眠的動物一般。[512]

「塗有防腐香料、描畫有象形文字，並且以絲綢包裹起來」的比喻，妙不可言。不過，我覺得這些比喻不夠貼切。木乃伊是死的，而明清雖然停滯但還活著——「不動即生存」。

明清雖然還活著，但是不正常。動物在冬眠中，機體內的新陳代謝作用變得非常緩慢，但畢竟還有些許，停滯的明清文化卻沒有新陳代謝。因此，我聯想到家鄉的「狗腳松」。這種松樹一般生長在高山草甸，植株低矮，雖然很久地活著，但千年萬年也長不高大。

想當年，因為被明朝皇帝視為貴重賞賜品，黑貂皮價值倍增。貂只生活於黑龍江以北的深山老林，建州沒有貂，建州女真便發揮地理位置優勢，一手從黑龍江、松花江流域收購黑貂皮，另一手向中原進貢黑貂皮，從中賺取豐厚的利潤。有一度，每年朝貢的人數多達 1,500 人，努爾哈赤年輕時也曾多次參與。正是依靠這種「朝貢體系」，建州女真很快就「民殷國富」，努爾哈赤統一東北地區的全部女真，建「後金」國。與後金東部相

---

[510] ［英］湯恩比：《歷史研究》，P.113。
[511] 雷海宗：《中國文化與中國的兵》，P.156。
[512] 轉引自《中國的歷史·明清時代》，李伯重推薦序。

鄰的遼東是明朝的直轄地——像我們現在的深圳一樣,由總兵李成梁在那裡統領幾十年。努爾哈赤正是透過李成梁大規模地與中原交易,出口毛皮、高麗參等,進口明朝禁止出口的農具等鐵製品——當時他們的犁鏵還是用骨頭做的。好景不長,李成梁遭東林黨彈劾,說他收受努爾哈赤的賄賂而將新開發的土地給後金,罷了官,努爾哈赤失去與中原交易的理想仲介。

再說,朝貢本來就多不規矩,日子一久難免不引起明朝的警覺。明禮部主事高繼元就曾抱怨女真「詐而狡橫」,大肆走私,大明還得倒貼車馬費給他們。這樣的朝貢自然難以為繼,要嚴加管理。特別是李成梁倒臺後,後金沒法繼續原來的貿易,經濟受到嚴重影響,不得已挑戰大明。沒想到看似強大的大明王朝那麼腐朽不堪,沒想到他們的運氣那麼好,沒幾年工夫就取而代之。專家學者甚至稱:「清朝是一個貂皮創造出來的東方帝國。」[513]極具諷刺的是,這個被認為「可能是全世界最商業化的國家」,後來會變成頑固拒絕與外部平等貿易,以致引發戰爭並一再失敗。

高山草甸植物長不高,那是受氣候影響,外部條件制約。可是,在武夷山脈東西兩側,即江西東部與福建西部一些海拔僅一兩百公尺的山巒,也有好些松樹長不大,跟高山草甸上的松樹一樣,我家鄉俚語稱之為「狗腳松」。某些公司門前的綠化帶中也有這種松樹,作為風景。我特地向林業部門的友人討教過,他們說那叫「馬尾松」。可是查數據,有些挺拔聳天的蒼松也叫「馬尾松」。我糊塗了,還是讓我繼續稱之「狗腳松」吧!這種松的特徵是:讓它活百年千年也不成材,因為它自己拒絕成長。

要說中國不重武,顯然冤枉。自從盤古開天地,沒有幾天不打仗。早在西周之初,官方就要求學生掌握「六藝」,即禮、樂、射、御、書、數,其中射就是射箭的技藝。射箭的技藝提高了,就是戰鬥力提高。然

---

[513] 同上,P.290。

第十三章　清初百年

而，在那漫長的冷兵器時代，儒家卻不將射箭作為軍事專案，而作為一種體育活動，一種禮儀，甚至只作為一種修身養性培養君子風度的方式。

——孔子說：君子沒什麼可爭的，如果要有所爭那就比箭吧，首先相互作揖登堂，射完再互相作揖走下堂來，然後又互相作揖喝酒。[514]

——孔子還進一步說：比箭不一定要射破靶子，因為每個人的氣力大小不同。[515]

如此訓練出來的射箭技藝如何上戰場？別忘了，先秦的君子——貴族是要帶兵打仗的，後來的普通學子及第為官後也很可能要率兵禦敵，而且大都是跟擅長於騎馬射箭的遊牧族戰鬥。

乾隆們一次次傲慢拒客，但也無意對英國等開戰，絲毫都不會有，因為他們的現實之敵與假想之敵始終是自己的臣民，至多是相鄰的小國，而做夢都不會想像到遙遠的西方。關於馬加爾尼訪華事件，我特別關注另一個往往被忽略的重要細節：在英國送給乾隆的大堆禮品當中，有一尊「輕便銅製野戰炮」，「敢決言中國全境，必無此種輕快之炮」。對此，負責接待的金大人、樊大人和周大人卻不屑一顧，沒帶到北戴河呈送乾隆。後來遇到次相福中堂，馬加爾尼還指望他能幫助將這種大砲介紹給乾隆：

因曰：大人為中國兵家，功業彪炳，敝使良深仰慕，此次敝使東來，部下帶有衛隊一班，頗精於歐州單板機式之火器操法，倘異日大人有暇，敝使擬請大人觀操，藉聆雅教，弗審大人亦肯賞光否？福大人意頗冷淡，岸然答曰：看亦可，不看亦可，這火器操法諒來沒有什麼罕。[516]

福中堂竟然認為這火炮沒什麼稀罕，馬加爾尼實在想不通。沒過幾天，答案從另一位滿人大臣嘴裡出來。他叫溥大藩，對馬加爾尼非常愛國

---

[514] 《論語・八佾》：「君子無所爭。必也射乎。揖讓而升，下而飲。其爭也君子。」
[515] 同上，「射不主皮。為力不同科。古之道也。」
[516] 《中國對外貿易通史》，P.110。

地炫耀紈褲子弟的先進性：

> 溥大藩做詫異之狀，良久曰：弓箭畢竟是好東西，打起仗來少不了它。餘無言，內念中國人之重視弓箭，殆較它種軍器為尤甚，緣溥大藩之言既如此……[517]

其實，其時中國並非沒有火炮，並非仍然依靠弓箭。溥大藩們早吃過火炮的虧，也嘗過火炮的甜頭。他們英雄的老祖宗努爾哈赤就是被明軍火炮轟死的（說法不一），他們攻占江南及與四周也屢屢依仗火炮取勝。只不過出於某種陰暗的、猥瑣的目的，他們不願意承認大英帝國與大清帝國是平等的關係，更不願意承認別人更先進的文化。

乾隆本人也沉醉於他們的弓箭。每年夏接見武官後在宮門外比賽射箭，賽3次，每次3箭，乾隆一般9箭中六七箭，西元1763年一次他9箭全中，可見他的箭術確實不錯。然而，時代完全不一樣了。這樣武裝的軍隊根本嚇不倒西洋砲艦，馬加爾尼一眼看穿：

> 廣東一處地近海洋，洋人到中國者必在此間登岸，中國為防禦洋人起見，特設重兵鎮之……然以餘觀之，此輩寬衣大袖之兵隊，既未受過軍事教育，而所持用軍器又不過刀、槍、弓、矢之屬，一旦不幸，洋兵長驅而來，此輩果能抵抗與否？尚屬一不易置答之疑問也。[518]

萬一什麼時候「洋兵長驅而來」，這些「寬衣大袖」、「未受過軍事教育」而只會操刀弄箭的清兵，能夠抵抗嗎？馬加爾尼很為大清憂心啊，可惜當時沒人領情。也許，那邊防只是作作樣子，跟田裡嚇鳥的稻草人一般。乾隆們養那些軍隊主要目的是對付手無寸鐵的百姓，那刀、槍、弓、矢當然足夠！

顯然，中英雙方在此時此刻還沒有敵意。否則，馬加爾尼怎麼可能將

---

[517] 《中國對外貿易通史》，P.113～114。
[518] 《中國對外貿易通史》，P.205～206。

第十三章　清初百年

先進的武器送上門來並求著大清試用？

我們從小在電影電視上常常看見：聽聞敵人發明一種先進武器，就派間諜千方百計去偷。如果乾隆及其高官虛心些，將這尊大砲收下，學會操作，並「山寨」推廣，那麼在不到半個世紀後的第一次鴉片戰爭中，何懼在自家門口打不過遠涉重洋孤軍而來的區區幾千英軍？

鄭成功威脅被清除後，「清朝幾乎從未在海上花費力氣。當英國船舶處於技術高速革新之時，中式帆船卻在17世紀之後幾乎毫無改變」。[519] 林則徐認為只要從廣州海關稅收中拿出1%用於海防，就可以對應英國的武力進攻，但這沒法實現。他只能守好他許可權內的廣州，只能在家信中深表擔憂英軍繞開廣州北上，眼睜睜等著國家和自己的悲劇到來。

當戰爭的陰影日益迫近之時，乾隆們仍然一再輕敵，認為英國那麼老遠來幾個兵完全可以不放在眼裡。「晚清中興四大名臣」之一左宗棠，被譽為政治家、軍事家、民族英雄，但也是著名理學家。鴉片戰爭一敗再敗之後，西元1865年時任清廷海關總稅務司的英國人赫德等上呈3份督促加速改革開放的建議書，清廷轉發沿江沿海各省督撫，要求他們閱後將意見呈報中央。結果，左宗棠仍然認為英國根本沒什麼值得我們學習，他們的「來復槍」還不如我們廣東的土槍。正是在這樣強烈自負的氛圍中，朝野繼續頑固拒絕進一步改革開放。

如果說「狗腳松」在高山長不大是因為氣候環境，那麼它在低海拔山巒為什麼也長不大？如果說荒山野嶺土壤貧瘠，那麼它在帝都享受寵物般待遇為什麼還長不大？可見更主要取決於它自己的基因，換言之，就是特定的文化。

柏楊曾在一次演講中說：「任何一個民族的文化，都像長江大河，滔滔不絕地流下去，但因為時間久了，長江大河裡的許多汙穢骯髒的東西，

---

[519]《哈佛中國史・大清》，P.445。

像死魚、死貓、死老鼠，開始沉澱，使這個水不能流動，變成一潭死水，愈沉愈多，愈久愈腐，就成了一個醬缸，一個汙泥坑，發酸發臭。」由此形成一種「醬缸文化」之說，頗有影響。但恕我直言，這比喻有個問題：醬畢竟是一種美味，即使用死魚之類釀造也是化腐朽為神奇。韓國為接待美國前總統川普，曾用一款 360 年歷史的精釀醬油沾牛排，這老醬油比美國立國還早一個世紀，以示特別重視。可見，以醬喻傳統文化之弊，顯然與他的初衷不符。唯有一點沾邊，那就是愈釀愈黑，與「黑厚學」相吻。

因此，我想說中國歷史上有一種「老雞頭文化」。民諺曰「十年的雞頭賽砒霜」，就是說雞越老，雞頭的毒性越大。專家認為：雞在啄食中會吃進含有害重金屬的物質，這些重金屬主要儲存於腦組織中，雞齡越大，儲存越多，毒性就越強。

我們有些傳統文化就像老雞頭，越老毒性越大。老雞頭不會長智慧，不會新陳代謝，只會積儲毒素。先秦儒家有些毒素但不大，到漢儒增大些，宋儒更大。清初思想家、教育家顏元慨然指出：「誤人才，敗天下事者，宋人之學也。」[520] 宋人之學即理學，明清時代仍然奉為圭臬。孔子時代講「有朋自遠方來，不亦樂乎」，熱衷於「四方來賀」、「四方賓服」、「懷柔遠人」之類皆大歡喜的事。「朝貢體系」始於漢，但 1,000 多年間只占整體對外貿易非常小的一部分，朱元璋卻將此作為中外貿易的唯一管道。

乾隆不學孔子樂見遠客，而要學朱元璋搞海禁。乾隆僅限廣州一地對外通商，並限定「十三行」代理一切外商交涉事宜。「十三行」演變成亦商亦官的壟斷性外貿組織，收取各種附加費，還有其他名目繁雜的「規禮」，讓外商不堪重負。外商很不理解：自願送禮怎麼變為不合理的正常課稅？更讓他們不堪忍受的是種種歧視與刁難，給中國官員的信件不是不敢翻譯就是被竄改，如平等關係的「國書」被譯為上下關係的「表文」，「特

---

[520] 李塨：《顏習齋先生年譜》卷下。

第十三章 清初百年

使」譯為「貢使」,「英吉利」國名 3 字都加個口字旁以示動物 —— 蠻夷的象徵。官方檔案對外國商人一律貶稱「夷商」,時間一久,外國商人知道這稱呼帶侮辱,一次次抗議,但都沒用,直到甲午戰爭後才改正。同時,對外國商人的生活加以種種限制,例如「夷商」只能住由華人「行丁」把守的地方,不得隨意出入;有事外出須有行丁跟隨,並不許乘轎;不得與漢人交結,不得學漢語;不許帶「番婦」入廣州,更不許接觸中國女人……而「夷商」稍有違規,動不動就「封艙圍館」,讓他們遠洋運來的貨物變垃圾。平心而論,如果你到國外旅遊或經商受到這樣對待,心情如何?

不要簡單說中國歷史上多文明,或者說多不文明,問題在於:越後面的王朝就越像老雞頭一樣積澱了越多的毒素。帝王換了一個又一個,每一個都吸取以往帝王的「統治經驗」—— 毒素,才使得越後來的帝王越像老雞頭。對比一下明清與漢唐、先秦,可以發現有多少善被摒棄了,而又有多少惡被累積與發揚?如此,累積到明清不「極權」才怪呢!

如果說傳統文化是木乃伊一樣死氣,打死我也不信。我認為準確說是「老雞頭」式惡性發展,常常集歷史之惡於一體!狗腳松是果,老雞頭是因。

當然,外國也有類似的現象。法國大革命時期的思想家斯塔爾夫人(Anne Louise Germaine de Staël-Holstein)有句名言廣為流傳:「自由是古老的,專制是現代的。」刀爾登也說:「最壞的絕對主義國家,並沒有出現在上古,而是一次次出現在後代,而且每一次都比前一次更壞。一個很恰當的例子,就是希特勒德國。這樣的國家,在一千年前,是沒有條件出現的。」[521] 這也是老雞頭式發展的結果。

不僅國家民族可能會有「老雞頭」現象,一個人也如此。陳丹青說:「人性的良知,並不會因為一個人年齡的增長而增長。一個人如果沒有自

---

[521]　刀爾登:《不必讀書目》,太原:山西人民出版社,2017 年,P.11。

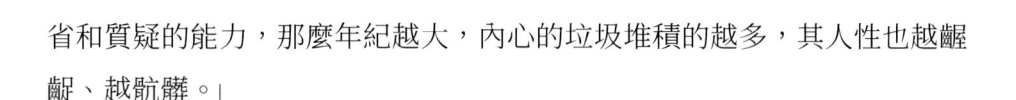

省和質疑的能力，那麼年紀越大，內心的垃圾堆積的越多，其人性也越齷齪、越骯髒。」

中國歷史悠久，文化豐厚，成語典故城磚一樣沉甸甸。讀著中國歷史，我最常想到的成語典故是：刻舟求劍。此語出自《呂氏春秋》，大約西元前 239 年左右才成書，因此孔夫子很可能不知道，但董仲舒、朱熹、曾國藩等等大小儒們不可能不知道吧，他們何以千百年如一日信誓旦旦地推銷「三代」？老是像王莽那樣「腳步向前走而眼睛向後看」，怎能不成「狗腳松」？

我還常聯想的成語有：畫餅充飢、作繭自縛、削足適履、東施效顰等等。後儒說「自考亭以還，斯道已大明，無煩著作，直須躬行耳」，我有時想借來用用，不過不是指「自考亭以還」。我是想國人太擅於舞文弄墨了，光有那麼多成語典故就夠，不再需要什麼新的花言巧語了。

當然，我記憶中也有不少美好的詩句，例如：「江山不夜月千里，天地無私玉萬家。」不要抱怨「狗腳松」的土壤與氣候，不要抱怨「老雞頭」的飼料，而要問它自己選擇了什麼？摒棄了什麼？馮夢龍說：「君子之智，亦有一短。小人之智，亦有一長。小人每拾君子之短，所以為小人；君子不棄小人之長，所以為君子。」[522] 小人不是天生的，而是長期「每拾君子之短」逐漸形成的。要想避免成為「老雞頭」式的小人，唯有敞開「雞胸」，虛心向一切先進的文化學習。

---

[522]　馮夢龍：《增廣智囊補·術智部》。

第十三章　清初百年

小結：
長壽王朝的「仙丹妙藥」

【提要】

如果說長壽王朝有什麼「仙丹妙藥」的話，那就是及時華麗轉身，進行了正確的改革。

小結：長壽王朝的「仙丹妙藥」

隋朝，西元609年是它一道分水嶺。專家學者敘述：

這一年前後象徵著煬帝執政的政治基調發生了變化。在西元609年以前，煬帝似乎全力採取以下幾項措施：進一步鞏固從其父親繼承下來的帝國，促進帝國繁榮富強；獲得其臣民的擁戴。609年以後，他全力貫注於對外擴張，對高麗的征服簡直發展到著迷的程度，對國內問題則相對地放鬆，同時日益依賴他的核心顧問集團。[523]

長壽王朝從興起到衰亡像橢圓上半部分，即多少有些緩慢轉變的過程。這個跟「橢」字最相似的隋朝卻像三角形，上端只有一個轉折的點。隋文帝「開皇之治」造就了開國即盛世的大好局面，西元604年隋煬帝繼位，繼位5年後年仍能保持上升態勢，幾乎和隋文帝時期保持在同一條上揚直線水準上，不料短短幾年掉下萬丈深淵，總體近似一個三角形。

隋歷史軌跡圖

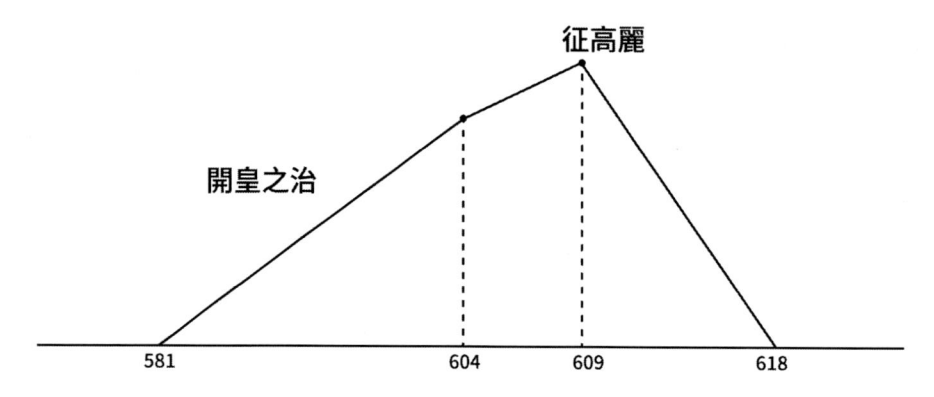

秦帝國更是如此，西元前210年秦始皇一死便急轉直下，如同一路跑到樓頂便跳下，一點轉圜的餘地都沒有。換言之，長壽王朝四季分明，短命王朝則從春直接到冬，沒有夏秋可言，蜉蝣一日，曇花一現。

---

[523]《劍橋中國隋唐史》，P.114～115。

秦歷史軌跡圖

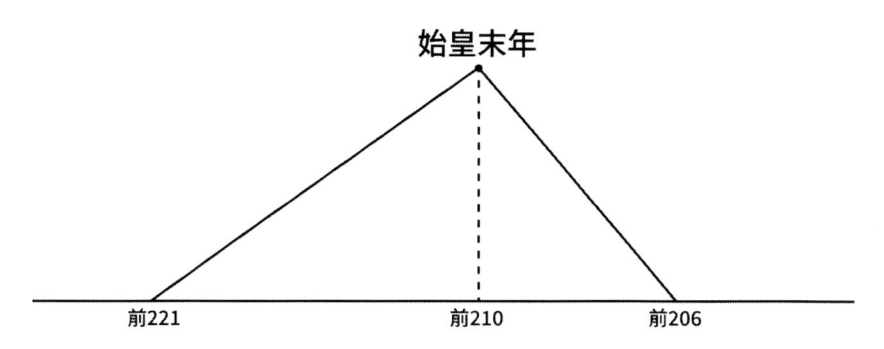

```
              始皇末年
                /\
               /  \
              /    \
             /      \
            /        \
           /          \
          /            \
         /              \
        /_____|_____\
      前221    前210    前206
```

　　我嘗試系統性梳理中國歷史上的盛世,共有 43 個,即盛世 6 個、治世 22 個、中興 15 個。其中堯舜盛世、少康中興、盤庚中興、武丁中興屬於傳說時代,東周宣威盛世則由於楚國建國無法考察具體時間,暫不計。其餘 38 個盛世當中,26 個在建國立朝 70 週年之前,占 64%;其中 7 個在開國帝王手上即步入盛世。這就是說他們一開國立朝就開始華麗轉身,把工作的重點轉移到社會經濟文化建設上,並迅速取得非凡成就,獲得一個較長的平穩發展期。而秦帝國建國迅速,但沒有平穩的發展期,直上直下。

　　德國社會學家馬克斯·韋伯(Maximilian Karl Emil Weber)分析了眾多歷史人物,認為造反人物往往過於迷信自己的「克里斯瑪」,奪權之後仍然不停地瞎搞,而不懂適時華麗轉身,適得其反。克里斯瑪意指神授的能力,是追隨者用來形容諸如摩西、耶穌之類具有非凡號召力的天才人物的用語。多才多藝、被認為功列南朝諸帝第一的梁武帝蕭衍,落得被囚餓死的結局,直嘆:「自我得之,自我失之,亦復何恨!」[524] 王莽、李自成、洪秀全等等都如此。平穩發展期的長短,或者說韌性的強度,決定一個王朝壽命的長短。

---

[524]　《梁書》卷 29,〈王堅傳〉,第 17 冊,P.299。

小結：長壽王朝的「仙丹妙藥」

那麼，為什麼有些王朝長壽達兩三百年？

如果要說長壽王朝有什麼「仙丹妙藥」的話，那就是及時華麗轉身，進行了正確的改革！

改革一般是主動的改革，大多也是成功的改革，而後期的改革一般是被動的，即使取得短暫成功，被頌為中興，也往往成為迴光返照的代名詞。而拖入冬，想改也改不了，或者說想改也不敢改了，一動刀很可能連手術檯都下不了。

附：
若干外國的新生之初

【提要】

古希臘「古風時代」、羅馬共和、鄂圖曼帝國、英國「光榮革命」、美國建國、「法國大革命」、日本「明治維新」後初期一瞥。

中外歷史是有差異的，不能簡單類比。這裡，挑一些重要的歷史時段——也算是其「長壽政體」的新生之初七八十年吧，粗略梳理幾條。

附：若干外國的新生之初

古希臘「古風時代」之初

　　西元前 800 年是西方學者所謂希臘「古風時代」起始的大致時間。古風時代（西元前 8～前 6 世紀）是古希臘地區在荷馬時代結束之後普遍出現城邦制國家的時期。

　　此前，古希臘文明已歷經「克里特文明」、「邁錫尼文明」與「荷馬時代」（即「黑暗時代」）。《統治史》將「荷馬時代」稱為「統治史上最為突出的黑暗時代」，因為「偉大文明的所有痕跡消失得無影無蹤」，「直到前 800 年左右，文明才表現出復甦的跡象」。[525]「古風時代」是希臘史上一個重要轉折階段。此後是輝煌的「古典時代」。

　　古希臘文明是西方文明的主要源頭之一，「古風時代」則是其最重要和最直接的淵源。然而，古希臘並不是我們現代所謂「國家」，而指一個地區，位於歐洲東南部，地中海東北部，包括希臘半島、愛琴海和愛奧尼亞海上的群島和島嶼、土耳其西南沿岸、義大利西部和西西里島東部沿岸地區。那裡城邦國家林立，最多時達 200 多個，勢力最大是斯巴達和雅典。雅典的面積恰好跟香港一樣，斯巴達是它的 3 倍。更重要的差別，「實際上雅典的政體代表了一種革命性的變革，就連普通希臘人對於公民身分的理解本身也極具革命性」，而「從整個統治史的大背景來看，斯巴達是一個異數，即使和其他的希臘城邦比起來，它也是獨具特色的」。[526]

　　西元前 800 年即「古風時代」頭年，伯羅奔尼撒半島東南部的斯巴達人入侵其半島的東部，拉開這個時代的戰爭序幕。斯巴達是個高度軍事化國家，我們現代常可以從影視作品中看到。此前一兩個世紀，他們只是由 5 個村子組成的聯盟。雖然稱斯巴達城，卻沒有城牆，城牆是人民的胸

---

[525]　《統治史》卷 1，P.34。
[526]　同上，P.360。

膛。他們一出生就要用酒精洗澡,能經受住的才留下,不能經受的視為不合格,必須拋棄。男孩剛滿 7 歲就要離家,集體受訓體育和軍事,甚至偷竊。他們的軍隊不帶糧食,士兵得有本事偷竊才不致挨餓。他們的母親送兒子上戰場,不是祝願凱旋,而是給一個盾牌,吩咐:「要麼拿著回來,要麼躺在上面讓人抬回來。」作為戰士他們是優秀的,但作為公民他們是殘酷、粗魯、不文明的。然而,在那個叢林時代,殘酷、粗魯、不文明戰勝仁慈、修養與文明,在全世界都常見,包括中國。

斯巴達人不斷用武力征服周圍,被征服者大都變為他們的國有奴隸,稱「黑勞士」(Helots,意即俘虜),不能買賣但可以任意虐待甚至殘殺,戰時得打頭陣;另一部分俘虜則稱「珀里俄基人」(Perioeci,意即周圍地區的居民),被驅趕到偏僻山區或沿海從事農業、手工業和商業,承擔納稅和服兵役的義務。他們自己只做士兵和公民,國家機構有國王、長老議會、公民大會。隔海相望的雅典則迥然不同,他們總想把子女教育得有文采,能誦詩,能辯論,出口成章,語驚四座,並實行民主政治。所以,兩者除因共同的敵人短暫聯合外,總處於矛盾當中。

西元前 776 年,雅典舉辦史上第一次奧林匹克運動會。希臘以此年為歷史紀年之始。有關古代奧運會起源的傳說很多,流傳最廣的故事:古希臘的伊利斯國王挑選駙馬,應選者比賽戰車,先後有 13 個青年死於他的長矛之下,第 14 個青年是宙斯的孫子,即公主已經愛上的佩羅普斯(Pelops)。佩羅普斯以智取勝,與公主在奧林匹亞的宙斯廟前舉行盛大的婚禮,有戰車、角鬥等比賽,成為最初的奧運會。從此,每 4 年舉辦一次,延續了 1,100 多年。後來,希臘遭羅馬入侵,奧運會也被禁止。直到西元 1500 年後法國人古柏坦(Pierre de Coubertin)提出倡議,西元 1896 年舉辦現代首屆奧運會。

西元前 754 或前 753 年,斯巴達進行政治改革,創設監察官制度,民

附：若干外國的新生之初

選監察官 5 名，一年一任。首席監察官為「名年官」，用以紀年。同一時期，雅典第十代王忒修斯（Theseus）也進行政治改革，把分裂的阿提卡半島統一起來，成立雅典中央議事會，制定第一部憲法，把全國居民分為貴族、農民和手工業者三個等級，只有貴族才能擔任公職官員。這象徵著雅典完成從部落走向國家的歷史性轉變過程，忒修斯被視為希臘國家的奠基者。不過，有人認為忒修斯是邁尼錫時代神話傳說中的英雄人物，此改革時間為西元前 1250 年。

大約在西元前 743 年，斯巴達發動了第一次麥西尼亞戰爭（Messenian Wars）。歷經 20 年征戰，斯巴達征服了整個麥西尼亞地區，麥西尼亞當地居民淪為奴隸，受斯巴達的剝削。據說起因是雙方民眾在邊境神廟祭獻時發生衝突，其實只因為斯巴達垂涎麥西尼亞的土地。斯巴達人有心計，不急於勝利，不予毀滅性打擊。所經之處，趕走牲畜，掠奪莊稼，卻不毀樹木與房屋，將此視為將來自己的財產。斯巴達人傾盡全國力量才取得勝利，麥西尼亞國力耗盡，國王自殺。不過，麥西尼亞不甘屈服，約在西元前 7 世紀後期，他們一次次起義，西元前 4 世紀初期巴達也開始衰敗，麥西尼亞終於在西元前 369 年獲獨立。

西元前 730 年，斯巴達人又完成對拉科尼亞地區的征服。拉科尼亞在伯羅奔尼撒半島東南部，土地肥沃，適合農耕。斯巴達將這些陸續被征服的拉科尼亞人作為「珀里俄基人」，這些人有人身自由，無政治權利，必須給斯巴達奴隸主納稅和服役，無法享受其他專職斯巴達人的權利。

西元前 431 年，斯巴達與雅典之間的伯羅奔尼撒戰爭終於爆發，歷時 20 餘年，雅典失敗，成為野蠻戰勝文明的典型。然而，2,000 多年後的今天，你更多的記憶是斯巴達，還是雅典？你更喜歡斯巴達，還是雅典？

羅馬共和之初

　　古羅馬城在現在義大利境內，西元前753年羅馬建城，迄今那裡還有許多遺跡，我去那裡遊覽過，感嘆不已。西元前753年至前510年間是羅馬「王政時期」，先後有7個王統治羅馬。其中最初一個王，現代學者認為是神話人物，其他人物事蹟也不盡真實。實際上，「王政時代」是羅馬從氏族社會到階級社會的轉變時期，並非統一的政權。

　　「王政時代」最後一任塔克文是個暴君，對外擴張，國內大興土木，平民負擔異常沉重。前510年，塔克文的兒子用劍挾持並強姦貴族柯拉汀的妻子魯克麗絲，魯克麗絲不甘受辱，隨後自盡。莎士比亞的詩〈魯克麗絲受辱記〉，就描述這一事件。於是，柯拉汀等人號召民眾起義，將塔克文一家驅逐出羅馬城。塔克文計劃反撲，但失敗。起義者廢除王政，建立共和國，柯拉汀和布魯圖斯共同當選第一執政官，羅馬共和國（西元前510～前27年）誕生。

　　羅馬共和國之成功，在於「逐漸取代君主制的是一套有史以來最複雜的民主制度，一套包括了彈劾和權力平衡、傾向於寡頭統治的制度，意在杜絕專制死灰復燃和權力遭到濫用。」[527] 此舉開啟了羅馬歷史新篇章，但請務必注意區別此時羅馬共和國與後來的羅馬帝國。《統治史》寫道：

> 西歐是羅馬的繼承者。羅馬繼承了希臘文化，並將其與基督教和羅馬法結合起來，共同塑造了西方直到今天的價值觀。羅馬人是城市文明的播種者……頌揚羅馬是西方的先驅並不等於頌揚羅馬帝國本身……赫德和黑格爾，馬克思和韋伯，湯恩比和斯賓格勒，他們都因為不同的原因，也以不同的方式，表達了對羅馬帝國的反感。[528]

---

[527]　[美]科馬克·奧·勃里恩《帝國衰亡史》，邵志軍譯，北京：現代出版社，2013年，P.244。
[528]　《統治史》，P.413。

附：若干外國的新生之初

羅馬共和國時期，兩個執政官執掌國家的行政、裁判和財政，他們權力相等，彼此有否決權，任期一年。還有個新的官職「保民官」很有影響，平民才有資格擔任，對於任何法律都有否決權。然而，代表貴族勢力的元老院成員很快增至 300 人，雖是諮詢機構，卻是終身職務，享有更高威望。而執政官本身也是貴族，所以他們往往秉承元老院的旨意，元老院變成權力的中心。這引起平民的不滿，很快掀起反貴族的抗爭。

在這場「等級衝突」中，兩個階級及其相應的政治代表捍衛各自的利益。西元前 493 年，平民因不堪忍受債務，聯合起來開展「撤離」運動，即集體退出公民公社和軍隊。因面臨外敵入侵的嚴峻形勢，貴族只得妥協。從此，每年可以選 2 名保民官，後來還有「平民會議」，多次開展「撤離」運動。西元前 492 年發生饑荒，貴族科里奧拉努斯以停售平價糧為手段，威脅平民放棄保民官職位，受到保民官控告。科里奧拉努斯逃亡後，想率眾進攻羅馬，被其母與妻勸退。

這個時期羅馬還在持續對外作戰，很難找到一兩年的時間羅馬軍隊不在南征北戰。每個公民年齡在 17 歲至 60 歲之間，身強力壯，都要隨執政官參加這些戰爭。限於篇幅，這裡僅觀察其內政方面。西元前 486 年，執政官起草土地法案，建議將一半征服來的土地及部分國有地分給平民，後來被指控企圖建立僭主政治，竟被處死。

西元前 471 年，法律承認平民協會合法地位，並將平民保民官職數增至 4 名。西元前 462 年，保民官提議建立具有執政官權力的五人委員會，協議起草法典，遭到貴族拒絕。西元前 456 年，保民官實施土地法，將阿芬丁山上的土地分給平民。2 年後頒布法律，限制執政官處罰金的權利。西元前 451 年成立第一個具有執政官權的十人委員會，負責編纂成文法典，次年選出第二個十人委員會，禁止貴族與平民通婚。西元前 450 年編成《十二表法》，刻於銅牌，豎在城市的主要廣場，此為羅馬第一部成文

法典。同時實施 3 項法律,恢復上訴權,全體人民必須遵守平民大會決議,保民官神聖不可侵犯。西元前 449 年第二個十人委員會辭職,指定十名保民官。隔年開始,財務員由人民大會選舉,共設 2 名財務官。西元前 445 年廢除平民不得與貴族通婚的限制,次年在元老院設定軍政官職位,具有協議性質的執政官權力,平民和貴族均可擔任,初為 3 名後增至 6 名。西元前 443 年設立監察官職,由 2 名貴族擔任。

西元前 440 年羅馬是平靜的,在我所主要使用的《外國歷史大事年表》[529] 當中無好的或壞的「大事」可記錄。但這場「等級衝突」遠沒有結束,延續了 2 個多世紀。西元前 287 年被視為平民反對貴族抗爭的勝利之年,一位平民出身者被任命為獨裁官,公布法律重申平民決議對全體公民都有法律效力,象徵平民反貴族抗爭勝利結束。西元前 266 年,羅馬統一義大利半島。

鄂圖曼帝國之初

土耳其在當代世界不怎麼起眼,但它早年曾經有過很長一段輝煌燦爛的歷史。那時,它國名全稱「鄂圖曼土耳其帝國」,簡稱「鄂圖曼」。不過,鄂圖曼首先是人名。

鄂圖曼土耳其人原是西突厥的一支,從中國北部到中亞大草原再到伊朗高原東部,都曾留下他們的足跡。13 世紀初蒙古崛起,勢單力孤的鄂圖曼土耳其人在首領埃爾圖魯爾(Ertuğrul)的帶領下西遷依附羅姆蘇丹國(Sultanate of Rum)。西元 1281 年,奧斯曼(Osman I)從父親埃爾圖魯爾那裡繼承首領之位。不久,羅姆蘇丹國衰落並分裂成很多個小國,奧斯

---

[529]《外國歷史大事年表》,上海:上海辭書出版社,1997 年。

附：若干外國的新生之初

曼抓住機會迅速吞併了羅姆蘇丹的大部分小國，並於西元1299年宣布獨立，自稱「埃米爾」（即國王）。後來這個國家以其創立者來命名為鄂圖曼帝國。

鄂圖曼帝國靠戰爭起家，以戰爭為生。當然，最終它也亡於戰爭。奧斯曼信奉伊斯蘭教，雖然他高舉反異教的旗幟，但他自視為「天下之主」，繼承東羅馬帝國即拜占庭的文化，將宗教的和半宗教的團體凝聚在自己旗下，接納了大量其他民族的穆斯林戰士，也歡迎非穆斯林，對聖戰中立功的人一視同仁賜予土地。

鄂圖曼帝國與東羅馬相鄰。羅馬帝國更是個龐大的戰爭機器，被稱之為西方「偶像式的帝國」。然而，它抵擋不住四周「蠻族」的侵擾，西元395年分裂為東羅馬和西羅馬，歐洲中世紀開始。西羅馬國勢日衰，西元476年滅亡。東羅馬雖然大傷元氣，但畢竟瘦死駱駝比馬大，一直堅持到西元1453年。鄂圖曼一開始便將目標瞄準這個衰落中的大帝國，不斷向它發起進攻。西元1326年，68歲的奧斯曼生命到盡頭，留下遺囑給兒子奧爾汗（Orhan）：「要公正，仁慈，珍視學者，保護人民。」

奧爾汗不負使命，繼位之後首先完備國家制度，頒布成文法典，興辦學校，更重要的是西元1330年前後建立常備軍──近衛軍。當時，他們一部分人從事遊牧業，一部分過渡為定居農民，所有遊牧的成年男子都是輕騎兵，極其機動，善於襲擊，所向披靡。現在，奧爾汗建立「新軍」即近衛軍，這支軍隊訓練有素，裝備精良，待遇優惠，戰鬥力進一步增強，成為對外擴張的主力軍。

西元1341年東羅馬皇帝去世，繼位的約翰五世（John V Palaiologos）幼小，只好由首相約翰·坎塔庫鎮努斯（John Kantakouzenos）攝政。可是，當首相率軍離開首都君士坦丁堡到前線時，約翰五世的母親卻宣布他為賣國賊，首相只好自立為帝，成為約翰六世。第三年，他與宿敵鄂圖

曼帝國結盟，並將女兒嫁給奧斯曼奧爾汗一世。西元1343年應約翰六世之邀，鄂圖曼人首次渡海入歐洲。西元1354年又在達達尼爾海峽北岸落腳，成為他們在歐洲第一個立足點。但同年約翰五世復辟，約翰六世退位，與約翰五世重新為敵。

西元1359年奧爾汗去世，他兒子穆拉德一世（Murad I）即位後正式稱「蘇丹」，繼續推行領土擴張政策，西元1362年攻占東羅馬的亞德里亞堡。該城地處巴爾幹通向伊斯坦堡和愛琴海的交點，具有戰略意義，西元1367年穆拉德一世遷都於此，此後繼續向東南歐擴張。

西元1369年，穆拉德一世打響對保加利亞的戰役。保加利亞多災多難，曾長期在東羅馬統治之下，西元1187年好不容易趁東羅馬陷入其他戰爭，建立保加利亞第二王國，現在又遭鄂圖曼帝國侵略。經過十餘年戰爭，西元1396年，鄂圖曼終於吞併保加利亞，開始了長達500年的統治。

當時有位基督徒生動地說：鄂圖曼人「像一團日益增長的火焰，不管遇上什麼，都緊緊抓住並進一步燃燒下去」。從第一位統治者奧斯曼開始，鄂圖曼帝國一直保持上升趨勢，西元1453年終於攻陷君士坦丁堡，東羅馬帝國滅亡，象徵著歐洲中世紀結束。16、17世紀，鄂圖曼帝國處於鼎盛時期，統治區域地跨歐、亞、非三大洲，扼守大陸交通的咽喉，曾長期是世界上最強大最繁榮的帝國之一，延續了600多年，直到西元1918年第一次世界大戰中戰敗，並在1923年建立土耳其共和國。奧斯曼本人成為世界歷史上最著名的帝王之一。

附：若干外國的新生之初

英國「光榮革命」後

革命可分為兩種：一種主要是「革」人的命而不「革」制度的命；一種主要是「革」制度的命而不「革」人的命。前一種，我們已經讀太多，從秦始皇到清朝，殺了多得數不清的皇帝及皇族等人，專制的制度卻絲毫沒變，要說有變也是越來越專制。而後一種，史上不多見，如人們津津樂道的英國「光榮革命」。

不過，西元 1688 年英國發生的「光榮革命」並不像嬰兒般聖潔。也許可以這麼說：正因為此前流血太多，用中國史書上常見的話說是「流血有聲」，革命者與被革命者都害怕見血了。

英國古時候也很專制，據說普通人做愛都必須經國王批准，領個木牌子，上面寫道：Fornication Under Consent of the King，這文字直譯：國王批准的通姦。這個詞縮寫成現在的 FUCK（表示氣憤、厭惡、驚奇的粗話）。但是，英國人民比世界其他國家人民更早對專制制度進行反抗。

早在 13 世紀，英國貴族、教士、騎士和市民就迫使國王成立了「議會」。議會又稱「國會」，具有決定徵稅、頒布法律等權力。然而，國王只想將它作為御用工具，雙方長期衝突不斷。西元 1640 年英國資產階級革命開始，兩年後內戰爆發，西元 1649 年國王查理一世（Charles I）被送上斷頭臺，成為英國歷史上唯一被公開處死的國王，也是歐洲史上第一個被公開處死的君主。共和國時期，克倫威爾掌握了政權，擔任「護國主」，但是他去世後不久，西元 1660 年查理一世之子查理二世（Charles II）復辟。

1680 年代，英國上層統治集團加強君主專制並推行天主教，而以國教徒為主的托利派和以新教左翼為主的輝格派等則竭力抵制，兩者衝突達到

高潮。西元 1683 年發生謀殺未遂案，查理二世瘋狂報復，不僅處決涉案人，還對弒殺查理一世舊案有關的 57 人重新懲處，其中 20 人已去世，10 餘人逃到國外。王黨分子將尚活在國內的 9 人處死尚不解恨，還要將一些人的屍體從教堂棺木中拖出來，在絞刑架上吊 24 小時，然後將頭顱砍下挑在高竿上，剩下的肢體和骸骨扔到垃圾堆裡。當時人們說：「英國人讓自己承受了砍頭、割喉⋯⋯辱罵和相互殘殺（以宗教和改革為藉口）等野蠻、非人道和殘酷的方式。」[530]

西元 1685 年查理二世中風去世，其弟詹姆士二世（James II）繼位。詹姆士二世一意孤行復辟專制與加強天主教，遭到全國各政治、宗教派別人士一致反對。不過，人們不願再流血了，只想等詹姆士二世死了由信奉新教的公主繼位再改變。不料，西元 1688 年突然傳出王后生一個男孩的消息，人們的希望破滅。於是，倫敦主教及托利黨、輝格黨的領袖 7 人祕密聯手，寫信給信奉新教的詹姆斯二世長女瑪麗和她的丈夫——荷蘭奧蘭治（今屬法國）親王威廉，請他們率軍前來，保護英國的宗教、自由和財產。同年 11 月，威廉指揮 1.4 萬軍隊渡過英吉利海峽，直接向倫敦推進。當時英軍有 4 萬，是英國有史以來最龐大的軍隊。然而，詹姆斯二世卻沒調軍隊去抵抗。他絕望說：「女兒拋棄我，軍隊也背叛我，我還有什麼希望呢？」他將國璽扔進泰晤士河，深夜逃出，但被漁夫發現，押回倫敦。威廉偕同瑪麗到倫敦後，照常理會處死詹姆斯二世，或者把他投入監獄，威廉卻故意把他囚禁在海邊的城堡，並在城堡邊上留下一條船，讓他順利乘船逃往法國。

第二年初，倫敦召開上下兩院聯席特別會議，宣布詹姆斯二世「自行退位」，立威廉為國王，稱威廉三世，瑪麗為女王。隨後，議會通過《權利法案》，對國王在經濟、政治、宗教等事務中的權利進行嚴格的限定，

---

[530] 轉引自 [美] 艾米・蔡：《大國興亡錄》，劉海青、楊禮武譯，北京：新世界出版社，2013 年，P.160。

附：若干外國的新生之初

確立議會高於王權的原則，堅持人民應享有「真正的、古老的、不容置疑的權利」。此舉象徵著一個新的資產階級「君主立憲」制政權在英國建立起來。隨後，相繼從法律上保障人民人身、居住與言論三大自由，而廢除書刊檢查令等舊法。西元 1694 年瑪麗去世，西元 1702 年威廉也去世，由詹姆斯二世的次女安妮（Anne, Queen of Great Britain）繼承王位。五年後頒布《聯合法案》，這是一個更具深遠意義的歷史事件，將英格蘭與蘇格蘭「兩個截然不同的王國不再僅僅是靠王朝聯姻而聯合在一起，而是成為一個統一的憲政單位」，稱「大不列顛王國」或「聯合王國」。從聯合那天開始，蘇格蘭鬧獨立活動就沒中止過，最近的大事件 2014 年獨立公投，結果多數還是選擇了留在聯合王國。

然而，對於「光榮革命」的主要成果「立憲君主」制來說，遠非高枕無憂。西元 1708 年，詹姆斯二世之子在法國艦隊支援下入侵蘇格蘭，被擊退。西元 1711 年托利黨人組閣，托利黨首領、詹姆斯黨人博林布羅克（Henry Bolingbroke）任內閣首席大臣，主張與法國單獨和談，並陰謀政變，復辟舊王朝，未遂。西元 1714 年安妮女王猝死，依法由詹姆斯一世孫女之子喬治繼位，開始建立漢諾威王朝。令人啼笑皆非的是，喬治一世（George I）是道地的德國人，當時已 54 歲，連英文都不會說，英國大臣又不懂德語，開會只好用拉丁語，而拉丁語大家都講不好。喬治一世勉強應付了 3 年，他就不再主持也不出席內閣會議。西元 1721 年產生英國歷史上第一位內閣首相羅伯特·沃波爾（Robert Walpole），掌握實權，意味著內閣完全擺脫國王的控制，君主立憲制形成。其間還產生一些制度：每當內閣政策失去下院支持時，該內閣必須辭職，限制國王對於司法權的干預，國王逐步「統而不治」。18 世紀後期，喬治三世不滿足當「虛君」，想恢復王權，因國會制度已鞏固，他的企圖遭失敗。

十七八世紀，當時的歐洲跟中國春秋戰國時期很相似，戰爭極為頻

繁。西元1756年，英法爭奪世界殖民霸權的「七年戰爭」爆發。當時歐洲的主要強國均參與了這場戰爭，其影響覆蓋了歐洲、北美、中美洲、西非海岸、印度以及菲律賓。西元1758年英國從遙遠的北美戰場傳來捷報：先後從法國人手中奪取北美的提康得羅加堡（Ticonderoga，今紐約轄下）、加拿大魁北克地區。

英國是「七年戰爭」中最大的贏家。西元1763年，法國在《巴黎和約》中被迫將整個加拿大割讓給英國，並從印度撤出，只保留5個市鎮，英國成為世界殖民霸主，邁向日不落帝國。但英國將這次帝國爭霸戰爭的費用轉嫁在北美殖民州人民身上，引起了當地居民的不滿。「七年戰爭」之後13年，美國獨立戰爭爆發。

在思想文化領域，著名物理學家牛頓、《魯賓遜漂流記》（*Robinson Crusoe*）作者笛福（Daniel Defoe）等人就生活於其間。特別是思想家約翰·洛克，認為「君主立憲」制是國家政權的最好形式，主張三權分立，不僅極大影響了本國，而且直接影響了美國。西元1753年成立的大英博物館，是世界上歷史最悠久、規模最宏偉的綜合性博物館，也是世界上規模最大、最著名的四大博物館之一，西元1759年正式對公眾開放。

科學技術的發展促進了這時期的另一大重要革命——工業革命。英國是世界上最早實行專利制度的國家之一，始於15世紀末，但發展緩慢，18世紀中葉才步入快車道。西元1740年批准的專利只有4件，1750年增至7件，1760年14件，1770年30件。這期間，英國人先後發明蒸汽機、用生石灰摻和礦石鍊鐵法等先進技術。英國工業革命是從棉紡工業開始的，而18世紀以前，他們的棉織品質地低劣，競爭不過印度、中國。英國鐘錶匠凱伊（John Kay）發明飛梭，功效立即提高一倍；紡織工哈格里夫（James Hargreaves）進而發明珍妮機，又提高15倍；童工出身的克倫普頓發明騾機，改進為自動棉紡機，可以帶動三四百個紗錠，紡出的

附：若干外國的新生之初

棉紗精細又結實。再改造為織布機，一機相當於 40 個手織工人織的布，將印度、中國紡織業遠遠甩到後頭。

當然，英國工業革命不僅是一場技術革命，而且也是一次深刻的社會變革，對整個人類社會都產生了巨大影響。

美國建國後

美國的歷史很耀眼，但很簡單，稍看幾部西部電影就大致明瞭。17 世紀初，英國強大後入侵，那裡的原住民印第安人好像才剛走出新石器時代。英國人除了自己移民，還從非洲販來黑人奴隸，而將印第安人驅趕到不毛之地西部山區，常發生力量極為懸殊的戰鬥，好萊塢電影常常以此為素材。

西元 1492～1502 年間，哥倫布開闢橫渡大西洋到美洲的航路，發現美洲新大陸，居住在那裡的只有印第安人。隨後，歐洲人紛紛湧到那「淘金」。西元 1607 年，一個約 100 人的殖民團體在乞沙比克海灘建立詹姆士鎮，此為英國在北美第一個永久性殖民地。英國先後在北美建立 13 個殖民地，其中 8 個王家殖民地，3 個業主殖民地，2 個自治殖民地。隨著經濟迅速發展，殖民地工商業開始威脅宗主國。

西元 1763 年英法戰爭結束，英國也有精力顧及北美殖民地了，矛盾衝突日益激烈。兩年後在紐約舉行 9 個殖民地代表會議，通過「殖民地人民的權利及其不滿原因的宣言」，否認英國國會向北美殖民地徵稅的權力。西元 1770 年波士頓居民與英軍發生流血衝突，反英運動進一步高漲，迫使當地英軍撤出。英國政府不得不做出讓步，只象徵性保留一項茶葉進口稅。北美人民針對英國國會於西元 1773 年頒布的〈茶稅法〉進行

示威，他們認為這項法案侵犯了他們作為英國臣民「無代表不納稅」的權利。示威者們喬裝成印第安人的模樣潛入商船，將東印度公司運來的一整船茶葉傾入波士頓灣。為此，英國頒布一系列高壓法律，封鎖波士頓港口，禁絕其對外一切貿易，並派大軍鎮壓。

西元 1774 年 12 個殖民地代表在費城開會，史稱「第一屆大陸會議」，決定向英國遞呈請願書，要求取消高壓措施，將繼續效忠英國。但同時，「自由之子」們暗暗備戰，次年 4 月在波士頓附近一個村子打響第一槍。英軍措手不及，死傷及被俘近 300 人，只得逃回。民兵則很快壯大到 2 萬多人，乘勢包圍波士頓，迫使英軍次年撤退，紐約城落入起義者掌中。大陸會議承擔起領導武裝衝突的職能，任命華盛頓為總司令，並再向英國國王呈遞請願書，仍要求和解。他們明說：「我們別無所求，只要享受和英國同胞同等的自由和特權，就像我們依然在英國本土一樣。」如同中國歷史上的起義，他們的初始要求並不高。

歷史的突變往往跟某個人物有關，而且偶然。湯瑪斯・潘恩（Thomas Paine）本來是英國一個稅務官，因要求英國政府提高薪資而被解僱，西元 1774 年才到北美，在一份雜誌當編輯。他也希望和平解決與英國的矛盾，可他又突然感到：北美要想永遠自由，只有透過戰爭擺脫英國的統治。西元 1776 年，他發表一本不到 50 頁的小冊子《常識》（Common Sense），第一個大膽提出獨立的要求。《常識》出版兩個月銷售了 12 萬冊以上，從前線戰士到後方普通居民都爭相傳閱，獨立成為越來越廣泛的共識。幾乎是一夜之間，人們的觀念發生 180 度大轉變。即使在今天，還有人覺得「這依然是一個很大的謎」。美國人類學家瑪格麗特・米德（Margaret Mead）說：「永遠不要懷疑一小群忠誠的有思想的公民可以改變這個世界。的確，這是唯一不變的真理。」

此後僅僅 5 個月，即西元 1776 年 5 月，大陸會議建議各殖民地成立

附：若干外國的新生之初

獨立的州政府。各地紛紛響應，一個接一個宣布獨立。7月4日，大陸會議發表《獨立宣言》，向全世界宣告13個州脫離英國。《獨立宣言》的內容，主要是闡述一種新的政治體制思想，即自然權利學說和主權在民的思想；歷數英國壓迫北美殖民地人民的罪狀，說明殖民地人民是在忍無可忍情況下被迫拿起武器的，不僅合法，而且正義；在人類歷史上第一次以國家的名義宣布人民的權利神聖不可侵犯，並莊嚴宣告美利堅合眾國成立。學者認為：「和前現代的國家相對的『現代』國家約始於西元1776年」。[531]

隨後，華盛頓率美軍與英軍展開激戰。英軍制定策略：以紐約和加拿大為據點，奪取哈德遜流域，切斷美國北部與中南部的聯繫。然而，西元1777年10月，5,000名英軍剛抵達薩拉托加（Saratoga），還沒來得及安營紮寨，就被當地農民圍得水洩不通，很快彈盡糧絕，不得不降，美軍從此由被動轉為主動。這時，英國的宿敵不再觀望，紛紛公開站到美國一邊，法國第一個承認美國獨立，結締同盟條約及通商友好條約；西班牙、荷蘭也先後參戰。有些國家本來中立，可是英國強行搜尋中立國的船隻，普魯士便聯合俄國組織武裝中立聯盟，不久丹麥、瑞典及奧地利也加入，共同抵制英國的侵犯。這樣，美英戰爭擴大為國際性戰爭，而英國完全陷於孤立。

同時，美國以各種方式向歐洲各國民眾籲求支援，得到強而有力的國際援助。西元1781年8月，又有8,000英軍在約克敦遭華盛頓大軍的包圍，並被法國派來的兩支艦隊切斷英艦的後援，不得不投降，這意味著英軍主力在整個北美被瓦解。隔年4月美、英開始和談，次年9月在巴黎簽訂和約，英國承認美國獨立，並將阿帕拉契山脈以西、密西西比河以東的土地割讓美國，英軍撤出。美國以7月4日為獨立日，永遠紀念。

美國的獨立戰爭前後歷經8年方始告捷，但建國並不「草創」。本來，

---

[531]《劍橋中國秦漢史》，P.31。

美國的開國元勛們也認為英國「君主立憲」是「人類所能創造的最完美的統治模式」。轉眼間，他們認為英國政制「被賄賂和腐敗所支配，已經徹底腐朽」。也有人堅持認為英國模式完美，民主派與保守派激烈爭執。當時美國已有13個州，兩三百萬人，這樣一個規模的國家適合民主制嗎？不少人持懷疑態度。托克維爾（Alexis-Charles-Henri Clérel, comte de Tocqueville）曾經專門到美國考察，寫有《民主在美國》（*De la démocratie en Amérique*）一書，比他的《舊制度與大革命》（*L'Ancien Régime et la Révolution*）更受好評。他也認為：「人類歷史上尚未出現一個長期實行共和制的大國，因此可以說共和制這一模式是難以實踐的」，「一般而言，再沒有什麼比大帝國更不利於人類的幸福和自由的了」。[532]〈邦聯和永久聯合條例〉西元1776年開始起草，次年大陸會議通過，各州到西元1781年才最後批准，一致同意繼續作為一個國家發展。但依照這個條例，美國很像由13個獨立國家組成的鬆散的國際同盟，各個州之間圍繞很多實際問題發生爭執，人們很快對這條例失望。

於是，西元1787年召開制憲會議，重新討論。不少人主張有限的君主制，並擁戴華盛頓為國王。華盛頓卻拒絕，堅持反對君主政體。兩年後華盛頓當選為美國首任總統，西元1793年連任。1797年兩屆任期結束，他自願不再續任，恢復平民生活，隱退回自己的維農莊園。美國如我們俗話說「先小人，後君子」，先爭吵個夠，一個會開了116天，一條一條投票通過，投了569次。投票後還有人不滿意，不肯簽字。爭議到獨立戰爭勝利後第6年，法定建國日的13年後，該憲法前一部通過，美國政府才開始工作。但還得有「憲法修正案」，200多年來已成功修改27項，平均每十來年改一項，另有6項未通過。這樣，使得合眾國憲法「就像一件由能工巧匠製造出來的美麗藝術品」，而「聯邦既像一個小國那樣自由和幸

---

[532] [法]托克維爾：《民主在美國》，曹冬雪譯，南京：譯林出版社，2012年，P.97、98。

福，又像一個大國那樣繁榮和強大」。[533]

美國這一偉大創舉，確立共和制度，為世界各國提供了一個重要藍本。芬納認為美國革命最重要一點是「守法性」的特徵，「這種政體的權力源自一個根本大法，即憲法，它只能在憲法框架允許的範圍之內行事」，「守法性還能比這走得更遠嗎？還能得到比這更充分的肯定嗎」？學者歸納美國革命至少有六大「統治藝術」發明，在全世界範圍內被採用：一是透過民眾會議精心制定政府的新框架；二是成文憲法；三是包括在憲法之內的權利法案；四是由司法審查所保障的權利法案作為最高法律的地位；五是根據職能所進行的權力分割；六是聯邦政府和各個州政府之間的權力分割，即我們現在所謂的「聯邦主義」。[534]

隨後，美國像歷史上所有帝國那樣，以多種形式進行對外擴張。首先，它覬覦緊鄰的英屬加拿大，而英國本來就心懷不甘，經常截擊美國商船，阻撓它對歐洲貿易，於是西元1812年爆發戰爭，但未有勝負，打了兩年不得不講和，史稱「第二次獨立戰爭」。西元1803年從法國購買路易斯安那，1811年強占西班牙屬佛羅里達西部（西元1818年又強購其東部），1845年合併原墨西哥屬德克薩斯。同時大規模向西移民，驅趕印第安人到深山老林。

西元1846年美國忙得很，發動侵略墨西哥的戰爭（持續至1848年），向墨西哥宣戰，入侵加利福尼亞並宣布它「獨立」，先後攻占舊金山、聖地牙哥、洛杉磯、拉斯維加斯、新墨西哥、蒙特婁、墨西哥灣重鎮坦皮科、愛荷華。其間，還見縫插針透過談判從英國人那裡獲奧勒岡一部分。這樣，美國的領土像變魔術似的，猛然擴張到太平洋沿岸。隨後，西元1867年又從俄國人手中購得阿拉斯加。

---

[533] 同上，P.103、101。
[534] 《統治史》，卷3，463～464。

「法國大革命」後

關於法國大革命前夕的局勢，接著前一節引文，學者描述美國革命消息傳出後：

在德國和法國，尤其是法國，用帕爾默的話說就是美國革命導致了「極其熱烈的討論、猜測、讚美和爭議，人們陶醉在美國夢之中」……德國和法國對美國大唱讚歌，到了無以復加的程度，只有讀了才能相信這種讚歌是何其荒謬和可笑……1789年，法國大革命爆發，美國成為他們的榜樣。[535]

也許可以說：沒有對美國革命的過度解讀，也許不會那麼快爆發法國大革命，或者說不會是那樣的大革命。法國歷史比美國悠久多了，周圍又是老牌君主國林立，其革命遠沒有美國革命那麼簡單。加上他們對美國革命盲從到「何其荒謬和可笑」的地步，結果更是複雜。

7月14日，起義的民眾攻克重要堡壘──巴士底獄，國王只得撤軍。隨後，農民起義席捲全國。8月制憲會議發表《人權宣言》，宣布：「在權利方面，人們生來而且始終是自由平等的」，提出「主權在民」的原則。他們選擇的是英式「君主立憲」制，而不是美式共和制。

1791年9月頒布憲法，宣布「一切政權由全民產生」，並按憲法選出立法會，正式成為君主立憲國家。但民眾發起反對運動，要求建立共和國。第二年8月，巴黎民眾成立新的革命市政府──巴黎公社，2萬多人攻占王宮，國王逃到市政府避難。市政府不得不宣布廢除上年的憲法，國王退位，實行普選制。9月下旬舉行國民大會，宣布廢除君主制，成立共和國，史稱法蘭西第一共和國。

---

[535] 《統治史》，P.464。

附：若干外國的新生之初

當時主要兩派：激進的雅各賓派，保守的吉倫特派，兩派爭執十分激烈。因為發現路易十六與逃亡外國的貴族有聯繫，國民大會判處他死刑，於西元 1793 年 1 月 21 日將他送上斷頭臺。這年 6 月通過新憲法，實現人民的平等權利及保障人民參加政治，但由於歐洲反法聯軍從四面八方入侵，這部憲法沒能付諸實施，改而實行革命的民主專政，帶來更為血腥的恐怖。雅各賓派以革命的名義不僅處決了王後與吉倫特派首領，而且濫殺所謂「反革命分子」。他們嫌斷頭機效率太慢，改用炮轟、溺殺和集體槍決。有一次不經審判處決兩批人，第一批 24 名中有 2 名年僅 13 歲，另 2 名 14 歲。第二年 7 月發生政變，推翻雅各賓派。熱月黨人振聾發聵說：「整個社會被分為迫害者與被迫害者兩個階級，一部分人擴大恐怖，一部分人深感恐怖，這一切就是恐怖統治的手段。難道這適用於一個正常的、自由的、人道的政府嗎？」[536]

紛爭遠沒有結束，此後革命與反革命、政變與復辟仍然不時地發生，還伴隨著內戰與外戰。限於篇幅，這裡從略。且說拿破崙三世，他是我們所熟知拿破崙一世的姪子，隨母長期流亡德意志和瑞士，並加入瑞士國籍。但他很有野心，渴望像拿破崙一世那樣當法國皇帝，處心積慮地模仿拿破崙一世的言行，出版《拿破崙思想》一書，一次次參與起義，在獄中還寫〈論消滅貧困〉，把自己裝扮成廣大民眾利益的代言人，越獄潛逃。西元 1848 年法國二月革命爆發後，他回到法國，果然藉助拿破崙一世的名望和農民選票當選為共和國總統。他圖謀的是重建帝國當皇帝，臺前幕後耍盡了陰謀詭計。西元 1852 年 1 月新憲法出籠，把全部行政權與立法權都授予總統，然後大力宣揚「帝國即和平」。元老院就是否同意建立帝國進行表決，結果 740 餘萬票同意，不同意的僅 64 萬多張，於是同年 12 月宣布稱帝，號稱拿破崙三世，以第二帝國取代第二共和國，全世界為之驚訝。

---

[536] 引自趙志遠、劉慶國《世界小通史・近代史》第一冊，北京：長征出版社，2000 年，P.276。

帝制真的復辟了，和平卻沒有到來，而後進行了一連串侵略戰爭，如爭奪近東勢力範圍的克里米亞戰爭，西元1859年發動侵略義大利的戰爭，與撒丁王國簽訂「反奧祕密同盟」，與俄國訂立祕密協定，對奧地利宣戰，相繼獲勝。戰爭帶來了更大的財務危機，西元1853～1860年間赤字達28多億法郎。這引起國內不滿，拿破崙三世不得不採取一些緩和措施，本年對因不同政見而被逐出國外的人士實行大赦，隨後還允許議會公開辯論，出版法也放寬。

然而，拿破崙三世並沒能重新穩定局勢，他只能不斷發動新的戰爭，試圖以新的戰果滿足民眾。西元1860年法國與英國組成聯軍侵華，武裝干涉敘利亞。兩年後遠征墨西哥。西元1870年爆發普法戰爭，拿破崙三世隨軍上陣，卻連吃敗仗。同年9月色當之戰大敗，他只得投降，被囚禁於普魯士國王的城堡——威廉堡監獄，第二帝國隨之覆亡，差不多重複拿破崙一世的結局。

我常想起《司馬法》之言：「國雖大，好戰必亡。天下雖安，忘戰必危。」行文至此，忍不住再抄錄一遍。再說英法戰爭，英國戰勝法國，國家財政卻空了，不得不增稅，導致英國北美殖民地革命；路易十六也因戰爭造成的財務問題召開三級會議，導致法國大革命；現在拿破崙三世又因此而敗。西方帝國似乎也有一個「王朝週期律」：戰爭——赤字——增稅——反叛——覆亡。

日本「明治維新」後

某種意義上說，日本歷史上長期是靜謐的，像乖孩子一樣文靜地待在一個偏僻的海島上。日本曾長期「慕華」，崇尚儒學，與宋結盟，支援南

附：若干外國的新生之初

宋抗擊蒙古。1273年忽必烈攻陷襄陽後，準備向臨安發起進攻，便關閉對日貿易，派員出使日本，勸說放棄日中聯盟，日本不理會。後來忽必烈多次派使者去勸降，希望不戰而屈人之兵，均失敗而回。於是，西元1274年忽必烈出動蒙古與高麗聯軍，900艘軍艦，發動第一次征日戰爭。此次征討，大軍雖於今九州福岡附近博多灣等處登陸，但因遭遇颱風襲擊，戰船大部被毀，最後無功而返。

西元1281年，忽必烈第二次遠征日本，從高麗發東路軍4萬，從原南宋發江南軍10萬，出動了世界史上最大規模的船隊，卻受日本方面的石壘所阻，仍無法登陸，後又被颱風襲擊損失大半。第三次征日幾經策劃，終未成行，讓日本繼續享受安寧。

日本近代思想家太宰春臺說：「中華聖人之道行於中國，天下萬事皆學中華，中國人始知禮儀，悟人倫之道，棄禽獸之行。」[537]645年開始實行一系列改革，從法律、軍事制度到土地所有形態和課稅制度都與唐朝相似。但他們的社會更像我們的春秋時期，天皇只不過是精神上的最高統治者。全國分為大小不一的許多封建領地，其中最大是幕府將軍，約占全國1/4。「幕府」本指將領的軍帳，在日本演變為一種特有的政治體制，甚至一度凌駕於天皇之上。此外還有封建領主「大名」，藩內最高統治者，有行政、立法、司法與軍事大權。將軍與大名養有眾多武士，這是一種職業軍人。全國上下分為士、農、工、商4個等級，士包括將軍、公卿、幕府與各藩的官員及武士，此外還有一些「賤民」。到18世紀他們跟中國狀態相似，閉關鎖國，外貿僅限於中國、荷蘭與朝鮮，基本維持自然經濟，自給自足。

19世紀全世界都在急驟地發生變化，日本的武士也開始資產階級化，出現「蘭學」、「洋學」，甚至有些藩開始建「新軍」，幕府卻頑固拒絕改革

---

[537] 轉引自舒擇《日本：求知於世界》，《決策與資訊》2013年第1期。

開放,拒絕與英、俄、美等開港通商的要求。西元 1825 年頒布〈驅逐夷國船隻令〉,令各藩擊退靠近日本沿海的外國船隻。西元 1842 年聞訊清朝在鴉片戰爭中失敗,幕府大為震驚,一方面改〈薪水給予令〉,善待漂流到日本沿海的船隻,另一方面進行一些改革,強迫外出做工的農民返鄉,禁止農民流入城市;「禁止奢侈,矯正風俗」,即遏止商品生產,取締儒家以外的「蘭學」思想等等,開一系列歷史倒車,遭到幕府內部、大名和城市商人的強烈反對,不到兩年便收場。西元 1844 年荷蘭國王寫信給幕府,奉勸接受清朝教訓,開國通商,遭拒絕。兩年後美國艦隊到日本江戶灣浦賀海面,要求通商也遭到拒絕。

西元 1853 年美國一支艦隊到日本,逼迫幕府接收美國總統給日本天皇的親筆信,限期一年答覆。幕府這才重視起來,上報天皇,並將譯成日文的美國國書印發各藩,徵求大名的意見,取得共識。第二年美艦如期到來,幕府將軍表示接受要求,開放下田、函館等港口與美國貿易,並同意設立美國領事館。不久,英、俄、法、荷等國強迫日本訂立類似條約。1858 年美國要求開放更多港口,確認美國享有治外法權,降低進口稅,日本同意。英、俄、法等國又如法炮製。西方勢力的到來,引起國內強烈不滿與反抗。1863 年,長州藩炮轟美國、法國與荷蘭的軍艦,英、美、法、荷,4 國組成聯合艦隊報復。長州抵擋不住,只得求和賠款。幕府也開始與西方更多合作,如建立海軍廠和鍊鐵廠等。

在這種情況下,日本武士提出「尊王攘夷」口號,致力於恢復天皇的最高權力,反對幕府獨裁賣國,並與天皇及近臣密謀「倒幕」。主持幕府的井伊直弼獲知,搶先下手,處死 7 人,流放一批。但不久,倒幕派刺殺了井伊直弼。1867 年 12 月,第 122 代天皇睦仁繼位 (不滿 15 歲),倒幕派便以天皇的名義釋出「王政復古」詔書,宣布廢除幕府將軍制,國家政權歸還天皇,並發表「一洗舊弊」、「廣開言路」、「登用人才」、「百事一新」

附：若干外國的新生之初

改革綱領，成立新的中央政府，在天皇之下設「總裁」、「議定」及「參與」3個政府職能機構。次年還宣布改江戶為東京，並作為日本首都，年號為「明治」，因此被稱為「明治維新」。

新政府一成立，馬上令幕府將軍德川慶喜「辭官納地」，交出兵馬權、領地及其人民。德川慶喜拒絕，要決一死戰。可他1.6萬幕府兵戰不過5,000新軍，隻身逃江戶。新軍追擊，西元1868年4月德川慶喜獻城而降。至次年6月攻克最後據點北海道，統治日本265年的德川幕府壽終正寢。

對日本影響最大的思想家是福澤諭吉，現行1萬日元紙鈔上印的人物頭像不是天皇，而是這位思想家。其父是飽讀儒書的漢學者，福澤諭吉最初也承父業。後來他改習「蘭學」，曾以隨員的身分到美國交換商約，回來改授英文，不久再度赴美考察，深切意識到日本在國際社會上所處的地位及問題所在，便大力倡導西學。1866年他出版《西洋事情》一書，轟動一時，短短時間暢銷20多萬冊。1885年發表〈脫亞論〉，其中寫道：

我日本國土雖位居亞細亞的東邊，但其國民的精神已脫去亞細亞的痼陋而移向西洋文明。然而不幸的是近鄰有兩個國家，一個叫支那，一個叫朝鮮。這兩國的人民為亞細亞流的政教風俗所培育，與我日本雖無大異，但或許是因為人種的由來有所不同，處於同樣的政教風俗中，其遺傳教育之旨卻有不同。日支韓三國相對而言，支韓更為相似，此兩國的共同之處就是不知國家改進之道，在交通便利的現世中對文明事物也並非沒有見聞，但卻視而不見，不為心動，戀戀於古風舊習，與千百年前的古代無異……間接地會成為我外交上的障礙，是我日本國一大不幸。故今日中國之上策，與其坐等鄰國開明而共興亞洲，毋寧不與他們為伍，而與西洋文明共進退；與支那朝鮮接觸時，也不必因為他們是鄰國就特別客氣，而以西洋人的方式處理即可。與惡人交友就難免惡名，我們要從內心裡謝絕亞細亞東方的惡友。

這段文字在我們今天讀來也刺眼，思之再三，覺得入木三分。孟母也知三遷啊，怎能長期與中國、朝鮮這些「瘤陋」、「惡友」為伍呢？日本民眾被福澤諭吉說服，實行千古大改革，捨近求遠，與亞洲訣別，改而「與西洋文明國家共進退」。

日本的「明治維新」比清王朝「洋務運動」更遲，卻更富有成效。學者認為：「在 1850 年以後的幾十年中，歐洲人以一隊砲艦或一支哥薩克騎兵就能輕易地在亞洲大帝國中執行遙遠的歐洲政府的意願，而這主要是因為亞洲的內部衰落而非歐洲自身的強大」，「沒有哪個民族對西方的優勢的反應像日本人做得那樣盡力和成功」。[538] 經過 20 多年發展，國力迅速強盛，先後廢除幕府時代與西方各國簽訂的一系列不平等條約，奪回國家主權，成為亞洲強國，乃至世界強國。在那個叢林時代，強國就不再是乖孩子了，而是一條極不安分守己的漢子。西元 1892 年日本軍費占財政支出達 31%，

西元 1871 年《中日修好條規》第一款：「嗣後大清國、大日本國倍敦和誼，與天壤無窮。即兩國所屬邦土，亦各以禮相待，不可稍有侵越，俾獲永久安全。」可是第二年日本就開始侵略中國附屬國琉球，西元 1876 年又開始侵略中國另一個屬國朝鮮，取得一系列特權。1894 年朝鮮爆發東學黨起義，政府軍節節敗退，被迫向清朝求援。日軍也以保護使館和僑民為藉口進入朝鮮首都漢城（今韓國首爾），讓傀儡政府「請求」日軍逐出清軍。三方談判無果，中日雙方好戰輿論塵囂日上，福澤諭吉在報端撰文稱：「以吾人之見，如政府一變其方向而大力推進東洋攻略，以使國內的人心外轉，或許是眼下適當的方案。」中國方面毫不示弱，曾國藩的孫子曾廣鈞甚至聲稱：此戰要乾脆將日本從地圖上抹掉，變成中國的一省。同年 8 月中日雙方正式宣戰，結果清軍慘敗。《哈佛中國史》說：這「對清帝

---

[538] ［美］威廉・麥克尼爾：《世界史：從史前到 21 世紀全球文明的互動》（第四版），施誠、趙婧譯，北京：中信出版社，2013 年，P.400、399。

附：若干外國的新生之初

國來說是無法想像的嚴重災難」，「首次向全世界展示清帝國令人難以置信的脆弱」，對國內而言則「向許多人闡明不計任何文化代價推行日式西化有絕對的必要性」，認為「滿族統治本身才是症結所在」，並隨之出現「試圖廢除帝制的暴力運動」，因此成為「中國帝制史上的重要分水嶺，更甚於通常被賦予此意義的鴉片戰爭」。[539] 由此可見這場戰爭中國究竟敗得有多慘。

第二年4月清政府被迫與日本簽訂《馬關條約》，承認日本控制朝鮮，向日本割地賠款，同意日本享受其他特權。其中關於將遼東半島割讓日本，損害到俄國、德國和法國在那裡的利益，他們便以提供「友善勸告」為藉口，迫使日本把遼東還給中國，清政府另付3,000萬兩白銀「贖遼費」。日本深感屈辱，懷恨在心。不久，義和團扒了沙俄經營的「中東鐵路」，並殺了俄方築路人員及東正教傳教士，沙俄便以此為藉口鯨吞滿州。日本認為：沙俄下一個目標是朝鮮，再下一步便是日本。因此，西元1904年2月8日午夜，日本突然襲擊旅順口的俄國艦隊，在中國和朝鮮土地上進行一場大戰，結果又是日本獲勝，奪取滿洲的利益。

日本有不少「興亞主義」者，認為亞洲是亞洲人的亞洲，西方列強才是日本的主要敵人，應聯合中國對抗西方的入侵。「明治維新」功臣伊藤博文說：「中國強，日本才能強。中國好，日本才能好。」但他們同時又認為清政府太腐敗，必須打痛制服它才能結盟。西元1900年八國聯軍侵華後，大多數列強很快撤軍，只留象徵性少數兵員，只有日本例外。日本「合法」駐軍華北，直到1932年在東北建立附庸國「滿洲國」，1937年開始全面侵華。

西元1938年初，日本外相發表「建立東亞新秩序」宣言，同年11月首相又發表建設「大東亞新秩序」宣告。「大東亞新秩序」後稱「大東亞共

---

[539]《哈佛中國史・大清》，P.206、207。

榮圈」，表示要「以日、滿、華的牢固結合為基礎」，包括中國、朝鮮、印度支那、緬甸、泰國、馬來西亞、菲律賓、荷屬東印度（今印尼）、澳洲、紐西蘭、英屬印度（今印度、巴基斯坦、孟加拉國）、阿富汗及太平洋上的所有島嶼，日本則為這「共榮圈」的核心和領導者，由日本來壟斷「共榮圈」的豐富資源與廣闊市場，同英、美展開持久戰爭。

「明治維新」的巨大成功與中國同時代的洋務運動形成鮮明對比，令人迄今反思不已。當時，東西南北世界已開始相互影響。比如英國「光榮革命」啟發美洲殖民地要求同等權利進而獨立，美國革命鼓舞法國民眾，法國大革命的恐怖又讓歐洲其他國家革命力避流血。清廷後期顯然也是願意反過來虛心當「明治維新」學生的，只是沒學好。

西元 1945 年抗日戰爭勝利，中國成為第二次世界大戰重要成果——聯合國的主要發起者之一，重新回到了世界中心。日本則對軍國主義思想進行清算（如日本國歌中「國富民泰」而不是古代常見的「國富兵強」），實現了比較徹底的社會轉型。

帝國的晨曦・春之卷——王朝初創與蓬勃發展：

切片式分析法 ╳ 宏觀視角、強韌性體制結構 ╳ 孔子思想牢籠，解析歷史上的 13 個大王朝何以能長命百歲！

作　　　者：	馮敏飛
發 行 人：	黃振庭
出 版 者：	崧燁文化事業有限公司
發 行 者：	崧燁文化事業有限公司
E ﹣ m a i l：	sonbookservice@gmail.com
粉 絲 頁：	https://www.facebook.com/sonbookss/
網　　　址：	https://sonbook.net/
地　　　址：	台北市中正區重慶南路一段 61 號 8 樓 8F., No.61, Sec. 1, Chongqing S. Rd., Zhongzheng Dist., Taipei City 100, Taiwan
電　　　話：	(02)2370-3310
傳　　　真：	(02)2388-1990
印　　　刷：	京峯數位服務有限公司
律師顧問：	廣華律師事務所 張珮琦律師

版權聲明

本書版權為淞博數字科技所有授權崧燁文化事業有限公司獨家發行電子書及紙本書。若有其他相關權利及授權需求請與本公司聯繫。

未經書面許可，不得複製、發行。

定　　價：499 元
發行日期：2024 年 10 月第一版
◎本書以 POD 印製
Design Assets from Freepik.com

國家圖書館出版品預行編目資料

帝國的晨曦・春之卷——王朝初創與蓬勃發展：切片式分析法 ╳ 宏觀視角、強韌性體制結構 ╳ 孔子思想牢籠，解析歷史上的 13 個大王朝何以能長命百歲！ / 馮敏飛 著 . -- 第一版 . -- 臺北市：崧燁文化事業有限公司 , 2024.10
面；　公分
POD 版
ISBN 978-626-394-890-7(平裝)
1.CST: 中國史
610　　　113013955

電子書購買

爽讀 APP　　　臉書